HIRTs STICHWORTBÜCHER

POETIK
IN STICHWORTEN

LITERATURWISSENSCHAFTLICHE GRUNDBEGRIFFE

EINE EINFÜHRUNG

von

Ivo Braak

3., neubearbeitete und erweiterte Auflage

VERLAG FERDINAND HIRT
1969

Über den Verfasser

Professor Dr. Ivo Braak, geb. 1906; Studium der Germanistik in Wien, Hamburg und Kiel. Professor (1961—1967 Rektor) an der Pädagogischen Hochschule in Kiel.

Weitere Veröffentlichungen: Das Gedicht, Wegweiser für die Lehrerfortbildung, Heft 2, Kiel 1954; Hebbel als Lyriker, Hebbel-Jahrbuch 1954, Heide 1954; Niederdeutsch in Schleswig-Holstein, Wegweiser für die Lehrerfortbildung, Heft 12, Kiel 1956; Niederdeutsch in der Schule, Wegweiser für die Lehrerfortbildung, Heft 20, Kiel 1958; Mitherausgeber der Gesammelten Werke von Klaus Groth, Flensburg 1954 ff.; Das darstellende Spiel in der Schule, Handbuch des Deutschunterrichts, hrsg. von A. Beinlich, Emsdetten 1960. — Außerdem kulturpolitische und künstlerische Tätigkeit.

© 1969 by Verlag Ferdinand Hirt, Kiel
Printed in Germany

Redaktion: Verlag Ferdinand Hirt
Herstellung: Universitätsdruckerei H. Stürtz AG, Würzburg

Vorwort zur 1. Auflage

Jedem, der sich mit der Dichtung und ihrer Formenwelt vertraut machen möchte, will die POETIK IN STICHWORTEN helfen, sich das weite Feld der literaturwissenschaftlichen Begriffssprache zu erschließen.

Dabei soll die POETIK IN STICHWORTEN auf umfassendere Werke vorbereiten und hinführen; sie ist diesen Werken in vielen Einzelheiten verpflichtet.

Die Auswahl der Stichwörter sowie die Methode der Darstellung sind vom Pädagogischen her bestimmt:

Daher wurde nicht das lexikalische Prinzip angewandt, sondern eine systematische Anordnung der großen Gebiete wie Stilform, Schallform und Gattungsform bevorzugt. So bleibt der Leser stets im Sinnzusammenhang eines Begriffsfeldes.

Die Erklärungen sind durch Beispiele veranschaulicht, und zwar nicht nur aus dem Kanon der klassischen Lektüre, sondern auch aus der Dichtung unserer jüngsten Zeit.

Den Beispielen sind Zitate aus der Sekundärliteratur hinzugefügt als Hinweise auf weiterführende Literatur.

Kiel, den 1. Dezember 1964   IVO BRAAK

Vorwort zur 3. Auflage

Nach fünf Jahren wird eine durchgesehene, verbesserte und erheblich erweiterte Fassung der POETIK IN STICHWORTEN vorgelegt; sie hat dieselbe Anlage wie die früheren Auflagen, da besonders ihr didaktisches Grundprinzip: der Feldzusammenhang der Stichwörter, positiv aufgenommen worden ist.

Notwendig war eine günstigere Anordnung verschiedener Gebiete (z.B. Versreihen, Strophenformen, Gedichte fester Bauart) sowie die Ergänzung von Hinweisen auf inzwischen erschienene Literatur (systematische Literaturlisten).

Neuaufnahmen gehen zum großen Teil auf Leserwünsche zurück, so z.B. die Untersuchung über die Schallform des *Prosasatzes,* die Charakterisierung der verschiedenen *Romantheorien,* die Behandlung der *Jugendliteratur* und der *Trivialliteratur.*

Kiel, den 1. August 1969   IVO BRAAK

Hinweise für die Benutzung

Um den Zusammenhang, in dem bestimmte Begriffe stehen, zu verdeutlichen, ist die POETIK IN STICHWORTEN in vier Teile gegliedert: *Gesamtbezeichnungen — Stilform — Schallform — Gattungsform;* innerhalb dieser Teile ist das Werk wiederum nach zusammenfassenden Oberbegriffen geordnet.

Trotzdem kann die POETIK IN STICHWORTEN mit Hilfe des *Sachregisters* am Ende des Bandes, in dem alle im Text erläuterten Begriffe alphabetisch geordnet sind, auch wie ein Wörterbuch benutzt werden.

Verweisungspfeile (↪) stehen überall dort, wo unter dem Verweisungsstichwort weitere Ausführungen zu finden sind.

Ziffern hinter Autorennamen im Text verweisen auf das Quellenverzeichnis der zitierten *Sekundärliteratur* am Schluß des Buches.

Das *Namenregister* verzeichnet die im Text zitierten Autoren, soweit feststellbar mit ihren Lebensdaten, sowie die Werke anonymer Dichter.

Betonungszeichen haben folgende Bedeutung:

untergesetzter Punkt = betonte Kürze, z. B. Ellipse,

untergesetzter Strich = betonte Länge, z. B. Gasel,

übergesetzter Strich = unbetonte Länge, z. B. par-allelos.

Sind in einem Wort mehrere Silben betont, dann erhält die Silbe, die den *Hauptton* trägt, außer Kennzeichen für betonte Kürze oder Länge noch ein Akzentzeichen, z. B. poietiké.

Abkürzungen

ahd.	althochdeutsch	hrsg., Hrsg.	herausgegeben, Herausgeber
allg.	allgemein	idg.	indogermanisch
amer.	amerikanisch	insbes.	insbesondere
arab.	arabisch	ital.	italienisch
Bd., Bde	Band, Bände	Jh.	Jahrhundert
bes.	besonders	lat.	lateinisch
betr.	betreffend	mhd.	mittelhochdeutsch
Bez.	Bezeichnung	Mhd. Gr.	Mittelhochdeutsche Grammatik
Bsp., Bspe	Beispiel, Beispiele	mlat.	mittellateinisch
bzw.	beziehungsweise	mnd.	mittelniederdeutsch
dt.	deutsch	Mz.	Mehrzahl
dtv	Deutscher Taschenbuchverlag	nd.	niederdeutsch
DtVjs.	Deutsche Vierteljahrsschrift für Literaturwissenschaft und Geistesgeschichte	nhd.	neuhochdeutsch
		nlat.	neulateinisch
		NT	Neues Testament
ebd.	ebendort	o. J.	ohne Jahr
eig. (eigentl.)	eigentlich	österr.	österreichisch
Einz.	Einzahl	prov.	provenzalisch
engl.	englisch	Ps.	Pseudonym
entst.	entstanden	rde	rowohlts deutsche enzyklopädie
erw.	erweitert		
frk.	fränkisch	röm.	römisch
frz.	französisch	Slg.	Sammlung
Gen.	Genitiv	sog.	sogenannt
germ.	germanisch	u. d. T.	unter dem Titel
Ggs.	Gegensatz	unvoll.	unvollständig
got.	gotisch	urspr.	ursprünglich
gr.	griechisch		
GRM	Germanisch-romanische Monatsschrift		

INHALT

I. Gesamtbezeichnungen 13

① Dichtung 13
② Literatur 14
   ③ Literaturwissenschaft 14
   ④ Literaturgeschichte 15
      Epochen der deutschen Literaturgeschichtsschreibung und der Dichtungstheorie 15
         Mittelalter 15
         Humanismus und Renaissance 15
         Barock und Aufklärung 16
         Geniezeit und Klassik 18
         Romantik 19
         19. Jahrhundert 20
         20. Jahrhundert 21
   ⑤ Dichtungswissenschaft 27
   ⑥ Poetik 28

II. Stilform 28

⑦ Stil 28
⑧ Stilmittel 29
   ⑨ Bilder 29
      I. Tropik 29
      II. Metapher 30
      III. Metonymie 33
      IV. Bild 34
         Einfaches, geschlossenes Bild 34
         Vergleich 34
         Symbol 35
         Chiffre 36
      V. Topik 36
   ⑩ Figuren 37
      I. Wortfiguren 38
         Nachdrücklichkeit 38
         Übertreibung 38
         Untertreibung 38
         Umschreibung 39

II. Satzfiguren	40
Wortverbindung	40
Worteinsparung	40
Worthäufung	42
Wortstellung	43
III. Gedankenfiguren	45
Anruf	45
Frage	45
Entgegenstellung	46
Widersprüchlichkeit	46
IV. Klangfiguren	47
Wortwiederholung	47
Wortspiel	50
Lautmalerei	51

III. SCHALLFORM . . . 53

⑪ SCHALLFORM . . . 53

⑫ Prosa . . . 53
- I. Verteilung des Sprachstoffes . . . 54
- II. Akzente und Pausen . . . 57
- III. Tempo . . . 57
- IV. Satzschluß . . . 59
- V. Melodie und Lautgebung . . . 60

⑬ Übergangsformen . . . 61
- I. Rhythmische Prosa . . . 61
- II. Freie Rhythmen . . . 61

⑭ Vers . . . 61
- I. Verslehre (Metrik) . . . 61
- II. Taktarten . . . 63
- III. Rhythmus . . . 64
- IV. Rhythmische Mittel . . . 65
  - Akzent . . . 65
  - Pause . . . 66
  - Tempo . . . 67
  - Klangfarbe . . . 67
- V. Rhythmustypen . . . 68
- VI. Melodie und Lautgebung . . . 71
- VII. Einzelvers . . . 72
  - Versschmuck . . . 72
  - Zeilenstil und Hakenstil . . . 83
  - Diärese und Zäsur . . . 85
  - Versschluß . . . 86
  - Taktreihen . . . 89

(15) Strophenformen 95
　I. Germanisch-deutsche Strophenformen 97
　　Kette 97
　　Eddastrophen 97
　　Otfridstrophe 97
　　Reimpaarkette 97
　　Einfache Liedstrophe 98
　　Chevy-Chase-Strophe 99
　　Meistersangstrophe 99
　　Volksliedstrophen 100
　　Epenstrophen 101
　II. Romanische Strophenformen 103
　　Terzine 103
　　Kanzonenstrophe 104
　　Sestine 105
　　Stanze 105
　　Dezime 107
　III. Orientalische Strophenform 108
　　Gasel 108
　IV. Antike Strophenformen 109
　　Distichon 109
　　Alkäische Odenstrophe 109
　　Asklepiadeische Odenstrophe 110
　　Sapphische Odenstrophe 111

IV. GATTUNGSFORM 113
　(16) GATTUNG 113
　　I. Das Lyrische 114
　　II. Das Didaktische 114
　　III. Das Epische 115
　　IV. Das Dramatische 117
　(17) Lyrik 117
　　I. Germanisch-deutsche Formen 118
　　　Lied 118
　　　Ballade 123
　　II. Romanische Formen 130
　　　Kanzone 130
　　　Sirventes 130
　　　Rondeau 130
　　　Rondel 131
　　　Triolett 132
　　　Romanische Ballade 133
　　　Romanze 134
　　　Glosse 135
　　　Villanella 137
　　　Ritornell 137
　　　Sonett 138
　　　Sestine 140
　　　Madrigal 141

	III. Antike Formen	142
	Ode	142
	Pindarische Ode	143
	Elegie	144
	Hymne	145
	Dithyrambe	146
(18)	Didaktik	150
	I. Gnomische Formen	150
	Kurzformen	150
	Sprichwort	150
	Sentenz	151
	Aphorismus	152
	Maxime	152
	Epigramm	153
	Vollformen	154
	Sinnspruch	154
	Sangspruch	155
	Priamel	156
	Lehrgedicht	156
	Essay	157
	Rätsel	159
	II. Parabolische Formen	162
	Beispielerzählung	162
	Spruchgedicht	162
	Fabel	163
	Gleichnis	164
	Parabel	164
	III. Satirische Formen	165
	Satire	165
	Parodie	166
	Travestie	168
(19)	Epik	169
	I. Kurzepik	170
	Märchen	170
	Sage	174
	Legende	176
	Schwank	178
	Anekdote	179
	Geschichte	179
	Erzählung	181
	Kurzgeschichte	182
	Jugendliteratur	183
	II. Großepik	185
	Epos	185
	Volksbuch	189
	Roman	190
	Novelle	212

(20) Dramatik ... 220
  I. Das Dramatische ... 220
    Dramatisches Wort ... 220
    Dramatische Handlung ... 220
    Dynamik ... 220
    Aktivität ... 221
    Dialog ... 221
    Figur ... 222
    Struktur ... 223
  II. Theatralische Darstellung ... 226
    Bühne ... 226
    Mimus ... 229
    Maske ... 231
  III. Hauptformen des Dramas ... 231
    Tragödie ... 232
      Griechische Tragödie ... 235
      Tragödie ... 235
      Historisches Ideendrama ... 237
      Bürgerliches Trauerspiel ... 238
      Soziales Drama ... 238
      Schauspiel ... 239
    Komödie ... 239
      Antike Komödie ... 240
      Charakterkomödie ... 240
      Intrigenkomödie ... 241
      Situationskomödie ... 241
      Dramatische Satire ... 241
    Tragikomödie ... 241
    Lustspiel ... 242
      Comédie larmoyante ... 242
      Unterhaltungslustspiel ... 243
      Romantisches Lustspiel ... 243
      Konversationslustspiel ... 243
      Dramatischer Schwank ... 243
    Sonderformen des Dramas ... 245
      Volksstück ... 245
      Tendenzstück ... 246
      Formen in Verbindung mit Musik ... 246
      Hörspiel ... 248
      Film ... 249
      Fernsehspiel ... 252

Quellenverzeichnis der zitierten Sekundärliteratur ... 253

Namenregister ... 257
Sachregister ... 268

I. GESAMTBEZEICHNUNGEN

DICHTUNG

①

Sprach- oder *Wortkunstwerk.* Jede Sprache hat eine *begriffliche* Seite (vom einfachen Bericht bis zur Begriffssprache der Wissenschaft) und eine *sinnliche* (von der schlichten Erzählung bis zur sinnbildlichen Aussageweise). Auf der sinnlichen Seite liegt das Schwergewicht im dichterischen Sprechen.

> „… so präsentiert sich der Schriftsteller als ein Individuum, dem nur die indirekte Beziehung zur Welt durch die ausdrückende Sprache als eigentlich legale Verbindung mit jener erscheint. Das Gegenteil des Schriftstellers, ja geradezu der Anti-Schriftsteller, ist jeder, der die Sprache direkt auffaßt und gebraucht, als Vehikel des Mitteilungsdranges und etwa irgendwelcher anekdotischer Vorlieben in der Mitteilung, oder als Betonung oder Verbergung von dem oder jenem vor sich selbst und anderen, oder auch als Mann der Wissenschaft, um irgendwelche Kenntnisse zu vermitteln, als Gesetzgeber, um zu irgend etwas anzuhalten, als Politiker, um auf das oder jenes hinzuwirken. Woraus auch erhellt, daß jeder Schriftsteller zugleich einen Anti-Schriftsteller in sich enthält, den er nach und nach durchdringt und konsumiert."
>
> *(Heimito v. Doderer, 1*)*

So ist die *poetische Sprache* grundsätzlich gegen andere Sprechweisen abzugrenzen, sie hat keine vordergründig mitteilsame Funktion, sondern sie besitzt eigene Struktur und selbständigen Wert. — Von der Art der Welterfassung her können unterschieden werden: die *rationale Seite* (lat. ratio Vernunft): aus der Vernunft stammend und die *ästhetische Seite* (gr. aisthanestai empfinden, wahrnehmen): zur sinnlichen Wahrnehmung gehörig, unmittelbar in der Aufnahme gefallend oder mißfallend, im engeren Sinne = schön. Danach Bezeichnung Ästhetik = Lehre vom Schönen. Der das Sprach- oder Wortkunstwerk betreffende Teil der Ästhetik ist die (↪) Poetik.

Früher übliche Gegenüberstellung: Poesie und Prosa nicht haltbar. *Poesie* (gr. poiein machen, hervorbringen, dichten): Bezeichnung für sprachliche Gebilde, die ästhetische Wirkungen anstreben oder auslösen. Den Sinnen zugängliche Bild- und Klanghaftigkeit des Wortes. *Prosa* (lat. prọrsa ōratio geradeausgerichtete Rede): Bezeichnung für nichtversliche Sprache, die sowohl zur Poesie als auch zur „Nichtpoesie" gehören kann. Zwischen Poesie und Prosa also kein logischer Gegensatz.

Vom Verbum *dichten* (ahd. dihtōn schreiben, schriftlich abfassen, vgl. lat. dictạre: zum Nachschreiben vorsagen, verfassen), das OTFRID (9.Jh.) als erster für poetische Tätigkeit gebrauchte, ist das Wort *Dichter* abgeleitet; dieses tritt erstmals im 12. Jh. im „König Rother" auf, sonst damals wenig üblich, dafür gebräuchlich mhd. *meister, [minne]singer,* später *Poet,* in der Neuzeit *Schriftsteller.*

Die Vielzahl der dichterischen Aussageformen ↪ unter *Gattungen.*

---

* vgl. Quellenverzeichnis der Sekundärliteratur S. 253 ff.

Raum für Zusätze   **LITERATUR**

(2) Literatur (lat. litterātura Buchstabenschrift): *Schrifttum,* d.h. alles Aufgeschriebene bzw. Gedruckte, also auch Fachliteratur, z. B. grammatische, juristische, philosophische Werke (Glossen, Urkunden, Traktate). Im *engeren* Sinne gebräuchlich für das gesamte *schöngeistige* Schrifttum. Seit dem 18.Jh. unterschied man mit der Bezeichnung *Belletristik* (frz. belles lettres schöne Wissenschaften) die schöngeistige Literatur mit Einschluß der Unterhaltungsliteratur von der wissenschaftlichen; Verwendung zurückgehend, da von Anfang an leicht abwertend; dafür heute besser *Dichtung.*

In der wissenschaftlichen Fachsprache wird das Wort Literatur auch allgemein für Bücherkunde gebraucht: Schriftennachweise; z. B. Unterscheidung von Primär- und Sekundärliteratur bei der Bearbeitung eines bestimmten Gebietes der Literatur. *Primärliteratur:* der eigentliche Text, das Werk, *Sekundärliteratur:* die wissenschaftlichen Arbeiten, die darüber vorliegen.

Literar- oder *literaturhistorisch:* die Schrifttumsgeschichte betreffend. In der Regel ist die Erforschung der Dichtungsgeschichte gemeint, eine Ausnahme bildet die Literatur der dt. Frühzeit, wo wegen der Spärlichkeit der Quellen auch nichtpoetische Denkmäler herangezogen werden. Im selben Sinne sind die Bezeichnungen *Literar-* oder *Literaturhistoriker* zu verstehen.

(3) **LITERATURWISSENSCHAFT**

Übergeordneter Begriff für „Literaturgeschichte" und „Dichtungswissenschaft": die Zusammenfassung aller Prinzipien und Methoden, die eine wissenschaftliche Literaturbetrachtung ermöglichen. Die Erörterung über Grundlagen, Aufgaben und Methoden ist noch nicht abgeschlossen.

Literatur
PAUL KLUCKHOHN, Literaturwissenschaft, Literaturgeschichte, Dichtungswissenschaft, in: DtVjs. 26, 1952
ERICH TRUNZ, Literaturwissenschaft als Auslegung und als Geschichte (Festschrift für JOST TRIER) 1954
CLEMENS HESELHAUS, Auslegung und Erkenntnis, in: Gestaltprobleme der Dichtung, 1957
HUGO FRIEDRICH, Die Dichtung und die Methoden ihrer Deutung, in: Neue deutsche Hefte 40, 1957/58
FRIEDRICH SENGLE, Zur Einheit von Literaturgeschichte und Literaturkritik, in: DtVjs. 34, 1960
EMIL STAIGER, Das Problem des Stilwandels, in: Euphorion 55, 1961
BENNO V. WIESE, Geistesgeschichte oder Interpretation, in: Die Wissenschaft von deutscher Sprache und Dichtung, 1963
HORST RÜDIGER, Zwischen Interpretation und Geistesgeschichte, in: Euphorion 57, 1963

LITERATURGESCHICHTE

Raum für **Zusätze**

④

Die Einordnung der Einzelwerke in größere Zusammenhänge (Richtungen und Bewegungen) erlaubt der wissenschaftlichen Forschung und Darstellung, der *Literaturgeschichtsschreibung,* Gesamtbilder vom geschichtlichen Ablauf der Literatur eines Volkes oder einzelner Epochen zu entwerfen.

Diesen Standpunkt gewinnen in der dt. Literaturgeschichtsschreibung erst im 18. Jh. GERSTENBERG und bes. HERDER. Beide betonen einerseits das Eigenartige und *Individuelle* literarischer Werke (Schöpfergeist des Genies), andererseits den *geschichtlichen Zusammenhang:* Dichtung als künstlerischer Ausdruck der Völker und Zeiten, durch die sie bedingt ist. Sie überwinden damit die bis dahin herrschende, rein rationale, aufzählende, sammelnde oder normative (nach bestimmten, gegebenen Regeln messende und wertende) Betrachtungsweise, die in den vorangegangenen Jahrhunderten üblich gewesen war, und führen zur Darstellung übergreifender Zusammenhänge.

EPOCHEN DER DEUTSCHEN LITERATURGESCHICHTSSCHREIBUNG UND DER DICHTUNGSTHEORIE

Mittelalter

Ansätze zur Literaturgeschichtsschreibung schon in spätahd. Zeit. Einteilung in heidnisches (litteratura) und christliches Schrifttum (scriptura). Sammlung von Namen und Lebensläufen (Schriftstellerkataloge und Chroniken), dazu erste Übersichten zur Belehrung von Schülern (scolarum ad informationem) im Schulbuch (HUGO VON TRIMBERG, um 1300).

Anfänge der *Literaturkritik,* die der zeitgenössischen dt. Dichtung galt, bei GOTTFRIED VON STRASSBURG um 1210 (Tristan und Isolt, Vers 4621—4820) und bei RUDOLF VON EMS nach 1230 (Alexander, Vers 3093 ff.).

Humanismus und Renaissance

Als Reaktion auf die Haltung der ital. Humanisten (Rückblick auf eigene große Vergangenheit [Antike] verlieh ihnen Überlegenheitsgefühl, Verachtung der nordischen „Barbaren") entwickelte sich im dt. Humanismus eine nationale Richtung, die den Wert der dt. Sprache und Dichtung gegenüber dem antiken und dem romanischen Bereich aufzeigte. Entdeckung der einzigen „Germania"-Handschrift des TACITUS (1455 im Kloster Hersfeld) kam dieser Einstellung einer Gruppe von dt. Gelehrten sehr gelegen, zu der u.a. der Heidelberger Kreis gehörte um JACOB WIMPFELING (Germania, 1501), KONRAD CELTES (Finder und Herausgeber der „Opera" der HROTSVITH VON GANDERSHEIM, 1501) und JOHANNES TRITHEMIUS VON SPONHEIM (Catalogus illustrium virorum Germaniae, 1486: erste dt. Literaturgeschichte).

Raum für Zusätze **Barock und Aufklärung**

Im Barock vornehmlich große Stoffsammlungen und eine Fülle von „Poetiken". Im 17. und noch in 1. Hälfte des 18.Jhs. herrschte eine Betrachtungsweise vor, die für die Dichtung Regeln setzte und sie nach deren Berücksichtigung bewertete. Das Suchen nach einem festen, literarischen Halt führte, der deduktiv verfahrenden Gelehrsamkeit der Zeit entsprechend, zu einer *normativ-systematischen Gattungspoetik*.

Die wichtigsten Poetiken des 17. und 18. Jahrhunderts *

MARTIN OPITZ, Buch von der Deutschen Poeterey, 1624. — Diese (in fünf Tagen niedergeschriebene) Programmschrift für die dt. Dichtung des 17.Jhs. war entstanden als Anweisungspoetik im wesentlichen auf der Grundlage der an der Antike (bes. der römischen: HORAZ, Ars poetica) geschulten Renaissancepoetiken anderer Länder (in Italien, Holland und bes. in Frankreich: RONSARD, Abrégé de l'art poétique françois, 1565). Ihr Ziel war die Förderung einer muttersprachlichen Dichtung. Das Werk wirkte revolutionär, der Erfolg war stark und kam schnell. Auf dieser Grundlage baute alle folgende dt. Kunstdichtung zunächst auf.

AUGUST BUCHNER, Anleitung zur Deutschen Poeterey, posthum 1665. — In der Nachfolge von OPITZ bereits um 1630 geschrieben und damals auch schon bekannt. BUCHNER setzte sich aber gegenüber OPITZ für die Verwendung von Daktylus und Anapäst ein, die er in seiner Oper „Orpheus", 1638, auch anwendete.

PHILIPP VON ZESEN, Deutscher Helikon, 1640. — Schüler von BUCHNER. Eigenwilliger Reformer (eigene Rechtschreibung!) und artistischer Experimentator in Strophen- und Versformen (verwendete ebenfalls Daktylen und Anapäste).

GEORG PHILIPP HARSDÖRFFER, Poetischer Trichter, die teutsche Dicht- und Reimkunst ohne Behuf der lateinischen Sprache, in 6 Stunden einzugießen, 1647/1653. — Ging von OPITZ aus, baute aber das VI. Kapitel „Von der zuebereitung vnd ziehr der worte" bes. in bezug auf Klang- und Lautmalerei aus. Programmschrift des „Nürnberger Dichterkreises".

JUSTUS GEORG SCHOTTEL, Teutsche Vers- oder Reimkunst, 1645. — Nahm die weiterführenden Ansätze von BUCHNER und ZESEN auf und systematisierte sie. — SCHOTTELs Hauptwerk: Ausführliche Arbeit von der Teutschen Haubt-Sprache, 1663, ist eine grundlegende dt. Grammatik, die die vielen Unsicherheiten in bezug auf die richtigen Sprachformen (Stammwörter, Betonungen, usw.) beseitigte; sie ist ein wichtiges Zwischenglied zu GOTTSCHEDs Grundlegung einer Deutschen Sprachkunst, 1748, zu ADELUNGs Versuch eines vollständigen grammatisch-kritischen Wörterbuchs der hochdeutschen Mundart, 1774/86, JACOB GRIMMs Deutsche Grammatik, 1819/37, und zum Deutschen Wörterbuch der Brüder GRIMM, 1852—1961 (32 Bände).

SIGMUND VON BIRKEN, Teutsche Rede- bind- und Dicht-Kunst, 1679. — In Wolfenbüttel Verkehr mit SCHOTTEL; Lehrer ANTON ULRICHS VON

* In der Rechtschreibung des Originals

BRAUNSCHWEIG-WOLFENBÜTTEL. Virtuoser Beherrscher der Vers- und Strophenformen, der Klangspiele und der Lautmalerei.

DANIEL GEORG MORHOF, Unterricht von der Teutschen Sprache und Poesie, 1682. — Anbahnung einer anti-barocken Dichtungstheorie unter Anlehnung an BOILEAUS 1674 erschienene L'Art poétique: Beschränkung auf das „Vernünftige", Geschmackvolle und Gesunde.

CHRISTIAN WEISE, Curiöse Gedancken Von Deutschen Versen, 1692. — Anti-barocker Verfechter eines realistischen, didaktischen Stils. Rückte den Vers in Prosanähe.

MAGNUS DANIEL OMEIS, Gründliche Anleitung zur Teutschen accuraten Reim- und Dicht-Kunst, 1704. — Letzter Versuch zur Verteidigung barocker Dichtkunst ohne Unterdrückung der Kritik im einzelnen.

JOHANN CHRISTOPH GOTTSCHED, Versuch einer Critischen Dichtkunst vor die Deutschen, 1730. — GOTTSCHED sah seine vornehmste Aufgabe, unter Berufung auf die frz. Dichtungstheorie des 17. Jhs. (BOILEAU), in der *Aufwertung der Dichtkunst:* ihr gebühre ein Platz im System der Wissenschaften, da sie ein Instrument sei, allgemeine Wahrheiten und moralische Grundsätze zu verdeutlichen. Er erstrebte eine rationalistische Muster- und Regelpoetik. GOTTSCHEDs Tendenz, das Feld des Dichters auf das dem Verstande Erkennbare zu beschränken, und sein Mißtrauen gegen jede Freiheit der Phantasie führten zur Auseinandersetzung mit

JOHANN JACOB BODMER, Critische Abhandlung von dem Wunderbaren in der Poesie und dessen Verbindung mit dem Wahrscheinlichen, 1740. — Critische Betrachtungen über die Poetischen Gemählde der Dichter, 1741, und mit

JOHANN JAKOB BREITINGER, Critische Dichtkunst ..., 1740. — Im Ggs. zu GOTTSCHED bei BODMER und BREITINGER Heranziehung der engl. Dichtungstheorie und der empirischen Psychologie JOHN LOCKES; damit Übergang von der deduktiven zur induktiven Methode: zuerst Beobachtung der Erscheinungsformen des Dichterischen, dann erst Aufstellung allgemeiner Regeln. Ansätze zur Abwendung von der normativ-systematischen Gattungspoetik; ihr Dichtungsbegriff, gebildet in Analogie zur Malerei und unter (mißbräuchlicher) Verwendung des Horazwortes: „ut pictura poesis" = wie (ein) Bild (sei) das Gedicht, verteidigte die Berechtigung des Emotionalen und Wunderbaren in der Dichtung, führte damit jedoch zur Einengung auf eine nur beschreibende, „malende" Poesie. Überwindung durch

GOTTHOLD EPHRAIM LESSING in seinem: Laokoon oder Über die Grenzen der Mahlerey und Poesie, 1766, durch den hier ausgesprochenen Grundsatz: „Exempel mögen mich leiten". Die Dichtkunst ist keine (redende) Malerei. Ihr Gegenstand sind Handlungen. Das ganze unermeßliche Reich der Vollkommenheit steht der Nachahmung durch den Dichter offen. — Außerdem von großer Bedeutung: Hamburgische Dramaturgie, 1767/69, und bereits 1759/65, zusammen mit MOSES MENDELSSOHN und FRIEDRICH NICOLAI: Briefe die Neueste Litteratur betreffend, (darunter als wichtigster der 17. Brief mit scharfer Kritik an GOTTSCHED und Hinweis auf SHAKESPEARE).

Raum für Zusätze

Raum für Zusätze **Geniezeit und Klassik**

Deutlichere Gegenpositionen zeichneten sich ab in den dichtungstheoretischen Schriften von GERSTENBERG, KLOPSTOCK, HAMANN und HERDER. Die Zeit der vornehmlich im Dienste der wertenden, normativ-systematischen Poetik stehenden Literaturbetrachtung war überwunden: statt „messen und werten" galt jetzt „erkennen und verstehen".

HEINRICH WILHELM V. GERSTENBERG, Briefe über Merkwürdigkeiten der Litteratur, 1766/67 (nach ihrem Erscheinungsort auch ,, Schleswigsche Literatur-Briefe" genannt; „Merkwürdigkeiten" nicht im Sinne von „Seltsamkeiten" zu verstehen, sondern des Merkens, der Beachtung und Bewahrung würdig). — Leitgedanke: maßgebend allein ist das freischaffende, schöpferische, „originale" Genie. Nachdrückliche Berufung auf SHAKESPEARE. Die poetischen Gattungen waren für GERSTENBERG willkürliche Erfindungen der Kunstrichter, die mit den Werken des Genies nicht auf einen Nenner zu bringen sind.

FRIEDRICH GOTTLIEB KLOPSTOCK, Ästhetische Schriften (darunter: Von der heiligen Poesie, 1755; Von der Sprache der Poesie, 1758; Gedanken über die Natur der Poesie, 1759; Von der Darstellung, 1779); Die deutsche Gelehrtenrepublik, 1774. — KLOPSTOCK forderte Darstellen statt Nachahmen. Darstellung der Leidenschaften, der wechselnden seelischen Zustände im erlebenden Ich. Ablehnung der nur beschreibenden („malenden") und der nur erörternden (philosophisch-moralischen) Dichtung. Lösung des Bannes über „der Leidenschaften Ausdruck, welcher dahin mit dem Rhythmus strömet". (Aus der Ode „An Joh. H. Voß").

JOHANN GEORG HAMANN, Sokratische Denkwürdigkeiten, 1759; Kreuzzüge des Philologen, 1762 (darin: Aesthetica in nuce): „Poesie ist die Muttersprache des menschlichen Geschlechts ... Sinne und Leidenschaften reden und verstehen nichts als Bilder. In Bildern besteht der ganze Schatz menschlicher Erkenntnis und Glückseligkeit."

JOHANN GOTTFRIED HERDER, Über die neuere Deutsche Litteratur. Erste Sammlung von Fragmenten, 1767/68; Kritische Wälder, 1769; Reisejournal, 1769; Von deutscher Art und Kunst, einige fliegende Blätter, 1773 (HERDER ist Hrsg. und Verf. der beiden ersten Abhandlungen: „Auszug aus einem Briefwechsel über Ossian und die Lieder alter Völker" und „Shakespeare"; die dritte verfaßte GOETHE: „Von deutscher Baukunst" [kritisch], die fünfte stammt von MÖSER: „Deutsche Geschichte"). — Diese Blätter waren das eigentliche Manifest des „Sturm und Drang". Bereits im Shakespeare-Aufsatz von HERDER ist der neue (historische und entwicklungsgeschichtliche) Ansatz gewonnen: nicht nach einem für alle Zeiten und Völker einheitlichen, den Griechen abgewonnenen Maßstab ist zu messen, sondern jede Kunst ist original (= merkwürdig und ursprünglich) in ihrer räumlich-zeitlichen Kulturgebundenheit zu verstehen. — Außerdem bedeutsam: HERDERs Älteste Urkunde des Menschengeschlechts, 1774/76; Volkslieder, 1778/79. Seine Ideen zur Philosophie der Geschichte der Menschheit, 1784/91, überwanden bereits den Sturm und Drang und führen zur *Klassik:*

„Alle Werke Gottes haben ihren Bestand in sich und ihren *schönen Zu-*   Raum für Zusätze
sammenhang mit sich: denn sie beruhen alle in ihren gewissen Schranken auf
dem *Gleichgewicht* widerstrebender Kräfte durch eine *innere Macht,* die
diese zur *Ordnung* lenkte." (Aus dem Schluß des 15. Buches der „Ideen".
Hervorhebungen [Leitworte der Klassik] nicht im Orig.)

Weitere Höhepunkte klassischer Dokumente zu Literaturgeschichtsschreibung und Dichtungstheorie:

JOHANN JOACHIM WINCKELMANN, Gedancken über die Nachahmung der Griechischen Wercke in der Malerei und Bildhauerkunst, 1755. — IMMANUEL KANT, Die Kritik der Urteilskraft, 1790 (aus philosophischer Sicht). — FRIEDRICH V. SCHILLER, Über Anmuth und Würde, 1793; Briefe über die ästhetische Erziehung des Menschen, 1795; Über naive und sentimentalische Dichtung, 1795/96. — JEAN PAUL, Vorschule der Ästhetik, 1804. — JOHANN WOLFGANG V. GOETHE, Winckelmann und sein Jahrhundert, 1804/05. — Aufsätze des klassischen GOETHE über bildende Kunst und Literatur in den Zeitschriften „Die Propyläen", 1798/1800, und „Über Kunst und Alterthum", 1826/28. — WILHELM V. HUMBOLDT, Über Hermann und Dorothea, 1799; Über Schiller und den Gang seiner Geistesentwicklung, 1830.

Romantik

Für die Entwicklung der Literaturgeschichtsschreibung und der Dichtungstheorie wurde die Vorlesungstätigkeit der Brüder SCHLEGEL in Berlin bzw. Wien bedeutsam: darin großangelegte Versuche geschichtlicher Ordnung und Deutung des National- und der Weltliteraturen. AUGUST WILHELM SCHLEGEL, Über schöne Litteratur und Kunst, Berlin 1801/04; Über dramatische Kunst und Litteratur, Wien 1808. — FRIEDRICH SCHLEGEL, Geschichte der Poesie der Griechen und Römer, 1798; Geschichte der alten und neuen Literatur, Wiener Vorlesungen von 1812. — Brüder SCHLEGEL, Athenaeum. Eine Zeitschrift, 1798/1800 (darin FRIEDRICH SCHLEGELs programmatische Aufsätze zur Theorie der Romantik. Begriff „romantisch" steht im Ggs. zu „klassisch", romantisch = nachantikisch. „Das Problem unserer Poesie scheint mir die Vereinigung des Wesentlich-Modernen mit dem Wesentlich-Antiken.") Mitarbeiter: NOVALIS (Fragmente, 1798; Die Christenheit oder Europa, 1799), SCHLEIERMACHER (Fragmente). — ACHIM V. ARNIM und CLEMENS BRENTANO, Des Knaben Wunderhorn. Alte deutsche Lieder. Mit einem Anhang von Kinderliedern, 1806/08.

Deutsche Spätromantik setzte diese Bestrebungen fort und beschäftigte sich auf Grund eigener exakter Forschung und Sammlung bes. mit dem Mittelalter: LUDWIG UHLAND, Walther von der Vogelweide, 1822; Geschichte der altdeutschen Poesie, 1830/31; Alte hoch- und niederdeutsche Volkslieder mit Abhandlung und Anmerkungen, 1844/45.

Spätromantische und *katholisch-christliche* Haltung bestimmen die Maßstäbe des wissenschaftlichen Spätwerkes von JOSEPH FREIHERR V. EICHENDORFF (Geschichte der poetischen Literatur Deutschlands, 1857).

Raum für Zusätze ## 19. Jahrhundert

Die dt. Literaturgeschichtsschreibung begann am Ende der Romantik immer ausschließlicher mit den Methoden der *empirischen* Wissenschaft zu arbeiten. Voraussetzung dafür war genaue Quellenkenntnis auf der Grundlage einwandfreier Ausgaben. Diese schuf die jetzt sich entfaltende Wissenschaft der *deutschen Philologie* (gr. phil*ein* lieben, l*o*gos Wort): kritische Ausgaben dt. Literaturdenkmäler nach dem Muster der klassischen (auf die antiken Sprachen und Literaturen angewandten) Philologie, z.B. des Nibelungenliedes von KARL LACHMANN (1826) und der Minnesänger von demselben zusammen mit MORITZ HAUPT (1857, bis 1967 34 Auflagen).

FRIEDRICH HEGELS philosophisches Werk (darin: Ästhetik, 1832) stand an der geistigen Umbruchstelle (Pariser Julirevolution 1830) sowohl für den konservativen Althegelianismus wie für den zukunftsträchtigeren radikalen Junghegelianismus (FRIEDRICH ENGELS, KARL MARX).

GEORG GOTTFRIED GERVINUS (Geschichte der poetischen National-Literatur der Deutschen, 1835/42), Geschichtsforscher, Literaturhistoriker und Politiker, erweiterte die Ergebnisse der dt. Philologie aus, indem er die Dichtung im Zusammenhang mit der geschichtlich-politischen Entwicklung darstellte. Nach seiner Auffassung steht das Einzelwerk im Bann der jeweils herrschenden Ideen; damit Vernachlässigung der individuell-ästhetischen Betrachtungsweise. GERVINUS' Überzeugung: die Zeit der Poesie sei abgeschlossen, jetzt beginne die *Epoche der Politik*.

„Junges Deutschland". Für die Jungdeutschen (WIENBARG, GUTZKOW, LAUBE, MUNDT, nahestehend HEINE, BÖRNE) war Politik charakteristisches Stichwort: „Die Revolution tritt in die Literatur" (HEINE).

LUDWIG BÖRNE, Briefe aus Paris, 1832/34. — HEINRICH HEINE, Zur Geschichte der neueren schönen Literatur in Deutschland, 1833, 2. Aufl. 1836 unter dem Titel: „Die romantische Schule". — LUDOLF WIENBARG, Ästhetische Feldzüge, 1834. — THEODOR MUNDT, Die Kunst der deutschen Prosa, 1837; Geschichte der Literatur der Gegenwart, 1842.

Der evangelische Theologe AUGUST FRIEDRICH CHRISTIAN VILMAR schrieb die erste Literaturgeschichte vom streng *protestantischen* und *nationalen* Standpunkt aus: Geschichte der deutschen Nationalliteratur, 1845.

Daneben überragende Werke der Zusammenschau von WILHELM WACKERNAGEL (Geschichte der deutschen Literatur, 1851/53), KARL LEO CHOLEVIUS (Geschichte der deutschen Poesie nach ihren antiken Elementen, 1854/56), HERMANN HETTNER (Geschichte der deutschen Literatur im 18. Jahrhundert, 1856/70), JULIAN SCHMIDT (Geschichte der deutschen Literatur von Leibniz bis auf unsere Zeit, 1886/96). Ebenfalls grundlegend als Darstellung einer Gesamtepoche: Die Romantische Schule, 1870, von RUDOLF HAYM.

Bedeutendstes, schulemachendes Werk der 2. Hälfte des 19. Jhs.: WILHELM SCHERER, Geschichte der deutschen Literatur, 1880/83. SCHERER war dem *Positivismus* verpflichtet (Begriff von dem frz. Philosophen und Soziologen AUGUSTE COMTE geprägt, von HIPPOLYTE TAINE als

Betrachtungsweise auf die Literatur angewandt), einer philosophischen Denkrichtung, die vom Gegebenen, Positiven ausgeht und nur in dessen genauer Beschreibung das Forschungsziel sieht, alle Begriffe vom Übersinnlichen (Metaphysischen) aus der Wissenschaft ausklammert, um ebenso wie die streng empirische Naturwissenschaft arbeiten zu können. SCHERERs Formel vom „Ererbten, Erlebten und Erlernten" stellte das räumlich-zeitliche Zusammenwirken heraus, die wechselseitigen „Abhängigkeiten" der Formelemente (sprachliche und literarische Erscheinungen als Glieder einer lückenlosen Kette von Ursache und Wirkung), fußend auf umfassender Quellenforschung, philologischer Textkritik, Motivforschung, Erkenntnissen aus Biographie und Psychologie. Obwohl Fragen, die über diese „Tatsachenwissenschaften" hinausführten, unterdrückt wurden, ging der Blick auf das Ganze nicht verloren, wie die überlegene Gliederung des Stoffes, die „Zusammenschau der Elemente" und das Festhalten an einem übergeordneten Standpunkt (Literaturgeschichtsschreibung im Dienste nationaler Ethik und Erziehung) beweisen. Die wesentlichen Grundsätze SCHERERs gelten noch heute. Die wissenschaftliche Kritik richtete sich in der Folgezeit gegen solche Scherer-Schüler, die in der Einzelarbeit (Textphilologie) steckenblieben oder sie als Selbstzweck nahmen.

Raum für Zusätze

Bedeutende Nachfolger von SCHERER: ERICH SCHMIDT (Lessing, 1884/92; Charakteristiken, 1902/12²), KONRAD BURDACH (Vorspiel, 3 Bde., 1925/27), ANDREAS HEUSLER (Altgermanische Dichtung, 1924), JULIUS PETERSEN (Die Wesensbestimmung der deutschen Romantik, 1926; Die Wissenschaft von der Dichtung I, 1939).

20. Jahrhundert

Im Verlauf der 1. Hälfte des 20. Jhs. bildeten sich die verschiedensten Richtungen der Literaturgeschichtsschreibung aus, je nach dem wissenschaftlichen oder weltanschaulichen Standpunkt ihrer Vertreter. Die fünf *wichtigsten Gruppen* sind die psychologisch-biographische, die soziologische, die ideengeschichtliche, die stilgeschichtliche und die linguistische Gruppe.

1. Psychologisch-biographische Gruppe

a) Um die Wende zum 20. Jh. setzten die *geisteswissenschaftliche Strukturpsychologie* und die *Ganzheitspsychologie in der literarischen Betrachtung* ein, die den Standpunkt vertraten, daß die Zusammenhänge des Seelenlebens sich nur im Verstehen des Ganzen erschließen und nicht wie Kausalzusammenhänge der Natur erklärbar sind. Im Anschluß an die Forschungen von DILTHEY, SPRANGER, KRETSCHMER, KRUEGER wird das literarische Einzelwerk unter Gleichsetzung mit seinem Dichter auf allgemeine, zeitlose, menschliche Verhaltensweisen zurückgeführt („Typen").

WILHELM DILTHEY: Das Erlebnis und die Dichtung, 1905; EDUARD SPRANGER: Lebensformen, 1914; ERNST KRETSCHMER: Körperbau und Charakter, 1921, Geniale Menschen, 1929; FELIX KRUEGER: Zur Philosophie und Psychologie der Ganzheit, 1953; ERNST ELSTER: Prinzipien der Literaturwissenschaft, 2 Bde., 1897/1911; RICHARD MÜLLER-FREIENFELS: Psychologie der Kunst, 1912, Poetik, 1914, Persönlichkeit und Weltanschauung, 1919; Oskar Walzel: Deutsche Literatur seit Goethes Tode, 1918; Werner Mahrholz: Deutsche Literatur der Gegenwart, 1931; Franz Josef Schneider: Der expressive Mensch, 1927.

b) Auch die *Tiefenpsychologie* Freud- bzw. Jungscher Prägung unternahm Versuche, literarische Kunstwerke zu deuten. Während das im Unterbewußte verdrängte Triebleben sich im Traum scheinbar sinn- und ziellos auslebt, wird es im Kunstwerk in kulturelle Höchstleistungen umgesetzt. Hier liegt der Schwerpunkt auf der (↪) Dichtungswissenschaft, nicht auf der Literatur*geschichte*.

Siegmund Freud: Der Dichter und das Phantasieren, 1908, Dostojewski und die Vatertötung, 1928; C. G. Jung: Über die Beziehung der analytischen Psychologie zum dichterischen Kunstwerk, in: Seelenprobleme der Gegenwart, 1950[5]; Walter Muschg: Psychoanalyse und Literaturwissenschaft, 1930; Hermann Pongs: Psychoanalyse und Dichtung, Euphorion 34. — Viele Abhandlungen zu diesem Thema in der Zeitschrift „Imago" (Titel nach einer Novelle von Carl Spitteler), jetzt „Internationale Zeitschrift für Psychoanalyse und Imago".

c) Trotz des z. T. übertriebenen und bereits überwundenen „Biographismus" der Scherer-Schule wurde, auch von anderen Ansätzen her, die Auffassung, die Biographie des Dichters sei zur Deutung seines Werkes unentbehrlich, von neuem belebt. Scharfe Ablehnung dieser modifizierten Milieu-Theorie durch die Auffassung, zwischen Leben und Werk brauche kein kausaler Zusammenhang zu bestehen. Heute vermittelnder Standpunkt. Biographische Methode der gemäßigten Richtung bei Fritz Martini: Deutsche Literaturgeschichte von den Anfängen bis zur Gegenwart, 1949ff.; Emil Ermatinger: Deutsche Dichter 1700 bis 1900, 2 Bde., 1948/49.

d) Die Grenze zwischen Wissenschaft und Dichtung wurde in der „monumentalen" Biographik verwischt, es entstand eine „mythologisierende" Literaturgeschichte.

Friedrich Gundolf: Goethe, 1916; Ernst Bertram: Nietzsche, Versuch einer Mythologie, 1918; Walter Harich: Jean Paul, 1925. Bsp. aus der Gegenwart Walter Muschg: Tragische Literaturgeschichte, 1953[2].

2. Soziologische Gruppe

Die *Literatursoziologie* versucht in verschiedenen Abwandlungen die Literaturgeschichte auf gesellschaftliche Bedingungen zurückzuführen.

a) Im Anschluß an die Forschungen des Historikers Karl Lamprecht (1856—1915) begründete Fritz Brüggemann eine neue Form der Literaturgeschichte unter „*psychogenetischem*" *Aspekt*, d. h. so wie Karl Lamprecht in der Geschichte, insbes. in der Kulturgeschichte, eine gesetzmäßige Abfolge typischer Seelen- und Geisteshaltungen erkannte, so sah Brüggemann in der Literaturgeschichte die gesetzmäßige Entwicklung sozial-psychischer Kräfte. Er wandte seine Betrachtungsweise bes. auf die Zeit der Aufklärung an.

Raum für Zusätze

1. Psychologisch-biographische Gruppe

| Ganzheits-psychologisch (DILTHEY) | Tiefen-psychologisch (FREUD) | Biographische Methode der gemäßigten Richtung (MARTINI, ERMATINGER) | Biographische Methode der extremen Richtung (GUNDOLF) |

2. Soziologische Gruppe

| Sozial-psychologisch (BRÜGGEMANN, WIEGAND) | Soziologisch (SCHÜCKING, HAUSER) | Ethnologisch (BARTELS, NADLER) | Marxistisch (MEHRING, LUKÁCS) |

3. Ideengeschichtliche Gruppe

| Ideen- oder problemgeschichtlich (UNGER, KORFF) | Vergleichend-welt-literaturgeschichtlich (F. STRICH, WAIS) | Kulturgeschichtlich (WALZEL, CYSARZ) |

4. Stilgeschichtliche Gruppe

| Stilgeschichtlich in weiterem Sinn (F. STRICH, W. SCHNEIDER, BÖCKMANN) | Stilgeschichtlich in engerem Sinn gattungsgeschichtlich (G. MÜLLER, VIËTOR) |

5. Linguistische Gruppe

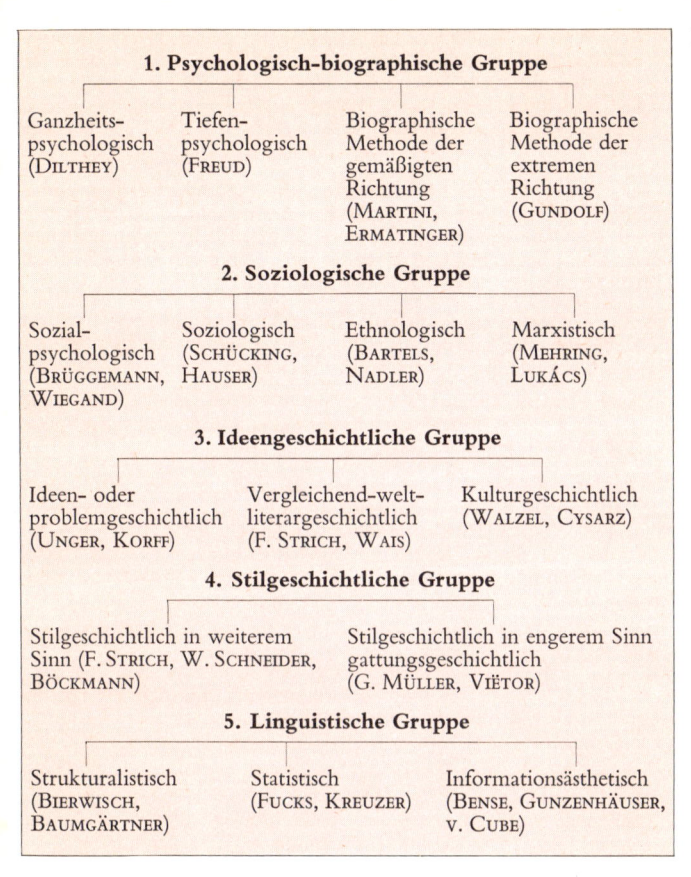

| Strukturalistisch (BIERWISCH, BAUMGÄRTNER) | Statistisch (FUCKS, KREUZER) | Informationsästhetisch (BENSE, GUNZENHÄUSER, V. CUBE) |

Sozialpsychologisch-biologische Abwandlung: Kulturen gleichen Organismen, die biologischen Wachstumsgesetzen gehorchen; die jeweilige Entwicklungsstufe bestimmt alles geistige Leben. Diese Richtung geht letztlich auch auf HERDER und die Romantik zurück. Konsequent durchgeführt folgt daraus die bereits von COMTE angestrebte Literaturgeschichte „ohne Namen".

JULIUS WIEGAND: Geschichte der deutschen Dichtung in strenger Systematik, nach Gedanken, Stoffen und Formen, in fortgesetzten Längs- und Querschnitten, 1922.

b) Starke Anregungen für die literatursoziologische Forschung kamen aus der engl. Germanistik und aus der dt. Anglistik.

Raum für Zusätze   LEVIN LUDWIG SCHÜCKING: Die Soziologie der literarischen Geschmacksbildung, 1923; HERBERT SCHÖFFLER: Deutsches Geistesleben zwischen Reformation und Aufklärung, 1956²; HUGO KUHN: Dichtungswissenschaft und Soziologie, 1950; HUGH D. DUNCAN: Language and literature in society, 1953; ARNOLD HAUSER: Sozialgeschichte der Kunst und Literatur, 1953.

c) *Ethnologische* Versuche, die Literaturgeschichte *rassentheoretisch* zu begründen, sind gescheitert. Der aus der Anthropologie übernommene Begriff Rasse läßt sich nicht auf geisteswissenschaftliche Zusammenhänge übertragen. Abzulehnen sind daher die betr. Werke von ADOLF BARTELS, OTTO HAUSER und HANS F. K. GÜNTHER.

Als ebenso einseitig erwies sich die Konstruktion von JOSEF NADLER, die Volksstämme seien mit ihrer für lange Zeiten unveränderten „Art" die eigentlich Handelnden in der Literaturgeschichte.

JOSEF NADLER: Literaturgeschichte der deutschen Stämme und Landschaften, 1912/28; späterer Titel: Literaturgeschichte des deutschen Volkes, 1938/42 (4 Bde.).

Neben Rasse und Stamm erscheint auch das Volk bzw. der „Volksgeist" oder das „Volkstum" in der mystischen Rolle eines schöpferisch tätigen Wesens. Konsequenterweise entfällt damit die Scheidung zwischen hoher Kunst und Volkskunst. Wegen der Unschärfe des Begriffs „Volk" bleibt diese Betrachtungsweise fragwürdig, trotz bemerkenswerter Einzelleistungen, z. B.

RICHARD BENZ: Die deutsche Romantik, 1937; Die Welt der Dichter und die Musik, 1949; Die Zeit der deutschen Klassik, 1953.

d) Nach der *marxistischen* Literaturforschung erklären sich geistige Bewegungen ausschließlich aus wirtschaftlich-gesellschaftlichen Strukturveränderungen.

SAMUEL LUBLINSKI: Literatur und Gesellschaft, 1919; FRANZ MEHRING: Die Lessing-Legende, 1893; GEORG LUKÁCS: Deutsche Realisten des 19. Jahrhunderts, 1951; Schriften zur Literatursoziologie, 1961. — Zur ersten Orientierung: PETER DEMETZ: Marx, Engels und die Dichter, 1959.

3. Ideengeschichtliche Gruppe

a) Literaturgeschichte als *Ideen-* oder *Problemgeschichte,* das Kunstwerk als Symbol der Idee. Vertreter dieser Richtung setzen sich Erforschung ideengeschichtlicher Zusammenhänge in der Literatur zum Ziel; das einzelne Wortkunstwerk wird vorwiegend *gehaltsästhetisch* betrachtet.

RUDOLF UNGER: Hamann und die Aufklärung, 1925², (2 Bde.); HERMANN A. KORFF: Geist der Goethezeit, 1923/53, (4 Bde.).

b) Das Zusammenwirken der verschiedenen Literaturen im Laufe der Geschichte ist Forschungsgegenstand der *vergleichenden Literaturgeschichte*. Diese Betrachtungsweise führt von der Nationalliteratur weiter zur *Weltliteratur* (Begriff zuerst von GOETHE verwendet).

FRITZ STRICH: Weltliteratur und vergleichende Literaturgeschichte, in: Raum für Zusätze
Philosophie der Literaturwissenschaft, 1930, hrsg. von *Emil Ermatinger;*
KURT WAIS: Forschungsprobleme der vergleichenden Literaturgeschichte,
1951; WALTER HÖLLERER: Methoden und Probleme der vergleichenden
Literaturgeschichte, in: GRM, 1951/52; ULRICH WEISSTEIN: Einführung in
die vergleichende Literaturwissenschaft, 1968. — Zeitschrift für vergleichende Literaturgeschichte, begr. von *Max Koch,* 1886 ff.

c) Literaturgeschichte wird zur *Kulturgeschichte* erweitert unter Aufnahme
romantischer Ideen und anknüpfend an umfassende Darstellungen wie
etwa die von HERMANN HETTNER und RUDOLF HAYM (↪ Literaturgeschichte) sowie von JACOB BURCKHARDT (Kultur der Renaissance in
Italien, 1860), KARL LAMPRECHT (Deutsche Geschichte, 1891/1909) und
KURT BREYSIG (Kulturgeschichte der Neuzeit, 1900/01, 2 Bde.). Trotz
großer Leistungen scheitert die Richtung immer wieder an ihrer enzyklo-
pädischen Tendenz.

RICARDA HUCH: Die Romantik, 1899 u. 1902 (2 Bde.); OSKAR WALZEL:
Deutsche Romantik, 1908, (2 Bde.); GEORG STEFANSKY: Das Wesen der
deutschen Romantik, 1923; HERBERT CYSARZ: Deutsche Barockdichtung,
1924; PAUL KLUCKHOHN: Deutsche Romantik, 1924.

4. Stilgeschichtliche Gruppe

a) Entstanden durch Anregungen aus der Kunstgeschichte. Der Kunst-
historiker HEINRICH WÖLFFLIN rückte das Prinzip der Form in den
Vordergrund, stellte zur Erfassung der Formwerte feste „Kategorien der
Anschauung" auf. (Die fünf Begriffspaare, die je einen Zug der Renaissance und einen des Barock einander gegenüberstellen, heißen: 1. linear
und malerisch; 2. flächenhaft und tiefenhaft; 3. geschlossen und offen;
4. klar und unklar; 5. mannigfaltig und einheitlich). Diese stilgeschichtliche Betrachtungsweise wird auf die Literaturgeschichte übertragen.

HEINRICH WÖLFFLIN: Kunstgeschichtliche Grundbegriffe, 1915; FRITZ
STRICH: Deutsche Klassik und Romantik, 1922 (führt das Aufeinanderfolgen
der beiden Epochen auf den Stilgegensatz der ewigen Spannung zweier
menschlicher Urideen zurück: klassischer Vollendungstrieb — romantische
Unendlichkeitssehnsucht); OSKAR WALZEL: Gehalt und Gestalt im Kunst-
werk der Dichtung, 1925; EMIL ERMATINGER: Das dichterische Kunstwerk,
1921; WILHELM SCHNEIDER: Ausdruckswerte der deutschen Sprache, eine
Stilkunde, 1931; EDUARD HOFFMANN-KRAYER: Geschichte des deutschen
Stils in Einzelbildern, 1925; HERMANN PONGS: Das Bild in der Dichtung,
I, 1927; II, 1939, 1963²; PAUL BÖCKMANN: Formgeschichte der deutschen
Dichtung, Bd. 1, 1949; GERHARD FRICKE: Geschichte der deutschen Dich-
tung, 1949 ff.

b) In engerem Sinne findet die stilgeschichtliche Betrachtungsweise Anwendung auf die *Entwicklungsgeschichte der Gattungen.* Ergebnis sind umfassende, in sich abgeschlossene Darstellungen über einzelne Dichtungsarten bestimmter Gattungen, insbes. des Liedes, der Ode, der Elegie
und des Sonetts.

Raum für Zusätze GÜNTHER MÜLLER: Geschichte des deutschen Liedes vom Barock bis zur Gegenwart, 1925, 1959²; KARL VIËTOR: Geschichte der deutschen Ode, in: Geschichte der deutschen Literatur nach Gattungen, Bd. 1, 1923, 1964²; Probleme der literarischen Gattungsgeschichte, in: Geist und Form, 1952; FRIEDRICH BEISSNER: Geschichte der deutschen Elegie, 1941, 1961²; WALTER MÖNCH: Das Sonett, 1954; JOHANNES R. BECHER: Philosophie des Sonetts, 1957.

5. Linguistische Gruppe

a) Die in der modernen Linguistik (Sprachforschung) entwickelte Denkweise: in bezug auf die Sprache *nicht* zu fragen nach den historischen Verwandtschaftsverhältnissen der einzelnen Sprachen oder nach der Ausnahmslosigkeit der Lautgesetze, sondern nach der zugrundeliegenden *Struktur eines Systems von Zeichen,* war eine Antwort auf Fragen der neueren Wissenschaftstheorie und begründete die *strukturalistische* Sprachwissenschaft. Mit dem dt. Wort „Sprache" werden drei klar zu unterscheidende Bereiche umgriffen: Sprache — Sprechen — Sprachfähigkeit (frz.: langue — parole — langage). Begründer dieser Richtung war der Genfer Linguist FERDINAND DE SAUSSURE (Genfer Schule). Weitere Schulen des Strukturalismus:

Prager Schule (TRUBETZKOJ, JAKOBSON, HALLE),
Kopenhagener Schule (LOUIS HJELMSLEV),
Amerikanischer Linguistenkreis (BLOOMFIELD, SAPIR, HARRIS).

Strukturelle Denkweise wirkte auch auf andere Disziplinen, bes. auf Poetik und Ästhetik überhaupt, indem sie mit ihren Mitteln auch die *Sprache der Literatur* untersucht.

MANFRED BIERWISCH: Strukturalismus. Geschichte, Probleme und Methoden, in: Kursbuch 5, 1966; Poetik und Linguistik, in: Mathematik und Dichtung, sammlung dialog, 1965/67; KLAUS BAUMGÄRTNER: Formale Erklärung poetischer Texte, ebd. — Interpretation und Analyse. Brechts Gedicht „Die Literatur wird durchforscht werden", in: Sinn und Form, 1960, Heft 3.

b) *Statistische Linguistik* entwickelt Methoden für die Untersuchung periodischer Vorgänge, ermittelt insbes. statistische Werte in bezug auf Lexik (Wortschatz) und Syntax (Satzbau), zielt damit auf sachliche Beschreibungen der poetischen Feinstruktur. Entscheidender Anreger: WILHELM FUCKS.

WILHELM FUCKS: Mathematische Analyse von Sprachelementen, Sprachstil und Sprachen, 1953. Unterschied von Dichtern und Schriftstellern nach der mathematischen Stilanalyse, 1955; DERS. mit JOSEF LAUTER: Mathematische Analyse des literarischen Stils, in: Mathematik und Dichtung (s. o.); HELMUT KREUZER: Mathematik und Dichtung, ebd.; PIERRE GUIRAUD: Problèmes et Méthodes de la statistique linguistique, 1959.

c) *Informationsästhetische* Betrachtungsweise vertreten durch Amerikaner GEORGE D. BIRKHOFF und die Deutschen MAX BENSE und RUL GUNZENHÄUSER; sie markieren den Übergang von der Zeichentheorie zur Informationstheorie. Ausgehend vom Gegensatz zwischen Physik (Gleichverteilung) und Ästhetik (Ungleichverteilung) werden die Ergebnisse der statistischen Methode (insbes. FUCKS' Stilcharakteristik) auf ihre textästhetischen Folgerungen hin untersucht. Mit den gleichen Mitteln, mit denen die Thermodynamik am idealen Gas arbeitet, arbeitet die Texttheorie am idealen Text. Anwendung naturwissenschaftlicher und informationstheoretischer Begriffe wie *selektive Realisation, Entropie* und *Redundanz*.

RUL GUNZENHÄUSER: Ästhetisches Maß und ästhetische Information. Einführung in die Theorie G. D. Birkhoffs und die Redundanztheorie ästhetischer Prozesse, 1962. Zur literaturästhetischen Theorie G. D. Birkhoffs, in: Mathematik und Dichtung (s. o.); MAX BENSE: Aesthetica, 1954. Aesthetische Information, 1956. Ästhetik und Zivilisation, 1958. Allgemeine Texttheorie und Textästhetik, 1960. Theorie der Texte, 1962. Zusammenfassende Grundlegung moderner Ästhetik, in: Mathematik und Dichtung (s. o.); FELIX V. CUBE und WALTRAUT REICHERT: Das Drama als Forschungsobjekt der Kybernetik, in: Mathematik und Dichtung (s. o.).

DICHTUNGSWISSENSCHAFT

Zielt auf die Erkenntnis sprachkünstlerischer Erscheinungen am Einzelwerk. Mit der Methode, ein Werk in seiner Eigenartigkeit und Einzigartigkeit zu interpretieren, hofft man, dem eigentlich Dichterischen am nächsten zu kommen. Voraussetzungen dafür schafft eine dieser Aufgabe verpflichtete (→) *Poetik*. Durch Erschließung des Wortkunstwerkes als Formgebilde, in dem alle Kräfte in einer so und nicht anders möglichen Ordnung verspannt sind, will man (nach einem Wort von EMIL STAIGER) so tief wie möglich „begreifen, was uns ergreift", dabei wissend, daß es nie gelingen kann, die *Symbolsprache* der Kunst in die *begriffliche* Sprache der Erkenntnis umzusetzen. Damit ist Gefahr der Einseitigkeit sowohl für die Dichtungswissenschaft als auch für die Literaturgeschichte gegeben. Literaturgeschichte ohne Dichtungswissenschaft ist ebensowenig denkbar wie Dichtungswissenschaft ohne Literaturgeschichte. Literaturgeschichte findet, für sich allein genommen, niemals zum eigentlich Dichterischen, zu den Gestaltungsformen und einer auf diesen gegründeten Dichtungslehre; Dichtungswissenschaft, für sich allein genommen, kann zu leerem Formalismus führen.

Heute bedeutet *Wissenschaft von der Dichtung:* Erforschung ihrer Grundlagen. *Aufgaben:* Abgrenzung, Wesensbestimmung, Einzelinterpretation, Einbettung in Gattung (Gattungsstil) und Epoche (Zeit- oder Epochenstil) sowie Untersuchung der Wirkungsgeschichte.

Literatur
MAX KOMMERELL, Geist und Buchstabe der Dichtung, 1938; Gedanken über Gedichte, 1943
WOLFGANG KAYSER, Das sprachliche Kunstwerk, 1948, 1967[12]
EMIL STAIGER, Meisterwerke deutscher Sprache aus dem 19. Jahrhundert, 1943; Grundbegriffe der Poetik, 1946; Die Kunst der Interpretation, 1955
EBERHARD LÄMMERT, Bauformen des Erzählens, 1955, 1967[2]
KÄTE HAMBURGER, Die Logik der Dichtung, 1957, 1968[2].
RENÉ WELLEK und AUSTIN WARREN: Theory of Literature, 1949 (dt. Übers. 1959; 1963 als Ullstein Taschenbuch Nr. 420/21).
Weitere Literatur → S. 194 und 218 f.

Raum für Zusätze **POETIK**

(6) Wörtlich Dichtungslehre. Teil der Dichtungswissenschaft innerhalb der (↪) Literaturwissenschaft.

Die Bedeutung des Wortes Poetik (lat. poetica, gr. technē poiētiké von poiein machen, hervorbringen) wurde von der Antike bis zur Aufklärung als Lehre von der *Technik* der Dichtung (miß)verstanden, die in gewissem Sinne erlernbar sei: so die „Poetik" des Aristoteles (nur Fragmente über die Tragödie und das Epos sind erhalten) und die „Ars poetica" von Horaz. In der dt. Entwicklung die entsprechenden Werke im 17. und 18. Jh. von Opitz, Gottsched, Bodmer, Breitinger (↪ Literaturgeschichte). Überwindung dieser Auffassung durch Denker und Dichter in der Zeit des „Sturm und Drang": Poetik nicht mehr Lehre mit festen Regeln und praktischen Anweisungen, sondern *Deutung* der Dichtung. Bedeutendste Vertreter: Herder, Goethe, Schiller, die Brüder Schlegel (↪ Literaturgeschichte).

Literatur
Bruno Markwardt, Geschichte der deutschen Poetik, 1937 ff.
Fritz Martini, Poetik, in: Aufriß der deutschen Philologie, hrsg. von *Wolfgang Stammler,* 1951
Emil Staiger, Grundbegriffe der Poetik, 1946, 1963[6]
Herbert Seidler, Die Dichtung, 1959
Roman Ingarden, Das literarische Kunstwerk, 1965[3]
Gero v. Wilpert, Sachwörterbuch der Literatur, 1964[4]; (Hrsg.): Lexikon der Weltliteratur, Bd. I, 1963, Bd. II, 1968
Helmut Heissenbüttel, Über Literatur, 1966

II. STILFORM

(7) ### STIL

Grundbegriff der Literaturwissenschaft; abgeleitet von lat. stilus Schreibstift, Griffel zum Schreiben. Von Schreibstift und Schreibart erweitert sich die Bedeutung zu

Stil = eigenständige, einheitliche Darstellungs- und Ausdrucksweise, im Ggs. zu:
Manier (aus frz. manière Gewohnheit, zu lat. manus Hand) = schablonenhafte oder routinierte Nachahmung eines ursprünglich eigenständigen Stils.

Auf die Dichtung angewendet bezeichnet Stil das *einheitliche, in sich „stimmige" Formgepräge.* „Stimmig" bedeutet: Harmonieren aller Teile innerhalb des Ganzen; dem Anspruch, den das Werk stellt, auch in seinen Teilen und Einzelheiten zu genügen; „Stimmigkeit" ist gewährleistet, wenn die über die verschiedensten Wege der Stiluntersuchung (z. B. Rhythmus, Klang, Bild) erlangten und zusammengetragenen Erkenntnisse zueinander passen, *übereinstimmen, „sich reimen".*

Stil kann durch verschiedene Faktoren unterschiedlich bestimmt sein: Persönlichkeitsstil, Volks- oder Nationalstil, Zeit- oder Epochenstil, Gattungsstil (Chronik-, Kanzlei-, Zeitungsstil) usw.

Raum für Zusätze

Theoretische Stilkunde (auch als *Stilistik* bezeichnet) ist die Wissenschaft von der Formung des Sprachmaterials durch den Stil schlechthin; enthält systematische Beschreibung der Stilmittel, psychologische Erklärung, ästhetische Wirkungslehre. WILHELM SCHNEIDER (↪ Literaturgeschichte) unterscheidet drei Stufen stilistischer Untersuchung:

1. Erforschung der Stilmittel eines Wortkunstwerkes,
2. Deutung des Ausdruckswertes dieser Stilmittel innerhalb des Ganzen,
3. Zusammenfassung nach anderen Ordnungsbegriffen: Dichterpersönlichkeit, Gattung, literarischer Zeitraum, geistige Strömung usw.

Literatur
LEO SPITZER, Stilstudien, 1928; Texterklärungen, 1969
EMIL WINKLER, Grundlegung der Stilistik, 1929
WILHELM SCHNEIDER, Ausdruckswerte der deutschen Sprache, 1931; Stilistische deutsche Grammatik, 1959, 1967[4]

Praktische Stilkunde (auch als *Stilschule* bezeichnet) ist die Lehre von den Kunstformen der Sprache mit Unterweisung in ihrer Handhabung.

Literatur
BRODER CHRISTIANSEN, Die Kunst des Schreibens, o.J. (1966 u.d.T. Eine Prosaschule)
LUDWIG REINERS, Deutsche Stilkunst, 1944 (1949 u.d.T. Stilkunst)

STILMITTEL ⑧

Auch Stilformen oder Ausdrucksmittel genannt; im folgenden in zwei Gruppen geteilt: *Bilder* und *Figuren*. Diese Scheidung ist für die antike Stillehre unlogisch, denn die Bilder (↪ Tropik) als die Wörter, die in übertragener Bedeutung gebraucht werden, gehören für die Antike zu den Figuren. In der neueren abendländischen Dichtung hat das Bild aber eine umfassendere Bedeutung.

BILDER ⑨

I. TROPIK *

Wörtlich Wendung (gr. tropos aus trepein wenden; Einz. Trope, Mz. Tropen). *In der antiken Stilistik* urspr. jede bildliche Ausdrucksweise; *Verwandlung der Vorstellung in ein Bild,* demnach „sekundäres" Gebilde: Schmuckform. Solche Schmuckformen sind in späterer Zeit (Hellenismus) zu Formeln erstarrt und unter Sondernamen eingeordnet worden (↪ Metapher, ↪ Metonymie).

* Hier *nicht* gemeint zweite Bedeutung von tropus = Fachbezeichnung im Gregorianischen Kirchengesang für Einlage und Erweiterung (↪ Sequenz)

Raum für Zusätze

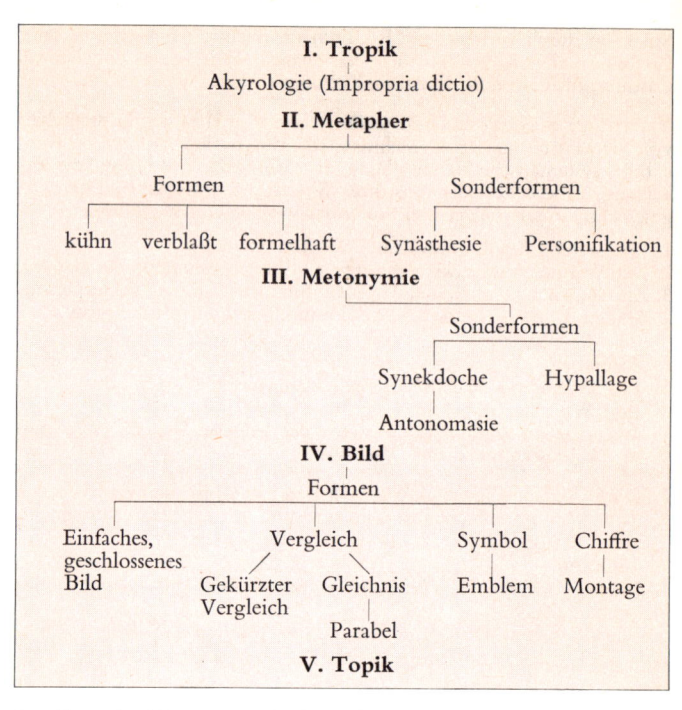

```
                              I. Tropik
                      Akyrologie (Impropria dictio)
                             II. Metapher
              ┌─────────────────────┴─────────────────────┐
            Formen                                   Sonderformen
      ┌───────┼────────┐                        ┌──────────┴──────────┐
   kühn   verblaßt  formelhaft              Synästhesie        Personifikation
                            III. Metonymie
                                         │
                                    Sonderformen
                                ┌────────┴────────┐
                            Synekdoche        Hypallage
                                   Antonomasie
                              IV. Bild
                                 │
                               Formen
  ┌──────────────┬──────────────┬──────────────┬──────────────┐
Einfaches,      Vergleich                  Symbol         Chiffre
geschlossenes  ╱        ╲                    │              │
Bild      Gekürzter    Gleichnis         Emblem         Montage
          Vergleich       │
                       Parabel
                              V. Topik
```

Für die antike Theorie war das begriffliche Sprechen das ursprüngliche, das „eigentliche", das bildliche Sprechen dagegen (als das sekundäre, hinzukommende, schmückende) das „uneigentliche":

Akyrologie (gr. akyros ungültig, uneigentlich und logos das Wort, die Rede): Uneigentliches Sprechen bzw. *Impropria dictio* (lat. improprius uneigentlich, dictio das Sprechen, die Rede): bildliche, verblümte, uneigentliche Rede.

Heutige Auffassung sieht den Vorgang genau umgekehrt: in der Sprachentwicklung stand *am Anfang das Bild;* erst auf einer späteren Stufe, als bereits eine Fülle von Wörtern den ursprünglichen Bildgehalt eingebüßt und reinen Zeichencharakter angenommen hatte, schied sich der bildliche vom begrifflichen Ausdruck.

II. METAPHER

Wörtlich: Übertragung (gr. metaphora von meta-pherein übertragen), d.h. „übertragene" Bedeutung eines Wortes, nach der es nicht im „eigentlichen" Sinne gebraucht wird, also ein „uneigentlicher" oder bildlicher Ausdruck. Über die Auffassung von „eigentlich" und „uneigentlich" in der Antike und heute ↪ Tropik. — Die einfachsten

Bspe (wie die Verbindungen: Flußarm, Tischfuß, Stuhlbein, Nadelkopf oder umgekehrt: Redefluß, Gedächtniseindruck, Licht der Wahrheit) zeigen, daß die Sprache von Anfang an bildhaft war und noch jetzt ist; heute ist in den meisten Fällen kaum noch der Bildgehalt zu spüren. Sobald eine Metapher nicht mehr anschaulich vorgestellt wird, unterscheidet sie sich nicht mehr von einem Begriff.

Raum für Zusätze

„Jede Metapher enthält einen Widerspruch zwischen ihren beiden Gliedern, wenn wir sie beim Wort nehmen. Das Staatsschiff — ist das nun ein Schiff oder nicht? Die Antwort muß immer lauten: Ja und nein. Der Staat als politisches Sozialgebilde ist natürlich kein Schiff, und er ist doch ein Schiff, weil die Konvention der bildhaften Sprache es so will. Dies ist der Widerspruch, der *in jeder Metapher* steckt." *(Harald Weinrich, 2)*

*

„,Der Morgen erwacht.' Es gibt keinen Morgen. Wie kann er schlafen? Es ist ja nichts als die Stunde, in der die Sonne aufgeht. ‚Verflucht! Die Sonne geht ja nicht auf', auch das ist ja schon Unsinn und Poesie. O dürft ich nur einmal über die Sprache her und sie so recht säubern und ausfegen! O verdammt! Ausfegen! Man kann in dieser lügenden Welt es nicht lassen, Unsinn zu sprechen." LUDWIG TIECK

Bis in unser Jahrhundert hinein wurde Metapher als *verkürzter Vergleich* aufgefaßt. Diese Ansicht ist heute aufgegeben, obgleich sie brauchbar zu sein scheint: treu wie Gold = Vergleich, goldtreu = Metapher; Haare wie Gold = Vergleich, das Gold ihres Hauptes = Metapher. Gegen die Erklärung der Metapher als verkürztem Vergleich spricht jedoch, daß beim metaphorischen Sprechen und Dichten die Vergleichsvorstellung nicht zum Bewußtsein kommt, vielmehr stellt sich der gezieltere, *gefühlseinprägsamere* Ausdruck ohne vorangegangenes intellektuelles Vergleichen ein. Poetischer Wert der Metapher liegt darin, daß sie uns über die alltägliche, handgreifliche Wirklichkeit hinausträgt. So ist die Metapher eine tropische Figur, auf ein Wort oder eine Wortgruppe eingeschränkt; sie hat in bezug auf ihren Widerspruchscharakter Gradunterschiede:

kühn — verblaßt — formelhaft

Kühne Metapher: „Wenn eine Wortfügung *um ein geringes* von den Erfahrungen der sinnlich erfahrbaren Realität abweicht, dann nehmen wir den Widerspruch wahr und empfinden die Metapher als kühn, z. B. schwarze Milch (Paul Celan, Todesfuge). Diese Metapher ist so kühn, nicht weil sie so weit von den alltäglichen Beobachtungen abweicht, sondern weil sie so gering abweicht. Sie trägt uns nicht in einen ganz anderen Bereich, sondern nur einen kleinen Schritt weiter zu einer anderen Farbe ... es hängt von der Bildspanne ab, ob wir die Widersprüchlichkeit bemerken und die Metapher als kühn empfinden. Bei großer Bildspanne bleibt die Widersprüchlichkeit in der Regel unbemerkt. Eine kleine Bildspanne hingegen erzwingt unsere Aufmerksamkeit für diese Widersprüchlichkeit und verleiht der Metapher den Charakter der Kühnheit." *(Harald Weinrich, 3)*

Verblaßte Metapher: In der alltäglichen Rede wird die Grundbedeutung eines Ausdrucks nicht mehr mitgedacht, z. B. Licht der Wahrheit, Redefluß.

Raum für Zusätze

Formelhafte Metapher: Viele Metaphern erstarrten zu Formeln, z. B. in altnordischer Dichtung das *Heiti* (eingliedrige Umschreibung von gewöhnlichen Hauptwörtern: „Recke" für Krieger, „Renner" für Roß) und die *Kenning* (Mz. Kenningar, mehrgliedrige Umschreibung: „Schwertverteiler" für Fürst, „Wogenrenner" für Schiff, „Odins Habichte" für Raben). — Tritt am häufigsten auf in skaldischen Denkmälern, zahlreich in den Edda-Liedern, spärlicher bei dt. Stabreimdichtung, vereinzelt noch in mhd. Dichtung, bes. bei WOLFRAM VON ESCHENBACH.

Zur metaphorischen Formel wurde auch die Wiederkehr des *typisierenden Beiworts (Epitheton ornans* = schmückendes Beiwort; gr. epitheton Beiwort, lat. ornare schmücken).

HOMER: der listenreiche Odysseus. — GOETHE: der treffliche Hauswirt

*

„Der Wandel der Kunstepochen spiegelt sich vielfach im Wandel der vorgezogenen typischen Beiwörter: dem ‚silbernen' Mond Klopstocks und seiner Göttinger Jünger, auch des jungen Goethe, folgt der ‚goldene' der Romantik, der ‚rote', ‚gelbe', ‚bleiche' des Impressionismus."

(Josef Körner, 4)

Ggs. zum typisierenden Beiwort ist das *individualisierende,* einmalig für die jeweilige Eigenschaft stehende *Beiwort* (frz. épithète rare), bes. reich ausgestattet im Impressionismus, z. B.

LILIENCRON: einsamstilles Feld, reichbreite Marmortreppe, mönchverlassener Klostergang, sensendurchsurrtes Roggenfeld.

Sonderformen der Metapher

a) Die Synästhesie: Eine Form des metaphorischen Ausdrucks, in dem zwei oder mehrere Sinnesgebiete gemischt sind (gr. synaisthesis Zugleichempfinden): z. B. „Farbton". Besonders häufig in der Romantik (BRENTANO), im frz. Symbolismus (RIMBAUD, MALLARMÉ) und in der dt. Neuromantik (RILKE, HOFMANNSTHAL).

> Hör, es klagt die Flöte wieder,
> Und die kühlen Brunnen rauschen;
> Golden wehn die Töne nieder;
> Stille, stille, laß uns lauschen!
> Holdes Bitten, mild Verlangen,
> Wie es süß zum Herzen spricht!
> Durch die Nacht, die mich umfangen,
> Blickt zu mir der Töne Licht!
>
> (BRENTANO, Abendständchen)

RILKE in „Spätherbst in Venedig":

> Nun treibt die Stadt schon nicht mehr wie ein Köder,
> der alle aufgetauchten Tage fängt.
> Die gläsernen Paläste klingen spröder
> an deinen Blick.

In diesem Fall wird ein optischer Vorgang durch ein akustisches Phänomen ausgedrückt und darüber hinaus in die taktile Sphäre einbezogen.

b) Die Personifikation (mit verschiedenen Stufen): Raum für Zusätze
Einfache Belebung eines Dinges oder eines Abstraktums:
> Süßer Friede,
> Komm, ach, komm in meine Brust!   (GOETHE, Nachtlied)

Anschauliche Personifikation:
> Schön ist der Friede! Ein lieblicher Knabe,
> liegt er gelagert am ruhigen Bach. (SCHILLER, Braut von Messina)

Erstarrung zur Formel:
> Kunst und Wissenschaft gehen Hand in Hand.

Allegorie: Systematisierte Metapher, übersetzt ein Gedachtes ins Bild, das durch Reflexion wieder erschlossen werden muß: Waage und verbundene Augen der „Justitia" als Bild der Gerechtigkeit.

III. METONYMIE

In der Antike häufig in die Nähe der Metapher gestellt, obwohl die Metonymie, strenggenommen, keine bildliche Vorstellung vermittelt: sie ersetzt vielmehr das gebräuchliche Wort durch ein anderes (gr. metonomazein anders nennen; onyma, onoma Name), das zu ihm in engster Beziehung steht, doch zumeist mit zusammenraffender Wirkung = eingebürgerte Wortersetzung.

> *Bspe:* „Zeppelin" für „Luftschiff", „Traube" für „Wein", das „19. Jahrhundert" für „die Menschen des 19. Jahrhunderts".

Sonderformen

a) Synekdoche (gr. syn-ekdechesthai durch Andeutungen bezeichnen) ist eine der Metonymie stilistisch ähnliche Figur; sie gibt die bloße Andeutung des eigentlichen Begriffs, das Ganze steht für einen Teil oder umgekehrt (pars pro toto): „Lenze" statt „Jahre".

a[1]) Antonomasie ist eine Abart der Synekdoche; sie gibt eine Umschreibung, bei der ein Eigenname für einen Gattungsnamen steht (gr. antonomasia von antonomazein anders benennen): „Demosthenes" statt „großer Redner"; „Mentor" (eigentlich Erzieher des Telemach) statt „Betreuer".

b) Hypallage; Scheinbare Vertauschung einzelner Satzteile, bes. der Adjektive (gr. hypallassein umstellen, vertauschen). Der Dichter vermag dadurch das Außergewöhnliche der Empfindung wiederzugeben.

Gewöhnliche Wortstellung:
> Unter dem blauen Himmel fährt der Fischer im runden Kahn.

Wortstellung im Gedicht:
> Rötlich steigt im grünen Weiher der Fisch.
> Unter dem runden Himmel
> Fährt der Fischer leise im blauen Kahn.
>   (TRAKL, Die Sonne, 2. Strophe)

Raum für Zusätze **IV. BILD**

Zusammenfassende Bezeichnung für (↪) Metapher, Vergleich und bildliche Ausdrucksweise insgesamt; umgreift mehr als den metaphorischen Ausdruck und ist auch nicht nur auf das Optisch-Anschauliche begrenzt. *Bilder* sind daher als verhältnismäßig geschlossene Sprachgebilde zu verstehen, denen Gefühlseindringlichkeit und Unmittelbarkeit (ohne längere rationale Brücken) wesenhaft sind.

„Die Poesie spricht in Bildern. Sie nennt Dinge der Welt, welche ein inneres Auge durch die Kraft des Wortes aufs Neue wahrnehmen kann. Die poetischen Bilder sind nicht Natur. Die Seele ist in ihnen aufgegangen."
(Walther Killy, 5)

*

Wie lauscht', vom Abendschein umzuckt,
Die strohbedeckte Hütte,
Recht, wie im Nest der Vogel duckt
Aus dunkler Föhren Mitte.
(DROSTE-HÜLSHOFF, Das Haus in der Heide)

Je mehr Vorstellungen die Bilder wachrufen und je heftiger sie es tun, desto stärker beschwören sie eine über das unmittelbar Erfahrbare hinausgehende Ausdruckswelt.

„Abendgesellschaft: Blumenkörbe dufteten in voller Pracht auf dem Tische, und der Wein schlich zwischen den Schüsseln und Blumen umher, schüttelte seine goldenen Flügel und stellte bunte Tapeten zwischen die Welt und die Gäste." (NOVALIS)

Beide Bspe stellen zugleich zwei Typen der Vereindringlichung im sprachlichen Bild dar: *Beseelung* und *Erfühlung*.

Nach sprachlicher Struktur *vier Formen* der Bilder zu unterscheiden:

1. Einfaches, geschlossenes Bild

Wird geprägt von der Bildstruktur: einheitlich, gespannt, klar, verschwommen, dicht, überladen, blaß usw.

2. Vergleich

Zielt nicht nur auf verdeutlichende Analogie, sondern auf Verschmelzung des gemeinsamen Gehalts aus zwei Bereichen.

(Der alte Bauer) „saß da, wie ein Stoß vergessenen Holzes tief im Walde steht, von Nässe versäuert, rissig, von Flechten überkrochen, mit gelöster Rinde." (STEHR, Der Heiligenhof)

a) Gekürzter Vergleich: Wegfall der Vergleichspartikel.

Einem ist sie (die Wissenschaft) (wie) die hohe, himmlische Göttin, dem andern (wie)
Eine tüchtige Kuh, die ihn mit Butter versorgt. (SCHILLER, Wissenschaft)

b) Gleichnis: Wird der Vergleichsbereich breit ausgestaltet, wie bes. im Epos (HOMER), spricht man vom Gleichnis.

b¹) Parabel (gr. parabole von paraballein nebeneinanderstellen = Gleichniserzählung) nennt man ein Gleichnis mit selbständiger Handlung, in der eine Wahrheit durch einen Vorgang aus einem anderen Vorstellungsbereich anschaulich gemacht wird (→ Parabolische Formen).

Raum für Zusätze

3. Symbol

Nach der wörtlichen Bedeutung (gr. symbolon von symballein zusammenwerfen, vergleichen, schließen, ˙erraten) zunächst ein Erkennungszeichen, ähnlich dem verabredeten mündlichen Losungswort (Parole); auf dichterischer Ebene eine bildhafte Gestaltung, die durch ihre eindringliche Wirkung auf Gefühl und Phantasie Blicke in Tiefen eröffnet mit einem großen Reichtum an Beziehungen.

> „Ein ganz klares Symbol ist kein Symbol mehr, es schlägt mit dem Hauptton zugleich eine Fülle von leisen, nur ahnbaren und angedeuteten Obertönen an, darin beruht der tiefste Zauber dieser Kunstform."
> *(Richard Müller-Freienfels, 6)*
>
> ★
>
> „So offenbart sich in den sprachlichen Symbolen ein Weltbild: nicht nur ein individuelles eines einmaligen Dichters, sondern eines, das zugleich in seinen sprachlichen Gegebenheiten und Voraussetzungen auf dem sprachlich geprägten Weltbild der Sprachgemeinschaft aufbaut. So wachsen dem Dichter aus der Sprachgemeinschaft oft letzte große Sinnbilder auf, sogenannte Urbilder. In ihnen enthüllen sich oft geschichtliche Tiefen der Menschheitsentwicklung, Urerlebnisse werden wieder lebendig, Archetypisches bricht durch."   *(Herbert Seidler, 7)*

Sonderform

Emblem (Mz. Emblemata; gr. emblema von emballein hineinwerfen = legen): Eigentl. eingelegte (Goldschmiede-) Arbeit, dann Kennzeichen, Abzeichen, Sinnbild, so noch im heutigen Sprachgebrauch, z. B. für Zunftsymbole des Handwerks.

In Renaissance und Barock *Verbindung von bildender Kunst und Dichtkunst* durch Kombination von Motto, gemaltem Bild und Epigramm (lemma, pictura, subscriptio): „Gemälpoesy" (MATTHIAS HOLTZWART, 1581).

Bspe:
   Motto (lemma): Ex bello pax (Aus Krieg Frieden)
    Bild (pictura): Ein von einem Schild abgedeckter Brustpanzer eines Kriegers, in den sich ein Bienenvolk eingenistet hat.
   Epigramm (subscriptio): Mögen die Waffen auch ferne liegen, so ist es doch recht, den Krieg zu beginnen. Anders kannst du die Kunst des Friedens nicht genießen.

★

   Motto: Erkannte Güte
   Bild: Birnbaum mit einer von einer Wespe benagten Birne.
   Unterschrift: Der Schmackhafte (Beiname des Herzogs WILHELM VON SACHSEN als Mitglied der Fruchtbringenden Gesellschaft).

Raum für Zusätze   Vom gelehrten Humanismus aus der Antike übernommen, in großen Sammlungen weltbekannt gemacht (z.B. ANDREAS ALCIAT(US), Emblematum Liber, 1531, rd. 150 Aufl.), im Barock eines der wichtigsten Ausdrucksmittel; auch im Einzelausdruck häufig abstrakter Sinngehalt (z.B. Ölzweig = Frieden, Palme = Treue, Sonne = Welt), dadurch viele heute auf den ersten Blick nicht zu erkennende Anspielungen. Deutung dieser Verrätselungen (ALCIAT: „in verschwiegenen Zeichen schreiben") ist wichtig sowohl für Aufhellung der barocken Metaphernsprache als insgesamt für Topos- und Motivforschung.

4. Chiffre

In moderner Dichtung Symbole häufig zu *Zeichen* vereinfacht: *Chiffren* (arab. cifr Null) = Geheimzeichen. Kann einerseits Kondensierung und Verkürzung bedeuten (z.B. RILKES Sprache in den „Duineser Elegien": „Mit allen Augen sieht die Kreatur das Offene" — Aufgabe: diese Chiffre [„das Offene"] zu entziffern und zu enträtseln), andererseits Entleerung. Mit Hilfe von Chiffren wendet sich der moderne Dichter gegen eine Haltung, die glaubt, schnellfertig Sinn in einer anscheinend sinnlos gewordenen Welt zu finden.

a) Montage*: Für „arbeiten mit Chiffren" wird im heutigen Sprachgebrauch auch Ausdruck „einmontieren" gebraucht: *Chiffre-Montage*. Zwecks Entfaltung überraschender Bezüge Zerlegen und Umbauen (montieren) des Wortmaterials (z.B. manitypistin stenoküre aus maniküre stenotypistin) oder kunstvolle Verschränkung verschiedener entlegener Bereiche (etwa Märchenformel mit Tagesreklame):

> tischlein deck dich: | du wirst reich sein. —
> eselin (!) streck dich: | du wirst schön sein. —
> knüppel aus dem sack: | du wirst stark sein. —
> HANS MAGNUS ENZENSBERGER, bildzeitung
> (Refrainzeilen der ersten 3 Strophen)

V. TOPIK

In der antiken Redekunst die Lehre von den Gemeinplätzen (gr. topikē technē von topos Ort, Gegend). Wiederaufnahme des Begriffs (Einz. topos, Mz. topoi) in der neueren Literaturwissenschaft durch ERNST ROBERT CURTIUS (Europäische Literatur und lateinisches Mittelalter, 1948, 1961³). Er nennt ein inhaltliches Motiv, das in der literarischen Tradition fortlebt, Topos. Die Topoi sind nach seiner Definition „feste Clichés oder Denk- und Ausdrucksschemata", stammen fast alle aus der antiken Literatur, sind über die mittellateinische Literatur in die verschiedenen volkssprachlichen europäischen Literaturen gedrungen und haben sich bis in die Aufklärung und Zeit der Empfindsamkeit gehalten. Sie geben sozusagen die literarische Kulisse. Bsp.: Der „Lustort", lat. *locus amoenus*.

---

36   * ↪ auch S. 209

„Der locus amoenus bildet von der Kaiserzeit bis zum 16. Jh. das Hauptmotiv aller Naturschilderung. Er ist ein schöner, beschatteter Naturausschnitt. Sein Minimum an Ausstattung besteht aus einem Baum (oder mehreren Bäumen), einer Wiese und einem Quell oder Bach. Hinzutreten können Vogelsang und Blumen. Die reichste Ausführung fügt noch Windhauch hinzu." *(Ernst Robert Curtius, 8)*

Raum für Zusätze

Nach Abklingen des starken Anstoßes zur Topoiforschung durch CURTIUS setzt sich gemäßigtere Ansicht in der Literaturwissenschaft durch:
1. Topos ist deutlich vom Klischee oder von der rhetorischen Floskel zu unterscheiden,
2. Topos ist *literarische Formel,* die als solche in ihrer Tradition, in ihrer Bindung an die geistige Umgebung der Zeit untersucht werden muß.

„Wenn etwas die Toposforschung legitimiert, so ist es nicht die Katalogisierung von Redeformeln und dergleichen, vielmehr die Erkenntnis der in den Topoi formelhaft vorgetragenen Auslegungen wesentlicher Aspekte des Seins. Der Boden dazu ist in exakter philologischer Arbeit zu sichern."
(Walter Veit, 9)

★

„Man gewinnt nichts für die Erkenntnis des Wertes einer Dichtung, wenn man solche Figuren aufdeckt, registriert, auf ihren Ursprung zurückführt und ihre Verwendung bis zu dem betreffenden Werk hin verfolgt. Erst wenn wir beobachten, was der Dichter an dieser Stelle mit einer solchen Formel erreicht, warum er sie verwendet, aus welcher inneren Haltung, ob es ihm gelingt, sie wieder mit innerem Gehalt auszufüllen oder ob sie wirklich bloße Schablone bleibt, erst dann kommen wir der künstlerischen Eigenart des Werkes näher. Zugleich aber haben wir eine weitere Einsicht in das wirkliche Leben solcher Formeln gewonnen." *(Herbert Seidler, 10)*

FIGUREN

I. Wortfiguren

| 1. Nachdrücklichkeit | 2. Übertreibung | 3. Untertreibung | 4. Umschreibung |

II. Satzfiguren

| 1. Wortverbindung | 2. Worteinsparung | 3. Worthäufung | 4. Wortstellung |

III. Gedankenfiguren

| 1. Anruf | 2. Frage | 3. Entgegenstellung | 4. Widersprüchlichkeit |

IV. Klangfiguren

| 1. Wortwiederholung | 2. Wortspiel | 3. Lautmalerei |

Raum für Zusätze **I. WORTFIGUREN**

1. Nachdrücklichkeit, Emphase

Nachdruck im Reden, Kraft im Ausdruck (gr. emphainein anschaulich machen, verdeutlichen). — Im Kontext das nachdrückliche Hervorheben *eines* Wortes. Wird im Redefluß auf den prägnanten Inhalt eines bestimmten Wortes vom Gefühl her nachdrücklich verwiesen, spricht man von sprachlicher Gestaltung unter erhöhter Gefühlslage: *emphatischer* Wortgebrauch, Nachdrücklichkeit durch Gefühlsverstärkung.

> Menschen! — Menschen! falsche, heuchlerische Krokodilbrut! Ihre Augen sind Wasser! Ihre Herzen sind Erz! Küsse auf den Lippen! Schwerter im Busen! (SCHILLER, Die Räuber, I, 2)
>
> ★
>
> Im Elend! Verzweifelnd! Erbärmlich auf der Erde lange verirrt! Als Missetäterin im Kerker zu entsetzlichen Qualen eingesperrt, das holde unselige Geschöpf! Bis dahin! — (GOETHE, Urfaust, Trüber Tag, Feld)

2. Übertreibung, Hyperbel

Übertreibendes (hyperbolisches) Sprechen (Hyperbolik) beruht auf der Stilfigur der *Hyperbel* (gr. hyperbole aus hyperballein über das Ziel hinauswerfen, und zwar über das billige Maß hinaus). In der Stilkunst die *Steigerung des Ausdrucks* sowohl durch Vergrößerung als auch durch Verkleinerung. Weit verbreitet in volkstümlicher Sprache und Mundart, in der Schimpfwortsprache und im Tiervergleich:

> Er hat einen Mund wie ein Scheunentor. — Fuchsteufelswild. — Esel!

Lieblingsfigur in pathetischer und komischer Dichtung. Ist hinter der Hyperbel ein starkes, wahres Gefühl spürbar, so wirkt sie auch beim Hörer gefühlssteigernd; Schritt vom Erhabenen zum Lächerlichen ist allerdings klein. Wird Hyperbel äußerlich, verstandesmäßig als bloßer Schmuck verwendet, spricht man von *Schwulst*. Mit Ironie verbunden, kann *komische Wirkung* erzielt werden:

> *Karl:* So eine rührende Bitte, so eine lebendige Schilderung des Elends und der zerfließenden Reue — die wilde Bestie wär in Mitleid zerschmolzen! Steine hätten Tränen vergossen. (SCHILLER, Die Räuber, I, 2)
>
> ★
>
> *Holofernes:* Wenn ich mich und Assyrien abziehe, so bleibt nichts übrig als eine mit Fett ausgestopfte Menschenhaut. (HEBBEL, Judith, I)

3. Untertreibung, Litotes

Will durch Milderung (gr. litos schlicht, gering) und Abschwächung der Äußerung verschleiern, was eigentlich gesagt werden müßte; oft durch eine negative Wendung, z.B. im „Lob": nicht ohne Fleiß.

„Er hielt sie fest und drückte sie an sich. Erst auf einem Rasenabhang ließ er sie nieder, nicht ohne Bewegung und Verwirrung." Raum für Zusätze
(GOETHE, Die Wahlverwandtschaften, I, 12)

Bei doppelter Verneinung ist die Verkleinerung nur scheinbar und wird zu einer ironisierenden Redefigur.

Er freute sich nicht wenig (= sehr); er war nicht gerade ein Held (= feig); es ist nicht unwahrscheinlich (= ziemlich wahrscheinlich).

Als unauffälliges, aber feines Stilmittel häufig in der Prosadichtung bei THOMAS MANN:

„Im Handumdrehen also wird der Erzähler mit Hansens Geschichte nicht fertig werden. Die sieben Tage einer Woche werden dazu nicht reichen und auch sieben Monate nicht. Am besten ist es, er macht sich im voraus nicht klar, wieviel Erdenzeit ihm verstreichen wird, während sie ihn umsponnen hält. Es werden, in Gottes Namen, ja nicht geradezu sieben Jahre sein!"
(THOMAS MANN, Aus dem „Vorsatz" zum Roman: Der Zauberberg)

4. Umschreibung, Periphrase

Umschreibung (gr. periphrazein um etwas herumreden) eines Begriffs, z.B. durch eine seiner Eigenschaften: der Allmächtige statt Gott. Als Wortfigur kann Periphrase der Ausdrucksmilderung (Euphemismus) ebenso wie der Ausdrucksgeziertheit (Preziosität) dienen.

a) Euphemismus: Verhüllende, beschönigende Umschreibung (gr. eu gut und phemē Stimme, Wort), gedämpfter Stil, z.B. entschlafen, verscheiden, ableben statt sterben.

Bsp. für gedämpften Stil:
„Ich fing an die Bemerkung zu machen, die uns in der Jugend lange verborgen bleibt, daß die Männer altern und die Frauen sich verändern."
(GOETHE, Dichtung und Wahrheit)

b) Preziosität: Gekünstelte, geschraubte, gezierte Umschreibung (lat. pretiositas Kostbarkeit), geblümter Stil, z.B. benamsen statt benennen, dupieren statt betrügen.

Bsp. für geblümten Stil:
„Ein unansehnliches Dorf, ja, vielleicht gar ein offenes Feld, oder das Ufer eines Flusses, (hat) diesem großen Dichter den ersten Atem gegeben."
(GOTTSCHED, Lob- und Gedächtnisrede auf Martin Opitz)

c) Paraphrase heute begrifflich von Periphrase zu unterscheiden: verdeutlichende, weiter ausführende Umschreibung (gr. para dazu, hinzu phrazein reden, sagen), auch erklärende, freie Übertragung eines Textes, z.B. im Frühmhd. WILLIRAMs dt. Paraphrase des „Hohen Liedes" (um 1065).

Raum für Zusätze

II. SATZFIGUREN

1. Wortverbindung

a) Unverbundenheit, Asyndeton oder Asyndesie bzw. asyndetisches Sprechen. (gr. a un- und syndetos verbunden). Sprechen geschieht verbindungslos, d. h. ohne verknüpfende Bindewörter. Bewirkt mit Hilfe von Pausen vor und hinter den Wörtern nachdrückliche Hervorhebung, aber auch lebhafte Beschleunigung.

> Wie seelig bin ich doch! O haar / stirn / blick / brust / hand /
> So köstlich / freindlich / klar / anmuthig vnd begliket!
> Daß ich durch solches garn / gestirn / plitz / blust vnd band /
> Gefangen bin / freyh / wund / erquicket vnd verstricket!
> (WECKHERLIN, Von ihrer Schönheit Wundern, Schlußstrophe)
>
> ★
>
> Schnell ergriff ihn, allein zum letztenmale, der Menschheit
> Ganzes Gefühl. Er rufte mit lechzender Zunge: Mich dürstet!
> Rufts, trank, dürstete! bebte! ward bleicher, blutete! rufte:
> Vater, in deine Hände befehl ich meine Seele!
> (KLOPSTOCK, Der Messias, 10. Gesang, Schluß)

b) Vielverbundenheit, Polysyndeton (gr. polys viel syndetos verbunden): Sprache häuft die Bindewörter, erzeugt durch Reihung sich steigernder Begriffe machtvolle Bewegung.

> Und es wallet und siedet und brauset und zischt (SCHILLER, Der Taucher)
>
> ★
>
> Denn was er sinnt, ist Schrecken, und was er blickt, ist Wut,
> Und was er spricht, ist Geißel, und was er schreibt, ist Blut.
> (UHLAND, Des Sängers Fluch)

2. Worteinsparung

Tritt auf in leidenschaftlich erregter dichterischer Sprache. Zwei Möglichkeiten, um in Kurzsätzen (Worteinsparung) Wichtiges hervorzuheben: *Weglassen des Unwichtigen* und *Verschweigen des Wichtigen*.

a) Weglassung des Unwichtigen, Ellipse (lat. ellipsis von gr. elleipsis Auslassung, Mangel), um Raffung und stärkere Gefühlswirkung zu erzielen.

> Und Ihro Gnaden sollten glauben, daß ich aus Mißtrauen, aus Sorge für meine Bezahlung —— ? (LESSING, Minna von Barnhelm, I, 3)

Antike Stilkunde meinte damit „Aus- oder Weglassung", in der (wohl irrtümlichen) Annahme, das Ausgelassene werde zur grammatischen Vollständigkeit des Satzes hinzugedacht.

Im 18. Jh. Lieblingsfigur der Dichter des „Sturm und Drang".

> S p i t z b ü b i s c h e K ü n s t e ! M ö r d e r , R ä u b e r durch spitzbübische Künste! Angeschwärzt von ihm! verfälscht, unterdrückt meine Briefe — voll Liebe sein Herz — o ich Ungeheuer von einem Toren — voll Liebe sein Vaterherz —
> o Schelmerei, Schelmerei! (SCHILLER, Die Räuber, IV, 3)

Sonderformen der Ellipse — Raum für Zusätze

a¹) Zeugma (gr. zeugnynai zusammenjochen, verbinden): Verbindung zweier Sätze oder auch Hauptwörter durch ein Zeitwort, das nur zu einem paßt bzw. zu beiden nicht in gleicher Weise.

> Er schlug die Stühl' und Vögel tot
> (Heinrich Hoffmann, Der Struwwelpeter)

a²) Apokoinu (spr. keunu, gr. apǫ von und koinǫs gemeinsam): „Ein Satzteil, der gleichmäßig zu zwei beigeordneten Sätzen gehört, wird in die Mitte zwischen beide gestellt ohne Verbindungswort" (Hermann Paul, Mhd. Gr.), bes. häufig im mhd. Volksepos, z. B.:

> si truogen für die tür *siben tûsent tôten* wurfen si derfür
> (Nibelungenlied, 2013)

Erneut verwendet als Stilmittel in der modernen Lyrik, z. B.:

> alt: du bist alt bist du: alt
> (Hans Magnus Enzensberger, geburtstagsbrief, Schluß)

b) Verschweigen des Wichtigen, Aposiopese (gr. apǫ-siōpan verstummen), unter affektbetontem Abbruch der Rede.

> Dann kenn' ich auch die höhre Welt,
> In der du lange warst;
> Dann sehn wir froh die Linde wehn,
> Die unsre Gräber kühlt.
>
> Dann... Aber ach ich weiß ja nicht,
> Was du schon lange weißt;
> Nur daß es, hell von Ahndungen,
> Mir um die Seele schwebt!
> (Klopstock, Das Wiedersehn, 4. und 5. Strophe)

*

Wenn es mir nicht gelingt, den Grafen augenblicklich zu entfernen: so denk' ich — Doch, doch; ich glaube, er geht in diese Falle gewiß.
(Lessing, Emilia Galotti, I, 6)

Im naturalistischen Drama ist die Aposiopese eines der wichtigsten Stilmittel (↪ Mimisches Spiel):

Frau Käthe: Anna — wenn du nun gehst — willst du mir dann nicht einen Rat geben?
Fräulein Anna, traurig, fast mitleidig lächelnd: Liebes Käthchen.
Frau Käthe: Du hast es verstanden... Du hast so wohltätig auf ihn eingewirkt.
Fräulein Anna: Hab ich das? Hab ich das wirklich?
Frau Käthe: Ja, Anna. — Und sieh mal — auch auf mich. Ich bin dir Dank schuldig in vielen Stücken. Ich habe nun auch den festen Willen... Rate mir, Anna.

Raum für Zusätze

Fräulein Anna: Ich kann dir nicht raten. Ich fürchte mich, dir zu raten.
Frau Käthe: Du fürchtest dich?
Fräulein Anna: Ich hab' dich viel zu lieb, viel zu lieb, Käthchen!
Frau Käthe: Ach, wenn ich für dich etwas tun könnte, Anna!
Fräulein Anna: Das darfst du nicht — **kannst** du nicht.
Frau Käthe: Vielleicht doch. Vielleicht weiß ich, was du leidest.
Fräulein Anna: Was leide ich denn, Närrchen?
Frau Käthe: Ich könnte es sagen, aber...
(Gerhart Hauptmann, Einsame Menschen, III)

3. Worthäufung

Kann durch *Reihung* oder durch *Abwandlung* erfolgen; in der Antike *Akkumulation* bzw. *Amplifikation* genannt.

a) Reihung, Akkumulation (lat. accumulare anhäufen, sammeln):
In der Stilkunde die (gehäufte) Aneinanderreihung mehrerer Unterbegriffe anstelle des zusammenfassenden Oberbegriffs, eine Fülle von Einzelempfindungen für den Gesamteindruck.

Reichen Filzen ein Dritteil ihrer Sorgen vom Hals schaffen, die ihnen nur den goldnen Schlaf verscheuchen, das stockende Geld in Umlauf bringen, das Gleichgewicht der Güter wieder herzustellen, mit einem Wort, das goldne Alter wieder zurückrufen, dem lieben Gott von manchem lästigen Kostgänger helfen, ihm Krieg, Pestilenz, teure Zeit und *Dokters* ersparen — siehst du, das heiß' ich ehrlich sein. (Schiller, Die Räuber, I, 2)
*

„Es entsteht ein al fresco hingeworfenes Gemälde, auf dem die Figuren einen unentwirrbaren Knäuel bilden. Sie haben keine Namen; sie haben dafür Betätigungen, Ämter, Missionen und unterschiedliche Schicksale. Es sind Kaufleute, Richter, Ärzte, Funktionäre, Kleinbürger, Handwerker, Literaten und Frauen aller Art, jeden Alters, jeden Standes."
(Jakob Wassermann, Laudin und die Seinen)

b) Abwandlung, Amplifikation (lat. amplificatio Erweiterung):
Bringt zwar auch ausführlichere Aussagen, jedoch in wiederholender *Abwandlung* unter verschiedenen Gesichtspunkten.

„Vergebens sucht Dostojewski als Künstler objektiv zu schaffen, außen zu bleiben, bloß zu erzählen und zu gestalten, Epiker zu sein, Referent von Geschehnissen, Analytiker der Gefühle..." (Stefan Zweig, Drei Meister)

c) Stufenfolge, Gradation (lat. gradatio Stufengang): Tritt auf als *Abstufung der Wortfolge nach oben: Klimax* (gr. klimax Leiter, Treppe) und als *Abstufung nach unten: Antiklimax.*

Klimax: Er weint, er ist bezwungen, er ist unser!
(Schiller, Die Jungfrau von Orleans, II, 10)
*

Antiklimax: Doktoren, Magister, Schreiber und Pfaffen
(Goethe, Faust I, Nacht)

4. Wortstellung

a) Gleichlauf, Parallelismus (gr. par-allēlos nebeneinander befindlich, gleichlaufend): Gleichlauf der Glieder.

Nacht ist es: nun reden lauter alle springenden Brunnen.
Und auch meine Seele ist ein sprechender Brunnen.
Nacht ist es: nun erst erwachen alle Lieder der Liebenden.
Und auch meine Seele ist das Lied eines Liebenden.

(NIETZSCHE, Also sprach Zarathustra)

b) Überkreuzstellung, Chiasmus (gr. chiasmos Überkreuzstellung der Glieder des gr. Buchstabens χ [chi] oder lat. X): Kreuzweise Stellung von vier Satzgliedern, so daß das erste und vierte, das zweite und dritte einander entsprechen (↪ auch Epanodos).

Der Einsatz war groß, klein war der Gewinn.

c) Fügungsbruch, Anakoluth (gr. verneinendes an- und akolūthein folgen): Wörtlich eine *Unfolge* in der Satzführung, ein Herausfallen aus der Bauart des Satzanfangs.

Den du nicht verlässest, Genius,
Wirst ihn heben übern Schlammpfad
Mit den Feuerflügeln.

(GOETHE, Wandrers Sturmlied)

*

Wißt ihr dann, was ihr getan habt? Den besten Handel, die edelste Sache, die heiligste Sache ... eine Sache, die Gott einmal in eure Hand geben hat und vielleicht nimmer — in euren Händen ist sie gewest wie ein Kleinod im Saustall. (GERHARD HAUPTMANN, Florian Geyer, III)

d) Falsche Folge, Hysteron proteron (gr. hysteron das Spätere, proteron früher, eher; das Hintere voraus): Verkehrung der rechten Reihenfolge. Der spätere von zwei aufeinanderfolgenden Vorgängen wird zuerst, vor dem früher eingetretenen, erwähnt.

Ihr Mann ist tot und läßt Sie grüßen.

(GOETHE, Faust I, Der Nachbarin Haus)

e) Umstellung, Inversion (lat. inversio Umkehrung): Versetzte Wortfolge bzw. Umstellung der Satzteile entgegen dem grammatikalischen Schema zum Zweck der Hervorhebung. In der antiken Stilistik ungewöhnlich und nur durch rhythmische Gründe bei erregter Rede gerechtfertigt, z. B.: Groß ist die Diana der Epheser! (Apostelgeschichte, 19, 28). In der deutschen Stilistik wegen der Freiheit der Wortstellung unauffälliger, durchweg gebräuchlich.

„Es gibt in der deutschen Wortstellung kein Schema: Subjekt — Prädikat — Objekt (Satzgegenstand — Satzaussage — Satzziel). Es ist daher auch verfehlt, von Inversion zu sprechen, wenn das Subjekt hinter dem

Raum für Zusätze

Prädikat steht. Es gibt im Deutschen keine feste *Version* der Wortstellung, es kann also auch keine *Inversion* geben. Gerade in guter lebendiger Prosa stehen oft mehr ‚invertierte' Sätze als normale. Die Stellung eines Wortes hängt nicht ab von seinem grammatischen Charakter, sondern von seinem inhaltlichen Gewicht ... Das Sinnwort gehört an eine Stelle, die den Redeton hat, also an den Anfang oder Schluß des Satzes. In das Vorfeld kommt das Sinnwort, wenn es gefühlsbetont oder aufschlußgebend ist, in das Nachfeld, wenn es vorbereitet oder in gedanklichen Sätzen besonders unterstrichen werden soll. In erzählenden Sätzen schwankt die Stellung.

Vorfeld	Mitte	Nachfeld
In gefühlsbetonten Sätzen:		
Gefühls- oder willensbetontes Sinnwort	Geschehen	Ergänzungen und Erläuterungen
Bestraft	muß	er werden
In gedanklichen und belehrenden Sätzen:		
Anschluß an Vorangegangenes oder Vorläufiges	Geschehen	Gedankliches Sinnwort
Nach langwierigen Untersuchungen	erging	das Urteil

(Ludwig Reiners, 11)

Trotzdem spricht man auch in der dt. Stilkunde von *ungewöhnlicher, gekünstelter* und *falscher Umstellung*.

e¹) Ungewöhnliche Umstellung, Enallagē (gr. en-allassein umtauschen, verwechseln), wenn das Beiwort nicht beim Beziehungswort (meistens Genitiv) steht, sondern schon beim vorangehenden oder folgenden Hauptwort, zu dem es dann grammatisch, aber nicht dem Sinne nach gehört.

Den besten Becher Weins (GOETHE, Der Sänger);
Der Lieder süßer Mund (SCHILLER, Die Kraniche des Ibykus);
Das braune Lachen ihrer Augen (OTTO LUDWIG, Die Heiterethei)

e²) Gekünstelte Umstellung, wenn z. B. in der Lyrik die Umstellung nur des Reimes wegen erfolgt.

e³) Falsche Umstellung, wenn z. B. im Kaufmannsdeutsch nach „und" umgestellt wird: „...und verbleiben wir..."

III. GEDANKENFIGUREN   Raum für Zusätze

1. Anruf

a) Apóstrophē (gr. apóstrophē eigentlich Abwendung = Anrede):
Abwenden des Dichters von der Wirklichkeit und anrufendes Hinwenden zu Gestalten visionärer Wirklichkeit.

> Freude, schöner Götterfunken,
> Tochter aus Elysium,
> Wir betreten feuertrunken,
> Himmlische, dein Heiligtum.
> Deine Zauber binden wieder,
> Was die Mode streng geteilt;
> Alle Menschen werden Brüder,
> Wo dein sanfter Flügel weilt.
> (SCHILLER, An die Freude, Anfangsstrophe)

*

Alter Freund! Immer getreuer Schlaf! Fliehest du mich auch, wie die übrigen Freunde? Wie willig senktest du dich sonst auf mein freies Haupt herunter und kühltest, wie ein schöner Myrtenkranz der Liebe, meine Schläfe! (GOETHE, Egmont, V)

b) Invokation (lat. invocatio Anrufung): Anflehung oder Anrufung Gottes oder der Musen.

Musen, die ihr so gern die herzliche Liebe begünstigt,
Auf dem Wege bisher den trefflichen Jüngling geleitet,
An die Brust ihm das Mädchen noch vor der Verlobung gedrückt habt:
Helfet auch ferner den Bund des lieblichen Paares vollenden,
Teilet die Wolken sogleich, die über ihr Glück sich heraufziehn!
Aber saget vor allem, was jetzt im Hause geschiehet.
(GOETHE, Hermann und Dorothea, 9. Gesang)

2. Frage

a) Rhetorische Frage: Im Grunde gar keine Frage, sondern eine in scheinbarer Frageform noch nachdrücklichere Aussage oder Aufforderung, da der Sprechende sich der Zustimmung des Partners von vornherein gewiß ist. — „Sind wir nicht *fähig,* uns zu behaupten?" (= ganz ohne Zweifel sind wir das!)

> Frommt's, den Schleier aufzuheben,
> Wo das nahe Schrecknis droht?
> Nur der Irrtum ist das Leben,
> Und das Wissen ist der Tod.
> Nimm, o nimm die traur'ge Klarheit,
> Mir vom Aug' den blut'gen Schein!
> Schrecklich ist es, deiner Wahrheit
> Sterbliches Gefäß zu sein.
> (SCHILLER, Kassandra, 8. Strophe)

Raum für Zusätze

b) Dialogismus (gr. dialogos Unterredung, Gespräch): Oft verbunden mit rhetorischer Frage, bes. beliebt im *kämpferischen Prosastil*, z.B. bei LESSING und NIETZSCHE. Hier findet ein fingiertes Frage- und Antwortspiel statt, um die Anteilnahme des Hörers oder Lesers am Thema zu wecken und zu erhalten.

> „Ich soll geleugnet haben, daß die Bibel die Religion *enthalte*? Ich? Wo das? Gleich in dem Vorhergehenden? Doch wohl nicht damit, daß ich gesagt habe: die Bibel ist nicht die Religion?"
> (LESSING, Wider den Herrn Pastor Goeze)

★

> „Vorausgesetzt, daß die Wahrheit ein Weib ist —, wie? ist der Verdacht nicht begründet, daß alle Philosophen, sofern sie Dogmatiker waren, sich schlecht mit Weibern verstanden? Daß der schauerliche Ernst, die linkische Zudringlichkeit, mit der sie bisher auf die Wahrheit zuzugehen pflegten, ungeschickte Mittel waren, um gerade die Frauenzimmer für sich einzunehmen? Gewiß ist, daß sie sich nicht hat einnehmen lassen, und jede Art Dogmatik steht heute mit betrübter und mutloser Haltung da. Wenn sie überhaupt noch steht! Denn es gibt Spötter, welche behaupten, sie sei gefallen, alle Dogmatik liege zu Boden, mehr noch, alle Dogmatik liege in den letzten Zügen." (NIETZSCHE, Jenseits von Gut und Böse, Anfang)

3. Entgegenstellung, Antithese

Gekoppelte oder unverbundene Zusammenstellung entgegengesetzter Begriffe (gr. anti gegen, thesis Satz, Behauptung), oft in gleichlaufender (paralleler) Wortreihenfolge, zuweilen in Überkreuzstellung (→ *Chiasmus*).

> Jung und alt. — Gut und Böse. — Heute rot, morgen tot. — Heiß ist die Liebe, kalt ist der Schnee. — Eng ist die Welt, und das Gehirn ist weit.

In germ. Dichtung als Stilfigur unbekannt, erst nach antikem und romanischem Vorbild in die dt. Dichtung aufgenommen. Meister dieser Stilfigur in der mhd. Epik GOTTFRIED VON STRASSBURG, in neuerer Dichtung SCHILLER. Antithetisch gebaut sind als Taktreihe der (→) *Alexandriner*, als Kurzstrophe das (→) *Epigramm* und als Gedicht fester Bauart das (→) *Sonett*.

4. Widersprüchlichkeit, Oxymoron

Enge Verbindung von zwei einander widersprechenden Begriffen in pointierender Absicht (gr. oxys scharf, sauer und moros dumm, albern = eine scharfsinnige Dummheit). In der Alltagssprache z.B. „alter Knabe", „die armen Reichen", in höherer Stilschicht: „weiser Narr", „jauchzender Schmerz".

Man unterscheidet:

a) Addierende Zusammensetzung: Zusammenfügung gleichberechtigter, einander widersprechender Glieder, z.B. traurigfroh (HÖLDERLIN, Heidelberg); Du übersinnlich-sinnlich Freier (GOETHE, Faust);

b) Contradictio in adjecto (lat.: Widerspruch im Beiwort): Widerspruch zwischen Substantiv und adjektivischem Beiwort: Beredtes Schweigen, gefüllte Pause. — Lieblingsstilmittel von C. F. Meyer: sanfter Eigensinn, düsterer Triumph, matte Gluten u. a. In der neueren Dichtung bei Barlach: der brühende Frost („Der blaue Boll") und bei Celan: schwarze Milch der Frühe („Todesfuge");

c) Paradoxon, Paradox (gr. pará gegen und doxa Meinung): Anscheinender, jedoch — von einem bestimmten Standpunkt aus — nur scheinbarer Widerspruch. Widerspruch zwischen Logik und Glauben: Das Leben ist der Tod, und der Tod ist das Leben. — Beliebte Stilfigur der Mystik und bes. in der Dichtung des Barock, ferner häufig bei Shakespeare, Schiller, Hölderlin, Hebbel sowie bei Nietzsche:

> Ach, Eis ist um mich, meine Hand verbrennt sich an Eisigem!
> (Also sprach Zarathustra, Nachtlied)

d) Bildsprung, Katachrese (gr. katachresis Mißbrauch): Fehlerhafter Bildersprung; Stilblüte, besonders häufig bei verblaßten Metaphern:

> Wenn alle Stricke reißen, hänge ich mich auf. — Der Zahn der Zeit, der schon so manche Träne getrocknet hat, wird auch über diese Wunde Gras wachsen lassen. — Der Hauptschwerpunkt der Forschung gipfelt in der Frage.

IV. KLANGFIGUREN

1. Wortwiederholung

a) Anapher (Mz. Anaphora; gr. ana-phérein heraufholen, zurückführen): Wiederholung am Anfang. Mehrere Sätze (oder Verse bzw. Strophen) beginnen gefühlsverstärkend mit denselben Worten. Als Stilmittel besonders gern in Ballade und Drama angewendet, u. a. bei Klopstock (vgl. Bsp. bei Aposiopese: dreimal anaphorisches „Dann"); Goethe, Mignon (die anaphorischen Anfänge der drei Strophen: „Kennst du das Land . . ."); Bürger, Lenore. Weitere Bspe:

> <u>Endlich</u> blüht die Aloe,
> <u>Endlich</u> trägt der Palmbaum Früchte,
> <u>Endlich</u> schwindet Furcht und Weh,
> <u>Endlich</u> wird der Schmerz zunichte,
> <u>Endlich</u> sieht man Freudental,
> <u>Endlich</u>, Endlich kommt einmal.
>
> (Johann Christian Günther, Trostaria, Schlußstrophe; anaphorisches „endlich" 26mal in fünf sechszeiligen Strophen)

*

> Auferstehn, ja auferstehn wirst du,
> mein Staub, nach kurzer Ruh.
> (Klopstock, Die Auferstehung)

Raum für Zusätze

Raum für Zusätze

           Hörst du, wie die Brunnen rauschen?
           Hörst du, wie die Grille zirpt?
           Stille, stille, laß uns lauschen,
           Selig, wer in Träumen stirbt;
           Selig, wen die Wolken wiegen,
           Wenn der Mond ein Schlaflied singt;
           O! wie selig kann der fliegen,
           Dem der Traum den Flügel schwingt,
           Daß an blauer Himmelsdecke
           Sterne er wie Blumen pflückt;
           Schlafe, träume, flieg, ich wecke
           Bald dich auf und bin beglückt.
                      (BRENTANO, Säusle, liebe Myrthe, Schlußstrophe)

                      ★

           Meinen Sie Zürich zum Beispiel
           sei eine tiefere Stadt,
           wo man Wunder und Weihen
           immer als Inhalt hat?

           Meinen Sie, aus Habana,
           weiß und hibiskusrot,
           bräche ein ewiges Manna
           für Ihre Wüstennot?   (BENN, Reisen, Anfang)

b) **Epipher** (Mz. Epiphora; gr. epi-phęrein hinzu-, nachtragen): Umkehr der Anapher. Wiederholung eines oder mehrerer Wörter an den Vers- oder Satzschlüssen.

           Sie haben wegen der Trunkenheit
           Vielfältig uns verklagt,
           Und haben von unsrer Trunkenheit
           Lange nicht genug gesagt.
           Gewöhnlich der Betrunkenheit
           Erliegt man, bis es tagt;
           Doch hat mich meine Betrunkenheit
           In der Nacht umher gejagt.
           Es ist die Liebestrunkenheit,
           Die mich erbärmlich plagt,
           Von Tag zu Nacht, von Nacht zu Tag
           In meinem Herzen zagt.
           Dem Herzen, das in Trunkenheit
           Der Lieder schwillt und ragt,
           Daß keine nüchterne Trunkenheit
           Sich gleich zu heben wagt.
           Lieb-, Lied- und Weines Trunkenheit,
           Ob's nachtet oder tagt,
           Die göttlichste Betrunkenheit,
           Die mich entzückt und plagt.
           (GOETHE, West-östlicher Divan, Das Schenkenbuch)

> O Mensch! Gib acht!
> Was spricht die tiefe Mitternacht?
> „Ich schlief, ich schlief —,
> „Aus tiefem Traum bin ich erwacht: —
> „Die Welt ist tief,
> „Und tiefer als der Tag gedacht.
> „Tief ist ihr Weh —,
> „Lust — tiefer noch als Herzeleid:
> „Weh spricht: Vergeh!
> „Doch alle Lust will Ewigkeit —,
> „— will tiefe, tiefe Ewigkeit!"
>
> (NIETZSCHE, Also sprach Zarathustra)

Raum für Zusätze

c) **Diaphora** (gr. dia-pherein auseinandertragen, einen Unterschied machen = die Verschiedenheit): Wiederaufnahme, Wiederholung desselben Wortes oder Ausspruchs mit jeweils anderer, oft verstärkter Bedeutungsnuance an beliebiger Stelle. Besonders häufig im Drama.

> *Mephistopheles:* Sie ist die erste nicht!
> *Faust:* — — — „Die erste nicht!" Jammer! Jammer!
>
> (GOETHE, Urfaust, Trüber Tag, Feld)

★

> *Das Fräulein:* Siehst du, Franziska? da hast du eine sehr gute Anmerkung gemacht.
> *Franziska:* Gemacht? macht man das, was einem so einfällt?
>
> (LESSING, Minna von Barnhelm, II, 1)

Auf der Grundlage der antiken Stilistik treten folgende Figuren auf, die ebenfalls die Wort- oder Satzwiederholung als Mittel der verstärkten Klangwirkung anwenden:

d) **Anadiplose** (gr. ana-diplon verdoppeln): Wiederholung des Endes eines Satzes oder Verses am Anfang des folgenden:
Ob sie die Flut auch bedeckt — auch bedeckt noch schimpfen sie klecklich (Übersetzung von: OVID, Metamorphoseon Libri VI, 376: Quamvis sint sub aqua — sub aqua maledicere temptant durch J. H. VOSS).

e) **Epanalepse** (gr. ep-analepsis von epanalambanein wiederholen): Wiederholung eines Wortes oder einer Wortgruppe am (Vers- oder Satz-)Anfang mit gefühlsverstärkender Wirkung (→ emphatischer Wortgebrauch): Laß sausen durch den Hagedorn, laß sausen, Kind, laß sausen! (BÜRGER, Lenore); hier zugleich in Verbindung mit dem (→) Kyklos.

f) **Epanodos** (gr. epanodos Rückzug): Wiederholung von Worten in umgekehrter Ordnung: Wer nicht kann, was er will, der wolle, was er kann (LEONARDO DA VINCI). Sehr häufig in chiastischer Wortstellung (→ Überkreuzstellung), so daß außen Epanalepse, innen Anadiplose erscheint: Mein Handwerk ist Rache — Rache ist mein Handwerk (angenommenes Bsp., dagegen in SCHILLERs Fassung: Mein Handwerk ist Wiedervergeltung — Rache ist mein Gewerbe [Die Räuber, II. 3]).

Raum für Zusätze

g) Kyklos (gr. kyklos Kreis): Wiederholung des Anfangswortes als Schlußwort des Satzes: Kreisfigur. Ein Pferd, ein Pferd, mein Königreich für'n Pferd! (SHAKESPEARE, Richard III., letzte Szene).

h) Polyptōton (gr. polys viel und ptosis Fall): Wiederholung desselben Wortes in einem Satz in verschiedenen Beugungsformen: Aug um Auge; sinkt — sank.

> Nicht mir! Das ist mein Schatten nur,
> Worauf die Blüte sinkt;
> So wie es nur dein Schatten war,
> Worauf sie oft schon sank.
> (KLOPSTOCK, Das Wiedersehn, 3. Strophe)

i) Symploke (gr. symploke Verflechtung): Verbindung, Verknüpfung von (→)Anapher und (→)Epipher.

> Was ist der Toren höchstes Gut? Geld!
> Was verlockt selbst die Weisen? Geld!

In der dt. Stilistik sind zur Wiederholung im klanglichen Bereich auch formelhafte Wendungen zu rechnen (häufig mit Stab- oder Endreim):

In Bausch und Bogen	Lug und Trug
blink und blank	aus Rand und Band
durch dick und dünn	in Saus und Braus
fix und fertig	auf Schritt und Tritt
gang und gäbe usw.	Weg und Steg usw.

k) Tautologie (gr. tauta dasselbe und logos Rede): Wiederholung des bereits Gesagten mit sinnverwandtem Wort oder Synonym, z. B. nackt und bloß, voll und ganz.

l) Synonym (Mz. Synonyme oder Synonyma; gr. syn mit, zusammen zugleich und onyma, onoma Name): Sinnverwandtes Wort, z. B. statt scheinen: leuchten, glimmen, glitzern, funkeln. Derartige Reihe ergibt ein

m) Wortfeld: Sprachliches Zeichenfeld, das die gesamten Sinnverwandten, die ein und denselben Begriff ausdrücken, umschließt.

n) Pleonasmus (gr. pleonazein im Überfluß vorhanden sein) entsteht, wenn die Hinzufügung kein sinnverwandtes Wort ist, sondern ein Wort, dessen Bedeutung schon in dem Hauptwort enthalten ist, z. B. weißer Schimmel, alter Greis.

2. Wortspiel, Paronomasie

Zusammenstellung von Homonymen (gr. homos gleich und onyma, onoma Name = gleichnamige), d. h. Wörtern, die mit einem anderen gleichlauten, aber in der Bedeutung unterschiedlich, oft gegensätzlich sind: Lerche — Lärche; Heide (Natur) — Heide (Mensch).

Das Wortspiel „verknüpft zwei bedeutungsmäßig unterschiedene, aber gleichtönende Sprachsphären dergestalt, daß Klangverwandtschaft sich mit Bedeutungsfremdheit eint; diese wird aber vermittelst eines durch jene herausgeforderten Denkakts für den einmaligen Fall in überraschender Weise aufgehoben. So verbindet sich Klangspiel mit Sinnspiel."

Raum für Zusätze

(Josef Körner, 12)

a) Annominatio: Wortspiel, das auf der Ähnlichkeit eines Lautes in zwei Wörtern beruht:

> Bistümer — Wüsttümer, Abteien — Raubteien, Rheinstrom — Peinstrom.
> (SCHILLER, Wallensteins Lager, Aus der Kapuzinerpredigt)

b) Figura etymologica: Redefigur, bei der sich ein Zeitwort mit einem stammverwandten Hauptwort als Objekt verbindet:

> Eine Grube graben; einen schweren Kampf kämpfen, eine gute Tat tun.

*

> Gar schöne Spiele spiel' ich mit dir — (GOETHE, Erlkönig)

3. Lautmalerei, Onomatopöie

Auch *Onomatopoesie* genannt. Schallnachahmende Wortbildung nach dem Naturlaut oder Klang einer Sache. Hier verstanden als Klangnachbildung (gr. onoma Name und poiein machen) in den sog. „schallnachahmenden" Wörtern (Sprachklang als künstlerisches Stilmittel ↳ Lautsymbolik): bauz, grunzen, rasseln, wispern, zischen.

> So rennet nun alles in vollem Galopp
> Und kürt sich im Saale sein Plätzchen;
> Zum Drehen und Walzen und lustigen Hopp
> Erkieset sich jeder ein Schätzchen.
> Da pfeift es und geigt es und klinget und klirrt,
> Da ringelts und schleift es und rauschet und wirrt,
> Da pisperts und knisterts und flisterts und schwirrt;
> Das Gräflein, es blicket hinüber,
> Es dünkt ihn, als läg er im Fieber.
> (GOETHE, Hochzeitlied, 7. Strophe)

Ob sich gesetzmäßige Zusammenhänge finden lassen zwischen Laut und Sinn, ist nach dem Stand der gegenwärtigen Forschung fraglich. Man darf vielleicht sagen: So wie für jede Sprache und Sprachstufe bezeichnend ist, *wie* sie im begrifflichen Bereich ordnet (bei scheinbarer Gleichheit kann die Auffassung verschieden sein), so variiert auch der *klangliche* Zugriff auf verschiedenen Sprachstufen und in verschiedenen Sprachgemeinschaften. Vgl. Kikeriki und Kuckuck in den verschiedenen Sprachen.

> „Strenge Scheidung zwischen naturalistischer Schallnachahmung und symbolischer Lautbedeutsamkeit ist gar nicht möglich." *(Josef Körner, 13)*

Raum für Zusätze *Sonderform*

Archaismus (gr. archaios alt): Veralteter Ausdruck oder Sprachgebrauch (z. B. Wams statt Jacke). Bezeichnet als Klangfigur die künstlerisch beabsichtigte Nachahmung altertümlicher Sprachformen in einem Wortkunstwerk, das im übrigen in der herrschenden Sprache abgefaßt ist.

„Der Ausdruckswert der veralteten Sprachformen besteht darin, daß sie die Lebensluft früherer Zeit mitbringen." *(Wilhelm Schneider, 14)*

In dt. Dichtung bes. in der Romantik (z. B. BRENTANO: Die Chronika des fahrenden Schülers) verwendet, ferner in den „Chroniknovellen" von STORM und den historischen Novellen von RAABE, manieriert angewandt in den Romanen von FREYTAG. Im Drama, bes. im naturalistischen Geschichtsdrama, bei GERHART HAUPTMANN: Florian Geyer. Im dt. Roman der 1. Hälfte des 20. Jhs.: aus naiver Haltung bei KOLBENHEYER: Paracelsus, 1917/1925, mit parodistischen Untertönen bei THOMAS MANN: Doktor Faustus, 1947.

Link: Ei, liebe Brüder, — müssen wir uns hie lassen ausschelten, gleich als wir Schulbuben wären?

Geyer: Ob du dich mußt lassen ausschelten, elender, hasenherziger Storger, Spitzknecht, Bettdrucker, Schmalzbettler, Kuppler und Lump, der du bist. Aufhenken wirst du dich lassen müssen, ufziehen zwischen Himmel und Erde, und wenn dich der Teufel bis diesen Tag zehnmal vom Galgen geschnitten hätt'.

Flammenbecker: Der Junker von Geyer lebet in einer anderen Welt, meinet, wir seien arme, maultote Leut'.

Geyer: Kehricht seid ihr. Kot von der Landstraße, elendes Gerümpel, das Gott besser hätt' hinterm Ofen lassen liegen, nit das Seil wert, daran euch der Henker müßt ufziehen. Memmen, die den Feind mit den Hacken bekriegen und denen die Hosen naß werden vor Himmelangst, wann die Landsknechte nur ein wenig den Staub aufwühlen.

(GERHART HAUPTMANN, Florian Geyer, III)

★

„Unwillig frage ich:
— Könnt Ihr denn das Unwesen nicht abstellen, diesen eisigen Zug?!
Er darauf: — Leider nein. Es tut mir leid, dir hierin nicht gefällig sein zu können. Ich bin nun einmal so kalt. Wie sollte ich's sonst auch aushalten und es wohnlich befinden dort, wo ich wohne?
Ich (unwillkürlich): — Ihr meint in der Hellen und ihrer Spelunck?
Er (lacht wie gekitzelt): — Ausgezeichnet! Derb und deutsch und schalkhaft gesagt! Hat ja noch viele hübsche Benennungen, gelehrt-pathetische, die der Herr Ex-Theologus alle kennen, so wie Carcer, Exitium, Confutatio, Pernicies, Condemnatio und so fort. Aber die zutraulich deutschen und humoristischen, ich kann mir nicht helfen, bleiben mir immer die liebsten."

(THOMAS MANN, Doktor Faustus)

III. SCHALLFORM

Raum für Zusätze

SCHALLFORM ⑪

Oberbegriff für die rhythmisch-klanglichen Eigenschaften der Sprache, der Prosa wie des Verses.

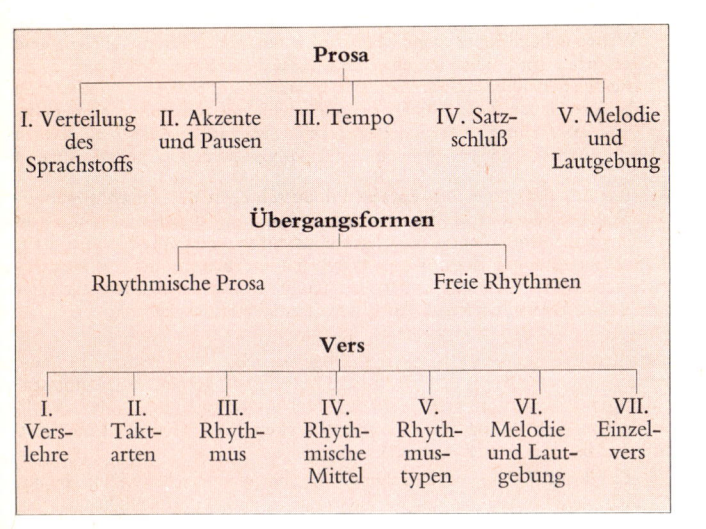

Prosa

| I. Verteilung des Sprachstoffs | II. Akzente und Pausen | III. Tempo | IV. Satzschluß | V. Melodie und Lautgebung |

Übergangsformen

Rhythmische Prosa — Freie Rhythmen

Vers

| I. Verslehre | II. Taktarten | III. Rhythmus | IV. Rhythmische Mittel | V. Rhythmustypen | VI. Melodie und Lautgebung | VII. Einzelvers |

PROSA ⑫

Minder gebundene Rede: Klangcharakter und Rhythmus eines Prosasatzes wurden in antiker Metrik mit *Numerus* (lat. numerus Zahl, Ebenmaß) bezeichnet. Dieser wird bestimmt durch:

Verteilung des gesamten *Sprachstoffes* im Satz, z.B. gespannt:ungespannt; ruhig:unruhig; in den Satzfiguren wechselnd:einförmig; nebenordnend (parataktisch):unterordnend (hypotaktisch);

Setzung der *Akzente* (unregelmäßiger als in der gebundenen Rede) und der *Pausen* (Anzahl, Länge und Verteilung der lautleeren Einschnitte);

Tempo (z.B. schreitend:lebhaft usw.);

Satzschluß, d.h. metrische Gestaltung des Prosasatzschlusses;

Melodie und *Lautgebung,* die den Klangcharakter des Satzes ausmachen; dabei bes. auf die Anfänge und Schlüsse in klanglicher Hinsicht achtend.

Raum für Zusätze **I. VERTEILUNG DES SPRACHSTOFFES**

Gespannt : ungespannt

„Ein Vierundzwanzigjähriger, fett, damit das Schreckliche hinter den Kulissen, welches er sah (das war seine Fähigkeit, vielleicht seine einzige), nicht allzu nah an ihn herankomme, der es liebte, die Löcher in seinem Fleisch, da doch gerade durch sie das Ungeheuerliche hereinströmen konnte, zu verstopfen, derart, daß er Zigarren rauchte (Ormond-Brasil 10) und über seiner Brille eine zweite trug, eine Sonnenbrille, und in den Ohren Wattebüschel: Dieser junge Mann, noch von seinen Eltern abhängig und mit nebulosen Studien auf einer Universität beschäftigt, die in einer zweistündigen Bahnfahrt zu erreichen war, stieg eines Sonntagnachmittags in den gewohnten Zug, Abfahrt siebzehnuhrfünfzig, Ankunft neunzehnuhrsiebenundzwanzig, um anderentags ein Seminar zu besuchen, das zu schwänzen er schon entschlossen war." (DÜRRENMATT, Der Tunnel, Anfang)

Kennzeichen des *gespannten* Satzes: Hinausschieben des aufschlußgebenden Wortes (hier des Prädikats: stieg in den Zug) durch eine Fülle von in sich verspannten Nebensätzen, getrennt durch eine Pause (Atemholen), darauf nochmaliger Beginn mit weiteren Unterbrechungen bis zum erlösenden Wort. Der Satz endet nur scheinbar entspannt mit einer vorerst noch unverständlichen Antithese (besuchen:schwänzen).

Ungespannt wirkt ein Satz, wenn die Entspannung zu rasch eintritt, so natürlicherweise in kurzen Sätzen. Aber auch längere Perioden können ungespannt sein, wenn der Satz im „Treppenstil" gebaut ist (Hauptsatz, abhängiger Nebensatz ersten Grades, Nebensatz zweiten Grades usw.); auf solche Anordnung über längere Strecken antwortet der Leser mit einem Absinken seiner Aufmerksamkeit.

„Es gibt oft Dinge und Beziehungen in dem menschlichen Leben, die uns nicht sogleich klar sind und deren Grund wir nicht in Schnelligkeit hervorzuziehen vermögen. Sie wirken dann meistens mit einem gewissen schönen und sanften Reize des Geheimnisvollen auf unsere Seele. In dem Angesichte eines Häßlichen ist für uns oft eine innere Schönheit, die wir nicht auf der Stelle von seinem Werte herzuleiten vermögen, während uns oft die Züge eines andern kalt und leer sind, von denen alle sagen, daß sie die größte Schönheit besitzen. Ebenso fühlen wir uns manchmal zu einem hingezogen, den wir eigentlich gar nicht kennen, es gefallen uns seine Bewegungen, es gefällt uns seine Art, wir trauern, wenn er uns verlassen hat, und haben eine gewisse Sehnsucht, ja eine Liebe zu ihm, wenn wir oft noch in späteren Jahren seiner gedenken: während wir mit einem andern, dessen Wert in vielen Taten vor uns liegt, nicht ins reine kommen können, wenn wir auch jahrelang mit ihm umgegangen sind." (STIFTER, Brigitta, Anfang)

Ruhig : unruhig

„Mein Vater war ein Bauernsohn aus einem uralten Dorfe, welches seinen Namen von dem Alemannen erhalten hat, der zur Zeit der Landteilung seinen Spieß dort in die Erde steckte und einen Hof baute. Nachdem im Verlauf der Jahrhunderte das namengebende Geschlecht im Volke verschwunden, machte ein Lehenmann den Dorfnamen zu seinem Titel und baute ein Schloß, von dem niemand mehr weiß, wo es gestanden hat; ebenso

wenig ist bekannt, wann der letzte „Edle" jenes Stammes gestorben ist. Raum für Zusätze
Aber das Dorf steht noch da, seelenreich und belebter als je, während das
halbe Dutzend Familiennamen unverändert geblieben ist und für die zahlreichen, weitläufigen Geschlechter fort und fort ausreichen muß. Der kleine
Gottesacker, welcher sich rings an die trotz ihres Alters immer schneeweiß
geputzte Kirche schmiegt und niemals erweitert worden ist, besteht in
seiner Erde buchstäblich aus den aufgelösten Gebeinen der vorübergegangenen Geschlechter, es ist unmöglich, daß bis zur Tiefe von zehn Fuß
ein Körnlein sei, welches nicht seine Wanderung durch den menschlichen
Organismus gemacht und einst die übrige Erde mit umgraben geholfen hat."
(GOTTFRIED KELLER, Der grüne Heinrich, 2. Fassung, Anfang)

Der Gesamteingang (Anfang eines Romans) atmet Ruhe und Beschaulichkeit. Der Erzähler nimmt sich Zeit, auch Kleinigkeiten sind ihm
wichtig. Umständlichkeit wird durch liebevolle Ausmalung (Friedhofserde) und feinen Humor aufgehoben. Der Satzbau ist durchsichtig und
klar trotz weit ausholender Bögen.
Im folgenden Bsp. (Anfang einer Novelle) fehlt Muße zur Einleitung.
Unrast und Bewegung (Verben!) wechseln mit kurzen Ruhepausen.
Nervöse Erwartung (Wolkenmetapher: zerknüllen wie Taschentücher)
bestimmt den Stil.

„Die Lokomotive schrie heiser auf: der Semmering war erreicht. Eine
Minute rasteten die schwarzen Wagen im silbrigen Licht der Höhe, warfen
ein paar bunte Menschen aus, schluckten andere ein, Stimmen gingen geärgert hin und her, dann schrie vorne wieder die heisere Maschine und riß
die schwarze Kette rasselnd in die Höhle des Tunnels hinab. Rein ausgespannt, mit klaren, vom nassen Wind reingefegten Hintergründen lag
wieder die hingebreitete Landschaft. — Einer der Angekommenen, jung,
durch gute Kleidung und eine natürliche Elastizität des Schrittes sympathisch auffallend, nahm den andern rasch voraus einen Fiaker zum Hotel.
Ohne Hast trappten die Pferde den ansteigenden Weg. Es lag Frühling in
der Luft. Jene weißen, unruhigen Wolken flatterten am Himmel, die nur
der Mai und der Juni hat, jene weißen, selbst noch jungen und flattrigen
Gesellen, die spielend über die blaue Bahn rennen, um sich plötzlich hinter
hohen Bergen zu verstecken, die sich umarmen und fliehen, sich bald wie
Taschentücher zerknüllen, bald in Streifen zerfasern und schließlich im
Schabernack den Bergen weiße Mützen aufsetzen. Unruhe war auch oben
im Wind, der die mageren, noch vom Regen feuchten Bäume so unbändig
schüttelte, daß sie leise in den Gelenken krachten und tausend Tropfen wie
Funken von sich wegsprühten. Manchmal schien auch Duft von Schnee
kühl aus den Bergen herüberzukommen, dann spürte man im Atem etwas,
das süß und scharf war zugleich. Alles in Luft und Erde war Bewegung und
gärende Ungeduld." (STEFAN ZWEIG, Brennendes Geheimnis, Anfang)

In den Satzfiguren wechselnd: einförmig

„Eine alte Kirche, welche den Sperlingen unzählige Nester gab, ward ausgebessert. Als sie nun in ihrem neuen Glanze dastand, kamen die Sperlinge
wieder, ihre alten Wohnungen zu suchen. Allein sie fanden sie alle vermauert. „Zu was", schrien sie, „taugt denn nun das große Gebäude?
Kommt, verlaßt den unbrauchbaren Steinhaufen!"
(LESSING, Die Sperlinge, Fabel)

Raum für Zusätze Fünf Sätze und fünf verschiedene Figuren: Bogengefüge mit eingeschobenem Satz, Bogengefüge mit Spannsatz, einfacher Aussagebogen, Fragesatz, Befehlssatz.

Im folgenden Bsp. alle drei Sätze nur in der Figur des ersten LESSING-schen Satzes.

„Der Komet H 1763, dessen Schweif die Erde voraussichtlich am 22. Januar durchlaufen wird, ist bereits mit dem Feldstecher oder einem kleinen Fernrohr im Sternbild des Wassermanns zu erkennen. Am Tage des Durchgangs wird sich der Kern des Kometen, falls er seine bisherige Richtung beibehält, der Erde maximal bis auf rund hundert Kilometer genähert haben. Das astronomische Ereignis wird sich, wie die Wissenschaft annimmt, möglicherweise in einem verstärkten Sternschnuppenfall auswirken." (Zeitungsbericht)

Nebenordnend (parataktisch) : unterordnend (hypotaktisch)

„Das Rad an meines Vaters Mühle brauste und rauschte schon wieder recht lustig, der Schnee tröpfelte emsig vom Dache, die Sperlinge zwitscherten und tummelten sich dazwischen; ich saß auf der Türschwelle und wischte mir den Schlaf aus den Augen; mir war so recht wohl in dem warmen Sonnenscheine. Da trat der Vater aus dem Hause; er hatte schon seit Tagesanbruch in der Mühle rumort und die Schlafmütze schief auf dem Kopfe, der sagte zu mir: ‚Du Taugenichts! da sonnst du dich schon wieder und dehnst und reckst dir die Knochen müde und läßt mich alle Arbeit allein tun. Ich kann dich hier nicht länger füttern. Der Frühling ist vor der Tür, geh auch einmal hinaus in die Welt und erwirb dir selber dein Brot.'"

(EICHENDORFF, Aus dem Leben eines Taugenichts, Anfang)

Satzverbindung (parataktisch) durch einfache Reihung der Glieder (Reihe oder Kette): eine Grundform des Er-„zählens", des reihenden Aufzählens, um ein nacheinander Erlebtes in der Zeit wiederzugeben.

Im Ggs. dazu bietet sich im Dt. im *Satzgefüge* (hypotaktisch), wenn kein Abebben, gewollt oder ungewollt, eintreten soll (→ Treppenstil), die *Verklammerung* an: Einkeilung von Nebensätzen in den Hauptsatz, der Anfang und Schluß bildet, dadurch gespannt und mit starkem Akzent bis zum letzten Wort.

„Der Roßhändler, der bereits Rang und Namen dessen, der beim Anblick der in Rede stehenden Kapsel, in der Meierei zu Dahme, in Ohnmacht gefallen war, kannte, und der zur Krönung des Taumels, in welchen ihn diese Entdeckung versetzt hatte, nichts bedurfte als Einsicht in die Geheimnisse des Zettels, den er, um mancherlei Gründe willen, entschlossen war, aus bloßer Neugierde nicht zu eröffnen: der Roßhändler sagte, eingedenk der unedelmütigen und unfürstlichen Behandlung, die er in Dresden, bei seiner gänzlichen Bereitwilligkeit, alle nur möglichen Opfer zu bringen, hatte erfahren müssen: daß er den Zettel behalten wolle."

(HEINRICH V. KLEIST, Michael Kohlhaas)

II. AKZENTE UND PAUSEN   Raum für Zusätze

Angewendet auf die beiden S. 56 zitierten Bspe von KLEIST und EICHENDORFF:

„KLEIST: Seine gewaltsame Wortstellung und sein verschlungener Satzbau zwingen dem Leser viele ganz unregelmäßige Pausen auf und viele tonstarke Silben. Tonschwache Silben vermeidet Kleist, indem er Fürwörter und Hilfszeitwörter durch Partizipien ersetzt und Bezugssätze durch Beifügungen einspart. Bei Kleist ist etwa ein Viertel aller Worte betont, gegenüber einem Sechstel in der durchschnittlichen Prosa. Diese kraftvolle Tongebung gibt dem Rhythmus Kleists das Männliche, Entschiedene, aber auch das Unruhige, Gewaltsame.

EICHENDORFF: Im gleichmäßigen Flusse reiht sich Hauptsatz an Hauptsatz. Sehr häufig folgen mehrere Worte mit gleicher Silbenzahl aufeinander. Die Wortstellung ist herkömmlich. Pausen sind seltener als bei Kleist, und sie folgen im gleichmäßigen Abstand. Genau so gleichmäßig wie die Folge der Pausen ist der Wechsel der stark- und schwachbetonten Silben. Bestimmte Tonfolgen kehren immer wieder."   *(Ludwig Reiners, 15)*

III. TEMPO

Drittes Element einer Prosa-Klanggestalt ist das Zeitmaß. Beim lauten Lesen sind deutlich zu unterscheiden: langsam, schreitend, leicht bewegt, mäßig bewegt, lebhaft, schnell (es sind die musikalischen Bezeichnungen largo, andante, andantino, moderato, allegro, presto).

Langsam

„Dante erhob sich, ‚Ich habe meinen Platz am Feuer bezahlt', sagte er, ‚und suche nun das Glück des Schlummers. Der Herr des Friedens behüte uns alle!' Er wendete sich und schritt durch die Pforte, welche ihm der Edelknabe geöffnet hatte. Aller Augen folgten ihm, der die Stufen einer fackelhellen Treppe langsam emporstieg."
                    (C. F. MEYER, Die Hochzeit des Mönchs, Schluß)

Schreitend

„Im Vorzimmer traf ich noch Frau N. Im Anblick ihrer armseligen Gestalt sagte ich aus meinen Gedanken heraus, daß sie mich ein wenig an meine Mutter erinnere. Und da sie still blieb, fügte ich bei: ‚Was man auch dazu sagen mag: die konnte Wunder tun. Was wir schon zerstört hatten, machte sie noch gut. Ich habe sie schon in der Kinderzeit verloren.' Ich hatte absichtlich übertrieben langsam gesprochen, denn ich vermutete, daß die alte Frau schwerhörig war. Aber sie war wohl taub, denn sie fragte ohne Übergang: ‚Und das Aussehen meines Mannes?' Aus ein paar Abschiedsworten merkte ich übrigens, daß sie mich mit dem Agenten verwechselte, ich wollte gern glauben, daß sie sonst zutraulicher gewesen wäre. Dann ging ich die Treppe hinunter. Der Abstieg war schwerer als früher der Aufstieg, und nicht einmal dieser war leicht gewesen. Ach, was für mißlungene Geschäftswege es gibt, und man muß die Last weiter tragen."
                    (KAFKA, Das Ehepaar, Schluß)

Raum für Zusätze

Leicht bewegt

„Ich habe nichts gegen Tiere, im Gegenteil: ich mag sie, und ich liebe es, abends, das Fell unseres Hundes zu kraulen, während die Katze auf meinem Schoß sitzt. Es macht mir Spaß, den Kindern zuzusehen, die in der Wohnzimmerecke die Schildkröte füttern. Sogar das kleine Nilpferd, das wir in unserer Badewanne halten, ist mir ans Herz gewachsen und die Kaninchen, die in unserer Wohnung frei herumlaufen, regen mich schon lange nicht mehr auf. Außerdem bin ich gewohnt, abends unerwarteten Besuch vorzufinden: ein piepsendes Küken oder einen herrenlosen Hund, dem meine Frau Unterkunft gewährt hat. Denn meine Frau ist eine gute Frau, sie weist niemanden von der Tür, weder Mensch noch Tier, und schon lange ist dem Abendgebet unserer Kinder die Floskel angehängt: Herr, schicke uns Bettler und Tiere."
(Böll, Unberechenbare Gäste, Anfang)

Mäßig bewegt

„... und weinte um ihn und vergaß ihn nie.
Unterdessen wurde die Stadt Lissabon in Portugal durch ein Erdbeben zerstört, und der siebenjährige Krieg ging vorüber, und Kaiser Franz der Erste starb, und der Jesuitenorden wurde aufgehoben und Polen geteilt, und die Kaiserin Maria Theresia starb, und der Struensee wurde hingerichtet, Amerika wurde frei, und die vereinigte französische und spanische Macht konnte Gibraltar nicht erobern. Die Türken schlossen den General Stein in der Veteraner Höhle in Ungarn ein, und der Kaiser Joseph starb auch. Der König Gustav von Schweden eroberte russisch Finnland, und die französische Revolution und der lange Krieg fing an, und der Kaiser Leopold der Zweite ging auch ins Grab. Napoleon eroberte Preußen, und die Engländer bombardierten Kopenhagen, und die Ackerleute säeten und schnitten. Der Müller mahlte, und die Schmiede hämmerten, und die Bergleute gruben nach den Metalladern in ihrer unterirdischen Werkstatt."
(Hebel, Unverhofftes Wiedersehen, Mittelstück)

Lebhaft

„Der Graf äußerte, indem ihm eine Röte ins Gesicht stieg, daß er seinen ungeduldigen Wünschen, während seiner ganzen Reise, dies Schicksal vorausgesagt habe; daß er sich inzwischen dadurch in die äußerste Bekümmernis gestürzt sehe; daß ihm, bei der ungünstigen Rolle, die er eben jetzt zu spielen gezwungen sei, eine nähere Bekanntschaft nicht anders als vorteilhaft sein könne; daß er für seinen Ruf, wenn anders diese zweideutigste aller Eigenschaften in Erwägung gezogen werden solle, einstehen zu dürfen glaube; daß die einzige nichtswürdige Handlung, die er in seinem Leben begangen hätte, der Welt unbekannt, und er schon im Begriff sei, sie wieder gut zumachen; daß er, mit einem Wort, ein ehrlicher Mann sei, und die Versicherung anzunehmen bitte, daß diese Versicherung wahrhaftig sei."
(Heinrich v. Kleist, Die Marquise von O...)

Schnell

„*Die lange Straße zuckte.* Ein Baum wies mit mastigem Finger auf uns, taumelte mehr, und schloß den Zweigkäfig hinter uns. Wir kletterten über die rotkarierte Erde, durch flammengefütterte Ruinen, kauten mit Kiefern das rauchige Luftgelee, das Getümmel der Lichter stießen wir mit Handplatten beiseite, und unsere Füße taperten vor uns her, in quer geschnürten

Schuhen, dicht umeinander. Die Lichthiebe zerkeilten unsere Fronten bis zur Unkenntlichkeit; der Donner kelterte Poren und Drüsen, und füllte den offenen Mund mit Knebellawinen: dann häckselten uns wieder die massigen Klingen.
Alle Bäume als Flammen verkleidet (am Sandberg): eine Hausfront stolperte drohend vor, mit seidenrotem Schaum vor dem Mauleck und flackernden Fensteraugen. Haushohe Eisenkugeln rollten Getöse um uns, schwärzliche, deren bloßer Schall schon tötet! Ich sprang mich an Käthe, wickelte sie mit zähen Armen ein und zerrte meine Mächtige: von der Nacht riß die Hälfte ab, und wir fielen tot zu Boden ob des Donners (klommen aber noch trotzig wieder auf, und jappten ratlos in alle Vulkane)."
(ARNO SCHMIDT, Aus dem Leben eines Fauns)

Raum für Zusätze

IV. SATZSCHLUSS

Metrische Gestaltung des Satzschlusses. Vornehmlich in antiker Kunstprosa bildeten sich mehrere feste Formen heraus: *Klauseln* (lat. clausula Satzschluß des Schlußsatzes), die nach Aufgabe des quantitierenden Prinzips ähnliche, nun aber akzentuierende Schemata: *Cursus* (lat. cursus Lauf) für das Mittel- und Neulateinische, z.T. auch für die Volkssprachen, ergaben.

In dt. Prosadichtung ist metrische Gestaltung des Satzschlusses noch kaum untersucht, bes. lohnend sind die Abschlußsätze eines Werkes. Vorliebe besteht für die Schlußfigur /∪ ∪/∪, obwohl auch hier, je nach Zäsur, zu differenzieren wäre nach verschiedenen Typen, z.B. klingende Schelle = /∪ ∪/∪ oder: langsam emporstieg = /∪‖∪/∪.

Fallend

Meine Wurzeln sind abgehauen, meine Kraft sinkt nach dem Grabe.
(GOETHE, Götz von Berlichingen, V, Schlußszene)

*

„Wir halten Hochzeit zu dieser Stunde und gehen dann aus der Welt — dort ist das tiefe Wasser — dort scheidet uns niemand mehr und wir sind zusammen gewesen — ob kurz oder lang, das kann uns dann gleich sein."
(GOTTFRIED KELLER, Romeo und Julia auf dem Dorfe)

Doppelfallend

Es ist ja nichts dran. Es ist ja noch nichts. Hör'n Se, machen Se mich doch nicht unglicklich! (GERHART HAUPTMANN, Michael Kramer)

Fallend/steigend

Und was habe ich denn zu versäumen?
Ist nicht die ganze Ewigkeit mein?
(LESSING, Die Erziehung des Menschengeschlechts, Schluß)

*

Aller Augen folgten ihm, der die Stufen einer fackelhellen Treppe langsam emporstieg. (C. F. MEYER, Die Hochzeit des Mönchs, Schluß)

Raum für Zusätze **V. MELODIE UND LAUTGEBUNG**

Auch in dichterischer Prosa wird nicht nur etwas mitgeteilt, sondern ein geistiger Inhalt auf das kunstvollste versinnlicht, d.h. umgesetzt in tönende Sprache (↪ unter Stichwort Klangfarbe das Bsp. aus „Der Ketzer von Soana" von GERHART HAUPTMANN).

Bsp. aus einem Prosadrama (Traumerzählung):

„Ich ging und ging und mir wars ganz eilig, und doch wußt ich nicht, wohin michs trieb. Zuweilen stand ich still und sann nach, dann wars mir, als ob ich eine große Sünde beginge; fort, fort! sagt ich zu mir selbst und ging schneller, wie zuvor. Plötzlich stand ich auf einem hohen Berg, mir schwindelte, dann ward ich stolz, die Sonne war mir so nah, ich nickte ihr zu und sah immer hinauf. Mit einmal bemerkt ich einen Abgrund zu meinen Füßen, wenige Schritte von mir, dunkel, unabsehlich, voll Rauch und Qualm. Und ich vermochte nicht zurückzugehen, noch stillzustehen, ich taumelte vorwärts; Gott! Gott! rief ich in meiner Angst, — hie bin ich! tönte es aus dem Abgrund herauf, freundlich, süß; ich sprang, weiche Arme fingen mich auf, ich glaubte, einem an der Brust zu ruhen, den ich nicht sah, und mir ward unsäglich wohl, aber ich war zu schwer, er konnte mich nicht halten, ich sank, sank, ich hört ihn weinen, und wie glühende Tränen träufelte es auf meine Wange. (HEBBEL, Judith, II, 1)

Abgesehen davon, daß die Tragik der Heldin in diesem Traum prologartig vorgebildet ist, wird hier (ebenso wie mit den Mitteln des Rhythmischen) mit den Mitteln der Vokalmusik *zugleich* ausgedrückt, was die Worte meinen.

„Hölderlins Hyperion — ein Wunder musikalischer Sprachkunst — ist von einem ruhigen schwingenden, verhaltenen Klange erfüllt, der Satz um Satz ein Gefühl hymnischer Erhabenheit ausstrahlt. Nun können wir freilich nachträglich hingehen und ausrechnen, wie Hölderlin diesen Zauber vollbracht hat: mit einem ungewöhnlichen Ebenmaß der Tonfolge, mit einer stets auf gleicher Höhe bleibenden Satzmelodie, mit überall festgehaltenem Andantino, mit einer Lautgebung, die den Anteil des tonlosen e vermindert, und wir können auch im einzelnen ermitteln, was Wortwahl, Wortstellung und Satzbau zu dieser Wirkung beigetragen haben. Aber niemand wird so einfältig sein zu glauben, Hölderlin habe diese Kunstmittel etwa bewußt eingesetzt und der schöne Satz am Schluß des Hyperion habe zunächst im Tone durchschnittlicher Prosa gelautet:
‚Ich will niemals völlig jenes alte Schicksalswort erfahren, daß dem Herzen, das aushält und die Mitternacht des Grames durchduldet, nun neue Seligkeit aufgeht und daß dann erst das Lebenslied der Welt uns im tiefen Leide ertönt wie der Gesang der Nachtigallen im Dunkeln.'
Nein, wie von einem Gotte diktiert, steht der Satz so vor uns:
‚Ich hatt' es nie so ganz erfahren, jenes alte feste Schicksalswort, daß eine neue Seligkeit dem Herzen aufgeht, wenn es aushält und die Mitternacht des Grams durchduldet, und daß, wie Nachtigallgesang im Dunkeln, göttlich erst in tiefem Leid das Lebenslied der Welt uns tönt."

(Ludwig Reiners, 16)

ÜBERGANGSFORMEN

I. RHYTHMISCHE PROSA

Raum für Zusätze ⑬

Übergangsformen zwischen ungebundener und gebundener Rede werden als rhythmische Prosa bezeichnet. Bspe sind die zwischen Vers und Prosa stehende Sprache in den „Hymnen an die Nacht" (erste Fassung) von Novalis, ferner die starke, schon fast regelmäßige Rhythmisierung der Prosa in so verschiedenen Werken wie Hölderlins Roman „Hyperion" und Gerhart Hauptmans Drama „Michael Kramer" (die Reden Michael Kramers).

II. FREIE RHYTHMEN

Freie Rhythmen sind reimlose, metrisch ungebundene, doch stark rhythmisch bewegte Verszeilen von beliebiger Länge; reimlos im Unterschied zu „freien Versen". Bspe sind Goethes Hymnen aus der Sturm- und Drang-Zeit, ferner die um eine (gedachte) Mittelachse gruppierten freien Rhythmen in „Phantasus" von Arno Holz. Goethes Hymnen verleugnen nie die Nähe zum Vers, Holz' Rhythmen nie die Nähe zur Prosa. Zwischenstellung nimmt Liliencron ein, der vom Vers zur Prosa strebt (zugrunde liegt ungereimter steigender Fünftakter, ↪ Blankvers, der jedoch prosanah behandelt wird):

> Wir essen heute abend Erbsensuppe,
> Und der Margaux hat schon die Zimmerwärme;
> Bring also Hunger mit und gute Laune.
> Dann liest du mir aus deinen Lieblingsdichtern.
> Und willst du mehr, wir gehen an den Flügel
> Und singen Schumann, Robert Franz und Brahms.
> Die Geldgeschichten lassen wir heut ruhn.
> Du lieber Himmel, deine Gläubiger
> Sind keine Teufel, die dich braten können,
> Und alles wird sich machen. Hier noch eins:
> Ich tat dir guten Kognak in die Flasche.
> *(Liliencron, Einer Toten, Mittelstück)*

VERS

⑭

Gebundene Rede (Vers) ist charakterisiert durch regelmäßige Betonungsverteilung (Einzelvers ↪ S. 72 ff.).

> „Taktmäßige Gliederung ist das einzige objektive Merkmal, das den Vers von der Prosa unterscheidet, bei dieser ist Taktschlagen (,Klopfbarkeit') ausgeschlossen." *(Josef Körner, 17)*

I. VERSLEHRE, METRIK

Allgemein die Wissenschaft vom taktmäßig-rhythmischen Bau der gebundenen dichterischen Sprache, auch *Prosodie* genannt (gr. prosōdía, d. h. eigentl. Zugesang, von prós zu und ōdé Gesang, daher urspr. Silbenton, Silbenmaß; schließlich Silbenmaßlehre, heute allgemein Verslehre).

Raum für Zusätze *Maß* (Versmaß) oder *Metrum* (gr. metron Maß): die regelmäßige Tonfolge, d. h. Zahl und Abstand der betonten Silben. In antiker Dichtung war Silben*umfang* ausschlaggebend (silbenmessend), in romanischer Dichtung Silben*zahl* (silbenzählend); im dt. Vers ist bes. die Silben*wucht* maßgeblich. Man spricht daher nicht von Länge und Kürze einer Silbe, sondern von Starkton und Schwachton. üblicherweise von *Hebung* und *Senkung*. Statt Hebung gelegentlich auch *Iktus* (lat. ictus Schlag). Metrum ist in der dt. Dichtung also nicht Maß für Länge und Kürze, sondern Bezeichnung für *Folge starker und schwacher Betonungen*.

Regelmäßiger Wechsel von Hebung und Senkung ist metrisches Prinzip der *Alternation* (lat. alternatio Abwechslung, alternare wechseln, abwechseln). Alternierende Dichtung gestattet daher nur steigend oder fallend alternierende Versmaße (→ Jambus und → Trochäus).

Das Prinzip der romanischen Metrik mit ihrer feststehenden Silbenzahl, oft ohne Rücksicht auf den Wortton, wurde seit dem 12. Jh. in dt. Dichtung nachgeahmt, doch mußten in der Regel die metrischen Hebungen mit den sprachlichen zusammenfallen. Durch Einführung des (→) Daktylus (mit *zwei* Silben in der Senkung) wurde um 1650 das *streng* alternierende Versprinzip in der dt. Dichtung aufgegeben. Danach Mischform: silbenwägend und silbenzählend.

> Antike Dichtung: silbenmessend (quantitierend)
> Romanische Dichtung: silbenzählend (alternierend)
> Germanische Dichtung: silbenwägend (akzentuierend)
> Deutsche Dichtung: silbenwägend und silbenzählend

Die kleinsten zusammenhängenden Einheiten solcher Betonungsfolgen im dt. Vers nennt man *Taktarten*. *Andreas Heusler* lehnt mit Recht den Ausdruck „Fuß" für die dt. Dichtung ab. Die regelmäßige Zeitspanne von Hebung zu Hebung heißt *Takt*.

Nach *Heusler* hat der dt. Vers bis OPITZ eine *feste Taktzahl* (Viertakter), aber Freiheit in bezug auf Taktfüllung und Silbensumme. Das Auf und Ab der Silbenzählung (alternierend) sei im Grunde undeutsch, „romanisch". — *Heuslers* Beurteilung der dt. Versgeschichte *bis* OPITZ hat weitgehend Zustimmung gefunden, die der Zeit *nach* OPITZ dagegen vielfache Kritik, z. B. ist es falsch, bei und nach OPITZ von auftaktigen bzw. nichtauftaktigen Versen zu sprechen: solche Verse sind jetzt verschiedene *Metren*.

Literatur
ANDREAS HEUSLER, Deutsche Versgeschichte, 3 Bde., 1925, 1956[2]
FRIEDRICH SARAN, Deutsche Verskunst, 1934
OTTO PAUL, Deutsche Metrik, 1966[6]
SIEGFRIED BEYSCHLAG, Die Metrik der mittelhochdeutschen Blütezeit, 1963[5]
WOLFGANG KAYSER, Kleine deutsche Versschule, 1967[12]; Geschichte des deutschen Verses, 1960
ERICH DRACH, Sprecherziehung, 1953[12]
M. H. KAULHAUSEN, Das gesprochene Gedicht und seine Gestalt, 1959[2]
FRIEDRICH LOCKEMANN, Das Gedicht und seine Klanggestalt, 1952
VILMA MÖNCKEBERG, Der Klangleib der Dichtung, 1946
CHRISTIAN WINKLER, Gesprochene Dichtung, 1958; Sinnfassendes Lesen in: Handbuch des Deutschunterrichts, hrsg. von *Alexander Beinlich,* 1961; Deutsche Sprechkunde und Sprecherziehung, 1969[2]

II. TAKTARTEN

Raum für Zusätze

Jambus, Trochäus, Anapäst, Daktylus. Da diese Bezeichnungen im Grunde für die dt. Dichtung nicht zutreffend sind, empfehlen sich die dt. Ausdrücke Steiger, Faller, Doppelsteiger, Doppelfaller.

Bezeichnungen für Länge und Kürze in der antiken Metrik: — ᴗ
Bezeichnungen für betont und unbetont in der dt. Metrik: / ᴗ

a) Steiger, Jambus, -en (gr. iambos, lat. iambus, im Gr. und Lat. dreisilbig gesprochen [i als Vokal], von gr. iaptein schleudern) = der Schleuderer. Versfuß, der in der antiken Metrik aus *einer kurzen* und *einer langen* Silbe besteht, im Dt. aus *einer unbetonten* und *einer betonten* Silbe.

Figur: ᴗ/   *Bspe:* gelehrt, Verbot, hinweg, Betrug, gesagt

b) Faller, Trochäus, -en (gr. trechein laufen) = der Läufer, Faller oder Wälzer. Versfuß, der in der antiken Metrik aus *einer langen* und *einer kurzen* Silbe besteht, im Dt. aus *einer betonten* und *einer unbetonten* Silbe.

Figur: /ᴗ   *Bspe:* Leben, Rose, Liebe, sicher, außen, Tiefe

c) Doppelsteiger, Anapäst, -e (gr. von ana-paíein zurückschlagen) = der Aufspringer. Versfuß, der in der antiken Metrik aus *zwei kurzen* Silben und *einer langen* Silbe besteht, im Dt. aus *zwei unbetonten* Silben und *einer betonten* Silbe. In der dt. Dichtung seltener als in der griechischen, häufiger angewendet erst seit der Romantik.

Figur: ᴗᴗ/   *Bspe:* Paradies, Malerei, überwind!, nebenbei

d) Doppelfaller, Daktylus, -en (gr. daktylos der Finger; jeder Finger, mit Ausnahme des Daumens, besteht aus drei Gliedern). In der antiken Metrik der Name für einen dreisilbigen Versfuß mit *langer erster* Silbe, auf die *zwei kurze* Silben folgen; im Dt. entsprechend *einmal betont* und *zweimal unbetont* bzw. schwächer betont.

Figur: /ᴗᴗ   *Bspe:* Königin, Heilige, Neulinge, Schweifende

Ob ein Vers anapästisch oder daktylisch oder, besser gesagt, mit Doppelsteiger oder Doppelfaller gelesen werden muß, richtet sich nach der Gesamtgestimmtheit des Gedichtes.

> Es lacht in dem steigenden jahr dir
> Der duft aus dem garten noch leis
> Flicht in dem flatternden haar dir
> Eppich und ehrenpreis.
>
> Die wehende saat ist wie gold noch
> Vielleicht nicht so hoch mehr und reich
> Rosen begrüßen dich hold noch
> Ward auch ihr glanz etwas bleich.
>
> Verschweigen wir was uns verwehrt ist
> Geloben wir glücklich zu sein
> Wenn auch nicht mehr uns beschert ist
> Als noch ein rundgang zu zwein.

(GEORGE, Das Jahr der Seele)

Raum für Zusätze   Das metrische Schema der Anfangsverse:

> Es lacht in dem steigenden jahr dir
> Der duft aus dem garten noch leis

lautet: ◡ /◡◡ /◡◡ /◡
                 ◡ /◡◡ /◡◡ /

Mit Auftakt gelesen, könnte das Schema so aufgeteilt werden:

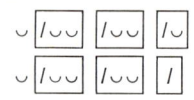

◡ |/◡◡| |/◡◡| |/◡|
◡ |/◡◡| |/◡◡| |/|

womit sich in jedem Vers zwei Doppelfaller und ein Faller (vollständig und unvollständig) ergäben — Rhythmik und Gesamtgestimmtheit verweisen aber eindeutig auf Steiger und Doppelsteiger:

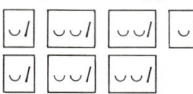

|◡/| |◡◡/| |◡◡/| |◡|
|◡/| |◡◡/| |◡◡/|

wobei in der (↪) Versüberschreitung (Enjambement) noch ein Doppelsteiger steckt.

III. RHYTHMUS

(gr. rhythmós gleichmäßige, abgemessene Bewegung; der nach bestimmten Maß- und Tonverhältnissen geregelte Redegang): Gliederung einer Lautmasse (Prosa oder Vers) beim Sprechen.

Verhältnis des Metrums zum Rhythmus im Vers

Das Schema des Versmaßes sagt noch nichts über die rhythmische Bewegung aus, d.h. gleiches Metrum bedingt nicht immer gleichen Rhythmus. Nur selten herrscht völlige Übereinstimmung von metrischem Schema und rhythmischer Gestalt. Metrischer Rhythmus ist im Grunde kein Rhythmus, „weil hier das Metrum den Rhythmus vergewaltigt".

(Wolfgang Kayser, 18)

In dem HÖLDERLIN-Vers: „Die Tage gehn vorbei mit sanfter Lüfte Rauschen" sind die sechs metrischen Tonsilben (Ta — gehn — bei — sanf — Lüf — Rau) auch dem Sinne nach betont, keine vom Metrum in die Senke verwiesene Silbe trägt einen Sprachton.

Das metrische Schema lautet: ◡/◡/◡/◡/◡/◡/◡

Theoretisch bestehen zwei Möglichkeiten, dieses metrische Schema rhythmisch zu gliedern: in steigenden oder (mit Auftakt) in fallenden Rhythmus.

Steigend: |◡/| |◡/| |◡/| |◡/| |◡/| |◡/| |◡|

Fallend: ◡ |/◡| |/◡| |/◡| |/◡| |/◡| |/◡|

In der zweiten Hälfte des Verses („mit sanfter Lüfte Rauschen") ist nur fallender Rhythmus möglich; die erste Vershälfte ist offen, halb fallend und halb steigend (bes. in „vorbei"): das Schwanken ist für die Gesamtgestimmtheit des Verses ausschlaggebend und übt auf den Rhythmusempfindlichen ästhetischen Reiz aus.

Raum für Zusätze

Sehr oft stehen rhythmische Sinnbetonung und metrische Gliederung im Widerspruch und Widerspiel zueinander.

> „Es wallt das Korn weit in die Runde,
> Und wie ein Meer dehnt es sich aus"
> (GOTTFRIED KELLER, Sommernacht, Anfang)

Metrisch ein vierhebiger Steigvers nach dem Schema:

$$\cup/\cup/\cup/\cup/\cup$$
$$\cup/\cup/\cup/\cup/$$

dabei kommen sinnstörend die unbetonten „in" und „es" in die Hebungsstufe. Die rhythmische Bewegung (d. h. unabhängig vom Metrum, „prosarhythmisch", gelesen) zeigt folgendes Bild (— = Pause):

$$\cup\cup\cup/-/\cup\cup/\cup$$
$$\cup\cup\cup/-/\cup\cup/$$

„Weit" und „dehnt" werden *gegen* das Metrum in die Hebungsstufe genommen. Der erste rhythmische Schritt führt hinauf, verharrt, und von der Höhe führt der zweite hinab. *Was die Worte sagen, verwirklicht, versinnlicht der Rhythmus:* man sieht das auf- und abwogende Kornfeld, bes. in der zweiten Zeile verstärkt das Zusammentreffen des gleichen Klanglautes in „Meer" und „dehnt" den weiten, mächtigen Wogengang des Verses.

Die ältere dt. Prosodie kommt gerade dadurch oft in Schwierigkeiten, daß sie das Mit- und Ineinander von Metrum und Rhythmus leugnet und alles innerhalb des metrischen Schemas erklären will. Bei metrischen Abweichungen ist sie dann gezwungen, von *Tonbeugungen* bzw. *schwebender Betonung* zu sprechen.

IV. RHYTHMISCHE MITTEL

Rhythmische Mittel, die eine Lautmasse beim Sprechen gliedern, sind im wesentlichen:
Akzent (Einzelbetonung und Gesamttonfall), *Pause, Tempo, Klangfarbe.*

1. Akzent

Der sprecherische Akzent (auch Betonung genannt) umfaßt Sprechton (melodischer Akzent), Sprechtondruck (dynamischer Akzent) und Sprechtondauer (temporaler Akzent), d. h. es müssen Tonhöhen, Druckstärken- und Längenunterschiede der Silben beachtet werden.

Raum für Zusätze Am wichtigsten für sinngebendes und sinnerfülltes Sprechen ist der *dynamische Akzent*. Hier ist das Gesetz der *Sparsamkeit* zu beachten sowohl im Wort als auch im Wortblock („eswarimwinter"), Satz oder Vers, denn: wer alles betont, betont im Grunde nichts. Welches Wort als Hauptgipfel für die Betonung gewählt wird, entscheidet der *Sinn (psychologischer Akzent)*. Mitunter wird eine zweigipflige Betonung erforderlich sein:

> Sehet Ihr am Fensterlein
> Dort die rote Mütze wieder?
>
> (MÖRIKE, Der Feuerreiter, Anfang)

Eine Entscheidung *muß* aber getroffen werden, um das Ganze sinnfällig zu machen. Alle in den Nebenton verwiesenen Silben erhalten ihr Licht vom Gipfelwort. In dem KELLER-Vers auf S. 65 z.B. wäre es sinnlos, sich für „wallt" als Gipfelwort zu entscheiden; das wichtigste Wort als Grundlage für die sich beim Hören allmählich bildende Vorstellung ist „Korn": „Es wallt das Korn..."

Für die Akzent*wiederholung* gilt jedoch in der Regel (Ausnahme: z.B. die emphatische Rede) das Moment der *Abwechslung*, d.h. ist ein Wort als Sinnträger einmal betont worden, so muß, wenn es gleich wieder vorkommt, ein *anderer* Sinnträger für die Betonung gewählt werden:

Prinzessin (weinend): Hast du Taugenichts gesagt?
König: Ja. — Du mußt diesen Taugenichts loswerden.
Prinzessin: Mußt?
König: Ja. — Gerade du mußt es! (Bsp. des Verf.)

2. Pause

Für den Rhythmus entscheidend sind die Pausen, die Verseinschnitte, die vom sinngemäßen Sprechen her den Vers in verschiedener Weise gliedern. Pause ist nicht gleichzusetzen mit Atempause, sie kann auch eine Stimmpause sein, ohne daß neu geatmet wird. Der rhythmische Ablauf bis zum ersten Einschnitt bzw. zwischen zwei Einschnitten (Pausen) heißt *Kolon* (gr. kolon, Mz. kola; Glied, Abschnitt, z.B. Rede, Scheidezeichen für die Glieder einer Periode oder eines Verses), es stellt eine auf der Pause beruhende rhythmische Einheit dar. Der Rhythmus bildet sich also, abgesehen vom Akzent, durch eine Reihe verschiedenartig gebauter Kola, die gewissermaßen die Bausteine des Rhythmus sind.

In dem auf S. 65 angeführten KELLER-Vers treten zwei verschiedenartig gebaute Kola auf: das erste Kolon ist steigend, das zweite fallend, die Pause trennt den Vers in der Mitte:

$$\smile \quad \smile \quad \smile \quad / - / \quad \smile \quad \smile \quad / \quad \smile$$
Es wallt das Korn weit in die Runde

und (fast) genauso ist der zweite Vers rhythmisch gebaut:

$$\smile \quad \smile \quad \smile \quad / - / \quad \smile \quad \smile \quad /$$
und wie ein Meer dehnt es sich aus.

Dagegen liegt die *Atempause* vor dem Spannen und nach dem Vollziehen des Atembogens, also hier hinter „Runde". Raum für Zusätze

In der ersten Strophe des Gedichtes „Meeresstrand" von STORM sind mindestens zwei, wenn nicht drei Atemspannbögen anzusetzen (entsprechend der Gesamtgestimmtheit des Gedichtes: um durch mehrere Atembögen die Ruhe und Weite des Wattenmeeres anzudeuten):

> Ans Haff nun fliegt die Möwe, /
> Und Dämmrung | bricht herein; /
> Über die feuchten Watten
> Spiegelt der Abendschein. /

Die erste Strophe des Liedes „Mit einem gemalten Band" von GOETHE wird dagegen am besten auf *einem* Atembogen gesprochen:

> Kleine Blumen, kleine Blätter
> Streuen mir mit leichter Hand
> Gute, junge Frühlingsgötter
> Tändelnd auf ein luftig Band.

Mit Sinnpausen (— bedeutet längere, ′ kürzere Pause, die Nebentöne bleiben unberücksichtigt) sieht die rhythmische Bewegung so aus:

```
ᴗ ᴗ / ᴗ — ᴗ ᴗ / ᴗ ′
ᴗ ᴗ ᴗ ᴗ ᴗ ᴗ ′
/ ᴗ ′ ᴗ ᴗ / ᴗ ᴗ ᴗ ′
/ ᴗ ′ ᴗ ᴗ / ᴗ /
```

3. Tempo

Die rhythmischen Tempi richten sich, abgesehen vom persönlichen Sprechrhythmus, nach der *Gesamtgestimmtheit* des Redestückes in Vers oder Prosa.

4. Klangfarbe

Rhythmussteigernd wirken die wiederholte Folge von Mit- und Selbstlauten sowie der im *Kontext* (lat. contèxere zusammenweben: umgebender Text eines Wortes, Zusammenhang) sich einstellende und auswirkende Lautwert der einzelnen Laute: der reinen Stimmlaute (a, e, i, o, u, r, l, m, n) und ihrer Verbindungen, der reinen Geräuschlaute (p, t, k als Verschlußlaute, f, s, sch, ch als Reibelaute) und der stimmhaften Geräuschlaute (b, d, g als Verschlußlaute, w, s, j als Reibelaute) mit der ganzen Fülle ihrer Zusammenstellungen.

Es schteht ein schwarzes Geschpenst im Moor   (LÖNS, Der Bohrturm)

oder in der Prosa:

> „Chöre von Engeln jubilierten durch die Unendlichkeit, gleich Stürmen brausten von oben die Harmonien, und Glocken, Glocken, Geläut von Glocken, von Hochzeitsglocken, kleinen und großen, tiefen und hohen, gewaltigen und zarten verbreiteten eine erdrückend-selige Feierlichkeit durch den Weltenraum." (GERHART HAUPTMANN, Der Ketzer von Soana)

Raum für Zusätze **V. RHYTHMUSTYPEN**

Wolfgang Kayser hat als erster versucht, gewisse Rhythmustypen aufzustellen; sie beziehen sich auf rhythmisch-sprachliche Gebilde, sind also nicht an einen bestimmten Dichter gebunden, wenn dieser natürlich auch eine „individuelle Disposition" zu einem bestimmten Rhythmustyp (durchgängig oder in bestimmten Phasen seines Lebens vorherrschend) mitbringen kann.

Kayser (19) stellt 5 Rhythmustypen auf und charakterisiert sie wie folgt:

Fließender Rhythmus: Weiterdrängen der Bewegung, verhältnismäßige Schwäche der Hebungen, Leichtigkeit und Gleichmäßigkeit der Pausen; starke Korrespondenz der Kola, wichtige Funktion der Zeilen. Er ist dem „Lied" gemäß.

Nachtlied

Sage, hast Du das Gras erdacht,   Sage, hast Du den Flieder erdacht,
Oder war es ein anderer Meister?   Oder war es ein anderer Meister?
Ich habe nur dies und das gemacht,   Ich habe nur kleine Lieder gemacht,
Aber hätt ich das Gras erdacht,   Aber hätt ich den Flieder erdacht,
Wäre ich wohl ein anderer Meister.   Wäre ich wohl ein anderer Meister.
    Einsame Nacht,   Einsame Nacht,
    In eine Glockenblume zu gehn,   In eine Mohnblume einzugehn,
    Mitten ins Blau verwehn —   Mitten ins Rot verwehn —

Sage, hast Du den Schlummer erdacht,
Oder war es ein anderer Meister?
Ich habe nur Freude und Kummer gemacht,
Aber hätt ich den Schlummer erdacht,
Wäre ich wohl ein anderer Meister.
    Einsame Nacht,
    In Deine Fernen einzugehn,
    Mitten ins Weltenwehn.
    Gute Nacht.   (VON DER VRING)

Strömender Rhythmus: Ständig weiterdrängende Bewegung, aber von größerer Dimension. Mit mehr Atem und in größerer Spannung gesprochen, die Hebungen sind stärker herausgehoben und differenzierter, es gibt ausgesprochene Gipfel der Spannung. Auch die Pausen sind differenzierter. Infolge des größeren Atems und Schwunges sind die Kola länger. Der *Hexameter* erweist sich als geeignetes Strombett. Stilistisch ist dem strömenden Rhythmus ein gehobener Ton gemäß, die Intimität des Liedhaften ist der Volltönigkeit eines feierlichen Sprechens gewichen.

Der Spruch

In einem alten Buche stieß ich auf ein Wort,
Das traf mich wie ein Schlag und brennt durch meine Tage fort:
Und wenn ich mich an trübe Lust vergebe,
Schein, Lug und Spiel zu mir anstatt des Wesens hebe,
Wenn ich gefällig mich mit raschem Sinn belüge,
Als wäre Dunkles klar, als wenn nicht Leben tausend wild verschlossne
[Tore trüge,

Und Worte wieder spreche, deren Weite nie ich ausgefühlt,   Raum für Zusätze
Und Dinge fasse, deren Sein mich niemals aufgewühlt,
Wenn mich willkommner Traum mit Sammethänden streicht,
Und Tag und Wirklichkeit von mir entweicht,
Der Welt entfremdet, fremd dem tiefsten Ich —
Dann steht das Wort mir auf: Mensch, werde wesentlich!
(ERNST STADLER)

Bauender Rhythmus: Geeignete Form für den bauenden Rhythmus ist die *Stanze,* da der kunstvolle Bau dieser Strophe und der dreifache Aufstieg zu dem abschließenden Reimpaar, das die Bewegung anhalten läßt, das Strömen, das der Hexameter verlangt, verhindern. Die Kola sind einheitlicher und regelmäßiger gefügt als beim strömenden Rhythmus; alle rhythmischen Einheiten, wie Kola, Halbstrophen, Strophen, sind selbständiger, so daß die Bewegung immer wieder neu einsetzt. Die metrische Form der Stanze mit dem bauenden Rhythmus begünstigt Parallelismen, Anaphern und die anderen Mittel eines nachdrücklichen, kultivierten und beherrschten Sprechens. Der Sprecher steht gleichsam fester und gelassener da als der Sänger des strömenden Rhythmus.

Andere geeignete Formen für den bauenden Rhythmus sind der *Alexandriner* und besonders das *Sonett.* Die Affinität des Sonetts zum bauenden Rhythmus und zum gedanklich beherrschten Sprechen ist unzerstörbar.

    Erinnerung an die Marie A.

  An jenem Tag im blauen Mond September
  Still unter einem jungen Pflaumenbaum
  Da hielt ich sie, die stille bleiche Liebe
  In meinem Arm wie einen holden Traum.
  Und über uns im schönen Sommerhimmel
  War eine Wolke, die ich lange sah
  Sie war sehr weiß und ungeheuer oben
  Und als ich aufsah, war sie nimmer da.

  Seit jenem Tag sind viele, viele Monde
  Geschwommen still hinunter und vorbei
  Die Pflaumenbäume sind wohl abgehauen
  Und fragst du mich, was mit der Liebe sei?
  So sag ich dir: ich kann mich nicht erinnern
  Und doch, gewiß, ich weiß schon, was du meinst.
  Doch ihr Gesicht, das weiß ich wirklich nimmer
  Ich weiß nur mehr: ich küßte es dereinst.

  Und auch den Kuß, ich hätt ihn längst vergessen
  Wenn nicht die Wolke dagewesen wär
  Die weiß ich noch und werd ich immer wissen
  Sie war sehr weiß und kam von oben her.
  Die Pflaumenbäume blühn vielleicht noch immer
  Und jene Frau hat jetzt vielleicht das siebte Kind
  Doch jene Wolke blühte nur Minuten
  Und als ich aufsah, schwand sie schon im Wind.
                    (BRECHT)

Raum für Zusätze **Spröder oder gestauter Rhythmus:** Gekennzeichnet durch sehr unterschiedliche rhythmische Einheiten, ganz kurze (z.T. einsilbige) stehen neben beträchtlich langen. Auffällig häufig und stark sind die Pausen, die die Bewegung immer wieder aufhalten. Dabei sind Hebungen, wo sie erfüllt sind, recht kräftig, während die unbetonten Silben sehr abfallen.

Rückkehr

Die Vaterstadt, wie find ich sie doch?
Folgend den Bomberschwärmen
Komm ich nach Haus.
Wo denn liegt sie? Wo die ungeheueren
Gebirge von Rauch stehn.
Das in den Feuern dort
Ist sie.
Die Vaterstadt, wie empfängt sie mich wohl?
Vor mir kommen die Bomber. Tödliche Schwärme
Melden Euch meine Rückkehr. Feuersbrünste
Gehen dem Sohn voraus. (BRECHT)

Tänzerischer Rhythmus: Ähnlich dem fließenden Rhythmus durch seine Intimität, aber von größerer Straffheit des Sprechens, stärkerer Akzentuierung der Hebungen, größerer Prägnanz der Kola, wichtigerer Funktion der unterschiedlichen Pausen.

Fröhlicher Regen

Wie der Regen tropft, Regen tropft,
An die Scheiben klopft!
Jeder Strauch ist naß bezopft.

Wie der Regen springt!
In den Blättern singt
Eine Silberuhr.

Durch das Gras hinläuft,
Wie eine Schneckenspur,
Ein Streifen weiß beträuft.

Das stürmische Wasser schießt
In die Regentonne,
Daß die überfließt,

Und in breitem Schwall
Auf den Weg bekiest
Stürzt Fall um Fall.

Und der Regenriese,
Der Blauhimmelhasser,
Silbertropfenprasser,
Niesend faßt er in der Bäume Mähnen,
Lustvoll schnaubend in dem herrlich vielen Wasser.

Und er lacht mit fröhlich weißen Zähnen
Und mit kugelrunden, nassen Freudentränen. (BRITTING)

VI. MELODIE UND LAUTGEBUNG Raum für Zusätze

Die klangliche Gestalt eines sprachlichen Gebildes beruht auf Melodie und Lautgebung. *Sprachmelodie,* beides zusammenfassend, bedeutet: Führung der Stimme durch Höhen und Tiefen unter Bindung an Klänge von einer bestimmten Färbung. Was die Worte meinen, wird nicht nur durch den Rhythmus, sondern auch durch Melodie und Klang versinnlicht.

In seinem Essay „Lob der Vokale" führt ERNST JÜNGER eine lateinische Reimstrophe als Bsp. an und setzt eine schlechte dt. Übersetzung dagegen:

> Nulla unda   Keine Quelle
> Tam profunda   So tief und schnelle
> Quam vis amoris   Als der Liebe
> Furibunda.   Reißende Welle.

Im lat. Vers bestimmen die Klanglaute u (mit nd) und i die Melodie, im dt. die Klanglaute e (mit ll) und i. Das Bsp. zeigt, daß nicht nur Melodie und Lautgebung eng zusammengehören, sondern daß auch mit der Wahl bestimmter Laute und ihrer jeweiligen Anordnung ein bestimmter *Stimmungswert* gegeben ist. So spricht (nach JÜNGER) aus dem lat. Vers „mit verhaltener Dämonie die Brunnentiefe des Gefühls", während die Übersetzung im Bilde flach und eilig dahinströmenden Wassers nur hastige Leidenschaft wiedergibt.

Die *Lautgebung* beruht auf der Anordnung der Klang- und Geräuschlaute (→ Klangfarbe).

Die Herauslösung eines Lautes aus dem Zusammenhang und seine Verknüpfung mit einem ihm eigenen und bestimmten Charakter führt zur *Lautsymbolik:* in diese Richtung weisen Ausführungen von ERNST JÜNGER, WEINHEBER und BINDING. Letzterer meditiert:

„Rausche nur, Baum, in deiner räumigen Fülle der Mitte, im weichen Anlaut und im mütterlichen rundenden Endlaut. Hauche nur, Hauch, du Wort geformt wie die Höhlung des Mundes, dem du entströmst, flüchtig verfliegend noch eben Dasein und eben auch schon ersterbend in deinem eigenen Endlaut. Ächze nur, Axt, mit dem offenen A des Anfangs, dem ächzenden X und dem fast hackenden T des Beschlusses, des Endes des fallenden Schlages." (BINDING, Vom Wunder der Sprache)

Nein, nur vom Kontext, vom Bedeutungsganzen her, ist das einzelne zu betrachten. Der Stimmungsgehalt entscheidet; innerhalb *dieses* Zusammenhangs — im bes. auch durch die Lautgebung — wird das eine durch das andere erhellt. Entspricht die Lautfolge der Sinnfolge, wird *zugleich* mit den Mitteln der Musik ausgedrückt, was die Worte sagen. Im folgenden MÖRIKE-Vers fängt die Lautgebung mit der Klangskala i-i-i-e-o-e-i-i-e das flinke Trippeln des Vogels ein, schon im ersten Geräuschlaut z spüren wir den messerscharfen Einschnitt der zarten Vogelspur in den Schnee:

Zierlich ist des Vogels Tritt im Schnee   (MÖRIKE, Jägerlied, Anfangsvers)

Raum für Zusätze Besonders dicht ist das Lautgewebe in dem STORMschen Gedicht:

Juli

Klingt im Wind ein Wiegenlied,
Sonne warm herniedersieht,
Seine Ähren senkt das Korn,
Rote Beere schwillt am Dorn,
Schwer von Segen ist die Flur —
Junge Frau, was sinnst du nur?

So stehen im Gedicht die Laute keineswegs nur zufällig da, wie es der Satzzusammenhang ergibt, sondern sie klingen in innerlich notwendigem Zusammenhang mit dem Sinn auf. Das Außen spiegelt das Innen, und das Innen ist das Außen. Ob künstlerische Absicht oder intuitive Eingebung die Wahl des Wortes bestimmt hat: das sprachliche Kunstwerk erweist sich als ein Zusammenhang, in dem eins zum anderen „stimmt".

VII. EINZELVERS

Unter Vers (lat. versus Umkehr von vertere wenden, dann Furche, Reihe: Bild vom Pflüger) ist die Gedichtzeile zu verstehen. Die früher übliche, umfassendere Bedeutung steckt noch in der Bezeichnung „Gesangbuchvers" und heißt heute (→) *Strophe*. Vers ist also die rhythmische, durch eine *Taktregel* geformte Einheit, auch *(Vers-)Reihe* genannt, ihre *kennzeichnenden Elemente* sind Versschmuck, Zeilenstil und Hakenstil, Diärese und Zäsur, Versschluß, Taktreihen.

1. Versschmuck

Am auffälligsten der *Gleichklang,* der durch Stabreim oder Endreim hervorgerufen wird.

a) Stabreim, Alliteration (neulat. von lat. ad zu und littera Buchstabe): gleichlautender Anlaut von betonten Stammsilben: Buchstabenreim.

Bspe aus der Alltagssprache: Bei Wind und Wetter; mit Mann und Maus.

Im germ. Vers war der Stabreim das älteste und einzige Bindungsmittel; wurde verdrängt durch die Einführung des Endreims im 9. Jh.; in neuerer Zeit gelegentlich bewußt nachgeahmt: aufdringlich, da als einziger Schmuck, bei RICHARD WAGNER, mit Erfolg, z. B. bei RILKE, wenn zusätzlich als Versschmuck verwendet.

Winterstürme wichen
dem Wonnemond —
in mildem Lichte
leuchtet der Lenz;
auf lauen Lüften
lind und lieblich,
Wunder webend
er sich wiegt;
durch Wald und Auen
weht sein Atem,
weit geöffnet
lacht sein Aug.   (WAGNER, Die Walküre)

> Jetzt reifen schon die roten Berberitzen,
> alternde Astern atmen schwach im Beet.
> Wer jetzt nicht reich ist, da der Sommer geht,
> Wird immer warten und sich nie besitzen.
> (RILKE, Das Stunden-Buch, Das Buch von der Pilgerschaft)

Raum für Zusätze

Von den 28 Wörtern dieser Strophe alliterieren, wenn auch die nebentonigen Anfänge mitgerechnet werden, mit Ausnahme eines Wortes (geht) *alle;* im Prinzip reimen natürlich nur die Anlaute *betonter* Silben.

b) Endreim: Ursprüngliche Bedeutung von rîm ist Vers; erhalten in der Bezeichnung „Kinderreim", die ganzzeilige Gebilde meint, sowie im Plattdeutschen: he maakt Riemels = er macht Gedichte. Im übrigen versteht man aber in der Neuzeit unter Reim den *Endreim:* Gleichklang von Wörtern vom letzten betonten Vokal ab.

In mhd. Dichtung hieß der Text des Gedichts „daz wort", die Melodie „der dôn (Ton)" oder „diu wîse"; im Mhd. bedeutet „daz liet" Strophe (älteste Lieder sind einstrophig), „diu liet" (mehrstrophiges) Lied, „rîm" Vers (altfrz. ritme, rime zu gr.-lat. rhythmus Gleichmaß).

A. Reimformen	B. Reimfolgen
1. nach Art der Reime	**1. nach Stellung am Anfang des Verses**
a) reine Reime	a) Anfangsreim
b) unreine Reime Assonanz	b) Schlagreim
c) dialektische Reime	**2. nach Stellung am Ende des Verses**
d) rührende Reime	a) paarige Reime
e) identische Reime	b) gekreuzte Reime
f) grammatische Reime	c) verschränkte Reime
g) unterbrochene Reime	d) dreifache Reime
h) doppelte Reime	e) geschweifte Reime
i) gebrochene Reime	f) Kehrreim (Refrain)
j) gespaltene Reime	
2. nach Zahl der reimenden Silben	**3. Sonderformen**
a) männliche Reime (einsilbige)	a) Binnenreim
b) weibliche Reime (zweisilbige)	b) Zäsurreim
	c) Inreim oder Mittelreim
c) gleitende Reime (dreisilbige)	d) Mittenreim
	e) Pausenreim
	f) Schüttelreim

A. Reimformen

Man unterscheidet: Reimformen nach *Art der Reime* und Reimformen nach *Zahl der reimenden Silben.*

Raum für Zusätze   *A 1. Reimformen nach Art der Reime*

a) Reine Reime: Sie erfordern genauen Gleichklang in Vokal und Schlußkonsonant vom letzten betonten Vokal an.

Bspe: Raub — Staub, Schatten — Matten, Frühe — Mühe

b) Unreine Reime: Sie begnügen sich mit ungenauem oder unvollständigem Gleichklang entweder der Vokale oder Schlußkonsonanten.

Bspe: Gemüt — Lied, Geläute — Weite, Haus — schaust, sprießen — grüßen
(aus dem Gedicht von HEINE: Leise zieht durch mein Gemüt)

Assonanz (von lat. assonare anklingen) liegt vor, wenn nur die Vokale am Gleichklang beteiligt sind, z. B. sehen — regen. Meisterlich verwendet von HEINE in der Romanze „Don Ramiro":

> Endlich auch, nach langem Ringen,
> Muß die Nacht dem Tage weichen;
> Wie ein bunter Blumengarten
> Liegt Toledo ausgebreitet.
>
> Prachtgebäude und Paläste
> Schimmern hell im Glanz der Sonne;
> Und der Kirchen hohe Kuppeln
> Leuchten stattlich wie vergoldet.
>
> Summend, wie ein Schwarm von Bienen,
> Klingt der Glocken Festgeläute,
> Lieblich steigen Betgesänge
> Aus den frommen Gotteshäusern.
>
> Aber dorten, siehe! siehe!
> Dorten aus der Marktkapelle,
> Im Gewimmel und Gewoge,
> Strömt des Volkes bunte Menge.   (9.—12. Strophe)

c) Dialektische Reime: Gelten nur in der Mundart des Dichters als reine Reime, nicht nach den Gesetzen der Hochsprache.

Bspe: Höh' — See, steil — Geheul, befiehlt — gespült, rief — Riff, Rede — öde, zugleich — Zweig, heran — Wahn   (alle aus SCHILLER, Der Taucher)

★

> Es rauscht kein Wald, es schlägt im Mai
> Kein Vogel ohn Unterlaß;
> Die Wandergans mit hartem Schrei
> Nur fliegt in Herbstesnacht vorbei,
> Am Strande weht das Gras. (STORM, Die Stadt, 2. Strophe)

d) Rührende Reime: Reime zwischen phonetisch völlig (also auch im Anlaut) gleichlautenden, aber bedeutungsverschiedenen Wörtern.

Bspe: Wirt — wird, Rain — rein, Häute — heute

Gilt im Dt. als fehlerhaft, wird dagegen im Frz. als *rime riche* = reicher Vers bevorzugt.

e) Identische Reime reimen mit demselben Wort.

> Rondo
>
> Ich bin wie schon gestorben.
> Geh, es hat keinen Zweck!
> Ich wiege mit der Ähre,
> niemand weiß mein Versteck.
> Ja, wenn ich wieder wäre...
> doch es hat keinen Zweck —
> Jetzt wieg ich mit der Ähre,
> fahr in des Windes Fähre,
> im Wind ist mein Versteck.
>
> (Alexander Xaver Gwerder)

f) Grammatische Reime: Wiederkehr derselben Wörter in verschiedenen Beugungsformen; verleitete im Minnesang und im Meistergesang zu Verskünsteleien.

> Er hât ze lange mich gemiten,
> den ich mit triuwen nie gemeit.
> Von sîner schulde ich hân erliten,
> daz ich nie grœzer nôt erleit.
> So lebt mîn lîp
> nâch sînem lîbe.
> Ich bin ein wîp
> daz im von wîbe
> sô liebe nie geschach,
> als im von mir geschæhe.
> Mîn ouge in gerner nie gesach
> dann ich in hiute sæhe.
>
> (Reinmar der Alte, in Des Minnesangs Frühling 198, Vers 4ff.)

g) Unterbrochene Reime: Eine reimlose Zeile unterbricht die Verse eines Reimpaares. Um die Reimfolge oder -anordnung auszudrücken, benutzt man Buchstaben als Symbole: a w a (→ Ritornell). In der Metrik der Meistersinger wird die reimlose Zeile *Waise* (= w) genannt, reimen dagegen die Waisen wiederum in den einzelnen Strophen untereinander, so nennt man sie *Körner;* nach dem Schema: a a w b b.

Vil lieben friunt verkiesen daz ist schedelîch;	a
swer sînen friunt behaltet, daz ist lobelîch.	a
die site wil ich minnen.	w
bit in daz er mir holt sî, als er hie vor was,	b
und man in waz wir redeten, do ich in ze jungeste sach.'	b
Wes manest du mich leides, mîn vil liebez liep?	c
unser zweier scheiden, müez ich geleben niet.	c
verliuse ich dîne minne,	w
sô lâz ich die liute harte wol entstân,	d
daz fröide ist mir der minnist umb alle andere man.	d

(Der Kürenberger, in Des Minnesangs Frühling 7, 1—18)

Raum für Zusätze **h) Doppelte Reime:** Endreime, bei denen nicht nur die letzte, sondern auch die vorletzte Hebung reimt.

Lied vom Meer

Uraltes Wehn vom Meer,
Meerwind bei Nacht:
   du kommst zu keinem her;
wenn einer wacht,
so muß er sehn, wie er
dich übersteht:
   uraltes Wehn vom Meer,
welches weht
nur wie für Ur-Gestein,
lauter Raum
reißend von weit herein...
O wie fühlt dich ein
treibender Feigenbaum
oben im Mondschein.

(RILKE)

i) Gebrochene Reime: Selten verwendete Form von Endreimen, bei denen eines der Reimwörter nur mit der ersten Hälfte reimt und mit der anderen die folgende Zeile beginnt.

Die Sonnenuhr

Selten reicht ein Schauer feuchter Fäule
aus dem Gartenschatten, wo einander
Tropfen fallen hören und ein Wander-
vogel lautet, zu der Säule,
die in Majoran und Koriander
steht und Sommerstunden zeigt.

(RILKE, Anfangsstrophe)

k) Gespaltene Reime: Die Reimsilben verteilen sich auf zwei oder mehrere Wörter, z. B. licht war — sichtbar oder (problematischer): damals — kam als

Im Nebel

Seltsam, im Nebel zu wandern!
Einsam ist jeder Busch und Stein,
Kein Baum sieht den andern,
Jeder ist allein.

Voll von Freunden war mir die Welt,
Als noch mein Leben licht war;
Nun, da der Nebel fällt,
Ist keiner mehr sichtbar.

(HERMANN HESSE, Anfangsstrophen)

Damals

Laß mir den Geschmack am Damals!
Vor der Zukunft ist mir bang,
weil es immer anders kam als
ich es hoffte, lebenslang.
(PETER GAN, Anfangsstrophe)

A 2. Reimformen nach der Zahl der reimenden Silben

a) Männliche oder **stumpfe** = **einsilbige Reime.**

Bspe: Nacht — Wacht, Aar — Paar

b) Weibliche oder **klingende** = **zweisilbige Reime.**

Bspe: Blume — Ruhme, Feuer — teuer

In mhd. Dichtung sind auch zweisilbige Wörter männlich gereimt, wenn die Reimstammsilbe kurz und offen ist, z. B.: lĕben — gĕben (↪ Kadenz).

Die Bezeichnungen männlich und weiblich stammen aus der frz. Metrik, wo „einsilbige Maskulina wie grand, fils zweisilbigen Femininen wie grande, fille gegenüberstehen". *(Josef Körner, 20).*

c) Gleitende oder **reiche** = **dreisilbige Reime**: Volkstümliche Reime, wie z. B. am Anfang des Weihnachtsliedes „O du fröhliche — o du selige"; in der Kunstdichtung häufig bei GOETHE (Faust II).

Ich will dich kennen, Unbekannter,
du tief in meine Seele Greifender,
mein Leben wie ein Sturm Durchschweifender,
du Unfaßbarer, mir Verwandter!
Ich will dich kennen, selbst dir dienen.
(NIETZSCHE, Dem unbekannten Gott, Schlußstrophe)

B. Reimfolgen

Man unterscheidet: Reimfolgen nach der *Stellung am Anfang* des Verses und Reimfolgen nach der *Stellung am Ende* des Verses.

B 1. Reimfolgen nach der Stellung am Anfang des Verses

a) Anfangsreim: Reim der ersten Wörter zweier aufeinander folgender Verse.

Krieg! ist das Losungswort.
Sieg! und so klingt es fort.
(GOETHE, Faust II, III, Arkadien)

b) Schlagreim: Reim zweier im einzelnen Vers unmittelbar aufeinander folgender Wörter.

Raum für Zusätze

Nachtlied

Quellende, schwellende Nacht,   Herz in der Brust wird beengt,
Voll von Lichtern und Sternen: Steigendes, neigendes Leben,
In den ewigen Fernen,   Riesenhaft fühle ichs weben,
Sage, was ist da erwacht!   Welches das meine verdrängt.

    Schlaf, da nahst du dich leis,
    Wie dem Kinde die Amme,
    Und um die dürftige Flamme
    Ziehst du den schützenden Kreis.

(HEBBEL)

B 2. Reimfolgen nach der Stellung am Ende des Verses

a) Paarige oder **paarende Reime:** nach dem Schema aa bb ... (→ Reimpaarvers).

Aus dunklen fichten flog ins blau der aar	a
Und drunten aus der lichtung trat ein paar	a
Von wölfen·schlürften an der flachen flut	b
Bewachten starr und trieben ihre brut.	b

(GEORGE, Urlandschaft, Anfang)

Sonderform

Haufenreim: nach dem Schema aaaa bbbb cccc dddd ...

Abendlied

Augen, meine lieben Fensterlein,	a
Gebt mir schon so lange holden Schein,	a
Lasset freundlich Bild um Bild herein:	a
Einmal werdet ihr verdunkelt sein!	a
Fallen einst die müden Lider zu,	b
löscht ihr aus, dann hat die Seele Ruh,	b
tastend streift sie ab die Wanderschuh,	b
legt sich auch in ihre finstre Truh.	b
Noch zwei Fünklein sieht sie glimmend stehn	c
wie zwei Sternlein, innerlich zu sehn,	c
bis sie schwanken und dann auch vergehn,	c
wie von eines Falters Flügelwehn.	c
Doch noch wandl ich auf dem Abendfeld,	d
nur dem sinkenden Gestirn gesellt;	d
trinkt, o Augen, was die Wimper hält,	d
von dem goldnen Überfluß der Welt!	d

(GOTTFRIED KELLER)

b) Gekreuzte oder **überschlagende Reime,** auch kurz **Kreuzreim** genannt, nach dem Schema a b a b:

Auf einem Häuserblocke sitzt er breit,	a
Die Winde lagern schwarz um seine Stirn,	b
Er schaut voll Wut, wo fern in Einsamkeit	a
Die letzten Häuser in das Land verirrn.	b

(HEYM, Der Gott der Stadt, Anfang)

c) Verschränkte oder **umarmende Reime:** nach dem Schema a b b a   Raum für Zusätze

Allein den Betern kann es noch gelingen,	a
Das Schwert ob unsern Häuptern aufzuhalten	b
Und diese Welt den richtenden Gewalten	b
Durch ein geheiligt Leben abzuringen.	a

(REINHOLD SCHNEIDER)

d) Dreifache Reimreihe: Nach dem Schema abc abc dwd (w = *Waise;* ↪ auch unterbrochene Reime).

Under der linden	a
an der heide,	b
dâ unser zweier bette was,	c
dâ muget ir vinden	a
schône beide	b
gebrochen bluomen unde gras.	c
Vor dem walde in einem tal,	d
tandaradei —	w
schône sanc diu nahtegal.	d

(WALTHER VON DER VOGELWEIDE)

e) Geschweifte Reime, auch kurz **Schweifreim** oder **Zwischenreim.** Schema aa b cc b. Oft in Volksliedern gebraucht. Schweifreimstrophe:

Innsbruck, ich muß dich lassen,	a
ich fahr dahin mein Straßen,	a
in fremde Land dahin.	b
Mein Freud ist mir genommen,	c
die ich nit weiß bekommen,	c
wo ich im Elend bin.	b

f) Kehrreim (Refrain) ist Wiederholung einer Reihe (Kurzvers von im allg. nicht mehr als 8 Silben) oder sogar einer (↪) Kette am Schluß der Strophe: *Endkehrreim;* namentlich im Volkslied beliebt.

Die Bindung an den Kern kann äußerlich lose sein (in bezug auf den Reim = Waise), doch inhaltlich eng, z.B. bei den *Wortkehrreimen* Ich bin der Knab' vom Berge! in UHLANDS „Des Knaben Berglied" oder Hüte dich, schöns Blümelein!

> Es ist ein Schnitter, heißt der Tod,
> Hat Gewalt vom großen Gott.
> Heut wetzt er das Messer,
> Es schneidt schon viel besser,
> Bald wird er drein schneiden,
> Wir müssens nur leiden.
> Hüte dich, schöns Blümelein!

> Was heut noch grün und frisch da steht,
> Wird morgen schon hinweggemäht:
> Die edel Narzissel,
> Die englische Schlüssel,
> Die schön Hyazinthen,
> Die türkischen Binden.
> Hüte dich, schöns Blümelein!

(Anfangsstrophen des Volksliedes)

Raum für Zusätze   geburtsanzeige

> wenn dieses bündel auf die welt geworfen wird
> die windeln sind noch nicht einmal gesäumt
> der pfarrer nimmt das trinkgeld eh ers tauft
> doch seine träume sind längst ausgeträumt
> es ist verzettelt und verbrieft
>
> wenn es die zange noch am schädel packt
> verzehrt der arzt bereits das huhn das es bezahlt
> der händler zieht die tratte und es trieft
> von tinte und von blut der stempel prahlt
> es ist verzettelt und verbrieft

(HANS MAGNUS ENZENSBERGER, Anfangsstrophen)

In den folgenden Strophen lautet der Endkehrreim: es ist versichert und vertan bzw. es ist verworfen und verwirkt usw., damit tritt ein *flüssiger Wortkehrreim* an die Stelle des *festen Wortkehrreims*.

Der Endkehrreim kann aber auch dem Inhalt des Gedichts völlig unverbunden sein, so bes. beim *Tonkehrreim,* z.B. juvivallerala u.ä. Bei enger Bindung also syntaktisch eng, z.B. C. F. MEYER, Firnelicht, bei loser Bindung metrisch abgesetzt, z.B. GOETHE, Zigeunerlied (hier außerdem Tonkehrreim: Wille wau wau wau / Wille wo wo wo / Wito hu).

Flüssiger Anfangskehrreim:
> Ich habe geliebet, nun lieb ich erst recht...
> Ich habe geglaubet, nun glaub ich erst recht...

(GOETHE, Gewohnt, getan)

Flüssiger Endkehrreim:
> Das Kind spielt: ich bin klein...
> Das Kind spielt: ich bin dumm...

(PETER HÄRTLING, Olmütz 1942—1945)

Neben dem Endkehrreim unterscheidet man noch nach der Stellung innerhalb der Strophe *Anfangs-* und *Binnenkehrreim.*

Handelt es sich um Wiederholung einzelner Anfangsworte des ersten Verses, spricht man von anaphorischen Anfängen (↪ Anapher); handelt es sich um Wiederholung der ersten Zeile am Schluß der Strophe, spricht man von *Rahmenreim* (↪ Bsp. Rondel).

Anfangskehrreim: UHLAND, O blaue Luft nach trüben Tagen . . .

Binnenkehrreim: GOETHE, Heidenröslein, zweiter Vers und deren *Verbindungen.*

Binnen- und *Endkehrreim:* GOETHE, Nachtgesang

Nachtgesang

Raum für Zusätze

O gib vom weichen Pfühle,
Träumend, ein halb Gehör!
Bei meinem Saitenspiele
Schlafe! was willst du mehr?

Bei meinem Saitenspiele
Segnet der Sterne Heer
Die ewigen Gefühle;
Schlafe! was willst du mehr?

Die ewigen Gefühle
Heben mich, hoch und hehr,
Aus irdischem Gewühle;
Schlafe! was willst du mehr?

Vom irdischen Gewühle
Trennst du mich nur zu sehr,
Bannst mich in diese Kühle;
Schlafe! was willst du mehr?

Bannst mich in diese Kühle,
Gibst nur im Traum Gehör.
Ach, auf dem weichen Pfühle
Schlafe! was willst du mehr?

Binnenkehrreime — Endkehrreime

Anfangs- und (doppelter) *Binnenkehrreim:* BRENTANO, Einsam will ich untergehn... Hier bleibt in den sechs Mittelstrophen des achtstrophigen Gedichts nur *eine* Zeile unwiederholt in jeder Strophe, in der Anfangs- und Schlußstrophe je zwei.

Einsam will ich untergehn,
Keiner soll mein Leiden wissen,
Wird der Stern, den ich gesehn,
Von dem Himmel mir gerissen,
Will ich einsam untergehn
Wie ein Pilger in der Wüste!

Einsam will ich untergehn
Wie ein Pilger in der Wüste!
Wenn der Stern, den ich gesehn,
Mich zum letzten Male grüßte,
Will ich einsam untergehn
Wie ein Bettler auf der Heide!

Einsam will ich untergehn
Wie ein Bettler auf der Heide!
Gibt der Stern, den ich gesehn,
Mir nicht weiter das Geleite,
Will ich einsam untergehn
Wie der Tag im Abendgrauen!

Binnenkehrreime — Anfangs- und Endkehrreime

(1.—3. Strophe)

Innerstrophiger Kehrreim ist auf die einzelne Strophe begrenzt, z. B. GOETHE, Liebhaber in allen Gestalten (Ich wollt, ich wär ein Fisch), HORST BIENEK, Bericht aus: „Traumbuch eines Gefangenen".

Raum für Zusätze *Periodischer Kehrreim* ist mit Unterbrechungen verteilt auf das Gedichtganze, z.B. GEORG HERWEGH, Aufruf (Der dreizeilige Anfangskehrreim: Reißt die Kreuze aus der Erden! / Alle sollen Schwerter werden, / Gott im Himmel wird's verzeihn) kehrt hier in sieben sechszeiligen Strophen, in der ersten, vierten und siebenten Strophe wieder. Dadurch Gedichtstruktur: X xx X xx X). Zum periodischen Kehrreim gehört auch die *Wiederholung ganzer Strophen*, z.B. RÜCKERT, Aus der Jugendzeit (in neun Strophen die dritte, sechste [leicht verändert] und neunte gleich), STORM, Die Nachtigall (zwei identische Strophen umschließen die Mittelstrophe).

B 3. Sonderformen

a) Binnenreim: Reim des Versendes mit einem Wort des Versinnern.

Trauergesang von der Not Christi am Ölberg in dem Garten

Bey stiller nacht / zur ersten wacht
Ein stimm sich gund zu klagen.
Ich nam in acht / waß die doch sagt,
That hin mit augen schlagen.

Kein vogel-sang / noch frewden-klang
Man höret in den Lufften /
Die wilden thier / trawrn auch mit mir /
In steinen / vnd in klufften.

(SPEE, erste und letzte Strophe; barocke Sprachform)

b) Zäsurreim: Zwei Arten: 1. Zäsur reimt auf Versende, dann = Binnenreim (→ auch Otfridscher Reimvers, → gereimter Hexameter usw.); 2. Zäsur reimt auf Zäsur, z.B. reimende Anverse wie in erster Strophe des Nibelungenliedes:

Uns ist in alten mæren	wunders vil geseit
von heleden lobebæren	von grôzer arebeit,
von fröuden, hôchgezîten,	von weinen und von klagen,
von küener recken strîten	muget ir nu wunder hœren sagen.

c) Inreim oder **Mittelreim**: Verbindung von Schlag- und Binnenreim, z.B. etwas überanstrengt verwendet in der Romanze „Childe Harold" von HEINE:

Eine starke, schwarze Barke	Toter Dichter, stille liegt er,
Segelt trauervoll dahin.	Mit entblößtem Angesicht,
Die vermummten und verstummten	Seine blauen Augen schauen
Leichenhüter sitzen drin.	Immer noch zum Himmelslicht.

Aus der Tiefe klingt's, als riefe
Eine kranke Nixenbraut,
Und die Wellen, sie zerschellen
An dem Kahn, wie Klagelaut.

d) **Mittenreim:** Reim des Versendes mit einem Wort des Innern der folgenden oder vorausgehenden Verszeile. Raum für Zusätze

> Ist einer, der nimmt alle in die Hand,
> daß sie wie Sand durch seine Finger rinnen.   (RILKE, Strophen, Anfang)

e) **Pausenreim:** Reim des ersten und des letzten Wortes einer Verszeile oder Versgruppe, im Minnesang und im Meistergesang angewendet.

> Wol vierzec jâr hab ich gesungen oder mê
> von minnen und als iemen sol.
>   (WALTHER VON DER VOGELWEIDE, Ir reinen wîp, 7/8)

f) **Schüttelreim:** Auch hier verteilen sich die Reimsilben auf zwei oder mehrere Wörter, nur werden zugleich auch die Anfangskonsonanten der reimenden Silbenpaare wechselseitig vertauscht.

Bspe:

> Die böse Tat den Schächer reut,
> Doch nur, weil er den Rächer scheut.

Gekreuzter Schüttelreim im Vierzeiler:

> Weil die beiden Moppel dort
> Gar so schrecklich zwiegesungen,
> Hat durch einen Doppelmord
> Man zum Schweigen sie gezwungen.

2. Zeilenstil und Hakenstil

Im germ. Heldenlied der Frühzeit fielen Zeile und Satz zusammen (metrische und syntaktische Einheit): *Zeilenstil*. Vermutlich gleichlaufend mit dem Übergang vom gesungenen zum gesprochenen Vers legte man den Sinneseinschnitt über den Langzeilenschluß hinweg in die nächste Langzeile: solche Verklammerung wurde als *Hakenstil* bezeichnet, so von EDUARD SIEVERS; HEUSLER spricht von Bogenstil. Für Hakenstil in neuerer Zeit die Bezeichnung *Versüberschreitung* oder *Enjambement* (frz. enjamber überschreiten, jambe Bein) = das Hinüberschreiten, hier: das Übergreifen der Sinneinheit in den folgenden Vers hinein. Im Mhd.: „rîme brechen" (rîm = Vers), daher auch Versbrechung, Zeilensprung genannt. (Dagegen versteht man unter *„Reimbrechung"* in mhd. Dichtung die von Frankreich (CHRÉTIEN DE TROYES) übernommene Erscheinung, daß man das Satzende *nicht* mit dem Ende des Reimpaars, also dem 2., 4., 6. usw. Vers zusammenfallen läßt, sondern mit dem ungeraden [1., 3., 5.] Vers, so daß der 1. Reimvers einen Satz abschließt, der 2. bereits den Anfang des folgenden Satzes bildet.) Auch auf die neuere Dichtung sind aber die beiden alten Begriffe Zeilenstil und Hakenstil anwendbar:

Zeilenstil: Die syntaktische Einheit (Satz) endet mit dem Versschluß.

Hakenstil: Die syntaktische Einheit setzt sich in die nächste Versreihe fort.

Raum für Zusätze   *Bspe für Zeilenstil:*

    Hadubrant gimahalta · Hiltibrantes sunu:
    dat sagêtun mî ûsere liuti ·
    alte anti frôte · dea êrhina wârun ·
    dat Hiltibrant hætti mîn fater · ih heittu Hadubrant.
                  (Hildebrandslied, Vers 14—17, ahd. Sprachform)

    Hadubrand anhob · Hildebrands Sohn:
    Daß sagten sie mir, unsere Leute ·
    Alte Meister · die eh'r da waren ·
    Daß Hildebrand hieße mein Vater · ich heiße Hadubrand.
                  (Übersetzung von WOLFSKEHL)

                    ★

             Zeit
    Vorzeit nimmt zu Zukunft ab
    zwischen den rostgelben Oktoberbäumen bewegen
                    [sich die zitronengelben Autos
    die schwärzliche Schönheit einer Hortensienmumie
    der langsame Schritt der nichts Erwartenden
    Zeitverlust
    das Aufhören der Identität auf der Brücke
    Spuren von Anis in der Luft
    Türen von Anis
    death is so permanent
    die Messingstäbe des Zeitbewußtseins schlagen blind aneinander
                                    (HEISSENBÜTTEL)

Bspe für Hakenstil bzw. Enjambement:

    That gibod ward gilêstid
    obar thesa wîdon werold; werod samnôda
    te allaro burgeô gihwem.

    Das Gebot ward geleistet
    über die weite Welt hin. Da wanderten die Leute
    Ein jeder zu seiner Burg.
                  (Heliand, Vers 348—50, oben in altsächsischer Sprachform)

                    ★

           Der römische Brunnen
    Aufsteigt der Strahl und fallend gießt
    Er voll der Marmorschale Rund,
    Die, sich verschleiernd, überfließt
    In einer zweiten Schale Grund;
    Die zweite gibt, sie wird zu reich,
    Der dritten wallend ihre Flut,
    Und jede nimmt und gibt zugleich
    Und strömt und ruht.
                                                       (C. F. MEYER)

    Hier ist das dritte Enjambement „verdeckt" durch den eingeschobenen Satz „sie wird zu reich".

> Kennst Du den Garten? — Wenn sich Lenz erneut,   Raum für Zusätze
> Geht dort ein Mädchen auf den <u>kühlen Gängen</u>
> <u>Still</u> durch die Einsamkeit,
> <u>Und</u> weckt den leisen Strom von Zauberklängen,
> Als ob die Blumen und die <u>Bäume sängen</u>
> <u>Rings</u> von der alten schönen Zeit.
>
>   (EICHENDORFF, Die Heimat, 2. Strophe)

In beiden Versüberschreitungen mit „still" und „rings" streitet der Rhythmus gegen das Metrum. In beiden Fällen bewirkt die Stauung Erstaunliches.

Auch in der Sprache des Versdramas Anwendung der Versüberschreitung, um größere Geschmeidigkeit der Rede zu erreichen.

> *Domingo:* Die schönen Tage in Aranjuez
> Sind nun zu Ende. Eure königliche Hoheit
> Verlassen es nicht heiterer. Wir sind
> Vergebens hier gewesen. Brechen Sie
> Dies rätselhafte Schweigen. Öffnen Sie
> Ihr Herz dem Vaterherzen, Prinz. Zu teuer
> Kann der Monarch die Ruhe seines Sohns —
> Des einz'gen Sohns — zu teuer nie erkaufen.
>
>   (SCHILLER, Don Carlos, I, 1)

3. Diärese und Zäsur

In der antiken Verslehre der Einschnitt im Versinnern (gr. diairesis Trennung, Einteilung; auch Diäresis ausgesprochen), sofern er mit dem Ende eines Versfußes zusammentrifft, z. B. $/\cup\cup\|/\cup\cup$. Liegt der Einschnitt jedoch (durch das Ende eines Wortes) *innerhalb* eines Versfußes, so daß dieser auf zwei Wörter verteilt werden muß, spricht man von *Zäsur* (lat. caesura von caedere hauen, schneiden).

In der Verslehre der neueren Literaturen nur *festliegende* Einschnitte üblich, z. B. im (→) Alexandriner *nach* der dritten Hebung (ebenso im → Pentameter), im (→) Trimeter meist *vor* der dritten Hebung, wodurch dieser, im Ggs. zu den beiden anderen Taktreihen, in zwei *ungleiche* Hälften geteilt wird. Man verwendet dafür die Begriffe Diärese und Zäsur unterschiedslos.

Alexandriner: $\boxed{\cup/}\ \boxed{\cup/}\ \boxed{\cup/}\ \|\ \boxed{\cup/}\ \boxed{\cup/}\ \boxed{\cup/}\ \boxed{\cup}$

    Du siehst, wohin Du siehst, ‖ nur Eitelkeit auf Erden.
                            (GRYPHIUS, Es ist alles eitel)

Pentameter: $\boxed{/\cup\cup}\ \boxed{/\cup\cup}\ \boxed{/}\ \|\ \boxed{/\cup\cup}\ \boxed{/\cup\cup}\ \boxed{/}$

    Aber der große Moment ‖ findet ein kleines Geschlecht
                            (GOETHE/SCHILLER, Xenien)

Trimeter: $\boxed{\cup/\cup/}\ \|\ \boxed{/\cup/}\ \boxed{\cup/\cup/}$

    Was aber schön ist, ‖ selig scheint es in ihm selbst.
                          (MÖRIKE, Auf eine Lampe, Schlußvers)

Raum für Zusätze

4. Versschluß

In der antiken Metrik unterscheidet man in bezug auf die Gestaltung des letzten Versfußes vier Schlüsse: den *katalektischen*, den *akatalektischen*, den *brachykatalektischen* und den *hyperkatalektischen* Versschluß. Übertragung dieser gr. Bezeichnungen auf germ. und dt. Metrik ist unangemessen: hier spricht man besser in bezug auf den Vers der mhd. Dichtung von *Kadenz* (höchstens der katalektische und der brachykatalektische Versschluß entsprechen den Kadenzen einsilbig voll und einsilbig stumpf bei HEUSLER [vgl. S. 87f.], weil beide Verkürzungen des Verses darstellen, aber schon die anderen Typen passen nicht in sein Schema) oder in der neueren dt. Dichtung von einfachen *Versschlüssen* mit der Unterscheidung männlich (m) oder stumpf und weiblich (w) oder klingend. Die erstgenannten Bezeichnungen stammen aus der frz. Verslehre (vgl. S. 77), die zweiten aus dem Meistersang.

A. Antike Versschlüsse

a) katalektisch (gr. kata-legein aufhören): *Gekürzt,* unvollständig, abgebrochen; Schluß eines Verses durch eine Hebung vor völliger Beendigung der metrischen Reihe:

Der Du von dem Himmel bist

| / ᴗ | / ᴗ | / ᴗ | / |

Viertaktiger Trochäus; der letzte Fuß ist unvollständig, gekürzt.

b) akatalektisch: *Unverkürzt,* nicht aufhörend, d.h. vollständig; Schluß eines Verses nach Beendigung der metrischen Reihe:

Alles Leid und Schmerzen stillest

| / ᴗ | / ᴗ | / ᴗ | / ᴗ |

Viertaktiger Trochäus; alle Versfüße sind vollständig.

c) brachykatalektisch (gr. brachys kurz): *Unvollständig;* Vers, in dem das letzte Metrum durch eine Pause ersetzt wird:

Süßer Friede

| / ᴗ | / ᴗ | — —

Zwei schwere Trochäen in der sonst viertaktigen Verszeile.

d) hyperkatalektisch (gr. hypér über..., hinaus): *Überzählig;* Vers, dessen letztem vollständigem Fuß noch eine überschlagende Schlußsilbe beigefügt ist, die, im Gegensatz zum katalektischen Schluß, eine Senkung sein muß:

Es schlug mein Herz, geschwind zu Pferde!

| ᴗ / | ᴗ / | ᴗ / | ᴗ / | ᴗ |

Viertaktiger Jambus mit überschlagender Schlußsilbe.

B. Germanische und deutsche Versschlüsse   Raum für Zusätze

a) Kadenz (ital. cad*e*nza, mittellat. cad*e*ntia das Fallen, lat. c*a*dere fallen): Beim epischen Vers der mhd. Literatur in der Regel *drei Kadenzformen*, für die jedoch nicht allein die Zahl der Silben am Schluß des Verses maßgeblich ist, insbes. deswegen, weil mhd. zweisilbige Wörter wie sågen, bǒgen kurz gesprochen werden und dadurch metrisch gleichwertig mit wîp und was sind. Im Nhd. haben die ersteren durch die sog. nhd. Dehnung (kurze Vokale in offener Silbe wurden lang) einen ganz anderen (nämlich weiblichen oder klingenden) Charakter bekommen. Von anderem Typ waren im Mhd. zweisilbige Wörter, wie singen oder meien, sie konnten entweder als „leichtklingend" weiblich (nur einen Takt füllend, z. B. síngen als /x́x/) oder als „schwerklingend" (zwei Takte füllend, z. B. síngèn als / ⌴ /x̀ ∧) erscheinen.

Verschiedene wissenschaftliche Auffassungen

Andreas Heusler (21) setzt neun verschiedene Kadenztypen für den mhd. *Epenvers* an; dabei setzt er den viertaktigen Vers als Normalvers voraus*.

Bei *voller* Kadenz (v) (d. h. Füllung der Hebung des *letzten* Taktes im Viertakterschema durch eine *Haupttonsilbe*) drei Möglichkeiten:

1. einsilbig: männlich voll   4. Takt

   Bsp.: mit sólher ántwurt schíet si *dán* | x́ ∧ |

                           (Hartmann von Aue, Erec 59)

2. zweisilbig: männlich voll

   Bsp.: dazz ír sô náhen wás *geschéhen* | ⌣ ⌣ ∧ |

                          (Hartmann von Aue, Erec 64)

3. zweisilbig: weiblich voll**

   Bsp.: der séle dúrch des líbes *schúlde* | x́ x |

                    (Wolfram von Eschenbach, Parzival 827, 21)

Bei *klingender* Kadenz (k) (d. h. Füllung der Hebung des *letzten* Taktes mit *einer Silbe,* die sprachlich unbetont, aber metrisch hebungsfähig ist; die Kadenz umgreift dann zwei Takte, den dritten und vierten Takt) zwei Möglichkeiten:

4. zweisilbig: weiblich voll   3. Takt   4. Takt

   Bsp.: bî ír und bí ir *wíbèn* | ⌴ | | x́ ∧ |

                   (Hartmann von Aue, Erec 1)

5. dreisilbig ***

   Bsp.: dar úmbe múosen *dégenè* | x́ x | | x́ ∧ |

                  (Nibelungenlied 2, 4a)

Bei *stumpfer* Kadenz (s) (d. h. der *letzte,* der vierte Takt ist *pausiert)* zwei Möglichkeiten:

6. einsilbig: männlich   3. Takt   4. Takt

   Bsp.: wúnders víl ge*seít* (Nibelungenlied 1, 16) | x́ ∧ | | x́ ∧ |

---

* Zeitliche Grundeinheit (= More oder Mora, Mz. Moren von lat. mora Verzögerung) ist das Viertel = x; Zeichen für die halbe Note: —; Zeichen für die Achtelnote: ⌣; Zeichen für das pausierte Viertel: ∧. — Ein Takt beginnt jeweils mit Hebung (Iktus, Mz. Ikten von lat. ictus Schlag)

** in mhd. *Epik* selten   *** selten im epischen Reimpaarvers

Raum für Zusätze

7. zweisilbig
   Bsp.: von weínen únd von klágen
   (Nibelungenlied 1, 3b)

3. Takt 4. Takt
| ˘ ˘ ∧ | ˊ ∧ |

Bei *überstumpfer* Kadenz (sk) (d.h. der *letzte,* vierte Takt ist *pausiert,* im *zweiten* und *dritten* Takt Verbindung von *stumpf* und *klingend;* nicht sehr häufig) zwei Möglichkeiten:

8. zweisilbig
   Bsp.: ir múoter Úotèn
   (Nibelungenlied 14, 1b)

2. Takt 3. Takt 4. Takt
| ˗ | ẋ ∧ | ˊ ∧ |

9. dreisilbig
   Bsp.: von grózer árebeìt
   (Nibelungenlied 1, 2b)

| ẋ x | ẋ ∧ | ˊ ∧ |

Am Vers sind nach *Heusler* zu unterscheiden:

der *Auftakt* (der fehlen, aber auch mehrsilbig sein kann), das *Versinnere* und die *Kadenz*.

88 Veranschaulicht am Kinderreim:

	Backe, backe, Kúchèn | ẋ x | x ẋ | ˗ | ẋ ∧ |	Klingende Kadenz
	der Bäcker hat gerúfèn x | ẋ x | ẋ x | ˗ | ẋ ∧ |	Klingende Kadenz
Auftakt	Wer will guten Kuchen backen | ẋ x | ẋ x | ẋ x | ẋ x |	Volle Kadenz, zweisilbig weiblich voll
	der muß haben sieben Sachen | ẋ x | ẋ x | ẋ x | ẋ x |	Volle Kadenz, zweisilbig weiblich voll
	Butter und Salz | ẋ ˘ ˘ | ẋ ∧ | ∧ ∧ | ∧ ∧ |	Stumpfe Kadenz
	Eier und Schmalz | ẋ ˘ ˘ | ẋ ∧ | ∧ ∧ | ∧ ∧ |	Stumpfe Kadenz
	Milch und Mehl | ẋ x | ẋ ∧ | ∧ ∧ | ∧ ∧ |	Stumpfe Kadenz
	Saffran macht den Kuchen geel | ẋ x | ẋ x | ẋ x | ẋ ∧ |	Volle Kadenz, einsilbig männlich voll

Bei Aufgabe des Viertakterschemas bleiben eigentlich nur vier Kadenz- Raum für Zusätze
formen:
1. *männlich* oder *stumpf* (einsilbig oder zweisilbig)
2. *weiblich*: leichtklingend (zweisilbig)
3. *weiblich*: schwerklingend (zweisilbig)
4. *weiblich*: schwerklingend (dreisilbig)

Helmuth Thomas (in: Deutsche Philologie im Aufriß, hrsg. von *W. Stammler*, 1957, Bd. III, Sp. 2327—2466) nimmt auch noch 2. und 3. zusammen und unterscheidet:
1. *männliche* oder *stumpfe* Kadenz (einsilbig oder zweisilbig mit kurzer Stammsilbe), vgl. *Heusler* 1, 2, 6, 7;
2. *weibliche* Kadenz (zweisilbig mit langer Stammsilbe), vgl. *Heusler* 3, 4, 8;
3. *dreisilbige* Kadenz, vgl. *Heusler* 5, 9.

b) Einfache Versschlüsse: In neuerer dt. Dichtung drei metrische Formen des Versschlusses (gerechnet von der letzten haupttonigen Silbe des Verses bis zu seinem Ende), die im allg. vom (↪) Reim bestimmt sind:
a) *einsilbig* oder *stumpf* oder *männlich*: Flut — Glut
b) *zweisilbig* oder *klingend* oder *weiblich*: Ferne — Sterne
c) *dreisilbig* oder *gleitend* oder *reich*: Sterblichen — verderblichen.

5. Taktreihen

A. Jambische (steigende) Taktreihen

a) Steigender Viertakter
   Otfridscher Reimvers
   Reimpaarvers
   Knittelvers

b) Steigender Fünftakter
   Vers commun (gereimt)
   Ungereimter steigender Fünftakter (= Blankvers)
   Hendekasyllabus (Elfsilbler gereimt)

c) Steigender Sechstakter
   Trimeter (Senar)
   Hinkejambus (Choliambus)
   Alexandriner

d) Steigender Achttakter

B. Trochäische (fallende) Taktreihen

a) Fallender Viertakter
   Romanzenvers

b) Fallender Fünftakter (Serbischer Trochäus)

c) Fallender Achttakter (Tetrameter [Oktonar, Septenar])

C. Daktylische (doppelfallende) Taktreihen

a) Hexameter
   Gereimter Hexameter (Leoninische Verse)

b) Pentameter

Raum für Zusätze **A. Jambische (steigende) Taktreihen**

a) Steigender Viertakter: Nach dem Vorbild des lat. Hymnenverses zuerst von OTFRID VON WEISSENBURG in seinem „Evangelienbuch" (863/71) geschaffen.

a¹) Otfridscher Reimvers ist eine achttaktige Langzeile, die aus zwei durch Binnenreime gebundene Kurzzeilen mit je vier Hebungen besteht; manche dieser Kurzzeilen zeigen aber fallenden Rhythmus:

Manôt unsih thisu fart,   thaz wir es wesen anawart
wir unsih ouh biruachen   inti eigan lant suachen.

(I, Strophe 18, 1 f.)

Daran ermahnt uns diese Reise,   daß auch wir selbst in gleicher Weise
Mit Eifer dafür Sorge tragen,   das Land der Heimat zu erfragen.

(In hochdt. Übersetzung)

a²) Reimpaarvers: Der Reimvers entwickelte sich weiter zum Reimpaarvers der mhd. Früh- und Blütezeit: zwei Viertakter durch (→) Paarreim verbunden.

Ein ritter sô gelêret was
daz er an den buochen las.

(HARTMANN VON AUE, Der arme Heinrich, Vers 1 ff.)

★

Man lobt nâch tôde manegen man,
der lop zer werlde nie gewan.

(FREIDANK, Bescheidenheit)

a³) Knittelvers: Im 17. Jh. bezeichnete man zunächst die (→) leoninischen Verse als Knittelverse, dieser Name wird dann auch auf solche (→) „Alexandriner übertragen, bei denen sich die Zäsur mit dem Versende reimt. Diese (Alexandriner) galten aber als ebenso regelwidrig wie die reimenden Hexameter. Daher nannte man weiterhin überhaupt schlechte, holprige Verse Knittelverse ... (Später) wurde Knittelvers zur Bezeichnung für die beliebteste Versart des 16. Jhs.: die kurzen Reimpaare; man nannte sie wohl auch geradezu ‚Hanß Sachsen Verse'." (Trübners Deutsches Wörterbuch, 1939 ff., 4. Bd., S. 206).

Ain gegent haist Schlauraffen land
Den faulen leuten wol bekant,
Das ligt drey meyl hinder Weyhnachten.
Vnd welcher darein wolle trachten...

(HANS SACHS, Das Schlaraffenland)

Im dritten und vierten Vers Durchsetzung des metrischen Schemas *gegen* den Wortakzent!

b) Steigender Fünftakter kommt in gereimter und ungereimter Form vor.

b¹) Vers commun (frz. gewöhnlicher Vers): Gereimter jambischer *Zehnsilbler* oder bei weiblichem Ausgang *Elfsilbler*. Im Frz. und Prov. überwog anfangs der männlich endende Vers und wurde als Normalvers empfunden, im Ital. dagegen der weiblich endende Vers, der *Endecasillabo*. *Gereimter steigender Fünftakter* war beliebter Vers der romanischen Dichtung vom 14.—16.Jh. Wurde in Deutschland von Opitz eingeführt, später vom (↪) Alexandriner verdrängt; weiterlebend als ungereimter Fünftakter.

b²) Ungereimter steigender Fünftakter (engl.: blank verse = ungereimter Vers, auch im Dt. als *Blankvers* bezeichnet): Der Vers Shakespeares im Drama *(Hamlet:* To bé or nót to bé that ís the quéstion). Im 18.Jh. aus der engl. Dichtung in die dt. übernommen (durch Johann Elias Schlegel zuerst in der Übersetzung von Congreves „Braut in Trauer", 1748, durch Wieland zuerst auf der Bühne in „Lady Johanna Gray", 1758), von Lessing im „Nathan" (1779) als Taktreihe gewählt und damit als Idealvers für das klassische Drama durchgesetzt.

> Es eifre jeder seiner unbestochnen,
> Von Vorurteilen freien Liebe nach. (Lessing, Nathan der Weise, III, 7)

Ungereimter Fünftakter ist außerdem der gewöhnliche Vers von Strophenformen nichtdt. Ursprungs: (↪) Sonett, (↪) Terzine, (↪) Stanze.

> Ein zart Geheimnis webt in stillen Räumen,
> die Erde löst die diamantnen Schleifen,
> und nach des Himmels süßen Strahlen greifen
> die Blumen, die der Mutter Kleid besäumen.
> (Eichendorff, Sonett, 1.Quartett)

b³) Hendekasyllabus: Dem frz./prov. Zehnsilbler entspricht der weiblich endende *ital. Elfsilbler: Endecasillabo*. Davon zu unterscheiden ist der *antike Elfsilbler: Hendekasyllabus* (Mz. Hendekasyllaben; gr. héndeka elf, syllabé Silbe). Elfsilbler sind in der (↪) alkäischen Strophe die ersten beiden Verse, in der (↪) sapphischen Strophe die ersten drei Verse, außerdem der *phaläkische Vers:* /∪/∪∪/∪/∪/∪, der ein um die Figur ∪/∪ erweiterter (↪) Glykoneus (letzter Vers der ↪ asklepiadeischen Strophe) ist. Der phaläkische Vers (nach seinem angeblichen Erfinder Phalākos benannt) im Dt. nachgeahmt von Rückert (z.B.: Scherzgedicht auf die Zigarre):

> Eine duftende, wohlgerucherfüllte —
> Pflanze, solche, die Männernasen kitzelt.

c) Steigender Sechstakter war bevorzugter Vers für alle ernsten Gattungen des hohen Stils in der Antike und im Barock.

c¹) Trimeter. Der klassische Dialogvers der antiken Tragödie. Bei den Römern *Senar* (lat. *senarius* sechsteilig, sechs jambische Füße), bei den Griechen *Trimeter* (gr. tris dreimal, métron Maß) genannt: ein Dreimesser (die Verbindung von zwei Füßen bildete in der gr. Metrik das Grundmaß, den Takt eines Verses: Dipodie = Doppelfuß, von dis doppelt, poús Gen. podós Fuß), d.h. drei jambische Dipodien enthaltend.

Raum für Zusätze   *Antike Schemata:*

gr. | ⏑ — ⏑ — | | ⏑ — ⏑ — | | ⏑ — ⏑ — | drei jambische Doppelfüße

lat. | ⏑ — | | ⏑ — | | ⏑ — | | ⏑ — | | ⏑ — | | ⏑ — | sechsfüßiger jambischer Vers

Nicht mit zuhas sen, mit zulie ben bin ich da
(SOPHOKLES, Antigone, Vers 516)

Der Einschnitt (↪ Diärese) liegt in der Regel nach der fünften Silbe, wodurch der Trimeter (im Ggs. zum Alexandriner) in zwei *ungleiche* Hälften geteilt wird (↪ Diärese und Zäsur).

In dt. Dichtung relativ selten gebraucht.

Der Tochter Zeus' geziemet nicht gemeine Furcht
(GOETHE, Faust II, Helena-Akt)

*

Das Recht des Herrschers üb' ich aus zum letztenmal
(SCHILLER, Braut von Messina, IV, 8)

In der Lyrik bei MÖRIKE (z. B. Auf eine Lampe), im Epos bei SPITTELER verwendet.

c²) Hinkejambus: Jambischer Trimeter, der im letzten Fuß einen Trochäus hat, daher im Gr. *Choliambus* (von gr. cholos lahm, hinkend) genannt, und durch diesen Umschlag des Taktes überraschend wirkt.

Schema: | ⏑ / | | ⏑ / | | ⏑ / | | ⏑ / | | ⏑ / | | / ⏑ |

Im Dt. schwer nachzuahmen; Versuche im Barock (ZESEN) und in der Romantik (A. W. SCHLEGEL, RÜCKERT), z. B.:

Muß jeder Lust der Trauerbote nachhinken?
(RÜCKERT, Hinkejamben, Anfangsvers)

c³) Alexandriner: Jambischer Reimvers von zwölf (männlicher Ausgang) oder dreizehn Silben (weiblicher Ausgang) mit deutlicher Diärese nach der dritten Hebung, wodurch die Taktreihe den charakteristischen antithetischen Bau erhält:

Schema: | ⏑ / | | ⏑ / | | ⏑ / | ‖ | ⏑ / | | ⏑ / | | ⏑ / | | ⏑ |

Wer groß im Kleinen ist, wird größer sein im Großen.

Alexandriner ist gekürzter Ausdruck für alexandrinischer Vers, so benannt, weil er zuerst nach der Mitte des 12. Jhs. in altfrz. erzählenden Gedichten aus dem Sagenkreis um ALEXANDER D. GR. (Alexanderepos; vor 1180) angewendet wurde. Im 16. und bes. im 17. Jh. der *klassische Vers der frz. Tragödie* sowie des *Barocksonetts:*

| ⏑ / | | ⏑ / | | ⏑ / | ‖ | ⏑ / | | ⏑ / | | ⏑ / |

Der schnelle Tag ist hin / Die Nacht schwingt ihre Fahn
(GRYPHIUS, Abend, Anfangsvers)

Alexandriner bürgerte sich in Deutschland trotz starker Bemühungen von Opitz und Gottsched nicht ein. Klopstock setzte vielmehr im Epos („Messias") den Hexameter und Lessing im Drama („Nathan der Weise") den Blankvers mit Erfolg durch. Trotzdem Versuche in Romantik und Nachromantik, den Alexandriner zu halten, z.B. von Rückert in den Sprüchen seines Lehrgedichts „Die Weisheit des Brahmanen" (Nachahmung des „Cherubinischen Wandersmann" von Silesius):

Raum für Zusätze

> Hauch Gottes, Poesie, o komm, mich anzuhauchen,
> In deinen Rosenduft die kalte Welt zu tauchen.
> Was du anlächelst, lacht, was du anblickest, glänzt;
> Die Eng' erweitert sich, und Weites wird begrenzt.
> Durch dich ist ewig, was im Augenblick geschwunden,
> Was ich gelebt, gedacht, genossen und empfunden.
> (Erste Stufe, Einkehr, 14. Stück)

Dagegen ist Spittelers Epos „Olympischer Frühling", 1900/05, nicht auf Alexandrinern gebaut (die aber auch vorkommen, vgl. Schlußvers des Bsps), sondern auf steigenden Sechstaktern:

> In dieser Welt, von Übeln krank, vom Blute rot,
> tut Geist und Schönheit, tut ein Flecklein Himmel not,
> ein Glücklicher, der nichts vom Pfuhl des Jammers weiß,
> ein Edler, rein von Schuld, ein Held, deß Helmbusch weiß.

d) Steigender Achttakter: In dt. Dichtung im Grunde eine Kombination steigender Viertakter zu einer Langzeile von acht Füßen; gemeistert von dem Formkünstler Platen in der Ballade „Harmosan":

> Schon war gesunken in den Staub der Sassaniden alter Thron,
> Es plündert Mosleminenhand das schätzereiche Ktesiphon.
> (Anfangsverse)

B. Trochäische (fallende) Taktreihen

a) Fallender Viertakter: Schon in der Anakreontik in Deutschland bekannt, später durch Herders Nachdichtung der Cid-Romanzen und bes. (in der Romantik) durch die Begegnung mit dem klassischen span. Drama eingeführt. Meisterhaft bei Grillparzer und Raimund.

Schema: | / ◡ | / ◡ | / ◡ | / ◡ |

> Eines nur ist Glück hienieden,
> Eins: des Innern stiller Frieden
> Und die schuldbefreite Brust!
> Und die Größe ist gefährlich,
> Und der Ruhm ein leeres Spiel!
> (Grillparzer, Der Traum ein Leben, IV, Waldgegend)

Beliebt im Dt. als *Romanzenvers*. Vgl. als Bsp. die Heinesche Romanze „Don Ramiro" (↪ Assonanz).

b) Fallender Fünftakter, auch *Serbischer Trochäus* genannt wegen seiner vornehmlichen Verwendung im serbischen Volkslied (vgl. Goethes Übersetzungen). In dt. Dichtung bes. in der *Ballade* (von Bürger über Goethe, Platen, C. F. Meyer bis zu Liliencron und Agnes Miegel), aber auch in reiner Lyrik verwendet (z.B. Rilke, Vorfrühling).

Raum für Zusätze   *Schema:* | / ⌣ | | / ⌣ | | / ⌣ | | / ⌣ | | / ⌣ |

Nach Korinthus von Athen gezogen
Kam ein Jüngling, dort noch unbekannt.
Einen Bürger hofft' er sich gewogen:
Beide Väter waren gastverwandt,
Hatten frühe schon   ⎫
Töchterchen und Sohn   ⎬ (Dreitakter)
Braut und Bräutigam voraus genannt.

(GOETHE, Die Braut von Korinth, Anfangsstrophe)

c) **Fallender Achttakter**: Bei den Griechen *Tetrameter* (gr. tetra vier und metron Maß), bei den Römern *Oktonar* (lat. octonarius achtteilig), genannt: Viermesser, d.h. aus vier trochäischen Dipodien bestehend nach gr. Zählung, aus acht Trochäen nach röm. Zählung.

Schema: | / ⌣ / ⌣ | | / ⌣ / ⌣ | | / ⌣ / ⌣ | | / ⌣ / ⌣ |

Nächtlich am Busento lispeln bei Cosenza dumpfe Lieder,
Aus den Wassern schallt es Antwort, und in Wirbeln klingt es wieder.

(PLATEN, Das Grab im Busento, Anfangsstrophe)

Die Versform der röm. Komödie (PLAUTUS, TERENZ). Tritt auch an hohen Stellen der antiken Tragödie (SOPHOKLES, Schlußchor des „König Oedipus") auf. In dt. Dichtung im Grunde eine Kombination fallender Viertakter zu einer Langzeile von acht Füßen. Bes. von PLATEN nachgeahmt, u. a. in seinen Literaturlustspielen („Die verhängnisvolle Gabel") mit satirischer Absicht.

Bei männlichem Schluß des Verses entsteht der *Septenar* (lat. septenarius siebenteilig), da dann nach röm. Zählung 7½ Versfüße vorhanden sind.

C. Daktylische (doppelfallende) Taktreihen

a) **Hexameter** (gr. hex sechs und metron Maß): Sechsmesser, aus sechs daktylischen Metren zusammengesetzt, doch mit der Freiheit, die zwei kurzen Silben in den ersten vier Versfüßen durch eine lange Silbe zu ersetzen mit Ausnahme des vorletzten Taktes, des fünften Fußes. Der Vers ist katalektisch (↪ Versschluß, katalektischer), der letzte Daktylus also unvollständig (in der Regel ein Trochäus).

Schema: | / ⌣ ⌣ | | / ⌣ ⌣ | | / ⌣ ⌣ | | / ⌣ ⌣ | | / ⌣ ⌣ | | / ⌣ |

Pfingsten, das liebliche Fest, war gekommen; es grünten und blühten
Feld und Wald; auf Hügeln und Höhn, in Büschen und Hecken
Übten ein fröhliches Lied die neuermunterten Vögel.

(GOETHE, Reineke Fuchs, Anfang)

In der Antike *die* Versform der *epischen* Dichtung (HOMER: Ilias und Odyssee; VERGIL: Äneis), in dt. Dichtung (nach einigen unzulänglichen Versuchen im Humanismus) mit nachhaltigem Erfolg von KLOPSTOCK im „Messias" nachgestaltet, dann von VOSS (Homerübersetzung, Idyllen), GOETHE (Hermann und Dorothea; Reineke Fuchs), HEBBEL (Mutter und Kind) und GERHART HAUPTMANN (Anna; Till Eulenspiegel).

a¹) **Gereimter Hexameter:** *Leoninische Verse,* genannt nach einem mittelalterlichen Dichter LEO (12.Jh.): Es reimen Mitte (Zäsur im dritten Fuß) und Schluß *jedes* Verses; *in frühmittelalterlicher lat. Dichtung,* in den Legenden der HROTSVITH, im Tierepos *Ecbasis captivi* (= Flucht des Gefangenen), im *Waltharius* und im *Ruodlieb;* in dt. Dichtung gelegentlich bei FISCHART, BIRKEN und zuletzt bei GOTTSCHED (1730, Äneisübersetzungsprobe).

Raum für Zusätze

Bsp.: Liebesgruß aus dem *Ruodlieb*

Auf die Frage des Boten, was die Dame seinem Herrn sagen läßt, antwortet sie: (wobei der Dichter die dt. Wörter liebes, loubes; wunne, minne in die Reimstellen des lat. Textes einsetzt):

Díxit: ‚Díc illí nunc dé me córde fidéli
tántundém liebés, veniát quantúm modo lóubes,
ét volucrúm wunná quot sínt, tot díc sibi minna,
gráminis ét florúm quantúm sit, díc et honórum.'

Schwer nhd. metrisch nachzubilden, denn mlat. ist betont:
illí: fidéli; liebés: lóubes usw.

Darauf sie: ‚Sag dem einen, aus treuem Herzen, dem meinen,
So unendlich viel Liebes wie an den Bäumen des Laubes
Und wie der Vögel Wonne, sag ihm so unendlich viel Minne,
Und so viel Gras und Blüten es gibt, sollst du Ehren ihm bieten.'

b) Pentameter (gr. pénte fünf und métron Maß): Fünfmesser mit verkürztem dritten und sechsten Versfuß (die also nur noch in ihrem Anschlag vorhanden sind, da die Senkungen fehlen). Name ist irreführend, weil die sechs Hebungen erhalten bleiben. Antike Metrik zählte allerdings fünf Metra (zwei Daktylen, ein Spondeus* und zwei Anapäste), in dt. Dichtung immer sechs Hebungen, die mittleren durch eine unveränderliche (↪) Diärese getrennt.

Schema: antik: | —∪∪ | —∪∪ | —— | ∪∪— | ∪∪— |

deutsch: | /∪∪ | /∪∪ | / ‖ /∪∪ | /∪∪ | / |

Aber der große Moment findet ein kleines Geschlecht.
(GOETHE/SCHILLER, Xenien)

STROPHENFORMEN

⑮

Strophe (gr. strophé von stréphein wenden, eigentlich bei den Griechen die Wendung des singenden und tanzenden Chores zum Altar, dann der während dieser Tanzbewegung gesungene Abschnitt des Chorgesanges): Verbindung von mehreren Verszeilen von *gleichem* Bau (= *isometrisch* von gr. ísos gleich und métron Maß) oder *verschiedenem* Bau

---

* Der *Spondeus* ist in antiker Metrik ein Versfuß mit zwei langen Silben. Im Dt. wegen Akzentuierung nicht möglich, vgl. Vollmond, aufgehn. Von J.H.Voss trotzdem vielfach in antikisierenden Versen angewendet

Raum für Zusätze (= *heterometrisch* von gr. hęteron anderer, auch *polymetrisch* von gr polys viel oder *metabolisch* von gr. meta-ballein, d. i. eigentl. umwerfen verändern) zu einer (wiederkehrenden) *metrischen Kombination*. Ursprünglich enge Bindung an die Musik, bes. in lyrischen Formen mit festem Bau (Kanzone u. a.), in späterer Sprechdichtung wird metrische Struktur zum alleinigen Formprinzip der Strophe.

Isometrisch:

>Kleine Blumen, kleine Blätter
>Streuen mir mit leichter Hand
>Gute, junge Frühlingsgötter
>Tändelnd auf ein luftig Band.
>
>Fühle, was dies Herz empfindet,
>Reiche frei mir deine Hand,
>Und das Band, das uns verbindet,
>Sei kein schwaches Rosenband!
>(GOETHE, Mit einem gemalten Band, 1. und 4. [letzte] Strophe)

★

Heterometrisch:

>Gelassen stieg die Nacht ans Land,
>Lehnt träumend an der Berge Wand,
>Ihr Auge sieht die goldne Waage nun
>Der Zeit in gleichen Schalen stille ruhn;
>
>Und kecker rauschen die Quellen hervor,
>Sie singen der Mutter, der Nacht, ins Ohr
>Vom Tage,
>Vom heute gewesenen Tage.
>(MÖRIKE, Um Mitternacht, Anfangsstrophe)

Strophenformen

I. Germanisch-deutsche Strophenformen
1. Kette
2. Eddastrophen
3. Otfridstrophe
4. Reimpaarkette
5. Einfache Liedstrophe
6. Chevy-Chase-Strophe
7. Meistersangstrophe
8. Volksliedstrophen
   a) sechszeilige Strophe
   b) siebenzeilige Strophe
   c) achtzeilige Strophe
   d) neunzeilige Strophe
9. Epenstrophen
   a) Nibelungenstrophe
   b) Hildebrandston
   c) Kudrunstrophe

II. Romanische Strophenformen
1. Terzine
2. Kanzonenstrophe
3. Sestine
4. Stanze
   a) Siziliane
   b) Nonarime
   c) Huitain
   d) Spenserstrophe
5. Dezime

III. Orientalische Strophenform
1. Gasel

IV. Antike Strophenformen
1. Distichon
2. Alkäische Odenstrophe
3. Asklepiadeische Odenstrophe
4. Sapphische Odenstrophe

I. GERMANISCH-DEUTSCHE STROPHENFORMEN   Raum für Zusätze

1. Kette

Durch Koppelung zweier Reihen (Kurzzeilen) entstehende Langzeile: rhythmisch-metrische Einheit der Kette. Urzelle der Strophe.

2. Eddastrophen

Gliedern sich in zwei Hauptgruppen:

a) Langzeilenmaß (Fornyrdislag = Altmärenton): Die Strophe (das Gesätz) wird durch Aneinanderreihung von (meist) vier Langzeilen gebildet, die aus je zwei zweihebigen, miteinander stabenden Kurzzeilen (An- und Abvers) bestehen. Im Abvers stabt regelmäßig die erste Hebung, im Anvers verteilen sich die Nebenstäbe auf die beiden Hebungen. Stabt hier nur eine Hebung, so die des stärkeren Tons.

Bsp.: Einen Saal sah ich,   der Sonne fern
     am Totenstrand,   das Tor nach Norden:
     tropfendes Gift   träuft durch das Dach:
     die Wände sind   aus Wurmleibern.
            (Der Seherin Gesicht, 29. Strophe, dt. von Felix Genzmer)

b) Spruchversmaß (Ljodahattr = Spruchton): Hier wechseln zwei Langzeilen (mit An- und Abvers) mit zwei Vollzeilen. Eine Vollzeile ist dreihebig und stabt in sich selbst.

Bsp.: An Rinde fürs Dach   und dürren Schindeln
     bedenke man den Bedarf,
     des Holzes Vorrat,   daß er hinreichen kann
     drei Monat und mehr!
            (Das alte Sittengedicht, 57. Strophe, dt. von Felix Genzmer)

3. Otfridstrophe

Zwei Ketten bestehend aus je zwei vierhebigen endgereimten Kurzzeilen (↪ Otfridscher Reimvers).

4. Reimpaarkette

Zwei Viertakter durch (↪) Paarreim verbunden (↪ Reimpaarvers).

Bspe für kettenförmigen Aufbau

Gereimt: Wie Wintergewitter ein rollender Hall.
          Zerschossen die Lehmwand von Bethlehems Stall.

          Es liegt Maria erschlagen vorm Tor,
          Ihr blutig Haar an die Steine fror.

          Drei Landser ziehen vermummt vorbei.
          Nicht brennt ihr Ohr von des Kindes Schrei.

Raum für Zusätze

          Im Beutel den letzten Sonnblumenkern,
          Sie suchen den Weg und sehn keinen Stern.
          Aurum, thus, myrrham offerunt...
          Um kahles Gehöft streicht Krähe und Hund.
          ... quia natus est nobis Dominus.
          Auf fahlem Gerippe glänzt Öl und Ruß.
          Vor Stalingrad verweht die Chaussee.
          Sie führt in die Totenkammer aus Schnee.
             (HUCHEL, Dezember 1943, aus „Chausseen Chausseen")

                            *

Ungereimt: Espenbaum, dein Laub blickt weiß ins Dunkel.
           Meiner Mutter Haar ward nimmer weiß.

           Löwenzahn, so grün ist die Ukraine.
           Meine blonde Mutter kam nicht heim.

           Regenwolke, säumst du an den Brunnen?
           Meine leise Mutter weint für alle.

           Runder Stern, du schlingst die goldne Schleife.
           Meiner Mutter Herz ward wund von Blei.

           Eichne Tür, wer hob dich aus den Angeln?
           Meine sanfte Mutter kann nicht kommen.   (CELAN)

Durch kunstvolle Bindung und Verschränkung der Ketten entsteht die jeweilige Strophe mit der Fülle von möglichen Strophenformen.

5. Einfache Liedstrophe

Vier Verse (in der Frühzeit mehr) werden zu einer *Formeinheit* zusammengefaßt, die für sich allein besteht oder sich regelmäßig wiederholt.

                    Anemone

              Erschütterer —: Anemone,
              die Erde ist kalt, ist nichts,
              da murmelt deine Krone
              ein Wort des Glaubens, des Lichts.

                            (BENN, Anfangsstrophe)

Mehrstrophigkeit bildete sich erst im Laufe der Geschichte des Liedes aus. Die „Namenlosen Lieder" zu Beginn des Minnesangs sind durchweg einstrophig, noch DER KÜRENBERGER dichtete z.T. in dieser Art. Mhd. daz liet = Strophe = einstrophiges Lied.

              Dû bist mîn, ich bin dîn:
              des solt dû gewis sîn.
              dû bist beslozzen
              in mînem herzen:
              verlorn ist daz slüzzelîn:
              dû muost immer drinne sîn.

In der Blütezeit des Minnesangs bedeutete dagegen: diu liet das mehrstrophige Lied im Sinne unseres heutigen Liedbegriffes.

6. Chevy-Chase-Strophe
Raum für Zusätze

Vier Kurzverse (steigende Vier- und Dreiheber im Wechsel) mit stumpfem Ausgang. Strophenform der meisten englisch-schottischen Volksballaden. Aufgenommen von KLOPSTOCK (Kriegslied; später unter dem Titel „Heinrich der Vogler" reimlos), von GLEIM in Deutschland allbekannt gemacht (Preußische Kriegslieder ...: Kreuzreim), dann benutzt u.a. von GOETHE (Der Fischer: Doppelstrophe mit doppeltem Kreuzreim), JOHANN NEPOMUK VOGL (Heinrich der Vogler), STRACHWITZ (Das Herz von Douglas), FONTANE (Archibald Douglas, Gorm Grymme), BRECHT (Legende vom toten Soldaten). Beliebte Strophe in nd. Dichtung, z. B. GROTH, Min Modersprak.

> Der Feind ist da! die Schlacht beginnt!
> Wohlauf, zum Sieg herbei!
> Es führet uns der beste Mann
> Im ganzen Vaterland!
> (KLOPSTOCK, Kriegslied, Anfangsstrophe)

*

> Und als der Krieg im vierten Lenz
> Keinen Ausblick auf Frieden bot
> Da zog der Soldat die Konsequenz
> Und starb den Heldentod.
> (BRECHT, Legende vom toten Soldaten, Anfangsstrophe)

Bei STRACHWITZ, FONTANE und BRECHT mit freier Senkungsfüllung. In der „Legende vom toten Soldaten" gibt es in 19 Strophen neun verschiedene Rhythmisierungen der zweiten Verszeile, z.B. in der ersten Strophe: ◡◡/◡◡/◡/ = Keinen Ausblick auf Frieden bot..., gegenüber dem Grundschema der zweiten Zeile: ◡/◡/ ◡/. (Vgl. BRECHT, Über reimlose Lyrik mit unregelmäßigen Rhythmen, Werke 19, S. 395.)

7. Meistersangstrophe

Fortentwicklung des stolligen Aufbaus in Richtung auf Verlängerung und kunstvolle, oft nur künstliche Verschränkung der Strophe. Kunst des Meistersangs richtete sich nach festgelegten Regeln und Gesetzen, z.B. war genaue Silbenzahl vorgeschrieben; der § 2 des Nürnberger Schulzettels (1540) bestimmte, daß jede Abweichung vom metrischen System des gewählten „Tones" je nach Zutat oder Abzug silbenweise zu strafen sei.

Bar war Bez. der Meistersinger für das abgeschlossene mehrstrophige (3, 5 oder 7: ungerade Zahl) Meisterlied; *Hort* für ein Bar aus drei bis sieben Strophen, von denen nun aber jede einen anderen *Ton* (Melodie) hatte; *Singer* für den schulgerecht Vortragenden von Liedern anderer Verfasser, *Dichter* für den Verfasser neuer Texte in Tönen anderer, *Meister* für den Erfinder eines neuen Tons.

Silben-zahl	Reim		Strophischer Bau
7	a	Ich lob* ein brünlein küle	
7	a	Mit ursprunges aufwüle	1. Stollen
7	a	für ein groß wasserhüle,	⎫ Aufgesang
6	b	Die keinen ursprung hat,	
7	c	Sich allein muß besechen	2. Stollen mit
7	c	Mit zufließenden bechen	zwei Übergangs-
7	c	Der brünlein, mag ich sprechen,	versen
6	b	Die hül nit lang bestat,	
8	d	Wan von der sunen großer hitz	
6	e	Im sumerlangen tak	
8	d	Die hül wirt faul und gar unnütz,	
6	e	Gewint bosen geschmak;	*Abgesang*
8	f	Sie trucknet ein, wirt grün und gelb,	mit Wiederaufnahme
8	f	So frischet sich das brünlein selb	des 1. Stollens
7	g	Mit seinem uresprunge,	zum Schluß
7	g	Beleibet unbezwunge	
7	g	Von der sune scheinunge,	
6	b	Es wirt nit faul noch mat.	

* lob... für = schätze höher... als; ursprung = Quell; aufwüle = Emporwallen; wasserhüle = Pfütze, Lache; besechen = besorgen, versorgen; wan = denn; geschmak = Geruch; so = dahingegen.

(Hans Sachs, Dichter und Singer, Anfangsstrophe in seiner „Silberweis")

8. Volksliedstrophen

Während Meistersangstrophen bis zu hundert Versen aufschwollen, blieben die über vier Verse hinausgehenden Volksliedstrophen im Rahmen von fünf bis neun Zeilen.

Beliebte Strophenformen (die zugleich später vorzugsweise von Kirchenlieddichtern verwendet werden) sind:

a) die sechszeilige Strophe mit dem *Reimschema: aabccb*. Schweifreimstrophe (→ Reim, geschweifter).

Bspe: Innsbruck, ich muß dich lassen; Paul Gerhardt, Nun ruhen alle Wälder; Claudius, Der Mond ist aufgegangen.

(Alle drei Lieder sind steigende Dreiheber, bei Gerhardt und Claudius hat aber der letzte Vers vier Hebungen, dadurch klingt jede Strophe ruhig aus);

b) die siebenzeilige Strophe mit dem *Reimschema: abab w cc;* das eine Waise enthaltende abschließende Terzett kann mannigfach variieren: cwc oder cwd oder ccw (so bei Luther).

Bspe: Mein feins lieb ist von flandern; Ich stund an einem morgen; Ach got, wie we tut scheiden; Luther, Aus tiefer Not schrei ich zu dir (Unregelmäßigkeit im b-Reim der ersten Strophe ist beseitigt, wenn urspr. nd. Grundlage angenommen wird: Ropen : open);

c) die achtzeilige Strophe mit zwei Kreuzreimquartetten mit dem Raum für Zusätze
Reimschema: abab cdcd (↪ Hildebrandston).

Bspe: Herzlich tut mich erfreuen; PAUL GERHARDT, O Haupt voll Blut und
Wunden; VALERIUS HERBERGER, Valet will ich dir geben.

d) die neunzeilige Strophe: zum zweiten Quartett tritt eine Waise;
so entstehen *Schemata* wie *abab w cddc* oder *abab ccdd w*.

Bspe: Ich armes meidlein klag mich ser; Ik weet een Frauken amoreus;
LUTHER, Ein feste Burg ist unser Gott.

9. Epenstrophen

a) Nibelungenstrophe: Strophenform des Nibelungenliedes und dt.
Heldenepen. Vier Langzeilen, von denen je zwei durch Reim verbunden
sind (Zäsurreime, wie in der ersten Strophe des Nibelungenliedes,
C-Handschrift, sind spätere Zutat). Die Anverse haben vier, die Abverse drei Hebungen, nur der Abvers der vierten Langzeile hat vier
Hebungen bewahrt. Die Kadenzen der Anverse sind in der Regel
klingend, die der Abverse der ersten drei Ketten stumpf, die letzte Langzeile schließt dagegen voll.

Regelmäßiger Bau der Strophe nach dem *Heusler*schen Schema ohne
Berücksichtigung individueller Taktfüllungen (wie im Bsp.):

1. Zeile (x) | x́x | x́x | ´ | x́∧ ‖ (x) | x́x | x́x | x́∧ | ´∧   a
2. Zeile (x) | x́x | x́x | ´ | x́∧ ‖ (x) | x́x | x́x | x́∧ | ´∧   a
3. Zeile (x) | x́x | x́x | ´ | x́∧ ‖ (x) | x́x | x́x | x́∧ | ´∧   b
4. Zeile (x) | x́x | x́x | ´ | x́∧ ‖ (x) | x́x | x́x | x́x | x́∧   b

> Ez wúohs in Burgóndèn   ein vil édel mágedîn
> dáz in állen lándèn   niht schóeners móhte sîn
> Kríemhílt gehéizèn: si wárt ein schóene wîp.
> dar úmbe múosen dégenè   víl verlíesèn den lip.
>   (Nibelungenlied, 2. Strophe)

Im wesentlichen identisch mit der Nibelungenstrophe ist die im frühen
Minnesang auftretende *Kürenbergstrophe*.

b) Hildebrandston führte Nibelungenstrophe weiter. Wesentlich ist,
daß der *volle Schluß* der vierten Zeile der Nibelungenstrophe wieder
aufgegeben wird, also: vier gleichgebaute Langzeilen, Anverse klingend
ausgehend, Abverse stumpf. — Strophenform u.a. des *Jüngeren Hildebrandsliedes* und des *Hürnen Seyfrid*.

> Es saß im Niderlande ein König so wol bekandt
> mit großer macht und gewalte, Sigmund was er genant.
> Der hett mit seyner frawen ein sun, der hieß Seyfrid,
> Des wesen werdt jr hören alhie in disem Lied.
>   (Hürnen Seyfrid, Anfangsstrophe)

Raum für Zusätze In der Folgezeit setzte sich im weltlichen wie im kirchlichen Lied der Reim der Anverse durch (Zäsurreim), wodurch die Langzeile verlorenging und die beliebte (→) Volksliedstrophe achtzeilig entstand.

Schema: abab cdcd

    Es grunet in den welden,   a
    die blümlein blüen frei,   b
    die röslein auf den felden   a
    von farben mancherlei.   b
    Ein blümlein stat im garten, c
    das heißt vergiß nicht mein, d
    das edle kraut Wegwarten   c
    macht guten augenschein.   d
      (Herzlich tut mich erfreuen, 3. Strophe)

        *

O Häupt voll blut und wunden /
Voll schmertz und voller hon!
O häupt zu spott gebunden
Mit einer dornen kron!
O häupt sonst schön gezieret
Mit höchster ehr und zier /
Itzt aber hoch schimpfiret!
Gegrüsset seyst du mir.
    (PAUL GERHARDT, Anfangsstrophe)

Metrisch nun aufgefaßt als Folge steigender Dreiheber, denn ein Alexandriner konnte nicht entstehen, da dieser nach OPITZ in der Zäsur männlich und reimlos sein mußte.

Erst in der Romantik wurde die Langzeile in bewußter Erneuerung alter Töne wieder aufgenommen, bes. in der literarischen Ballade, u.a. bei UHLAND (Des Sängers Fluch) und CHAMISSO (Das Riesenspielzeug). So entstand der sogen. *Nibelungenvers:* Folge zweier jambischer Dreitakter, aber im Ggs. zum Alexandriner schließt der erste Dreitakter überzählig.

Schema: | ∪ / | ∪ / | ∪ / | ∪ | ∪ / | ∪ / | ∪ / |

Es stand in alten Zeiten ein Schloß so hoch und hehr. a
Weit glänzt' es über die Lande bis an das blaue Meer. a
Und rings von duft'gen Gärten ein blütenreicher Kranz, b
Drin sprangen frische Brunnen in Regenbogenglanz. b
    (UHLAND, Des Sängers Fluch, Anfangsstrophe)

Bei Zäsurreim, rein oder assonantisch, tritt jedoch Kurzzeile wieder ein.

    Der alte Barbarossa,   a
    Der Kaiser Friederich,   b
    Im unterird'schen Schlosse a
    Hält er verzaubert sich.   b

Und wenn die alten Raben	c
Noch fliegen immerdar,	d
So muß ich auch noch schlafen	c
Verzaubert hundert Jahr.	d

(RÜCKERT, Barbarossa, erste und letzte Strophe)

Hier im zweiten Anvers auch mit Freiheit der Senkungsfüllung.

c) Kudrunstrophe: Im Kudrunlied angewandte Abart der Nibelungenstrophe. Der letzte Abvers hat sechs Hebungen und ist mit der dritten Langzeile durch klingende Kadenz verbunden, so daß in der Strophe ein regelmäßiger Wechsel von einsilbigem Reim in den ersten beiden Langzeilen und zweisilbig-klingendem Reim in den beiden Schlußzeilen eintritt.

Si sprach: ‚wer ist dîn herre oder wie ist er genant?	a
mac er haben krône oder hât er eigen lant?	a
ich bin durch dîne liebe im holt vil sicherlîchen.‘	b
dô sprach von Tenen der küene: ‚ich gesach nie künic alsô rîchen.‘	b

(Strophe 401)

II. ROMANISCHE STROPHENFORMEN

1. Terzine

Dreizeilige (ital. terzine Dreizeiler), aus fünffüßigen (jambischen) steigenden Versen bestehende Strophe, im Grundschema des Sonetterzetts, bei dem der umschlungene Vers des ersten Terzetts zum umschlingenden des zweiten Terzetts wird; durch immer weitere Reimverschränkung unendlich fortsetzbar.

Schema: aba bcb cdc ded efe...

Von DANTE in „La divina commedia" in höchster Meisterschaft gestaltet. In dt. Dichtung erst nach DANTES Wiederentdeckung in der Romantik bei TIECK, RÜCKERT, PLATEN, mit bes. Vorliebe bei CHAMISSO. In neuerer Zeit wieder aufgenommen von GEORGE und HOFMANNSTHAL („Ballade des äußeren Lebens").

Salas y Gomez

Salas y Gomez raget aus den Fluten	a
Des stillen Meers, ein Felsen kahl und bloß,	b
Verbrannt von scheitelrechter Sonne Gluten.	a
Ein Steingestell ohn' alles Gras und Moos,	b
Das sich das Volk der Vögel auserkor	c
Zur Ruhstatt im bewegten Meeresschoß.	b
So stieg vor unsern Blicken sie empor...	c

(CHAMISSO)

Da unendlich fortsetzbar, setzt die Wiederaufnahme des mittleren Reims in einer letzten Zeile einen Schlußpunkt, so daß statt des Terzetts ein Quartett mit Kreuzreim als Beschluß entsteht; meisterlich gestaltet von GOETHE in „Schillers Reliquien":

Raum für Zusätze

Wie mich geheimnisvoll die Form entzückte!	a
Die gottgedachte Spur, die sich erhalten!	b
Ein Blick, der mich an jenes Meer entrückte,	a
Das flutend strömt gesteigerte Gestalten.	b
Geheim Gefäß, Orakelsprüche spendend,	c
Wie bin ich wert, dich in der Hand zu halten,	b
Dich höchsten Schatz aus Moder fromm entwendend	c
Und in die freie Luft, zu freiem Sinnen,	d
Zum Sonnenlicht andächtig hin mich wendend!	c
Was kann der Mensch im Leben mehr gewinnen,	d
Als daß sich Gott-Natur ihm offenbare:	e
Wie sie das Feste läßt zu Geist verrinnen,	d
Wie sie das Geisterzeugte fest bewahre.	e

(Schluß)

Strophenform der Terzine wird im (↪) Ritornell zu einer festen Gedichtform.

2. Kanzonenstrophe

Eine Strophenform des prov. und altfrz. Minneliedes (ital. canzone, span. canción, frz. chanson von lat. cantio Gesang, Lied) mit starker Wirkung auf den dt. Minnesang der Blütezeit, dann bes. gepflegt in Italien (PETRARCA, ↪ Renaissancekanzone). — Strenge Gliederung wegen musikalischen Schemas. Gesamtaufbau zweiteilig (Unterteilung mitgerechnet: dreiteilig): *Aufgesang* mit zwei symmetrischen Teilen *(Stollen)* und *Abgesang*. Erster und zweiter Stollen wurden nach derselben Melodie gesungen, (daher gleicher Bau), Abgesang hatte andere durchgehende Melodie. (Die für den [↪] Meistergesang geprägten Begriffe haben sich auch für die frühen dichterischen Formen eingebürgert und gehen auf J. GRIMM: „Über den altdeutschen Meistergesang", 1811, zurück.)

Nach diesem romanischen Vorbild wird *dreiteilige Liedstrophe* die Strophenform der Minnelieder in der Blütezeit. Gemeinsam ist den Strophen der dreiteilige Aufbau: zwei gleichgebaute Versgruppen *(Stollen)* bilden den *Aufgesang;* der dritte Teil, der *Abgesang,* hat meist größeren Umfang und andere Reime als ein einzelner Stollen sowie geringeren Umfang als der Aufgesang. Die Reime der Stollen können auch durch die ganze Strophe durchgeführt werden.

Under der linden
an der heide,
dâ unser zweier bette was, } 1. Stollen
dâ muget ir vinden
schône beide
gebrochen bluomen unde gras. } 2. Stollen } Aufgesang
Vor dem walde in einem tal,
tandaradei —
schône sanc diu nahtegal. } Abgesang

(WALTHER VON DER VOGELWEIDE)

Nachwirkung bis in die Neuzeit. Viele Kirchenlieder haben dreiteiligen Aufbau, z.B. LUTHER: Ein feste Burg ist unser Gott.

3. Sestine

Raum für Zusätze

Name Sestine (ital. sestime von lat. sextus der sechste) von doppelter Bedeutung:

1. allgemein: in bezug auf die Strophenform: eine *sechszeilige* Strophe:

> Ich lebte ganz: der ew'gen Kräfte Strom
> Zog hin durch mich, durchs Engste, durchs Atom.
> Ich wurde aus dem Ring, der mich umengt,
> Ins Unermeßliche hinausgedrängt.
> Ich fühlte, was ich sein kann, was ich bin,
> Und gab, wie gern, für jenes dies dahin.
> (HEBBEL, Ein Spaziergang in Paris, 4. Strophe)

2. Im besonderen: als Gedicht fester Bauart (→ S. 117 ff.).

4. Stanze

Stanze (von ital. stanza aus lat. stare stehen, sich aufhalten) bedeutet in der romanischen Metrik zunächst allgemein Haltepunkt oder Abschnitt in einem Gedicht, also = Strophe, dann bes. die *achtzeilige italienische Strophe* (ottava rima Achtreim), bestehend aus acht fünffüßigen (jambischen) steigenden Versen, in denen zwei Reime dreimal miteinander wechseln und dann mit zwei gepaarten Reimen schließen. Mannigfache Variationen.

Grundschema in der dt. Dichtung: *ab ab ab cc* (b mit männlichem Versschluß, die anderen mit weiblichem).

Zueignung

Der Morgen kam; es scheuchten seine Tritte	a
Den leisen Schlaf, der mich gelind umfing,	b
Daß ich, erwacht, aus meiner stillen Hütte	a
Den Berg hinauf mit frischer Seele ging;	b
Ich freute mich bei einem jeden Schritte	a
Der neuen Blume, die voll Tropfen hing;	b
Der junge Tag erhob sich mit Entzücken,	c
Und alles war erquickt, mich zu erquicken.	c

(GOETHE, Anfangsstrophe)

Im Ursprungsland erklärt entweder als entstanden aus (→) Terzinen mit abschließendem Reimpaar: aba bab cc oder aus einer Tanzliedform mit zum Refrain werdenden Rahmenreim: a bc bc bc a, bc bc bc aa, ab ab ab cc.

Stanze wurde in ital. Kunstdichtung eingeführt von BOCCACCIO; als epische Grundstrophe bei ARIOST (Rasender Roland, 1516) und TASSO (Befreites Jerusalem, 1581); in Portugal bei CAMÕES (Die Lusiaden, 1572); in Frankreich nicht aufgenommen, nur in Übersetzungen; in England bei BYRON (Don Juan, 1819/24); in Deutschland bei WIELAND (Oberon, 1780, mit wechselnder Reimverschränkung), als lyrisch-elegische Strophe bes. bei GOETHE.

Raum für Zusätze Im folgenden Bsp. hat a männlichen Versschluß:

> Denn er war unser! Mag das stolze Wort　　　　a
> Den lauten Schmerz gewaltig übertönen!　　　　b
> Er mochte sich bei uns, im sichern Port,　　　　a
> Nach wildem Sturm zum Dauernden gewöhnen.　b
> Indessen schritt sein Geist gewaltig fort　　　　a
> Ins Ewige des Wahren, Guten, Schönen,　　　　b
> Und hinter ihm, in wesenlosem Scheine,　　　　c
> Lag, was uns alle bändigt, das Gemeine.　　　　c
>
> (GOETHE, Epilog zu Schillers Glocke, 4. Strophe)

Strophe der sog. „Marienbader Elegie" (2. Teil der „Trilogie der Leidenschaft") ist eine verkürzte Stanze (sechszeilig: ab ab cc):

> Was soll ich nun vom Wiedersehen hoffen,
> Von dieses Tages noch geschloßner Blüte?
> Das Paradies, die Hölle steht dir offen;
> Wie wankelsinnig regt sich's im Gemüte! —
> Kein Zweifeln mehr! Sie tritt ans Himmelstor,
> Zu ihren Armen hebt sie dich empor.
>
> (GOETHE, Elegie, 1. Strophe)

a) Siziliane (aus Sizilien stammend): Vereinfachte *Sonderform der Stanze,* bei der auch das letzte Reimpaar das ab-Schema behält: ab ab ab ab. Nachgestaltet von RÜCKERT und LILIENCRON.

> Ich saß am Meer; und das Gewühl der Farben,　　a
> Das grüne Bunt um Berg und Wald und Flur,　　b
> Das Wechselspiel von Blüten, Früchten, Garben,　a
> War hinter mir geschwunden Spur um Spur.　　b
> Und wie dem Aug' die einzeln Farben starben　　a
> Im Grün der See und in der Luft Azur　　　　b
> Empfand mein Herz, vergessend alte Narben,　　a
> Unendlichkeit der Lieb' und Sehnsucht nur.　　b
>
> (RÜCKERT, Sizilianen, 3. Strophe)

Mit identischem b-Reim:

Schwalbensiziliane

> Zwei Mutterarme, die das Kindchen wiegen,　　　a
> es jagt die Schwalbe weglang auf und nieder.　　b
> Maitage, trautes Aneinanderschmiegen,　　　　　a
> es jagt die Schwalbe weglang auf und nieder.　　b
> Des Mannes Kampf: Sieg oder Unterliegen,　　　a
> es jagt die Schwalbe weglang auf und nieder.　　b
> Ein Sarg, auf den drei Hand voll Erde fliegen,　　a
> es jagt die Schwalbe weglang auf und nieder.　　b
>
> (LILIENCRON)

b) Nonarime (ital. nona rime Neunreim): Auf die acht Verszeilen der Stanze folgt eine *neunte,* die auf die b-Zeile reimt.

Schema: ab ab ab cc b

c) **Huitain** (frz. huit acht): Achtzeilige *Abart der Stanze* bei den Franzosen; in der Regel in der Form ab ab bc bc. Eigentlich keine Stanzenform, sondern zwei Quartette. Charakteristisch das Reimpaar in der Mitte: bb. In Frankreich im 16./18. Jh. bes. für Epigramme benutzt.

Raum für Zusätze

d) **Spenserstrophe** (engl. Spenserian Stanza): Im 16. Jh. von SPENSER erfundene und virtuos gemeisterte *Variation der Stanze*. Acht fünfhebige Jambenverse mit einem Sechstakter als abschließender neunter Zeile.

Reimschema: ab ab bc bc c

Upon a great adventure he was bond,	a
That greatest Gloriana to him gave,	b
That greatest Glorious Queene of Faerie lond,	a
To winne him worship, and her grace to have,	b
Which of all earthly things he most did crave;	b
And ever as he rode, his hart did earne	c
To prove his puissance in battell brave	b
Upon his foe, and his new force to learne;	c
Upon his foe, a Dragon horrible and stearne.	c

(SPENSER, The Faerie Queene [Die Feenkönigin], 1590/96, Buch I, 1. Gesang)

Auf England in der Verbreitung beschränkt, hier beliebte Strophenform, z. B. bei BYRON in „Childe Harold's Pilgrimage" (1812/18).

5. Dezime

Zehnzeilige Strophe (lat. decimus der zehnte von decem zehn), bes. in span. Dichtung gepflegt. Man unterscheidet dort *drei Gruppen:*

Zehnzeiler mit unsymmetrischem Bau (4+6 oder 6+4),

Zehnzeiler von symmetrischem Bau (5+5) und die

Décima espinela: Verschmelzung beider vorgenannter Typen; erfolgreichste Form der Dezime (4+2+4). *Reimschema:* abba ac cddc, d. h. zwischen zwei Quartetten stehen zwei Überleitungsverse, von denen der erste den letzten Reim des ersten Quartetts aufnimmt, der zweite den ersten Reim des folgenden Quartetts. Name geprägt von LOPE DE VEGA nach ihrem Erfinder ESPINEL (1550—1624).

Im Dt. nachgeahmt in der Romantik, bes. für die Strophen der (↪) Glosse.

Dieser weiß sich sehr bescheiden,	a	⎫
jener bläst die Backen voll;	b	⎬ 1. Quartett
dieser ist im Ernste toll,	b	⎟
jener muß ihn noch beneiden.	a	⎭
Alle Narrheit kann ich leiden,	a	Überleitung
ob sie genialisch knalle,	c	
oder blumenlieblich walle;	c	⎫
denn ich werd' es nie vergessen,	d	⎬ 2. Quartett
was des Meisters Kraft ermessen:	d	⎟
eines schickt sich nicht für alle.	c	⎭

(FRIEDRICH SCHLEGEL)

Raum für Zusätze **III. ORIENTALISCHE STROPHENFORM**

1. Gas*el*

(das, die G[h]asel, Mz. -en; arab. ghazal Gespinst, aus ghazila verliebte Reden führen): eine Art orientalischer lyrischer Gedichte von zierlich-künstlicher Form, bestehend aus zweiteiligen Strophen, die durch einen gleichen Reim aller zweiten Verszeilen miteinander verbunden sind, so daß also alle geradzahligen Verse reimen.

Das Verspaar heißt im Arabischen *Beit* (= Haus), das *erste* Verspaar *Königsbeit*. Das Reimwort steht oft in der vorletzten oder vorvorletzten Hebung mit identischen Ausgängen.

Schema: aa ba ca da ea fa ga...

Von GOETHE im „West-östlichen Divan" aufgenommen (meisterhaftes Vorbild: Die Gebilde des persischen Dichters HAFIS, 14. Jh.), dann von RÜCKERT, PLATEN u. a., oft nicht ohne störende Künstlichkeit, gepflegt.

Es liegt an eines Menschen Schmerz, an eines Menschen Wunde nichts,	a
Es kehrt an das, was Kranke quält, sich ewig der Gesunde nichts!	a
Und wäre nicht das Leben kurz, das stets der Mensch vom Menschen erbt,	b
So gäbs Beklagenswerteres auf diesem weiten Runde nichts!	a
Einförmig stellt Natur sich her, doch tausendförmig ist ihr Tod,	c
Es fragt die Welt nach meinem Ziel, nach deiner letzten Stunde nichts;	a
Und wer sich willig nicht ergibt dem ehrnen Lose, das ihm dräut,	d
Der zürnt ins Grab sich rettungslos und fühlt in dessen Schlunde nichts;	a
Dies wissen alle, doch vergißt es jeder gerne jeden Tag,	e
So komme denn, in diesem Sinn, hinfort aus meinem Munde nichts!	a
Vergeßt, daß euch die Welt betrügt, und daß ihr Wunsch nur Wünsche zeugt,	f
Laßt eurer Liebe nichts entgehn, entschlüpfen eurer Kunde nichts!	a
Es hoffe jeder, daß die Zeit ihm gebe, was sie keinem gab,	g
denn jeder sucht ein All zu sein, und jeder ist im Grunde nichts.	a

(PLATEN)

RILKE spielt in dem Sonett „Die Gazelle" unter Benutzung falscher Etymologie auf das Gasel an:

> Verzauberte: wie kann der Einklang zweier
> erwählter Worte je den Reim erreichen,
> der in dir kommt und geht, wie auf ein Zeichen.
>
> (Anfang)

Kunstvolle Variation mit anderer Strophenform (unfest) und b-Reimbindung in der Gegenwartsdichtung, z. B. bei HAGELSTANGE:

Gasele von der Sekunde

Nicht aufs Jahrhundert — auf die Stunde kommt es an.	a
Nicht auf das Jahr — auf die Sekunde kommt es an.	a
Wer das begreifen kann, begreift auch dies:	b
Nur auf die Mitte, nicht die Runde kommt es an.	a
Nur auf den Schmerz, nicht auf die Wunde kommt es an.	a

Zuweilen scheints, kommt es aufs Wort vom Munde an.	a
Doch nicht aufs Wort, nein, auf die Kunde kommt es an.	a
Gar mancher tauschte für ein Jahr im Paradies	b
das ganze Leben ein. Was wiegst im Grunde dann...	a
Ein Gott zu sein für die Sekunde dann,	a
ist unvergleichlich mehr. Ist alles doch. Und dies:	b
Zu lieben, ach, was wiegts im festen Bunde dann	a
so Jahr für Jahr... Kommt die Sekunde dann,	a
daß jäh der Funke springt von Mund zu Munde dann,	a
hab ich gelebt! Und wenn sie mich, ich sie verließ —	b
was wöge dann das Wort... Die Kunde dann	a
wird alles sein! Der Schmerz! Die Wunde dann	a
heilt langsam zu. Weil mich das Leben also unterwies,	b
drum nehm ich dankbar die Sekunde an.	a

Raum für Zusätze

IV. ANTIKE STROPHENFORMEN

1. Distichon

Zweizeiler (gr. dis doppelt und stichos Reihe, Vers: Doppelvers), insbes. die Verbindung von Hexameter und Pentameter. In antiker Dichtung bes. für Epigramme und Elegien (elegisches Distichon ↪ Elegie) verwendet.

Schema: /◡ /◡◡ /◡ /◡◡ /◡◡ /◡
/◡◡ /◡◡ / /◡◡ /◡◡ /

Eine große Epoche hat das Jahrhundert geboren,
Aber der große Moment findet ein kleines Geschlecht.

(GOETHE/SCHILLER, Xenien, Der Zeitpunkt)

★

Im Hexameter steigt des Springquells flüssige Säule,
Im Pentameter drauf fällt sie melodisch herab.

(SCHILLER, Das Distichon)

2. Alkäische Odenstrophe

Benannt nach dem gr. Dichter ALKÄUS (gr. Alkaios), um 600 v. Chr., einem Zeitgenossen der SAPPHO aus Lesbos.

Die Strophe enthält vier Verse, von denen die ersten beiden Elfsilbler sind, die dritte ist ein Neunsilbler, die vierte ein Zehnsilbler. Das Metrum zeigt in den ersten drei Versen jambisches Maß, in den ersten beiden Versen ist es im vierten Fuß anapästisch verändert, im dritten Vers rein (mit hyperkatalektischem Schluß, ↪ Versschluß, hyperkatalektischer), im Schlußvers stehen zwei Daktylen und zwei Trochäen.

Raum für Zusätze Schema: ∪/ ∪/ ∪/ ∪∪/ ∪/
 ∪/ ∪/ ∪/ ∪∪/ ∪/
 ∪/ ∪/ ∪/ ∪/ ∪
 /∪∪ /∪∪ /∪ /∪

An die Parzen

Nur Einen Sommer gönnt, ihr Gewaltigen!
Und einen Herbst zu reifem Gesange mir,
 Daß williger mein Herz, vom süßen
 Spiele gesättiget, dann mir sterbe.

Die Seele, der im Leben ihr göttlich Recht
Nicht ward, sie ruht auch drunten im Orkus nicht;
 Doch ist mir einst das Heil'ge, das am
 Herzen mir liegt, das Gedicht gelungen,

Willkommen dann, o Stille der Schattenwelt!
Zufrieden bin ich, wenn auch mein Saitenspiel
 Mich nicht hinab geleitet; Einmal
 Lebt ich, wie Götter, und mehr bedarfs nicht.

(HÖLDERLIN)

Wie das Bsp. zeigt, wirkt das Maß im Dt. meist trochäisch, d.h. mit fallendem Rhythmus, die ersten drei Verse beginnen dann mit Vorschlagsilbe (Auftakt). Bspe in der Gegenwart bei R. A. SCHRÖDER und WEINHEBER.

3. Asklepiadeische Odenstrophe

Benannt nach dem gr. Dichter ASKLEPIADEUS (gr. Asklepiades) aus Samos, um 270 v. Chr.

Das Metrum zeigt in allen Versen einen Wechsel von Trochäen und Daktylen, entscheidendes Kennzeichen ist die *Mittelzäsur in den ersten beiden Versen*. Der dritte Vers hat weiblichen, die anderen Verse haben männlichen Abschluß. Die ersten beiden Verse sind gleich gebaut, der dritte wiederholt deren erste Hälfte, nur mit vollem Abschluß (in der Antike *pherekratischer Vers* genannt [nach dem gr. Lyriker PHEREKRATES]: Trochäus + Daktylus + Trochäus), der vierte erweitert ihn um einen männlichen Abschluß (in der Antike *glykonischer Vers* oder Glykoneus genannt [angeblich nach seinem Erfinder, dem sonst unbekannten Lyriker GLYKON]: Trochäus + Daktylus + *Kreticus* [ursprünglich in kretischen Liedern] oder *Amphimacer* [gr. amphi von beiden Seiten und makros lang, also beiderseits lang]: — ∪ —. Ggs. zum Kreticus oder Amphimacer ist der *Amphibrachys* [gr. amphi von beiden Seiten und brachys kurz, also beiderseits kurz], ein ebenfalls dreisilbiger Versfuß, bei dem aber nun eine Länge von zwei Kürzen umgeben ist: ∪ — ∪).

Schema: /∪/∪∪/ ‖ /∪∪/∪/
 /∪/∪∪/ ‖ /∪∪/∪/
 /∪/∪∪/∪
 /∪/∪∪/∪/

Nachgestaltet in dt. Dichtung von KLOPSTOCK und insbes. von HÖLDERLIN.

> Schön ist, Mutter Natur, deiner Erfindung Pracht
> Auf die Fluren verstreut, schöner ein froh Gesicht,
> Das den großen Gedanken
> Deiner Schöpfung noch *einmal* denkt.
>
> (KLOPSTOCK, Der Zürcher See, Anfangsstrophe)

*

> Lange lieb' ich dich schon, möchte dich, mir zur Lust,
> Mutter nennen, und dir schenken ein kunstlos Lied,
> Du, der Vaterlandsstädte
> Ländlichschönste, soviel ich sah.
>
> (HÖLDERLIN, Heidelberg, Anfangsstrophe)

4. Sapphische Odenstrophe

Benannt nach der gr. Dichterin SAPPHO auf Lesbos, um 600 v. Chr.

Die vierzeilige Strophe enthält drei gleichgebaute Elfsilbler (Trochäen mit eingeschobenem Daktylus an dritter Stelle) und als Abschlußvers einen Fünfsilbler (Daktylus und Trochäus). Alle Versausgänge sind weiblich, alle Verseingänge klingen hart an.

Schema: / ᴗ / ᴗ / ᴗ ᴗ / ᴗ / ᴗ
／ ᴗ / ᴗ / ᴗ ᴗ / ᴗ / ᴗ
／ ᴗ / ᴗ / ᴗ ᴗ / ᴗ / ᴗ
／ ᴗ ᴗ / ᴗ

Nachgestaltet in dt. Dichtung bes. von KLOPSTOCK, HÖLDERLIN und PLATEN, in der Gegenwart von WEINHEBER und BRITTING.

Transfiguration von HÖLDERLINs Ode „An die Parzen" (S. 110) in eine kleine sapphische Strophe durch WEINHEBER:

> *Einen* Sommer gönnt, ihr Gewaltgen! Einen
> Herbst mir nur zu reifem Gesange, daß mein
> Herz, vom süßen Spiele gesättigt, dann mir
> williger sterbe.
>
> Der ihr göttlich Recht nicht im Leben ward, sie
> ruht, die Seel, auch drunten im Orkus nicht. Doch
> ist das Heilige einst, mir am Herzen, das Gedicht mir gelungen,
>
> dann willkommen, Stille der Schattenwelt! Zufrieden bin ich, wenn auch mein Saitenspiel mir
> nicht hinabfolgt. *Einmal,* wie Götter, lebt ich,
> und: mehr bedarfs nicht.

Raum für Zusätze

Die Jäger

Vor dem Abwurf. Noch auf dem Lederhandschuh
Sitzt der Falke, träumend. Der Schein von Blitzen
Wetterleuchtet durch sein Gemüt. Er zittert.
Gern sieht's der Jäger.

Aus dem Dickicht struppiger Weiden hebt sich,
Scharf geschnäbelt, silberner Brust, der Reiher:
Weiß den Raubfisch neben der Sandbank, nicht den
Lauernden Jäger.

Hilflos flügelnd stürzt der Geschlagne nieder.
Ohne Ahnung tänzelt der Fisch davon und
Frißt den kleinern. Üppiger Tod, du lächelst
Über die Jäger. (BRITTING)

Daktylus und Trochäus — wie die beiden letzten Glieder des (↪) Hexameters — wurden in der Antike *adonischer Vers* oder Adonius genannt. Name erklärt sich aus der Verwendung als Schlußvers in gr. Liedern auf den Tod des Adonis: O ton Adonin. Der in der Regel an dritter Stelle eingeschobene Daktylus kann seine Stelle verändern, z. B. fest an zweiter Stelle stehen, wie in MATTHISONs „Adelaide", oder treppenartig wechseln, wie in KLOPSTOCKs Furcht der Geliebten:

Schema: | /⏑⏑ | /⏑/⏑/⏑
　　　　 /⏑ | /⏑⏑ | /⏑/⏑
　　　 /⏑/⏑ | /⏑⏑ | /⏑
　　　　　　　 | /⏑⏑ | /⏑

Cidli, du weinest, und ich schlummre sicher,
Wo im Sande der Weg verzogen* fortschleicht;
Auch wenn stille Nacht ihn umschattend decket,
　　Schlummer' ich ihn sicher.

Wo er sich endet, wo ein Strom das Wasser wird,
Gleit' ich über den Strom, der sanfter aufschwillt;
Denn, der mich begleitet, der Gott gebots ihm!
　　Weine nicht, Cidli.

Ähnlich in HÖLDERLINs einziger Ode mit sapphischem Strophenmaß, hier steht aber in der dritten Zeile der Daktylus an vierter Stelle, so daß der vierte Vers genau wie der vorangegangene Versschluß lautet:

Schema: /⏑⏑/⏑/⏑/⏑
　　　　/⏑/⏑⏑/⏑/⏑
　　　　/⏑/⏑/⏑⏑/⏑
　　　　　/⏑⏑/⏑

Heilige Unschuld, du der Menschen und der
Götter liebste, vertrauteste! du magst im
Hause oder draußen ihnen zu Füßen
　　Sitzen, den Alten; (Unter den Alpen gesungen)

---
* verzogen = gekrümmt

IV. GATTUNGSFORM
GATTUNG

Im heutigen Sprachgebrauch Oberbegriff *und* Unterbegriff.

Gattung als Oberbegriff = Grundmöglichkeiten dichterischer Gestaltung (Lyrik, Epik, Dramatik). Literarische Gattungsbegriffe verwendet die heutige Forschung nach *Scherpe* (22) in drei verschiedenen Bedeutungsvalenzen: als rein klassifikatorische Ordnungsbegriffe ohne Erkenntniswert (wie CROCE) oder als Form- und Inhaltsbeschreibungen historisch fixierbarer Dichtungsarten (wie BENJAMIN) oder als dichtungstypologische Grundbegriffe (wie STAIGER).

Gattung als Unterbegriff = Unterarten der Dichtung (Lied, Ode, Elegie, Hymne usw.). Hierfür besser *Gattungsarten*.

Die Griechen kannten die heute übliche Dreiteilung in Lyrik, Epik und Dramatik nicht; ARISTOTELES unterschied dramatische Dichtung (als direkte Rede der Personen) und Epos (als „mixtum" von Personenrede und Dichterrede), eine dritte Gattung der lyrischen Selbstaussage des Dichters fehlt. Erst in der Poetik des 18.Jhs. setzte sich die triadische (gr. trias = Dreizahl) Gliederung durch; von GOETHE als „Naturformen der Poesie" bezeichnet:

„Es gibt nur drei echte Naturformen der Poesie: die klar erzählende, die enthusiastisch aufgeregte und die persönlich handelnde: *Epos, Lyrik* und *Drama*. Diese drei Dichtweisen können zusammen oder abgesondert wirken." (Noten und Abhandlungen zum West-östlichen Divan)

Schärfster Gegner dieses Einteilungsprinzips in jüngster Zeit war der ital. Philosoph BENEDETTO CROCE (1866—1952); in seiner „Ästhetik" geht er davon aus, daß jedes Kunstwerk seinen Grund allein in sich selbst habe. Es gäbe keine Normen außerhalb des Werks, höchstens als Hilfsbegriffe der Theoretiker. Außerdem sei eindeutige Abgrenzung in den meisten Fällen unmöglich, denn jede Epik enthalte Lyrisches, jede Dramatik Episches und Lyrisches usw.

Eine *zweite* Möglichkeit führte zu einer Ästhetik der Dichtung auf *historischem* Boden (z.B. WALTER BENJAMIN, Ursprung des deutschen Trauerspiels, 1963). Eine *dritte* fand der Schweizer Literaturwissenschaftler EMIL STAIGER. CROCEs Angriff parierte er mit einer Akzentverschiebung: er spricht statt von Lyrik, Epik, Dramatik vom „Lyrischen", „Epischen" und „Dramatischen" (Grundbegriffe der Poetik → Poetik). Damit wird einerseits Möglichkeit der „Mischung" in den einzelnen Gattungsformen anerkannt, andererseits werden die drei sprachlichen Verhaltensweisen als „literaturwissenschaftliche Namen für fundamentale Möglichkeiten des menschlichen Daseins überhaupt" gedeutet.

„Das Innenleben verlangt nach Aussprache, das tätige Handeln kommt zur Klarheit im dramatischen Gespräch, die Teilhabe an einem Geschehen führt zum Bericht. Jeder dieser Grundeinstellungen entspricht eine der Hauptgattungen, so daß die Lyrik das Innenleben zur Darstellung bringt, das Drama die Welt des Handelns vergegenwärtigt und die Epik von dem Geschehen zeugt, das den Menschen betrifft…" *(Paul Böckmann, 23)*

Raum für Zusätze

I. DAS LYRISCHE

Bezeichnung (Lyra = Leier, das älteste Saiteninstrument) weist auf Urgrund und Ursprung aller Dichtung (auch des Epischen und Dramatischen): die Bindung an die Musik. Die durch Musik kompositorischrhythmisch und klanglich verwandelte und durch die Beschwörungskraft des dichterischen Bildes gesteigerte Sprache heißt Lyrik.

> „Verse sind nicht, wie die Leute meinen, Gefühle (die hat man früh genug)
> — es sind Erfahrungen." (RILKE, Malte Laurids Brigge)

Zu verstehen als Grunderfahrungen im Medium der tönenden Sprache und nicht, wie z.B. bei der Philosophie, als Grunderfahrungen im Medium des Begriffs.

> „Was den Dichter ausmacht, das ist nicht seine Kapazität für poetische Zustände — welcher fühlende Mensch hätte sie nicht! — sondern ein produktives Liebesverhältnis zur Sprache ... es gibt Hunderte von denkwürdigen, ja leidenschaftlichen Erlebnissen, die der Dichter sprachlos auf sich beruhen läßt, weil sie nicht vereinbar sind mit seinen Gelegenheiten, sprachliche Eroberungen zu machen und dadurch das Persönliche ins Überpersönliche einer rhythmischen Figur zu verwandeln..."
> *(Hans Egon Holthusen, 24)*

★

> „Lyrik: eine Zwischenwelt unwirklicher Wirklichkeit, allein aus Sprachspiel und Wortmagie beschworen... Schwebezustand zwischen Sagen und Verschweigen (ist) das eigentliche Signum der Lyrik."
> *(Dieter Hasselblatt, 25)*

★

> „Das Gedicht muß, listig, den jeweils richtigen Ausdruck treffen, um hinter die Fassade zu gelangen, die wir im allgemeinen Sprechen, im Hörsaal, in der Zeitung, im Rundfunk, in Kongressen, auch in Schriftstellerkongressen, aufrichten. Die List des Gedichts besteht darin, daß es sich auf die mannigfaltigen Möglichkeiten der Sprache besinnt, auf das *Signalisieren* der Sprache durch Syntax, Rhythmus, Wortwahl, Bild, Tonfall."
> *(Walter Höllerer, 26)*

II. DAS DIDAKTISCHE

Übergänge zwischen Lyrik und Epik sind fließend. Typischen Übergangscharakter zeigen dichterische Gebilde, die, in sich wieder unterschiedlich, zusammengefaßt werden unter allgemeinen Namen wie *Spruchdichtung* oder *Lehrdichtung* oder *literarische Zweckformen*. Hier aus Gründen der besseren Übersichtlichkeit als selbständige Gruppe unter der Bezeichnung *Didaktik* behandelt.

Sog. „Lehrdichtung", die *nur* Stoff vorträgt, gehört nach heutiger Auffassung nicht zur Dichtung, ist versifiziertes Wissen.

> „Die umstrittene, nach heutigem ästhetischem Standpunkt übliche Einstufung der Lehrdichtung als Unpoesie entspricht nicht der Auffassung des Altertums und Mittelalters, wo praktische Nützlichkeit als gleichberechtigt

galt (prodesse et delectare ‚nützen und erfreuen'). Der Ursprung der Lehrdichtung liegt bei allen Völkern auf einer Kulturstufe, auf der die Wissenschaft noch nicht selbständig war, sondern nur zusammen mit dem Künstlertum gepflegt wurde, besonders da in schriftloser Zeit der Vers (Hexameter) als Gedächtnisstütze diente, so z. B. ... die griechische Lehrdichtung um alle Wissensgebiete: Götterlehre und Landbau (Hesiod), Philosophie (Parmenides, Empedokles, Xenophanes), dann in hellenistischer Zeit: Astronomie und Meteorologie, Medizin, Geographie, Grammatik, Jagd und Fischerei, selbst epische Kochbücher." *(Gero v. Wilpert, 27)*

Raum für Zusätze

Nach der Formel „docet *et* delectat" = „lehrt *und* erfreut" ist Lehrdichtung dort rein verwirklicht, wo didaktische Absicht und künstlerische Form sich die Waage halten. Tritt der lehrhafte oder erbauliche Zweck auf unkünstlerische Weise in den Vordergrund, so bleibt er im ‚Anlaß" der Gestaltung stecken, d.h. die dichterischen Formkräfte sind in unzulässiger Weise vernachlässigt. Bspe für Lehrgedichte von hohem dichterischen Rang: SCHILLER, Das Ideal und das Leben; GOETHE, Die Metamorphose der Pflanzen.

II. DAS EPISCHE

Nicht *nur* an die „epischen" Gattungsarten wie Epos, Roman, Novelle, Märchen u.a. gebunden, doch vorwiegend sich in ihnen bekundend als *erzählende Haltung*.

Das Epische ist gekennzeichnet durch:

a) *Distanz*. Der Dichter geht nicht in die Gestimmtheit oder in die Handlung auf, sondern steht der vergangenen Handlung *gegenüber*.

b) Erzählendes *Gedenken* von Vergangenem. Mit der erzählenden Sprache wird alles Geschehen, äußerliches wie innerliches, erfaßt und zum Gegenstand.

c) Ansprechen einer *Zuhörerschaft* (oder des *Lesers*) durch mündlichen Vortrag. Sprache muß daher anschauliche Lebendigkeit haben, Klarheit und Dichte. Die Handlung muß aufhorchen lassen und soll durch den Erzähler zum Mitspiel auffordern: jedes Erzählen ist eine Art Spiel. Doch darf die epische Illusion nie dramatische Trugkraft gewinnen.

d) *Ausführliche Darstellung* aller Begebenheiten, die auf das Ziel der Handlung hinführen.

> SCHILLER an GOETHE: „Der Zweck des epischen Dichters liegt schon in jedem Punkte seiner Bewegung; darum eilen wir nicht ungeduldig zu einem Ziele, sondern verweilen uns mit Liebe bei jedem Schritte."
> (21. April 1797)

e) *Epische Wiederholung*. Freude an der Wiederkehr *formelhafter* Wendungen oder eines bestimmten Beiworts (→ Beiwort, typisierendes). Im Märchen z.B. die Wiederkehr der (Zauber-)Formeln. Als Aufbau-, Spannungs- und Längungsformel außerdem die *Dreizahl* im (→) Märchen.

Raum für Zusätze Im Unterschied zum Drama *selbständigerer* Charakter der Teile eine epischen Werkes, Lust am Verweilen bei charakteristischen Einzelheiten Aus innerstem Zwang der epischen Form entsteht die sog. *epische Breite* ihre Berechtigung endet dort, wo Nebenhandlungen überwuchern. Der Gefahr einer bloßen *Addition von Episoden* wirkt das Wissen um das „Ankommen", das Schließen des Handlungsbogens, entgegen (beliebte Formkategorie: die Fahrt mit Stationen der *Begegnung,* z. B. bei HOMER Odyssee, bei DANTE: Die Göttliche Komödie).

Die Literaturwissenschaft arbeitet in bezug auf Quelle und inhaltliche Struktur des epischen Werkes mit den Begriffen *Stoff, Motiv, Formel.*

Der *Stoff* ist „eine durch Handlungskomponenten verknüpfte, schor außerhalb der Dichtung vorgeprägte Fabel, ein ‚Plot', der als Erlebnis Vision, Bericht, Ereignis, Überlieferung durch Mythos und Religior oder als historische Begebenheit an den Dichter herangetragen wird und ihm einen Anreiz zu künstlerischer Gestaltung bietet". *(Elisabeth Frenzel, 28)*

Das *Motiv* ist „der elementare, keim- und kombinationsfähige Bestandteil eines Stoffes; eine Kette oder ein Komplex von Motiven ergibt einer Stoff. Man hat zwischen dem Kernmotiv eines Stoffes, seinen ergänzenden Rahmenmotiven und seinen charakterisierenden oder schmückender Füll- oder Randmotiven unterschieden. Das elastische Motivgefüge der Stoffe macht ihre Variabilität aus und sicherte manchen von ihnen eine nun schon zweieinhalb Jahrtausende währende Geschichte." *(Elisabeth Frenzel, 29)*

Die *Formel* ist die festgewordene sprachliche Prägung.

Das *Leitmotiv* ist das *formelhaft wiederkehrende Motiv.* Die urspr musikalische Bezeichnung (vom Musikschaffen WAGNERs auf die Literatur übertragen) meint wörtlich wiederholte epische Teile, charakteristische Wiederholung gleicher Wortfolgen, auch feststehender Wendungen der Figuren, z. B. bei GOETHE (Die Wahlverwandtschaften) und in der Neuzeit bei THOMAS MANN (Tonio Kröger, Der Zauberberg, Die Josephs-Romane, Lotte in Weimar). Leitmotive gleichen in der Lyrik dem Kehrreim, sie sind deshalb auch *Kehrmotive* genannt worden.

OSKAR WALZEL (Das Wortkunstwerk, 1926) unterscheidet drei leitmotivische Formen:

a) *Tektonische Leitmotive:* bestimmen — in meist sparsamer Verwendung — den *Aufbau* des Werkes mit, z. B. Astern- und Kelchglas-Leitmotiv in GOETHEs „Wahlverwandtschaften";

b) *Atektonische Leitmotive:* ordnen sich dem Rhythmus der Wortdichtung unter, z. B. die stark instrumentierende Leitmotivtechnik E. T. A. HOFFMANNs im „Goldenen Topf";

c) *Schmuckmotive:* unterstreichen nur die typischen Züge einzelner in der Handlung vorkommender Personen, mit z. T. komischer Wirkung.

V. DAS DRAMATISCHE

Raum für Zusätze

Weiter zu fassen als der Begriff „Drama". Drama: die dichterische Verdeutlichung eines Geschehens durch *Rollenträger*. Im Unterschied zu Epik und Lyrik wird Drama umgesetzt in die Wirklichkeit der Bühne, muß sich also mit *Theatralischem* verschmelzen. Zum Drama gehört neben dem Wort notwendig das *Mimische*.

Das Dramatische ist als Formkategorie allgemeiner als das Drama; Keimzelle ist der *Dialog*. Dialog auch in epischen Stücken (z.B. Vater-Sohn-Dialog im „Hildebrandslied", im Roman bei FONTANE) möglich, jedoch nur dann „dramatisch", wenn er als Grundelement *Spannung* besitzt. Damit Abgrenzung des Dialogs einerseits gegen „Unterhaltung", andererseits gegen das (philosophische) Streitgespräch, das nur logische Denkergebnisse gegeneinandersetzt (z.B. die Dialoge von PLATON).

> „Ohne den Zusatz einer besonderen Spannung, einer besonderen Situation gibt es keinen dramatischen Dialog." *(Dürrenmatt, 30)*

Löst sich das „Dramatische" von der Bindung an die Form des dramatischen Dialogs, wird der Begriff verschwommen und gleichwertig mit dem allgemeinen Stilbegriff „spannungsreich". Dieser Typus bestimmt Gesamtgefüge und Einzelsatz in HEINRICH V. KLEISTS Novellen, ebenso die Prosa von LESSING und NIETZSCHE (→ Numerus).

LYRIK

(17)

Gedichte fester Bauart

I. Germanisch-deutsche Formen

1. Lied
   a) Gesang
   b) Volkslied
   c) Kunstlied
2. Ballade
   a) Heldenlied
   b) Volksballade
   c) Kunstballade

II. Romanische Formen

In Frankreich:
1. Kanzone
2. Sirventes
3. Rondeau
4. Rondel
5. Triolett
6. Ballade

In Italien:
1. Villanella
2. Ritornell
3. Sonett
4. Sestine
5. Madrigal

In Spanien:
1. Romanze
2. Glosse

III. Antike Formen

1. Ode
2. Pindarische Ode
3. Elegie
4. Hymne
5. Dithyrambe

Raum für Zusätze

I. GERMANISCH-DEUTSCHE FORMEN

1. Lied

Lied allgemein: eine Form der Lyrik auf mittlerer sprachlicher Stilhöhe mit strophischer Gliederung (in der Regel gereimt, doch auch reimlos, vgl. KLOPSTOCK, Das Rosenband) und ursprünglich fest, später potentiell verbunden mit Melodie (Sangbarkeit).

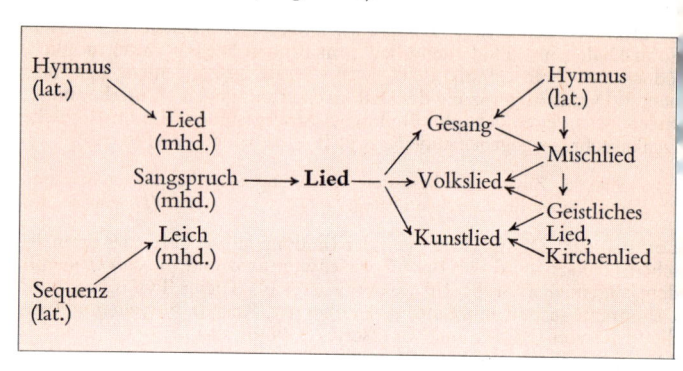

```
Hymnus                                    Hymnus
(lat.)                                    (lat.)
      ↘ Lied              Gesang ↗           ↓
        (mhd.)                  ↗          Mischlied
Sangspruch ——→ Lied ——→ Volkslied ←         ↓
(mhd.)                         ↘          Geistliches
      ↗ Leich              Kunstlied ←    Lied,
        (mhd.)                            Kirchenlied
Sequenz
(lat.)
```

Unterschiede zwischen *Lied — Leich — Spruch* in der klassischen mhd. Periode: *Lied* und *Leich* beide sangbar; Lied regelmäßig gegliedert, mehrstrophig mit wiederholter Melodie; Leich dagegen mit wechselnden Rhythmen gebaut, durchkomponiert. Verhältnis Lied — Leich entspricht etwa dem von Hymnus und (↪) Sequenz. Der *Hymnus* deckt sich nach heutigem Sprachgebrauch annähernd mit *Lied,* insbes. *Gesang, Sequenz* mit (↪) *Hymne.* Der einstrophige *Spruch* neigt zum *rezitativischen* Vortrag, meist ohne vollstimmige Begleitung.

Ich saz ûf eime steine...
(WALTHER VON DER VOGELWEIDE, vollständig ↪ Sangspruch)

Ob für den Leich (außer in der Sequenz) im *Tanzleich* eine zweite Quelle der Entstehung steckt, nämlich eine volkstümliche Reigenform, wie die Etymologie nahelegt (got. laiks = Tanz zu laikan springen, hüpfen), ist umstritten.

Die Fülle von möglichen *Unterteilungen* des Liedes ist im folgenden unterschieden nach dem Kreis der Aufnehmenden in: *Gesang — Volkslied — Kunstlied.*

a) Gesang: Bezeichnet das *Geistliche Lied* und (im engeren Sinn) das *Kirchenlied.* Beide sind aus dem Gottesdienst und Gemeindeleben erwachsen; geistliches Lied aber im Ggs. zum alten lat. Kirchenlied nicht an Liturgie gebunden. Das eigentliche Kirchenlied fehlt im Mittelalter, weil der Gemeindegesang in der Regel vom Gottesdienst ausgeschlossen war.

Befruchtend auf die Ausbildung eines in der Landessprache gesungenen Gemeindegesanges wirkte die machtvoll sich im Rahmen der Liturgie entfaltende (lat.) Hymnendichtung: als lat.-dt. *Mischlied* (z. B. In dulci jubilo: nun singet und seid froh) und rein dt. als *Leis* (Kurzwort aus gr. Kyrie eleison Herr, erbarme dich!, das als Refrain erschien).

Raum für Zusätze

> Mitten wir im Leben sind
> Mit dem Tod umfangen.
> Wen suchen wir, der Hilfe tu,
> Daß wir Gnad erlangen?
>   Das bist du, Herr, alleine;
> Uns reuet unsre Missetat,
> Die dich, Herr, erzürnet hat.
> Heiliger Herre Gott,
> Heiliger starker Gott,
> Heiliger barmherziger Heiland,
> Du ewiger Gott,
> Laß uns nicht versinken
>   In des bittern Todes Not.
> Kyrie eleison.
>
>   (Nachdichtung von MARTIN LUTHER, Anfangsstrophe)

Älteste *geistliche Lieder* lösten sich vom liturgisch gebundenen (lat.) Kirchenlied, entwickelten eigene Formen, auch außerhalb des Gottesdienstes auf Wall- und Pilgerfahrten *(Kreuzzugslieder)* und im Sektenwesen *(Geißlerlieder).*

Kirchenlied im engeren Sinne erst seit der Reformation. Seitdem neue Stellung des geistlichen Liedes im Gottesdienst: singende Gemeinde trat immer mehr an die Stelle des Chors, am Schluß des Gottesdienstes stand der Gemeindechoralgesang. LUTHER war der große Anreger und Schöpfer: Sammler, Nachdichter, kraftvoller Eigengestalter (Ein feste Burg ist unser Gott; Aus tiefer Not schrei ich zu dir) oder Umgestalter durch *Kontrafaktur* (von mittellat. contrafacere täuschend ähnlich nachbilden): geistliche Umdichtung eines weltlichen Liedes unter Beibehaltung der Melodie:

„Vom Himmel hoch" aus „Ich kumm aus frembden Landen"
„O Welt, ich muß dich lassen" aus „Innsbruck ich muß dich lassen"

oder Schaffung eines neuen Textes auf eine vorhandene volksbekannte Melodie, z. B. PAUL GERHARDT:

„Nun ruhen alle Wälder" auf die Melodie „Innsbruck ich muß dich lassen"

LUTHERs unmittelbare Nachfolger erreichten dichterisch nichts Gleichwertiges (wenige Ausnahmen, z. B. DECIUS mit dem nd. Lied „Allein God in der höge sy ere", 1525); oft wirkt die erbauliche Tendenz aufdringlich. LUTHERs Vorbild regte auch Katholiken an, den landessprachlichen Kirchengesang zu pflegen.

Raum für Zusätze   Zweite Blütezeit erlebte dt. Kirchenlied im 17.Jh. u.a. mit PAUL GER-
HARDT (z.B. O Haupt voll Blut und Wunden; Befiehl du deine Wege):
die kämpferische „Wir"-Sprache LUTHERs wandelt sich in persönliche
Töne; noch stärker individualisiert im späteren Pietismus (TERSTEEGEN,
ZINZENDORF). — Um Neubelebung des Kirchenliedes in der Gegen-
wart bemühten sich R. A. SCHRÖDER, JOCHEN KLEPPER und KONRAD
WEISS.

Sonderformen des Gesangs im *weiteren* Sinne sind das *Ständelied* und das
historische (Volks-)Lied.

a¹) Ständelied: Meist Preis-, aber auch Klagelied, anfangs von den
Angehörigen eines bestimmten Standes gesungen und an diesen Stand
gebunden.

Die ältesten Ständelieder waren *Bergmanns-* und *Jägerlieder,* dann *Bauern-*
und *Handwerkerlieder* (bes. die der Zimmerer und Maurer), bei den Hand-
werksburschen hauptsächlich *Reise-* und *Abschiedslieder*.

Am verbreitetsten als ständisch bestimmte Sonderform das *Soldatenlied*,
bes. das Marschlied der Landsknechte. Zu den volkstümlichsten gehören das Lied auf die Schlacht von Pavia und das Lied der Landsknechte MAXIMILIANS I.: „Gott gnad dem großmechtigsten keiser
frumme". — An späteren Liedern ist der Übergang vom Zwangs-
soldaten (bes. Deserteurlieder) zum landesherrlichen Soldaten abzulesen. Dichterischer Wert im allgemeinen geringer als der der ersten
Gruppe (Bspe: „Zu Straßburg auf der Schanz", vgl. dazu die bezeichnende Umgestaltung durch CHAMISSO, Der Soldat [Es geht bei gedämpfter Trommel Klang], bes. meisterhaft das Volkslied „O Straßburg,
o Straßburg, du wunderschöne Stadt").

Das *Studentenlied* hat seinen Ursprung im mittelalterlichen lat.-dt.
Vagantenlied (wichtigste Sammlung: *Carmina burana*, d.h. Lieder der
Benediktbeurener Liederhandschrift vom Ende des 13.Jhs.; enthält noch
Stücke des 12.Jhs., u.a. Lieder des ARCHIPOETA, z.B. „Meum est pro-
positum in taberna mori", heute noch gesungen). Studentenlieder im
Kommersbuch gesammelt (von lat. commercium Handelsverkehr aus
con- und merx Ware, dann allgemein Verkehr und speziell in der
Studentensprache „Festkneipe"), erste Sichtung der alten Lieder Ende
des 18.Jhs., Umprägung und Neugestaltung durch Aufnahme neuer
Lieder Anfang des 19.Jhs. Bes. Freiheitskriege und Burschenschafts-
bewegung fanden starken Niederschlag; das Lied diente als „Ventil" für
das Verbot politischer Betätigung.

a²) Historisches (Volks-)Lied: Nimmt Mittelstellung zwischen
Einzel- und Gemeinschaftslied ein, gehört zur gesungenen politischen
Dichtung. Handelt von geschichtlichen Begebenheiten, die chronikartig,
parteiisch oder rein gefühlsmäßig kommentiert werden; volksmäßig
ist der mangelnde Sinn für genaue historische Überlieferung: Haupt-
ereignisse werden oft unterdrückt oder kurz abgetan, dafür einprägsame
Einzelhandlungen ausführlich besungen, ferner Sprunghaftigkeit der
Vorstellung, Vorliebe für wörtliche Rede, Sorglosigkeit um äußere Form.

Von einigen Liedern ist bekannt, daß sie noch lange Zeit nach ihrer Entstehung zum *Tanz* gesungen wurden.

Raum für Zusätze

Blütezeit der historischen Volkslieder vom Spätmittelalter bis zum 30jährigen Krieg (Bspe: Lied auf Störtebeker, 1402, auf die schöne Bernauerin, 1435, auf die Schlacht bei Hemmingstedt, 1500, auf die Schlacht bei Pavia, 1525). Ältestes dt. erhaltenes historisches Lied: das *Ludwigslied,* gedichtet als (↝) *Preislied* auf den Sieg des Ostfrankenkönigs LUDWIG III. über die Normannen bei Saucourt, 881.

„Dieses Gedicht setzt in neuer deutscher Sprache die Linie des altgermanischen Königspreisliedes * fort, aber zugleich weitvorausgreifend macht es im König schon den christlichen Ritter sichtbar, sein Sieg über die Heiden ist zugleich des neuen Gottes Sieg." *(Hans Naumann, 31)*

b) Volkslied: Bezeichnung stammt von HERDER als Lehnübersetzung aus dem Englischen (popular song). Erste Sammlungen von HERDER (Volkslieder, 1778/79, ab 1807 genannt: Stimmen der Völker in Liedern), ARNIM und BRENTANO (Des Knaben Wunderhorn, 1806/08 [nur deutsch]), UHLAND (Alte hoch- und niederdeutsche Volkslieder, 1844/45), weitergeführt von HOFFMANN V. FALLERSLEBEN, ROCHUS V. LILIENCRON sowie (am wichtigsten) von ERK/BÖHME (Deutscher Liederhort, 1893/94) und JOHN MEIER (Deutsche Volkslieder mit ihren Melodien, 1935 ff.). In Freiburg i. Br. besteht „Deutsches Volkslied-Archiv" (Stand von 1948: 181 170 Liederaufzeichnungen aus dem Volksmund).

Die romantische Auffassung von der *Entstehung* des Volkslieds *aus dem Volke* (dichtender Volksgeist) wurde auf Grund der Forschungen von A. v. KELLER und JOHN MEIER ersetzt durch die Auffassung, daß jedes Volkslied, ebenso wie das Kunstlied, einen Verfasser und Komponisten hat. Neben „gesunkener Kunstdichtung", d. h. abgesunkenem Minnesang, durchaus Neuschaffung von Liedern durch „Leute aus dem Volk". Im Laufe der Zeit werden die Lieder jedoch vom Volk *umgestaltet* und umgeprägt, „zersungen", wobei der individuelle Anteil eines Urhebers an Wort und Melodie gleichgültig ist. Ausschlaggebend sind zwei entscheidende *Bestimmungen des Volksliedes:* 1. Untrennbarkeit von Wort und Weise, 2. Leben im Volke (Volksläufigkeit).

„Volksdichtung ist also nicht, wie die Romantiker wollten, *urtümliche* Dichtung aus einer Anfangszeit vor aller Entstehung der Kunstdichtung, sie ist aber auch nicht, wie jetzt die Individualisten wollen, ein *persönliches* Werk, das vom ersten Tage an sein Leben einem einzigen, mit Einfalt und kindlichem Gemüt begnadeten Dichter verdankte. Der Begriff Volksdichtung muß im richtigen Sinne verstanden werden. Dichtende Überlieferung geht der individuellen Kunstdichtung nicht voraus, sondern folgt ihr nach: das Werk der Varianten an der individuellen Kunstdichtung verursacht im Laufe der Zeit die Entstehung der Volksdichtung. Geht ein Lied in eine Gemeinschaft ein, so drückt ihm die dichtende Überlieferung ihre Prägung auf." *(Ramón Menéndez Pidal, 32)*

★ ↝ Heldenlied

Raum für Zusätze

Voraussetzung für ein Volkslied ist die Schlichtheit des Textes mit Themen von allgemeinmenschlichem Gehalt, die von „jedermann", d.h. von jedem Mitglied der singenden Gruppe, nachempfunden werden können. Die oft zu beobachtende Sprunghaftigkeit ist nicht immer nur Folge des Zersingens, sondern kann auch Stilmittel (Andeutungsstil) sein.

Form des Volksliedes ist *einfach*, aber nicht kunstlos; meist klar gebaute vierzeilige, gereimte Strophen, bestehend aus Vier- oder Dreitaktern (oder wechselnd), häufig mit Kehrreim (↪ Volksliedstrophe).

Volkslied bes. lebendig im bürgerlichen Mittelalter bis über die Reformation hinaus, Blütezeit 1450—1550. Älteste Volkslieder sind geistliche Weisen, die um die Kirchenfeste kreisen: Osterlieder (Christ ist erstanden), Weihnachtslieder (Joseph, lieber Joseph mein; In dulci jubilo; Es ist ein Ros' entsprungen), ähnlich Marien-, Wallfahrts- und Heiligenlieder; dazu kommen dann Ständelieder, historische und rein weltliche Lieder (Liebes- und Abschiedslieder). Höhepunkte im Zusammenspiel von Text und Melodie: Innsbruck ich muß dich lassen; Ach Gott, wie weh tut scheiden; Ich hört ein Sichlein rauschen.

> Ich hört ein Sichlein rauschen,
> Wohl rauschen durch das Korn;
> Ich hört ein fein Magd klagen:
> Sie hätt ihr Lieb verlorn.
>
> „La rauschen, Lieb, la rauschen,
> Ich acht nit, wie es geh,
> Ich hab mir ein Buhlen erworben
> In Veiel und grünem Klee."
>
> „Hast du ein Buhlen erworben
> In Veiel und grünem Klee,
> So steh ich hier alleine,
> Tut meinem Herzen weh."

(Fassung des 17. Jhs.)

Vom Volkslied deutlich zu scheiden:

b¹) Gassenhauer: Das Wort tritt schon im 16. Jh. auf, meint zunächst den Bummler und Pflastertreter (hauen = gehen), dann das von ihm dabei gesungene Lied. Sprachliches Niveau tief, Erlebnisbereich eingeengt auf derb Anzügliches.

b²) Schlager: Erzeugnis großstädtischer Zivilisation, kurzlebig wie die Mode. Bis auf wenige glückliche Formeln, die gewissen zeitsatirischen Wert haben, künstlerisch belanglos.

c) Kunstlied: Neben Eigenschöpfungen von Anfang an Übernahme fremder Formen, so aus dem Kirchenlateinischen der (↪) Hymnus, später, in der mhd. Blütezeit, aus dem Romanischen die Kanzonenform, dann, bes. stark im 17. Jh., ital. und frz. Formen; außerdem Einfluß der antiken Strukturen über die nlat. Dichtung, geglückte Anverwandlung seit und mit KLOPSTOCK.

In der eigenen Überlieferung übte das Volkslied in seiner „zersungenen" Raum für Zusätze
Form seinerseits starken ästhetischen Reiz aus. Seit und mit HERDER
begannen zahlreiche Dichter, Ton, Motive und Symbole des Volks-
liedes nachzuahmen und oft täuschend ähnliche Gebilde zu schaffen.
Eine Reihe von ihnen sind, wenn glückhaft mit einer Melodie ver-
bunden, zu *volkstümlichen Liedern* geworden. Vgl. Dichtungen von
MATTHIAS CLAUDIUS, BÜRGER, GOETHE, BRENTANO, UHLAND, EICHEN-
DORFF, HEINE, MÖRIKE u.v.a.

> MATTHIAS CLAUDIUS, Der Mond ist aufgegangen (Abendlied); GOETHE,
> Sah ein Knab ein Röslein stehn (Heideröslein); UHLAND, Ich hatt einen
> Kameraden (Der gute Kamerad); HEINE, Ich weiß nicht, was soll es be-
> deuten (Lorelei).

Die eigentlich dichterische Leistung des Volksliedes: sprachliche Bewußt-
machung einfacher, allgemein-menschlicher Erlebnisbereiche im wiederkehrenden Rhythmisch-Melodischen, geht dem späteren Kunstlied nie
wieder verloren, im Gegenteil, mit ihr wird in höchst kunstvoller Weise
weitergespielt.

> Der Tod, das ist die kühle Nacht,
> Das Leben ist der schwüle Tag.
> Es dunkelt schon, mich schläfert.
> Der Tag hat mich müd gemacht.
>
> Über mein Bett erhebt sich ein Baum,
> Drin singt die junge Nachtigall;
> Sie singt von lauter Liebe.
> Ich hör es sogar im Traum.
> (HEINE)

2. Ballade

Im Ggs. zur (↪) romanischen Ballade, die durchaus ein Gedicht fester
Bauart ist, umgreift der dt. Begriff „Ballade" die verschiedensten Formen. — Kennzeichnung als „erzählende Verdichtung geringeren Umfangs" ist zu äußerlich und grenzt nicht gegen bestimmte gnomische
und parabolische Ausprägungen ab. Näher an das eigentliche Wesen der
Ballade führt die Beobachtung, daß hier ein epischer Vorgang nicht um
seiner selbst willen erzählt wird, sondern um einer ursprünglich und
auch späterhin vorwiegend düsteren Grundstimmung willen (in der Regel auf dem Höhepunkt mit dramatischen Mitteln vorgetragen: Dialog
oder Monolog), in der der Mensch das „ganz Andere" in Schauer und
Grauen erlebt *oder* im Konfliktfeld ethisch-diesseitiger Menschlichkeit
steht *oder* im Alltäglichen, ohne theatralischen Aufwand, tiefere Einsichten erfährt (Nähe zum Didaktischen) (↪ Balladentypen S. 127ff.).

Balladen und die ihr verwandten Formen haben *daher* als dichterisch
eigenständige *Mischform* an allen drei Aussageweisen (dem Lyrischen,
dem Epischen und dem Dramatischen) Anteil. Oft als selbständige
Untergruppe der Lyrik betrachtet und als *Balladik* bezeichnet.

Raum für Zusätze

„Die Ballade hat etwas Mysteriöses, ohne mystisch zu sein; diese letzte Eigenschaft eines Gedichts liegt im Stoff, jene in der Behandlung. Das Geheimnisvolle der Ballade entspringt aus der Vortragsweise. Der Sänger nämlich hat seinen prägnanten Gegenstand, seine Figuren, deren Taten und Bewegung so tief im Sinne, daß er nicht weiß, wie er ihn ans Tageslicht fördern will. Er bedient sich daher *aller drei Grundarten der Poesie*, um zunächst auszudrücken, was die Einbildungskraft erregen, den Geist beschäftigen soll; er kann lyrisch, episch, dramatisch beginnen und, nach Belieben die Formen wechselnd, fortfahren, zum Ende hineilen oder es weit hinausschieben. Der Refrain, das Wiederkehren ebendesselben Schlußklanges, gibt dieser Dichtart den entschiedenen lyrischen Charakter... Übrigens ließe sich an einer Auswahl solcher Gedichte die ganze Poetik gar wohl vortragen, weil hier die Elemente noch nicht getrennt, sondern wie in einem lebendigen *Ur-Ei* zusammen sind, das nur bebrütet werden darf, um als herrlichstes Phänomen auf Goldflügeln in die Lüfte zu steigen."

(Goethe, 33)

Zur Balladik gehören *Heldenlied* und *Ballade* mit ihren Unterarten *Volksballade* und *Kunstballade* (Numinose Ballade, Ideenballade, Erzählgedicht). Dazu im romanischen Bereich die (frz.) (→) *romanische Ballade* und die (span.) (→) *Romanze*.

a) Heldenlied: Entstanden in vorliterarischer (schriftloser) Zeit vom 4.—8.Jh., der sog. „Reckenzeit", als einmalige dichterische Prägungen. Zuerst bei den Goten ausgebildet (4./5.Jh.), dann von Süden nach Norden wandernd über die Langobarden, Baiern, Franken, Niederdeutschen zu den Skandinaviern: *Adelsdichtung zum Preise der Kriegerehrenpflicht*.

„Heldenlieder" würden besser Heldenballaden genannt, da sie keine „Lieder" im Sinne des Liedbegriffs, auch keine „Ereignislieder" sind. Der letztere Begriff wurde von ANDREAS HEUSLER geprägt (Altgermanische Dichtung, 1943²), der ein erzählendes Gedicht aus Bericht und Rede *doppelseitiges Ereignislied* nannte (z.B. Hildebrandslied), ein Gedicht in Gesprächsform (dialogisch oder monologisch, ohne epische Brücken) *einseitiges Ereignislied* (nur im Altnordischen). „Lied" wäre in diesem Zusammenhang auch mit „Ballade" wiederzugeben, doch scheint der erstgenannte Begriff so eingebürgert, daß nur empfohlen werden kann, die hier gemeinte spezifische Bedeutung immer mitzudenken. *Heutige Forschungslage:* Erst *die* Liedform, die Züge der Volksballade aufweist, verdient die Bezeichnung Ballade.

Neben dem Heldenlied standen als nicht erhaltene weitere Gattungen germanischer Hallen-Kunstpoesie das stärker als das Heldenlied zeitgebundene *Preislied* (Preislieder auf den lebenden, Klagelieder auf den toten Herrn) sowie *Spottstrophen, Kunsträtsel* und *Spruchdichtung* (bezeugt z.B. durch WIDUKIND VON CORVEY und PAULUS DIAKONUS).

Heldenlieder waren *Vortragsdichtung*, wurden so getreu, wie bei mündlicher Weitergabe überhaupt möglich, über Jahrhunderte hinweg und von Dialekt zu Dialekt überliefert. Einziges erhaltenes dt. Bsp.: *Hildebrandslied*.

Durch zufällige spätere Niederschrift zweier Mönche in Fulda um 800 fast vollständig (der Schluß fehlt) erhalten in einer inkonsequenten nd. Umschrift eines altbairischen oder altlangobardischen Originals des 6.Jhs. auf zwei Blättern. Die These, daß dieser Zufall mit der *Sammlung* solcher Lieder durch KARL D. GR. zusammenhänge (VON DER LEYEN, Das Heldenliederbuch Karls des Großen, 1954), bleibt Vermutung. Die von dem Biographen KARLS, EINHARD, erwähnte Sammlung verschwand nach KARLS Tod. — Handschrift des Hildebrandliedes in Kassel, 1945 verschwunden, Blatt 2 in den USA wieder aufgetaucht und zurückgegeben, Blatt 1 (noch) verloren.

Raum für Zusätze

Hildebrandslied behandelt die Wanderfabel vom Kampf zwischen Vater und Sohn, die auch in außergerm. Dichtung (griechischer, persischer, russischer, irischer) auftritt.

„Beim Eintritt in die große Geschichte ist die gewaltige Macht des Schicksals erwacht, es stellt sich im Hildebrandslied neben den großen waltenden Gott oben im Himmel, und der Alte hat weniger mit dem Sohne als mit dem Schicksal zu ringen, bis er Kraft und Entschluß gewinnt, es zu bejahen. Nicht blind will das Schicksal den germanischen Held, der Alte weiß hier, daß es sein Sohn ist; in außergermanischen Fassungen dieser Wanderfabel erfährt er erst hinterher, daß er den Sohn erschlug. Dann ist nur ein gräßliches Unglück gewesen, was im Germanischen zu bitterster Tragik wird."
(Hans Naumann, 34)

Stoffe bieten die mündlich weitergegebenen (→) Heldensagen, bes. die der Völkerwanderungszeit. Jedoch entsteht kein „historisches Bild". Nur *Tragik des einzelnen* wird dargestellt, allerdings vor dem Hintergrund eines jungen Kriegerstandes und dessen Verpflichtung gegenüber Gefolgschaftswesen und Sippengesetz. Begriff der „*Ehre*" ist Mittelpunkt ihres Ethos. Christliche Vorstellungen fehlen bzw. sind, wenn sie auftreten, noch ohne Bedeutung.

Form. Stabreimende Langzeilen, entweder strophisch ungleich oder (wie im Hildebrandslied) ohne strophische Gliederung. Im Stil gekennzeichnet durch klaren (→) *Zeilenstil* und Variation, im Aufbau durch wenige konfliktgeladene Szenen mit wenigen Personen, durch Sprunghaftigkeit der Darstellung und Vorliebe für *dramatischen Dialog*. Knapper, spannungsreicher Vortrag, wenige epische Brücken, Handlung liegt allein in den „Reden".

Weitergabe des Stoffes heute kaum noch aufzuhellen. Zwei Entwicklungslinien sind zu verfolgen:

1. *Absinken* der Vortragsdichtung (von den Sängern in der Adelsgefolgschaftshalle zu den Spielleuten) und damit verbundene *Umgestaltung,* mündend in der „Volksballade".

2. *Aufschwellen* der weitererzählten Heldensage (mit oder ohne Einwirkung des „Liedes") zum *buchmäßigen* (→) *Heldenepos.*

In *Skandinavien,* wo die Preislieder der altnord. Dichter und Sänger, der *Skalden,* bereits seit dem 9.Jh. lebendig waren, trat wegen der später einsetzenden Christianisierung und der wesentlich toleranteren Haltung

Raum für Zusätze der Geistlichkeit gegenüber der heidnischen Dichtung der Sonderfall breiterer und verfolgbarer Überlieferung bei der *Edda* ein.

Der Name Edda kommt urspr. nur der von SNORRI STURLUSON (1167 bis 1241) verfaßten Poetik für die Skaldendichter des 13.Jhs. zu: *Snorra-Edda* oder *Jüngere Edda*. Durch ein Mißverständnis von Gelehrten des 17.Jhs. wurde der Name Edda auch auf die 1645 gefundene Liederhandschrift von 29 Liedern oder Liedkomplexen in altisländischer Sprache übertragen, aufgezeichnet nach 1250, entstanden vom 9.—12.Jh., daher auch *Ältere Edda* oder *Lieder-Edda* genannt.

Inhaltliche Ordnung möglich in drei Gruppen:

Götterlieder: Setzen frühgermanische religiöse Dichtung voraus, von der ungebrochen nichts enthalten ist; dieser Welt noch verhältnismäßig nah z.B. das berühmte Eingangsgedicht: Der Seherin Gesicht *(Völuspá)* aus der Zeit des Übergangs zum Christentum, kurz vor 1000.

> „Der kirchliche Anflug des Wortschatzes und ein paar aus der Bibel stammende Bilder erklären sich am besten, wenn wir an einen isländischen Geistlichen denken, der parteilos, als rückblickender Mythenfreund, diese Summa mythologiae formte." *(Andreas Heusler, 35)*

Lieder über Odin (wie Wafthrudnir und Grimnir) sind vermutlich älter, die über Thor sicherlich erheblich jünger (das Lied über Thors Hammerverlust ist von entschieden humoristischer Wirkung).

Heldenlieder: Bewahren in nordischer Umsetzung Stoffe der germanischen Wielandsage (Wölundlied), des Nibelungensagenkreises (Das alte Atlilied, Das alte Sigurdlied), des Sagenkreises um Ermanerich (Das Hamdirlied) und geben außerdem eigene nordische Entwicklungen der Heldendichtung (Die Helgilieder); eine komplizierte und vielschichtige Überlieferung, aus der sich kein einheitliches Bild herstellen läßt. Die Lieder zum Nibelungensagenkreis sind für die vergleichende Sagengeschichte sehr wertvoll, da sie in der Auffassung z.T. der Urfassung des Siegfriedstoffes nahestehen, z.T. das feindlich gesehene Atlibild aus der Völkerwanderungszeit bewahren, z.T. aber auch ganz neue Züge aufnehmen. — Eine Lücke der Handschrift (8 Blätter) kann nach Umfang, Inhalt und Art der Lieder aus der Völsungasage (→ Saga) bestimmt werden.

Spruchdichtung. Vermutlich in der eddischen Form eine nordische Eigengruppe. Bekanntestes Bsp.: Das alte Sittengedicht *(Hávamál)*, das Mahnsprüche und Lebensregeln zu einem längeren (Lehr)gedicht zusammenfaßt (Bsp. → Sinnspruch); ein anderes, weniger herb und zeitlich jünger: Die Lehren an Loddfafnir.

b) Volksballade: Das *„Jüngere Hildebrandslied"* (entstanden im 13.Jh., überliefert in zwei Fassungen des 16.Jhs.) hat keine innere Verwandtschaft mehr mit dem Heldenlied:

1. Entscheidende *Veränderung in der metrischen Form: Stropheneinteilung* und *Endreim* (statt freier Gliederung und Stabreim). Strophe ist abgewandelte Nibelungenstrophe (→ Hildebrandston).

2. Entscheidender *Wandel im Gehalt:* an Stelle des tragischen Ausgangs Wiedersehensfeier im Familienkreis, bezeichnend für den bürgerlichen Geist des Spätmittelalters:

Raum für Zusätze

> „Haist dain mutter fraw Ute,
> ain gewaltige herzogin,
> so bin ich Hiltebrant, der alte,
> der liebste vater dein!"
> er schloß im auf sein güldin helm
> und kust in an sein munt:
> „nun muß es gott gelobet sein!
> wir sind noch baide gesunt!"
> (15. der 20 Strophen)

Solche Lieder sind unmittelbare Vorstufen der dt. *Volksballaden.* Aufgezeichnet im 14. und 15.Jh., bes. im 16.Jh.; aus dieser Zeit u.v.a.: Ballade von den zwei Königskindern (Et wasen twei Kunnigeskinner), von des Wassermanns Braut (Lilofee), vom Schloß in Österreich, von der schönen Bernauerin, vom Danhauser, vom Waterkeerl in de Ja.

Nach dieser Blütezeit rascher Abstieg der Volksballade über Räuber-, Schauer- und sentimentale Liebesballade bis zu den *„Moritaten",* den Jahrmarktsbänkelgesängen vom Ende des 19.Jhs. An diese knüpften Arno Holz und Frank Wedekind an; es folgten Albert Ehrenstein, Walter Mehring, Ringelnatz, Tucholsky. Weiterentwicklung des Wedekindschen Moritaten- und Bänkelliedtyps bes. durch Brecht.

c) Kunstballade: Aufstieg der Kunstballade vollzog sich gleichzeitig mit Abstieg der Volksballade. Mit der „Lenore" (1773) von Bürger setzt ihre Geschichte ein: hier wird genial eine volksballadische Vorlage („Totenritt") in die damalige Gegenwart gerückt (Hintergrund: der Siebenjährige Krieg) und in raffinierter Technik zu einer für die Zeit unerhörten, fast naturalistischen Ausdruckssprache gesteigert.

Höhepunkte der Kunstballade bei Goethe und Mörike; im 19. und 20.Jh. außerdem Balladenwerke von Fouqué, Uhland, Platen, Chamisso, Heine, Freiligrath, Droste-Hülshoff, C. F. Meyer, Fontane, Liliencron, Münchhausen, Lulu v. Strauss und Torney, Agnes Miegel, Engelke, Brecht.

Formal übernimmt die Kunstballade von der Volksballade eine Reihe von Stilelementen, bes. die eigenartige Mischung der drei dichterischen Möglichkeiten, die gedrängte, sprunghafte Aussage und beim Höhepunkt den Einsatz dramatischer Mittel (Dialog). Zuweilen fehlen epische Brücken ganz (reine Dialogform, z.B. die berühmte Übersetzung der alten schottischen Edward-Ballade von Herder), oder nur wenige, kurze Berichtstrophen stehen zahlreichen Gesprächsstrophen gegenüber (6 Berichtstrophen zu 23 Dialogstrophen in Herders „Erlkönigs Tochter"; nur Eingangs- und Schlußstrophe berichtend in Goethes „Erlkönig").

Drei Balladentypen kristallisierten sich in dt. Dichtung heraus: die Geister- oder *numinose Ballade,* die (historisch-)heldische oder *Ideenballade* und die balladenartige Verdichtung oder das *Erzählgedicht.*

Raum für Zusätze **1. *Numinose Ballade*** und z.T. auch Ideenballade wird bestimmt durch das Erlebnis des „ganz Anderen" mit seinem Doppelcharakter des Anziehenden und des Abschreckenden. Der Marburger Religionsphilosoph RUDOLF OTTO (Das Heilige, 1917) prägte für das Heilige und Göttliche, das ganz außerhalb des menschlich Faßbaren und Vertrauten steht, den Begriff des *Numinosen: fascinosum et tremendum* (fesselnd, lockend und furchterregend zugleich). Mit dieser Bezeichnung hat *Paul Ludwig Kämpchen (36)* eine Typologie der Kunstballade aufzustellen versucht. Seine Annahme: das kennzeichnendste Merkmal der Ballade sei ihr Verhältnis zum Irrationalen.

Jedoch: auch die (historisch-)heldische Ballade kann von der Übermacht des Numinosen künden. Bspe: HEINE: Belsazar, und FONTANE: Gorm Grymme. Dagegen gehören Balladen, die äußeres oder inneres aktives menschliches Heldentum im irdisch-sittlichen Bereich aufzeigen, nicht in diesen Zusammenhang.

naturmagisch:	Erlkönig (GOETHE), Der Fischer (GOETHE), Der Feuerreiter (MÖRIKE), Die Geister am Mummelsee (MÖRIKE), Der Knabe im Moor (DROSTE-HÜLSHOFF)
totenmagisch:	Lenore (BÜRGER), Der untreue Knabe (GOETHE), Die traurige Krönung (MÖRIKE), Schöne Agnete (AGNES MIEGEL)
Spuk (Geister):	Der Totentanz (GOETHE)
Traum:	Der Heideknabe (HEBBEL)
Sage (Mythos):	Die Nibelungen (AGNES MIEGEL)
Geschichte:	Belsazar (HEINE), Gorm Grymme (FONTANE)
Gegenwart:	Die Brücke am Tay (FONTANE)

2. *Ideenballade.* Hauptmerkmal: Mittelpunkt des Geschehens ist der aktiv handelnde Mensch im Konfliktfeld ethisch-diesseitiger Menschlichkeit. Ideenballade ist Gegenpol zur naiven Volksballade und zur numinosen Kunstballade, Vorbild für unzählige Balladendichtungen des 19.Jhs., abgesunken durch epigonalen Vielgebrauch. — Beginn mit der klassischen Ideenballade von GOETHE: Der Sänger (1783), fortgesetzt in den Werken des sog. Balladenjahres (1798) SCHILLERs und GOETHEs und später (GOETHE: Der Gott und die Bajadere, SCHILLER: Der Taucher, Hero und Leander, Kassandra, Die Bürgschaft, Der Ring des Polykrates, Die Kraniche des Ibykus, Ritter Toggenburg, Der Handschuh, Der Gang nach dem Eisenhammer, Der Graf von Habsburg); bes. SCHILLER verwendet die Ballade zur Darstellung der sittlichen Welt, z.B. den Kampf des erhabenen Menschen mit den Gewalten der äußeren Natur, den schwereren Kampf mit der inneren Natur, den Sinn des Opfers usw. Dieser Idealisierung entspricht auch die höchst kunstmäßige Behandlung der Form:

> „nicht sprunghaft, sondern logisch fortschreitend und gegliedert. Die Rhythmen sind nicht musikalisch, wie in der Volksballade, sondern deklamatorisch... und symbolisieren den Gehalt." *(Fritz Strich, 37)*

Letzte große Bspe stammen aus UHLANDS spätester Schaffensperiode (Das Glück von Edenhall), von der DROSTE (Der Tod des Erzbischofs von Köln, Die Vergeltung), von C. F. MEYER (Die Füße im Feuer, Die Rose von Newport, Mit zwei Worten) und von FONTANE (Archibald Douglas, John Maynard).

3. *Erzählgedicht.* Sammelgruppe für balladenartige, erzählende Versdichtungen geringeren Umfangs, die nicht in die beiden ersten Gruppen einzuordnen sind. Dazu gehört die *soziale* Ballade (z. B. CHAMISSO: Die alte Waschfrau, Der Bettler und der Hund, HEINE: Die schlesischen Weber, FREILIGRATH: Aus dem schlesischen Gebirge, HERWEGH: Die kranke Lise, FERDINAND V. SAAR: Das letzte Kind, DEHMEL: Der Arbeitsmann, Erntelied, KARL V. BERLEPSCH: Der Weichensteller, LÖNS: Der Bohrturm, BRÖGER: Hut ab!, LERSCH: Ausfahrt der Bergleute, BRECHT: Von der Kindermörderin Marie Farrar, Kinderkreuzzug), aber auch die *humoristische* Ballade (KOPISCH: Der Schneiderjunge von Krippstedt, FONTANE: Herr von Ribbeck auf Ribbeck im Havelland, Jan Bart, FRITZ REUTER: De blinne Schausterjung, HERMANN BOSSDORF: Märken) und schließlich, überraschend stark, das *„engagierte"* Erzählgedicht in der modernen dt. Dichtung: neben BRECHT und BENN bes. HORST BIENEK, JOHANNES BOBROWSKI, GEORG BRITTING, PAUL CELAN, GÜNTER EICH, GÜNTER GRASS, PETER HÄRTLING, KARL KROLOW, CHRISTOPH MECKEL, PETER RÜHMKORF, WOLFGANG WEYRAUCH.

Raum für Zusätze

„Die Sachlichkeit und Genauigkeit der Berichterstattung, die Hinwendung zum Alltäglichen, die Tendenz, möglichst ohne das große Ach und Oh der Beschwörung auszukommen, das Aussparen des Dramatischen, der negative Held, die Verwerfung der Chronologie: all das, was der moderne Epiker für unumgänglich hält, begegnet uns abermals im Erzählgedicht... (dabei) kann das Erzählen auch im freizügigen Gedicht nicht auf Richtung und Ordnung verzichten. Große seitenlange Stücke werden leitmotivisch komponiert, andere nach rondo- und fugenartigen Gliederungen aufgebaut. Eminente Kunst ist am Werk. Das gilt ebenso für Celans weitberühmte ‚Todesfuge' wie für ein kaum bekanntes Gedicht von der Vrings,, das ‚Die Leuchttürme' heißt und mit knapp zehn Zeilen ein wahres Paradestück neuer Erzählpoesie darstellt, musterhaft bis in die schwermütige Pointe."
(HEINZ PIONTEK, Neue deutsche Erzählgedichte, Vorwort)

Die Leuchttürme

Der weiße Leuchtturm und der in Rot,
Und lauter Grün überm Inselkreis,
Und nah bei der Insel zwei Knaben im Boot;

Geglitzer der Wellen, das Segel rauscht leis,
Am Segel erscheint der Leuchtturm in Rot
Und, nicht zu vergessen, der andre in Weiß.

Und nicht zu vergessen: die Knaben im Boot —
Lieber, beließ dir der flandrische Tod
Den roten Leuchtturm und den in Weiß?

Dies fragt der zweite der Knaben, ein Greis.

(VON DER VRING)

Raum für Zusätze

II. ROMANISCHE FORMEN

In Frankreich

1. Kanzone

Sowohl einzelne Strophe wie Gesamtstruktur der Kanzone ist, wie schon der Name sagt (lat. cantio Gesang), musikalisch bedingt. Ausgehend von prov. Troubadourdichtung, von einfacheren Formen („,Vers" genannt) zu komplizierteren fortschreitend. Hauptthema: „Minne", d.h. Huldigung, Werbung und Verherrlichung der Dame (z.B. Minnelieder des BERNART DE VENTADOUR [von Ventadorn], um 1125 bis um 1194).

Viel gewanderter Formtyp, in Italien von PETRARCA und DANTE in feste Regeln gebracht *(Renaissancekanzone)*: gleichgebaute elf- bis sechzehnzeilige Strophen (zwischen vier und zwölf) sowie eine abschließende Strophe (dt. *Geleit),* die gewöhnlich kürzer ist als die anderen, mit Wiederholung der Struktur des Abgesangs in neuen Reimen. — In dt. Dichtung nachgebildet von A. W. SCHLEGEL (Petrarca-Übersetzungen) sowie von RÜCKERT, PLATEN u. a. (Aufbau der Kanzonenstrophe → S. 104).

2. Sirventes

Tritt in prov. Dichtung ebenfalls in Kanzonenform auf (Mz. Sirventese; altprov. sirventesc[a] von lat. servire dienen, Lied eines sirvent, d.h. eines Dienstmannes): Dienstgedicht; im Ggs. zur „reinen" Minnelyrik „engagierte" Lyrik, politisches, moralisierendes, satirisches oder allgemein didaktisches Tendenzlied der prov. Troubadours (z.B. BERTRAN DE BORN, um 1140 bis um 1215). Ital. Form: das *Serventese.* Vgl. in mhd. Dichtung den (→) Sangspruch.

> „Die Trobadors haben einen formalen Dogmatismus und Konventionalismus in ihrer Kunst —, feste typische Formen für feste typische Gelegenheiten: Kanzone für den Frauendienst, Sirventes für den Herren- und Interessendienst."
> *(Karl Voßler, 38)*

3. Rondeau

Rundtanz (frz. rond aus lat. rotundus rund) bzw. Liedform, die zu einem solchen Tanz gesungen wurde. Verschiedene Ausprägungen. Wesentliches Kennzeichen: 1. nur *zwei* Reime, 2. Wiederholung einer *ungereimten* Refrainzeile, die aus dem Anfang der ersten Zeile gewonnen wird, in der Mitte und am Ende des Gedichts. Die klassische Form in der frz. Dichtung des 16.Jhs. hat drei Strophen, die erste und dritte Strophe sind fünfzeilig mit umarmendem Reim, die Mittelstrophe ist dreizeilig, Mittel- und Schlußstrophe enden außerdem mit der Refrainzeile.

In dt. Dichtung Anfang des 17.Jhs. genau nachgebildet von WECKHERLIN, der das Rondeau „Rund-umb" nannte. Diese Bezeichnung nicht nur äußerlich zu verstehen, denn im formvollendeten Rondeau kehrt Refrain (s.u.: Ihr wisset was) in der kreisenden Bewegung vom Anfang über die Mitte zum Schluß mit verändertem Sinn wieder.

Raum für Zusätze

An die Marina
Ein Rund-umb

Ihr wisset was für schwere klagen	a
Für grosse schmertzen, sorg und plagen	a
Mich ewre Schönheit zart und rein,	b
Und ewrer braunen augen schein	b
Schon lange zeit hat machen tragen.	a
Was solt ich euch dan weitters sagen,	a
Weil uns die lieb zugleich geschlagen,	a
Dan das uns ietz kan füglich sein	b
Ihr wisset was.	R
Derhalben länger nicht zu zagen,	a
So wollet mir nu nicht versagen	a
Vil taussent küß für taussent pein;	b
Und weil wir beed ietzund allein	b
So lasset uns auch vollends wagen	a
Ihr wisset was.	R

4. Rondel

Rondel ist ältere sprachliche Form von rondeau; heute in frz. Metrik üblich, den Terminus auf Rondeauformen *vor* 1500 anzuwenden. Gedichtform von meist dreizehn- oder vierzehn Zeilen, ebenfalls mit nur zwei Reimen. Im Unterschied zum Rondeau werden die *beiden ersten Zeilen* in der Mitte und am Schluß wiederholt. — Dt. Nachbildungen in der Anakreontik.

Bsp. mit dem Reimschema AB aba AB ababa AB (Großbuchstaben = identische Verszeilen):

Den Rock von Regen, Wind und Schnee	A
Hat nun die Jahrszeit ausgezogen.	B
Ihr ist ein schönerer von Klee	a
Und Sonnenstrahlen angeflogen.	b
Myrtill singt mit der Galathee:	a
Den Rock von Regen, Wind und Schnee	A
Hat nun die Jahrszeit ausgezogen.	B
Das junge Tal, die lichte Höh	a
Stehn glänzender als Regenbogen.	b
Demanten trägt auch selbst der Schlee;	a
Es funkeln alle Wasserwogen	b
In prächtig-silberner Livree.	a
Den Rock von Regen, Wind und Schnee	A
Hat nun die Jahrszeit ausgezogen.	B

(JOHANN NIKOLAUS GÖTZ)

Raum für Zusätze TRAKL nennt eines seiner Gedichte, das eine drastische Verkürzung auf fünf Verse (nur eine Zeile mit sich nicht wiederholendem Text) und die konsequente Durchführung der Kreisbewegung im Schema (ABbBA) vollzieht, „Rondel":

Verflossen ist das Gold der Tage,	A
Des Abends braun und blaue Farben:	B
Des Hirten sanfte Flöten starben,	b
Des Abends blau und braune Farben;	B
Verflossen ist das Gold der Tage.	A

5. Triolett

Einstrophiges Dreiklanggedicht (ital. trio drei) von (mindestens) acht Zeilen, deren erste in der Mitte und deren erste und zweite am Schluß der Strophe wiederkehren. Vierheber (steigend oder fallend) mit nur zwei Reimen. Verszeilen mit nicht sich wiederholendem Text sind auf Mindestmaß eingeschränkt (drei). Unterschied zum Rondel: *nur der erste* Vers kehrt in der Mitte wieder.

Bsp. mit dem Reimschema AB a A ab AB:

Le premier jour du mois de Mai	A
Fut le plus beau jour de ma vie.	B
Le beau dessein que je formai	a
Le premier jour du mois de Mai!	A
Je vous vis et je vous aimai,	a
Si ce dessein vous plut, Sivie,	b
Le premier jour du mois de Mai	A
Fut le plus beau jour de ma vie.	B

(RANCHIN)

★

Der erste Tag im Monat Mai	A
Ist mir der glücklichste von allen.	B
Dich sah ich und gestand dir frei,	a
Den ersten Tag im Monat Mai,	A
Daß dir mein Herz ergeben sei.	a
Wenn mein Geständnis dir gefallen,	b
So ist der erste Tag im Monat Mai	A
Für mich der glücklichste von allen.	B

(HAGEDORN)

Identische Verszeilen werden in dt. Übersetzung nicht völlig erreicht, dennoch wirkt das Gedicht leicht und elegant. Als Miniaturgattung (*poesie fugitive* flüchtige Dichtung) in der Rokokolyrik bes. beliebt.

6. Romanische Ballade

Raum für Zusätze

Reigen- oder Tanzlied (prov. balada oder danza, ital. ballata von mlat. ballare tanzen). Volksballaden der romanischen Länder gehen auf derartige Lieder zurück. *In Frankreich* erhielten sie im 14.Jh. feste Form (von vornherein spielt *Refrain* nicht nur musikalisch, sondern auch gehaltlich als Strophenspitze wichtige Rolle) und wurden Kunstlieder: *mittelalterliche (frz.) Kunstballade.*

Besteht aus drei Strophen und einer Widmungsstrophe, dem *Envoi* (frz. envoi, dt. Geleit). Letzte Zeile der ersten Strophe kehrt in den übrigen Strophen als Refrain wieder (kein einfacher Kehrreim, sondern pointierte Achse). Anzahl der Verse in der Strophe entspricht Anzahl der Silben im Vers, im Geleit die Hälfte. Alle Strophen haben gleiche Reime. — Beliebteste Gedichtform in Frankreich im 14. u. 15.Jh. Bedeutendster Vertreter VILLON:

Ballade des dames du temps jadis	Ballade von den edeln Frauen vergangener Zeiten
Dictes moy ou, n'en quel pays,	
Est Flora la belle Rommaine,	
Archipiades, ne Thaïs,	
Qui fut sa cousine germaine;	
Echo parlant quant bruyt on maine	
Dessus riviere ou sus estan,	
Qui beaulté ot trop plus qu'humaine.	
Mais ou sont les neiges d'antan?	Wo ist der Schnee vom vergangenen Jahr?
Ou est la tres sage Helloïs,	
Pour qui fut chastré et puis moyne	
Pierre Esbaillart a Saint Denis?	
Pour son amour ot ceste essoyne.	
Semblablement, ou est la royne	
Qui commanda que Buridan	
Fust geté en ung sac en Saine?	
Mais ou sont les neiges d'antan?	Wo ist der Schnee vom vergangenen Jahr?
La royne Blanche comme lis	
Qui chantoit a voix de seraine,	
Berte au grant pié, Bietris, Alis,	
Haremburgis qui tint le Maine,	
Et Jehanne la bonne Lorraine	
Qu' Englois brulerent a Rouan;	
Ou sont ilz, ou, Vierge souvraine?	
Mais ou sont les neiges d'antan?	Wo ist der Schnee vom vergangenen Jahr?
Envoi	Geleit:
Prince, n'enquerez de sepmaine	Fürst, fragt nicht, wo sie geblieben,
Ou elles sont, ne de cest an,	Weder jetzt noch übers Jahr!
Qu'a ce reffrain ne vous remaine:	Hört den Kehrreim, den ich geschrieben:
Mais ou sont les neiges d'antan?	Wo ist der Schnee vom vergangenen Jahr?

(Übersetzung von WALTER WIDMER)

In Spanien

1. Romanze

Romanze (span. romance von lat. romanice cantare, d.h. in der *Volkssprache* singen statt im Schriftlatein) bezeichnet ein *Erzähllied,* Darstellung einer kleinen abenteuerlichen Geschichte in Form eines *Liedes.* In der Regel heiterer (meist versöhnlicher Ausgang) und gelöster als die Ballade: romanisches Gegenstück der germanischen Ballade. Romanze galt in Spanien im 16./17.Jh. als hohe Kunstgattung; z.B. die *Ritterromanze* (GÓNGORA, LOPE DE VEGA u.a.):

> Meereszauber
>
> Solch ein Glück sollt mir begegnen,
> wie's der Graf Arnaldos fand:
> Früh am Tage Sankt Johannis
> kam's vom hohen Meer an's Land.
>
> Jagen ging er da und hatte
> seinen Falken auf der Hand
> und erblickt ein stattlich Schiff,
> das sich näherte dem Land.
>
> Segel hatte es aus Seide,
> Takelwerk von feinstem Band,
> und der Hauptmann, dem's gehorchte,
> sang ein Lied, von dem gebannt
> Wind und Wellen stille wurden
> und das Segel sich entspannt, —
> und die Fischlein kommen alle
> aus der Tiefe hergewandt,
> und die Vögel finden flatternd
> auf dem Mastbaum ihren Stand. —
>
> Hört, wie nun der Graf Arnaldos
> redete den Schiffer an:
> Schiffsmann, laß bei Gott dich bitten,
> lehr mich deinen Hochgesang!
>
> Was der Schiffer drauf erwidert?
> Hört euch seine Antwort an:
> Dieses Lied sag ich nur dem,
> der mit mir die Fahrt begann!
>
> (Spanische mittelalterliche Romanze, dt. von KARL VOSSLER)

In dt. Dichtung eingeführt durch GLEIM und bes. gepflegt von HERDER und den Romantikern (z.B. von BRENTANO, TIECK, FOUQUÉ, EICHENDORFF, UHLAND).

Formal ist die Romanze ein fallender Achtsilbler, ungereimt, nur assonierend, in Deutschland meist nachgeahmt als fallende Vierheber; von HERDER im „Cid" angewendet. BRENTANO übernahm Assonanz als Regel, dichtete bedeutendstes Werk in dieser Form, den fragmentarischen Zyklus „Romanzen vom Rosenkranz" (1804/1812, erst 1852 in Bd. 3 der Gesammelten Schriften veröffentlicht). Diese formalen Kennzeichen des Metrums und der Assonanz in Nachahmung der span.

Romanze lassen Abgrenzung gegenüber Ballade und balladenartigen Gedichten zu. Im Sprachgebrauch der Zeit vom „Sturm und Drang" bis in die Nachromantik werden die Bezeichnungen Ballade und Romanze jedoch sinnverwandt gebraucht.

> BÜRGER: „Ich habe eine herrliche Romanzengeschichte aus einer uralten Ballade aufgestört" (gemeint ist die Volksballade vom „Totenritt", das Vorbild für die „Lenore", ↪ Kunstballade).

SCHILLER nannte sein Gedicht „Der Kampf mit dem Drachen" eine Romanze, was nicht nach der Form, sondern vom Motiv und Hintergrund her zutreffend ist.

Mitte des 19. Jhs. Absinken der Romanzenform, Benutzung für parodistische Zwecke. Bspe: HEINES literatursatirisches Epos Atta Troll. Ein Sommernachtstraum, 1843; IMMERMANN, Tulifäntchen, 1830. HEINES Gedichtsammlung Romanzero, 1851, nur noch in einigen Teilen romanzenstilecht, dafür das Bsp. Don Ramiro ↪ S. 74 sowie

> Der Asra
>
> Täglich ging die wunderschöne
> Sultanstochter auf und nieder
> Um die Abendzeit am Springbrunn,
> Wo die weißen Wasser plätschern.
>
> Täglich stand der junge Sklave
> Um die Abendzeit am Springbrunn,
> Wo die weißen Wasser plätschern;
> Täglich ward er bleich und bleicher.
>
> Eines Abends trat die Fürstin
> Auf ihn zu mit raschen Worten:
> Deinen Namen will ich wissen,
> Deine Heimat, deine Sippschaft!
>
> Und der Sklave sprach: Ich heiße
> Mohamet, ich bin aus Yemmen,
> Und mein Stamm sind jene Asra,
> Welche sterben, wenn sie lieben.   (HEINE)

2. Glosse

Bezeichnung Glosse (gr. glossa oder glotta Zunge, Sprache) hat im Dt. mehrfache Bedeutung; hier Name einer Gedichtform, die einen in der ersten Strophe, dem *Thema,* gegebenen Gedanken in ebensoviel Strophen (gewöhnlich Dezimen) entwickelt (glossiert), als das Thema Verse enthält, so daß am Ende jeder Strophe ein Vers des Themas wiederkehrt. Stets *zwei* Verfasser: Thema-Dichter und Glossator. Intellektuell reflektierte Gesellschaftsdichtung (zu den zwei Verfassern kommt noch der dritte: der Empfänger).

Typisch *spanische* Dichtungsform der Mitte des 15. bis Ende des 17. Jhs. — In dt. Romantik nachgeahmt, z. B. von FRIEDRICH SCHLEGEL und UHLAND auf die GOETHEschen Vierzeiler „Eines schickt sich nicht für alle" (Bsp. der ersten Strophe ↪ Dezime), von UHLAND auf TIECKS „Süße Liebe denkt in Tönen" und „Mondbeglänzte Zaubernacht", später auch von LILIENCRON.

Raum für Zusätze

Süße Liebe denkt in Tönen,
Denn Gedanken stehn zu fern,
Nur in Tönen mag sie gern
Alles, was sie will, verschönen. (TIECK)

★

Schönste! du hast mir befohlen,	a
Dieses Thema zu glossieren;	b
Doch ich sag' es unverhohlen:	a
Dieses heißt die Zeit verlieren,	b
Und ich sitze wie auf Kohlen.	a
Liebtet ihr nicht, stolze Schönen!	c
Selbst die Logik zu verhöhnen	c
Würd' ich zu beweisen wagen,	d
Daß es Unsinn ist, zu sagen:	d
Süße Liebe denkt in Tönen.	c

Zwar versteh' ich wohl das Schema
Dieser abgeschmackten Glossen,
Aber solch verzwicktes Thema,
Solche rätselhafte Possen
Sind ein gordisches Problema.
Dennoch macht' ich dir, mein Stern!
Diese Freude gar zu gern.
Hoffnungslos reib' ich die Hände,
Nimmer bring' ich es zu Ende,
Denn Gedanken stehn zu fern.

Laß, mein Kind, die span'sche Mode!
Laß die fremden Triolette!
Laß die welsche Klangmethode
Der Kanzonen und Sonette!
Bleib bei deiner sapph'schen Ode!
Bleib der Aftermuse fern
Der romantisch süßen Herrn!
Duftig schwebeln, luftig tänzeln
Nur in Reimchen, Assonänzeln,
Nur in Tönen mag sie gern.

Nicht in Tönen solcher Glossen
Kann die Poesie sich zeigen;
In antiken Verskolossen
Stampft sie besser ihren Reigen
Mit Spondeen und Molossen.
Nur im Hammerschlag und Dröhnen
Deutschhellenischer Kamönen
Kann sie selbst die alten, kranken,
Allerhäßlichsten Gedanken,
Alles, was sie will, verschönen.

(UHLAND)

Reimschema: abab ac cddc (nur im ersten Quartett leicht verändert) = Décima espinela (→ Dezime).

In Italien

1. Villanella

Kunstlied im „bäuerlichen" Stil (ital.; oder Villanelle, frz.; ital. villano, mlat. villanus bäurisch, ländlich); Ende des 15. Jhs. in Italien beliebte Form eines ländlichen, den Volkston nachahmenden Liedes. — Struktur anfangs unfest, dann setzte sich dreizeilige Strophe durch mit zwei Reimen im wechselnden Reimschema, wobei erste oder letzte Zeile des ersten Terzetts als Refrainzeile der folgenden Terzette erscheint. In Frankreich in komplizierter Form vertreten durch PASSERAT (1534 bis 1602). In Deutschland eingeführt durch den Musikdichter REGNART: „Kurtzweilige Teutsche Lieder, zu dreyen Stimmen, nach Art der neapolitanen oder welschen Villanellen", 1576, erweitert 1580 und 1591:

> Nun sih ich mich an dir endlich gerochen /
> Darumb dein leid ich gar wol günne dir /
> Das rad geht vmb / vor war die klag an mir.
>
> Du hast dein trew an mir schendlich gebrochen /
> Solch wancklmuth ist nit Jungfrawen zier /
> Das rad geht vmb / vor war die klag an mir.
>
> In vnser lieb hastu ein loch gestochen /
> Es ist schon auß / was trawrstu lang darfür /
> Das rad geht vmb / vor war die klag an mir.
>
> Thu was du wilt / magst weinen oder bochen /
> Es gilt mir gleich / ich leg dirs auff die wag /
> Das rad geht vmb / wiltu jetzund so klag.   (REGNART)

2. Ritornell

Ritornell (von ital. ritornello aus ritornare = frz. retourner wiederkehren) ist die zum Gedicht fester Bauart gewordene Sonderform der (→) Terzine in Art eines alleinstehenden Epigramms. In der ital. Volksdichtung eine Form kleiner, dreizeiliger Volkslieder nach dem *Reimschema aba,* wobei der erste Vers in der Regel nur ein kurzer Ein- oder Zweitakter ist. Diese Bedingung muß bei Versuchen dt. Nachdichtung erfüllen werden, da sonst keine Ritornelle entstehen, sondern epigrammatische Terzinen mit drei gleichgebauten Versen. Formreine Ritornelle bes. bei RÜCKERT und auch bei STORM. Bei WEINHEBER als Strophengedicht.

> Blüte der Mandeln!
> Du fliegst dem Lenz voraus und streust im Winde
> Dich auf die Pfade, wo sein Fuß soll wandeln.
>   (RÜCKERT)

★

> Muskathyazinthen!
> Ihr blühtet einst in Urgroßmutters Garten;
> Das war ein Platz, weltfern, weit, weit dahinten.
>   (STORM)

Raum für Zusätze

3. Sonett

Das Sonett (ital. sonetto kleiner Tonsatz von lat. sonare klingen) ist ein Reimgedicht von vierzehn meist fünffüßigen (jambischen) steigenden Versen, die in zwei vierzeilige Strophen (Quartette) und zwei dreizeilige (Terzette) eingeteilt sind, mit variierender Reimverschränkung. Italienische Schöpfung mit erstem Höhepunkt in der Renaissance. Meister: PETRARCA (1304—1374).

Walter Mönch (39) unterscheidet drei verschiedene *Grundtypen* des Sonetts:

Italien *(Petrarca-Typ)*

Alternierender Oktavbau und zwei Sextettordnungen
 abab / abab / cdc / dcd
 abab / abab / cde / cde

Umschlingender Oktavreim und zwei Sextettordnungen
 abba / abba / cdc / dcd
 abba / abba / cde / cde

Frankreich *(Ronsard-Typ)*

Umschlingender Oktavreim und zwei Sextettordnungen
 abba / abba / ccd / eed
 abba / abba / ccd / ede

England *(Shakespeare-Typ)*

Drei alternierend reimende Quartette und ein Reimpaar
 abab / cdcd / efef / gg

Bsp. für Petrarca-Typ nach dem Schema: abba abba cde dce (mit variierter Terzettenreimordnung; die häufigsten Reimfolgen in den Terzetten sind der Terzinenreim [cdc/dcd] und der Dreierreim [cde/cde]):

Das Sonett

Zwei Reime heiß' ich viermal kehren wieder	a
Und stelle sie, geteilt, in gleiche Reihen,	b
Daß hier und dort zwei, eingefaßt von zweien,	b
Im Doppelchore schweben auf und nieder.	a
Dann schlingt des Gleichlauts Kette durch zwei Glieder	a
Sich freier wechselnd, jegliches von dreien.	b
In solcher Ordnung, solcher Zahl gedeihen	b
Die zartesten und stolzesten der Lieder.	a
Den werd ich nie mit meinen Zeilen kränzen,	c
Dem eitle Spielerei mein Wesen dünkt	d
Und Eigensinn die künstlichen Gesetze.	e
Doch wem in mir geheimer Zauber winkt,	d
Dem leih' ich Hoheit, Füll' in engen Grenzen	c
Und reines Ebenmaß der Gegensätze.	e

(AUGUST WILHELM SCHLEGEL)

Das *englische Sonett* kennt als Abschluß kein Terzett mehr, sondern in Nachwirkung der Taktweise CHAUCERs ein Reimpaar; also *drei* Quartette mit Kreuzreim und ein Reimpaar.

Raum für Zusätze

Bsp. für Shakespeare-Sonett nach dem Schema: abab cdcd efef gg:

Mein Alter glaub' ich meinem Spiegel nicht,	a
Solange deine Jugend mich noch blendet;	b
Doch zeigt mir Furchen einst auch mein Gesicht,	a
Dann glaub ich fest, daß bald mein Leben endet.	b
Denn alle Schönheit, wie sie lebt in dir,	c
Deckt nur mein Herz mit reiner Hülle zu,	d
Das ganz in dir so lebt, wie deins in mir,	c
Wie könnt' ich denn wohl älter sein als du?	d
O darum, Liebe, sei' auf dich so achtsam,	e
Wie ich für mich nicht, doch für dich sein werde,	f
Dein Herz so hütend, wie treu und bedachtsam	e
Die Amm' ihr Kindlein, daß es nichts gefährde.	f
Zähl auf dein Herz nicht mehr, wenn meines bricht,	g
Zum Wiedergeben gabst du deins mir nicht!	g

(SHAKESPEARE, Sonett 22)

In dt. Dichtung kam das Sonett in romanischer Form im 16. Jh., dann sehr verbreitet im 17. Jh. (GRYPHIUS), hier mit dem *Alexandriner* als Vers.

Bsp. für Ronsard-Typ nach dem Schema: abba abba ccd eed:

Es ist alles eitel

Du siehst, wohin du siehst, nur Eitelkeit auf Erden.	a
Was dieser heute baut, reißt jener morgen ein,	b
Wo itzund Städte stehn, wird eine Wiesen sein,	b
auf der ein Schäferskind wird spielen mit der Herden.	a
Was itzund prächtig blüht, soll bald zutreten werden.	a
Was itzt so pocht und trotzt, ist morgen Asch und Bein;	b
nichts ist, das ewig sei, kein Erz, kein Marmorstein.	b
Itzt lacht das Glück uns an, bald donnern die Beschwerden.	a
Der hohen Taten Ruhm muß wie ein Traum vergehn.	c
Soll denn das Spiel der Zeit, der leichte Mensch, bestehn?	c
Ach, was ist alles dies, was wir vor köstlich achten,	d
als schlechte Nichtigkeit, als Schatten, Staub und Wind,	e
als eine Wiesenblum, die man nicht wiederfind't!	e
Noch will, was ewig ist, kein einig Mensch betrachten.	d

(GRYPHIUS)

Im 18. Jh. wurde Sonett fast völlig gemieden, tauchte in der Romantik wieder auf (GOETHE, A.W. SCHLEGEL, RÜCKERT, PLATEN: Venetianische Sonette) und blieb bis in unsere Zeit wegen seiner strengen Form und seines antithetischen Baus die Idealform des Kunstgedichtes (RILKE: Sonette an Orpheus, RUDOLF HAGELSTANGE, ALBRECHT HAUSHOFER: Moabiter Sonette, REINHOLD SCHNEIDER, WEINHEBER).

Raum für Zusätze   Modernes *Bsp. für Petrarca-Typ* mit Schema: abba abba cde cde:

Allein den Betern kann es noch gelingen,	a
Das Schwert ob unsern Häuptern aufzuhalten	b
Und diese Welt den richtenden Gewalten	b
Durch ein geheiligt Leben abzuringen.	a
Denn Täter werden nie den Himmel zwingen:	a
Was sie vereinen, wird sich wieder spalten,	b
Was sie erneuern, über Nacht veralten,	b
Und was sie stiften, Not und Unheil bringen.	a
Jetzt ist die Zeit, da sich das Heil verbirgt,	c
Und Menschenhochmut auf dem Markte feiert,	d
Indem im Dom die Beter sich verhüllen,	e
Bis Gott aus unsern Opfern Segen wirkt,	c
Und in den Tiefen, die kein Aug entschleiert,	d
Die trocknen Brunnen sich mit Leben füllen.	e
(REINHOLD SCHNEIDER)	

Sonettenkranz besteht aus 15 Sonetten. Schlußvers des ersten Sonetts ist Anfangsvers des zweiten u. s. f. Das 15. sog. Meistersonett setzt sich aus den Anfangsversen der 14 vorangegangenen zusammen. In neuerer Zeit u. a. versucht von WEINHEBER.

4. Sestine

Hier gemeint als *Gedichtform* (als Strophenform ↪ S. 105); von dem prov. Dichter ARNAUT DANIEL (dichtete zwischen 1180 und 1210) erfunden. Sechs sechszeilige Strophen und eine dreizeilige Schlußstrophe mit sehr künstlicher Reimfolge. In Frankreich seit PONTUS DE TYARD (16. Jh.) gereimt, vorher reimlos. *Reimschema* der ersten Strophe: *abc, abc,* also drei Reime mit sechs Reimwörtern. Nur diese Reimwörter treten in folgenden fünf Strophen auf, und zwar so, daß von jeder neuentstandenen Strophe in regelmäßiger Folge das Reimwort einmal von unten und dann von oben genommen wird. Schlußstrophe (dreizeilig) enthält noch einmal alle sechs Reimwörter, und zwar in der Mitte und am Ende der Verse in derselben Reihenfolge wie in der ersten Strophe.

In dt. Dichtung nachgeahmt von WECKHERLIN (von ihm „Sechster" genannt: die ersten regelmäßigen Sestinen in dt. Lyrik) und anderen Barockdichtern, dann vereinzelt in der Romantik und Nachromantik, hat sich aber selbst hier als zu „gekünstelt" nicht durchgesetzt.

Sechster
Über meiner Myrten Tod

Ach weh! So überschwer ist nunmehr mein verdruß,	a	1
So gar ohn liecht und trost ist meines hertzens Nacht,	b	2
Und mit so stehtem lauf vergieß ich meine Thränen,	c	3
Daß sinckend tieffer stehts in meinem zeher-fluß	a	4
Durch meines schweren leyds und fünstern leydens macht	b	5
Nichts dan der Tod allein kan und muß alles krönen.	c	6

Demnach der schnöde Tod mich leyder! kont entkrönen	6	Raum für Zusätze
So lieb ich nichts dan leyd, und will nichts dan verdruß:	1	
Ja, daß die gantze welt seh meines schmertzens Macht	5	
So haß ich alle Ruh, und lauf umb tag und nacht,	2	
Dan in den dicken wald, und dan zu einem fluß,	4	
Welchen ich bald vermehr mit regen-reichen thränen.	3	
Befind ich mich dan schier erdruncken in den Thränen,	3	
Und daß ein kurtzer schlaf will meine augen krönen,	6	
Dazu dan ihr getöß verleyen Wald und Fluß,	4	
So stillet Er doch nicht mein ellend noch verdruß,	1	
Sondern durch den betrug der Träumen und der Nacht	2	
Verbittert Er noch mehr stracks meines schmertzens Macht.	5	
Daher empfindlicher wirt meiner Trübsal macht	5	
Die zwar befürdern wolt durch den sturm meiner Thränen	3	
Nein unentfliehlichen Schifbruch in finstrer Nacht:	2	
Doch kan mich mein unglick noch mit dem Tod nicht krönen,	6	
Weil ein und andrer freind geflissen, ohn verdruß	1	
Mit aller kunst und gunst wolt drücknen des Leyds Fluß.	4	
Wan ich alßdan bedenck der frewden überfluß,	4	
Wan ich zu hertzen führ der schönsten schönheit macht,	5	
Den lieblichen lusts zwang, süß-sawren lieb-verdruß,	1	
Und den sawr-süssen glimpf der lächlend-schönen Thränen,	3	
Wan prächtig Amor mich mit Myrten pflag zu krönen,	6	
Daß ich (Ach! daß ich!) war glickseelig tag und nacht:	2	
Ach! daß ich (sprich ich dan) in ewiger trawr-nacht	2	
Noch mehr auch drincken möcht auß der vergessung fluß,	4	
Und meiner Lieb verlust mit mehrerm verlust krönen!	6	
Ach! wär doch numehr gleich des Leyds krafft der Lieb macht!	5	
Ach! wär doch numehr voll das wilde Meer der Thränen!	3	
Die unerschöpflich nu vergiesset mein Verdruß!	1	

Alßdan solt mein verdruß mich bald nach diser nacht 1+2 ⎫ entspr.
Auß der Lieb über-fluß widrumb mit frewden-thränen 4+3 ⎬ 1. Stro-
Durch des Tods kurtze macht mit Myrten ewig krönen 5+6 ⎭ phe

(WECKHERLIN)

5. Madrigal

Als Wurzelwort („Etymon", vgl. Etymologie) heute meist „materialis" angenommen, zu „madriale": einfacher Wortgebrauch und ländliches Motiv; also Gedicht volkstümlichen Ursprungs, seit PETRARCA Kunstlied. Kurzes Gedicht aus zwei oder drei Terzetten von Elfsilbern mit ein oder zwei Reimpaaren als Abschluß.

Schema dieses klassischen Typs: abb cdd ee ff.

Später Aufgabe der Terzette, unter Elfsilber mischen sich Siebensilbler, schließlich wurde Madrigal zum Inbegriff der *metrisch freien Form:* es kombiniert verschieden lange Verse (also freie Taktzahl) mit einheitlichem oder wechselndem Metrum, mit beliebigem Reim (auch Waisen) und wechselndem Umfang, nicht weniger als fünf (in der Regel), nicht mehr als fünfzehn Zeilen.

Raum für Zusätze In romanischer Dichtung als Gegenspiel straffer, geschlossener Formen sehr beliebt, kam mit ital. Musik nach Deutschland, doch bezeichnete im 16.Jh. der Name Madrigal eine musikalische Gattung (nicht eine Dichtungsform): die kunstmäßige, mehrstimmige Musizierung eines beliebigen kurzen Textes. Erst CASPAR ZIEGLER gab eine für die Wortdichtung geltende Beschreibung mit Bspen heraus: „Von den Madrigalen", 1653. Schon hier, stärker noch in der Folgezeit, bes. in Frankreich, führte Neigung zur Schlußpointe das Madrigal in Nähe des Epigramms. Wiederaufnahme der leichteren, lyrischen Form in der Anakreontik, Klassik und Romantik.

	Reim	Silben	Schluß
Was bistu Galathee?	a	6	m
Ich muss es endlich wissen /	b	7	w
Die Wangen sehn wie Rosen und Narcissen,	b	11	w
Das Hertz wie Eis und Schnee /	a	6	m
Was machst du denn vor eine Gäukeley?	c	10	m
Du bist der Jenner und der May.	c	8	m
(CASPAR ZIEGLER)			

★

Über allen Gipfeln	a	6	w
Ist Ruh,	b	2	m
In allen Wipfeln	a	5	w
Spürest du	b	3	m
Kaum einen Hauch;	c	4	m
Die Vögelein schweigen im Walde.	d	9	w
Warte nur, balde	d	5	w
Ruhest du auch. (GOETHE)	c	4	m

III. ANTIKE FORMEN

1. Ode

Name galt in gr. Dichtung allgemein für Lied und Gesang (gr. ōde zusammengezogen aus aoide von aeidein singen), wurde *nach* HORAZ (dieser nannte seine später als *Horazische* „*Oden*" bezeichneten Dichtungen carmina) auf röm. Lyrik übertragen, trat in Deutschland zuerst im Humanismus auf in lat. Sprache mit CELTES, Libri Odarum quatuor, 1513, in dt. Sprache mit WECKHERLIN, Oden und Gesänge, 1618/19.

Unterschied zum Lied: Ursprünglich wie beim Lied strophische Gliederung, wenn auch in der Regel ohne Reimbindung, jedoch sprachlich *anspruchsvollere Stilhöhe* und *strengere Form*. Größe und Würde der ergriffenen Themen (Liebe, Freundschaft, Natur, Vaterland, Welt, Gott) verlangen Gehobenheit der Sprache und als Bindung für die pathetische Aussage den festen metrischen Rahmen. Ohne diesen ist Abgrenzung gegen die Hymne nicht möglich. Freirhythmische Gebilde gehören daher nicht zur Kunstform der Ode (auch nicht, wenn so benannt, z.B. von GOETHE: Drei Oden an meinen Freund Behrisch).

Bspe antiker Odenmaße → antike Strophenformen.

2. Pindarische Ode   Raum für Zusätze

Wesentliches Kennzeichen ist *triadischer Bau:* Strophe, Gegenstrophe, Nachstrophe. Bei WECKHERLIN: Strophe, Antistrophe und Epode, ebenso bei OPITZ (mit gr. Buchstaben), bei GRYPHIUS Satz, Gegensatz, Zusatz. — RONSARD führte neben horazischer auch pindarische Ode in frz. Dichtung ein, daher die dt. Gebilde zunächst streng nach frz. Muster gebaut. Alle Strophen und Antistrophen haben unter sich und ebenso alle Epoden dieselbe Form; Verszahl der ersteren zwischen 12 und 16, der letzteren zwischen 10 und 14. In der Regel ist Epode kürzer, außerdem tritt meistens Wechsel im Rhythmus ein: steigende Vierheber gegen fallende. WECKHERLINS pindarische Oden inhaltlich gekennzeichnet durch höfischen Preischarakter (Fürstenlob); OPITZ schrieb nur zwei pindarische Oden, rechnete beide, ebenso wie die Ode im allgemeinen, zum „Lied", zeigte wenig Vorliebe für diese Form. Große (wenn auch die letzte) Erfüllung dieser Form in den pindarischen Oden von GRYPHIUS:

Satz

Reiß erde! reiß entzwey! Ihr Berge brecht vnd decket
Den gantz verzagten Geist.
Den Blitz vnd ach vnd noth/vnd angst/vnd weh' erschrecket!
Vnd herbe wehmutt beist!
Ihr jmmer-lichten stätter Himmel Lichter!
Ach bescheinet meine glieder! ach bescheint die glieder nicht!
Die der Donnerkeil der schmertzen/die die krafft der Angst zubricht/
GOTT/gutter GOTT! nur mir/zu strenger Richter!
Was lässet mich dein grimm nicht sehen!
Was hör ich nicht für spott vnd schmähen?
Sind die augen mir verliehen
Daß ich nichts als herbe plagen/nichts als Marter schawen soll?
Täglich rufft man mir die Ohren/ja die matte Seele voll!
Kan ich! kan ich nicht entfliehen!
Kan die Hell-besternte Nacht! kan mich nicht die Sonn' erquicken:
Sol mich jede Morgenrött' jede Abendstunde drücken:

Gegensatz

Der dicke Nebel bricht in welchen sich verhüllet
Der alles hebt vnd hält,
Der aller scharffe pein vnd herbe thränen stillet/
Der Schöpffer dieser welt.
Er wendet sich vnd hört nach meinem wimmern/
Vnd bläßt mein erstarte Leichen mit ernewtem Leben an:
Daß ich/der ich schon erstummet/ihn mit jauchtzen dancken kan/
Ich spür'vmb mich sein edle Wächter schimmern.
Versteckt mich in deß abgrunds gründe,
Vnd wo ich kaum mich selber finde/
Ja in mittelpunct der Erden.
Er wird mich auß dieser Tieffen/aus der vnerschöpfften klufft,
Auß der Hellen hell' erretten, mir soll aller grüffte grufft
Noch zum ehren Schawplatz werden.
Jagt mich, wo die welt auffhört/wo die kalten lüffte ringen:
Wo das heisse Landt verbrennt, GOTT der wird mich wider bringen.

Raum für Zusätze

Zusatz

Der/der vns schützt' in noth/
Erweist an mir die Allmacht seiner Ehren!
Mein ach! mein Todt ist todt.
Er müsse diß was etwas anhört/hören.
Den/den was athem holt/veracht/
Schmückt er mit seiner Gütte pracht!
Der/der mir vor den Rucken wandte:
Der mich in seinem grim verbannte:
Kehret mir den süssen Mund/vnd die lieben Augen zu
Er erquickt mein Hertz mit trost vnd verspricht mir stille Ruh.
Keine pein ist dem ergetzen
Das ich fühle gleich zu schätzen. (GRYPHIUS)

3. Elegie

Urspr. jedes im Elegeion (gr. elegeion = elegisches Versmaß = distische Dichtung ↪ Distichon) abgefaßte Gedicht; im gr. Altertum ein lyr.-ep. Gedicht aus Distichen (Verbindung von Hexameter und Pentameter).
Nur von diesem *formalen* Gesichtspunkt her, d.h. in bezug auf das Versmaß, ist GOETHES Titel „Römische Elegien" zu verstehen (die vom Inhaltlichen her eher als „Idyllen" zu bezeichnen wären).
Im engeren Sinne wird mit Elegie eine *gehaltliche* Bestimmung verknüpft: *Trauer*- oder *Klagegedicht*. Bsp.: GOETHES Marienbader Elegie (2. Teil der „Trilogie der Leidenschaft"), ohne elegisches Versmaß.
SCHILLER („Über naive und sentimentalische Dichtung") versuchte theoretische Bestimmung elegischer Dichtung, grenzte diese gegen Idylle und Satire ab.
Seine eigenen Elegien (in wechselndem Versmaß, teils in Reimstrophen wie „Die Götter Griechenlands" und „Das Ideal und das Leben", teils in Distichen wie „Der Spaziergang" und „Nänie") klagen nicht nur um ein verlorenes, einzelnes Glück, sondern um ein entschwundenes und dem allgemeinen Leben verlorengegangenes Ideal, das dennoch aus der Idee wiederhergestellt werden kann: keine weichliche Form der Trauer, sondern eine Trauer, die nur die Kehrseite der Begeisterung für das Ideal ist, z.B. Schluß des „Spaziergangs": „Und die Sonne Homers, siehe! sie lächelt auch uns."

Nänie

Auch das Schöne muß sterben! Das Menschen und Götter bezwinget,
Nicht die eherne Brust rührt es des stygischen Zeus.
Einmal nur erweichte die Liebe den Schattenbeherrscher,
Und an der Schwelle noch, streng, rief er zurück sein Geschenk.
Nicht stillt Aphrodite dem schönen Knaben die Wunde,
Die in den zierlichen Leib grausam der Eber geritzt.
Nicht errettet den göttlichen Held die unsterbliche Mutter,
Wann er, am skäischen Tor fallend, sein Schicksal erfüllt.
Aber sie steigt aus dem Meer mit allen Töchtern des Nereus,
Und die Klage hebt an um den verherrlichten Sohn.
Siehe, da weinen die Götter, es weinen die Göttinnen alle,
Daß das Schöne vergeht, daß das Vollkommene stirbt.
Auch ein Klaglied zu sein im Mund der Geliebten, ist herrlich;
Denn das Gemeine geht klanglos zum Orkus hinab. (SCHILLER)

Einen Höhepunkt erreicht die Elegie in der Dichtung HÖLDERLINS;
Form und Gehalt decken sich in

Menons Klage um Diotima

Täglich geh' ich heraus und such' ein Anderes immer,
Habe längst sie befragt, alle die Pfade des Lands;
Droben die kühlenden Höhn, die Schatten alle besuch' ich,
Und die Quellen; hinauf irret der Geist und hinab,
Ruh' erbittend; so flieht das getroffene Wild in die Wälder,
Wo es um Mittag sonst sicher im Dunkel geruht;
Aber nimmer erquickt sein grünes Lager das Herz ihm,
Jammernd und schlummerlos treibt es der Stachel umher.
Nicht die Wärme des Lichts und nicht die Kühle der Nacht hilft,
Und in Wogen des Stroms taucht es die Wunden umsonst.
Und wie ihm vergebens die Erd' ihr fröhliches Heilkraut
Reicht, und das gärende Blut keiner der Zephire stillt,
So, ihr Lieben! auch mir, so will es scheinen, und niemand
Kann von der Stirne mir nehmen den traurigen Traum?

Bedeutendster Versuch in der neueren dt. Dichtung, die Form der Elegie wieder aufzunehmen, durch RILKE in den „Duineser Elegien" (1912—1922). Versmaß frei und wechselnd, nur die vierte und achte Elegie strenger gebaut (mit steigenden Fünftaktern). Von den zehn Elegien bilden die ersten fünf den eigentlichen elegischen Bereich, verbunden durch die einheitliche Stimmung hoher Trauer. In der zweiten Hälfte des Elegienwerks Umschwung von der Klage zum „Rühmen": Bewältigung des Leides. Todesbejahung *und* Daseinsbejahung sind aufeinander angewiesen und werden als wesenseins erfahren.

Bsp. aus der Gegenwartsdichtung (in „elegischem" Maß), zugleich als Bsp. „epigonaler" Gestaltung (epigonal im Sinne von Nachahmung unter Preisgabe des Niveaus):

Abschied nahmen wir wieder

Abschied nahmen wir wieder, doch brannte dein Bild meinem Herzen
Ein sich mit jedem Wort, das du mir scheidend gesagt.
Wisse, es gibt keinen Abschied, wo zwei von den Göttern gebunden.
Flamme in mir, sie bleibt ewig der deinen geeint.
Trennung, wo wäre sie denn? Du lebst mir wie nie noch im Blute.
Wirklichkeit war nur ein Traum. Träumend jetzt halt ich dich ganz.

(SCHÖNWIESE)

4. Hymne

Urspr. Kultgesang (gr. hymnos Lobgesang zu Ehren der Götter und Heroen, auch der Wettspielsieger [PINDAR]); der christliche lat. Hymnus gehört jedoch nicht hierher, weil er strophisch gegliedert, gereimt und daher Vorform für (→) Lied bzw. Gesang ist.

Hymne ist ohne feste formale und inhaltliche Kennzeichen; steht zwischen (→) Ode und (→) Dithyrambus, Abgrenzung nach beiden Seiten unscharf. Gefordert wird *Gehobenheit der Sprache* wie in der Ode, doch

Raum für Zusätze   im Ton schwungvoller, dagegen *unbeschränkt in der metrischen Form*. Erst mit KLOPSTOCK entstand in Deutschland Hymnendichtung im heutigen Sprachgebrauch.

Vorherrschend seit KLOPSTOCK und bes. im „Sturm und Drang": (→) *freie Rhythmen* (z. B. die Hymnen des jungen GOETHE: Wandrers Sturmlied; An Schwager Kronos; Ganymed; Mahomets Gesang). Daneben gibt es Hymnen in (→) *rhythmischer Prosa* (z. B. NOVALIS: Hymnen an die Nacht, 1. Fassung, und, in der amer. Literatur, WHITMAN: Leaves of Grass, 1855 und 1860) sowie *hymnische Strophen,* z. B. bei GEORGE. Auch in neuester Dichtung Hymnen, z. B. INGEBORG BACHMANN: An die Sonne.

Hymnen für die Erde (3)

Aus geh ich vom fischförmigen Paumanok, wo ich geboren bin,
Wohlgezeugt und erzogen von einer vollkommenen Mutter.
Nachdem ich manche Länder durchwandert, volkreichen Pflasters Freund,
Wohner in meiner Stadt Mannahatta, oder auf Savannen des Südens;
Oder ein Soldat im Lager, oder Tornister und Büchse tragend;
Oder ein Goldgräber in Kalifornien;
Oder ungesittet in meinem Heim in Dakotas Wäldern,
  Fleisch meine Kost, vom Quell mein Trank;
Oder verborgen, um zu sinnen und nachzudenken in einem tiefen Versteck,
Weit fern vom Geklirr des Gewühls hingerissen und glücklich in Zeiten;
Achtsam des frischen freien Schenkers, des hinfließenden Missuri,
  achtsam des mächtigen Niagara,
Achtsam der Büffelherden, abgrasend die Ebnen, des zottigen
  starkbrüstigen Bullen;
Nachdem ich Boden, Felsen, des fünften Monats Blühen gesehen,
  erfahren Sterne Regen, Schnee mein Erstaunen,
Der Spottdrossel Töne gelernt und des Bergfalken Flug,
Und an einem Abend die unvergleichliche Einsiedlerdrossel
  erlauscht auf der Sumpfzeder —:
Singe ich einsam im Westen und spiele auf für eine neue Welt.

(WALT WHITMAN, in der Übersetzung von FRANZ BLEI)

a) Sequenz (lat. versus sequentes neumata Verse, die den Notenzeichen folgen) ist mit der Hymne verwandt. Urspr. ein textloser Jubelgesang (pneuma jubili), der den melodisch gehaltenen Modulationen über den Schluß der Lobpreisung Gottes im Graduale der Messe folgte (Tropen in der 2. Bedeutung), wurde später mit freirhythmischen Texten (sog. *Prosen*) unterlegt. Sequenz entstand also aus bestimmten Formen des (→) Tropus.

5. Dithyrambe

Dithyrambe (oder Dithyrambos[bus]) nur schwer als eigene Form gegen die Hymne abzusetzen.

In der gr. Antike begeisterter, stürmischer, anfangs strophisch gegliederter, dann freirhythmischer Lobgesang auf Dithyrambos (Beiname des Weingottes Dionysos, lat. Bacchus): *Kultlied,* vom Chor im Reigen zur

Flöte gesungen, später hochgestimmte, lobpreisende Dichtung auch auf andere Gottheiten und Helden, schließlich allgemein: Gedicht in rauschhafter Ekstase, also Steigerung des Tons über den der Hymne hinaus.

In dt. Dichtung treffen die seit Mitte des 18.Jhs. als Dithyramben bezeichneten Versdichtungen selten diese geforderte Stillage, meistens sind es gereimte Lobgedichte nach dem Vorbild des Barock und der Aufklärung, so z.B. Lob des Weins in der Anakreontik (HAGEDORN: Der Wein); KLOPSTOCK wählte bewußt eine mittlere Lösung: „die zum Hymnischen drängende Ode" *(Karl Schleiden, 40)*, GOETHEs Sturm- und Dranghymne „Wandrers Sturmlied" steht dem freien pindarischen Dithyrambus am nächsten, SCHILLERs leicht angestrengte „Dithyrambe" (1796), mit Doppelsteigern als vorherrschenden rhythmischen Figur, gilt nicht Bacchus allein, sondern allen Göttern der Freude. Danach klang die Gattungsart aus. MÖRIKE kehrte zum strophisch gegliederten, gereimten Lobgedicht zurück („Die Herbstfeier").

Raum für Zusätze

Auf meine Freunde

Wie Hebe kühn, und jugendlich ungestüm,
Wie mit dem goldnen Köcher Latonens Sohn,   (Apollo)
 Unsterblich, sing ich meine Freunde,
  Feiernd in mächtigen Dithyramben.

Willst du zu Strophen werden, o Lied, oder
Ununterwürfig Pindars Gesängen gleich,
 Gleich Zeus erhabnen trunknen Sohne,   (Dionysos)
  Frei aus der schaffenden Seele taumeln?

(KLOPSTOCK, Anfangsstrophen)

*

Wandrers Sturmlied

....
Wenn die Räder rasseln
Rad an Rad, rasch ums Ziel weg
Hoch flog
Siegdurchglühter
Jünglinge Peitschenknall,
Und sich Staub wälzt'
Wie vom Gebürg herab
Kieselwetter ins Tal,
Glüht deine Seel' Gefahren, Pindar,
Mut. — Glühte —
Armes Herz —
Dort auf dem Hügel,
Himmlische Macht,
Nur so viel Glut,
Dort meine Hütte,
Dort hin zu waten.

(GOETHE, Schlußstrophe)

Raum für Zusätze

Dithyrambe

Nimmer, das glaubt mir, erscheinen die Götter,
Nimmer allein.
Kaum daß ich Bacchus, den Lustigen, habe,
Kommt auch schon Amor, der lächelnde Knabe.
Phöbus, der Herrliche, findet sich ein.
Sie nahen, sie kommen, die Himmlischen alle,
Mit Göttern erfüllt sich die irdische Halle.

Sagt, wie bewirt' ich, der Erdgeborne,
Himmlischen Chor?
Schenket mir euer unsterbliches Leben,
Götter? Was kann euch der Sterbliche geben?
Hebet zu eurem Olymp mich empor!
Die Freude, sie wohnt nur in Jupiters Saale;
O füllet mit Nektar, o reicht mir die Schale!

Reich ihm die Schale! Schenke dem Dichter,
Hebe, nur ein!
Netz' ihm die Augen mit himmlischem Taue,
Daß er den Styx, den verhaßten, nicht schaue,
Einer der Unsern sich dünke zu sein.
Sie rauschet, sie perlet, die himmlische Quelle,
Der Busen wird ruhig, das Auge wird helle.

(SCHILLER)

Überraschende Wiederaufnahme in jüngerer dt. Dichtung bei NIETZSCHE: Dionysos-Dithyramben, 1884/88. Hier allerdings völliger Ggs. zum antiken Kultlied: Mischung von ekstatischer Hochgestimmtheit mit Ironie, Witz und Satire in ganz frei behandelten, oft vom Vers in dichterische Prosa hinüberwechselnden Rhythmen. Nur in dem Gedicht „Klage der Ariadne" erscheint Dionysos, sonst sind es Rollengesänge des „höheren Menschen": „Dies sind die Lieder Zarathustras, welche er sich selber zusang, daß er seine letzte Einsamkeit ertrüge." Das vollendetste Gedicht in diesem Zyklus „Die Sonne sinkt" verdient eher den Namen Elegie.

Klage der Ariadne

....
O komm zurück,
   mein unbekannter Gott! Mein S c h m e r z ! mein letztes Glück!...

Ein Blitz. Dionysos wird in smaragdener Schönheit sichtbar

Dionysos:
Sei klug, Ariadne!...
Du hast kleine Ohren, du hast meine Ohren:
steck ein kluges Wort hinein! —
Muß man sich nicht erst hassen,
   wenn man sich lieben soll?...

Ich bin dein L a b y r i n t h...

(NIETZSCHE, Schluß)

Literatur Raum für Zusätze

Allgemeines

JOHANNES KLEIN, Geschichte der deutschen Lyrik 1957, 1960[2]
RUDOLF HALLER, Geschichte der deutschen Lyrik vom Ausgang des Mittelalters bis zu Goethes Tod, 1967
JULIUS WIEGAND, Abriß der lyrischen Technik, 1951
HUGO FRIEDRICH, Die Struktur der modernen Lyrik, 1956, rde 25—26a
GOTTFRIED BENN, Probleme der Lyrik, 1951, 1956[4]

Einzelformen

Die grundlegenden Arbeiten von MÜLLER (Lied), VIËTOR (Ode), BEISSNER (Elegie), WELTI und MÖNCH (Sonett) ↳ unter literaturgeschichtliche Richtungen der Gegenwart, stilgeschichtliche Gruppe. Außerdem:
KARL VOSSLER, Die Dichtungsformen der Romanen, 1951
GÜNTHER MÜLLER, Die Grundformen der deutschen Lyrik, in: Von deutscher Art in Sprache und Dichtung, V, 1941
ERICH SEEMANN und WALTER WIORA, Volkslied, in: Deutsche Philologie im Aufriß, Bd. II, 1954, 1960[2]
WOLFGANG SUPPAN, Volkslied. Seine Sammlung und Erforschung, 1966
BERT NAGEL, Meistersang, 1962
RUDOLF ALEXANDER SCHRÖDER, Dichter und Dichtung der Kirche, 1936; Die Kirche und ihr Lied, 1937
JOHANNES PFEIFFER, Dichtkunst und Kirchenlied, 1961
WOLFGANG KAYSER, Geschichte der deutschen Ballade, 1936, 1943[2] (kritisch benutzen!)
HEINZ PIONTEK, Neue deutsche Erzählgedichte, 1964
KARL RIHA, Moritat, Song, Bänkelsang. Zur Geschichte der modernen Ballade, 1965
WALTER HINCK, Die deutsche Ballade von Bürger bis Brecht. Kritik und Versuch einer Neuorientierung, 1968
OSWALD FLOECK, Die Kanzonen in der deutschen Dichtung, 1910
JOACHIM MÜLLER, Romanze und Ballade, 1959 (GRM 40)
KARL VOSSLER, Das deutsche Madrigal, 1898
ERNST BUSCH, Stiltypen der deutschen freirhythmischen Hymne, 1934
AUGUST CLOSS, Die freien Rhythmen in der deutschen Lyrik, 1947

Interpretationen

HEINZ OTTO BURGER (Hrsg.), Gedicht und Gedanke, 1942
RUPERT HIRSCHENAUER und ALBRECHT WEBER (Hrsg.), Wege zum Gedicht I, 1956; Wege zum Gedicht II, 1963 (Interpretationen von Balladen)
BENNO V. WIESE (Hrsg.), Die deutsche Lyrik. Interpretationen, 2 Bde, 1956
JOST SCHILLEMEIT (Hrsg.), Interpretationen, Bd. 1: Deutsche Lyrik von Weckherlin bis Benn, 1965, 1967[2] (Fischer Bücherei 695)
CLEMENS HESELHAUS, Deutsche Lyrik der Moderne von Nietzsche bis Yvan Goll, 1962[2]
HANS BENDER (Hrsg.), Mein Gedicht ist mein Messer. Lyriker zu ihren Gedichten, 1955
ECHTERMEYER, neugestaltet von BENNO VON WIESE (Hrsg.), Deutsche Gedichte, 1960 (mit Nachweis von Interpretationen zu den in der Anthologie enthaltenen Gedichten)

Raum für Zusätze **DIDAKTIK**

⑱

I. Gnomische Formen

1. Kurzformen	2. Vollformen	3. Rätsel
Sprichwort	Sinnspruch	a) Buchstabenrätsel
Sentenz	Sangspruch	b) Zahlenrätsel
Aphorismus	Priamel	c) Silbenrätsel
Maxime	Lehrgedicht	d) Worträtsel
Epigramm	Essay	e) Palindrom
		f) Akrostichon
		g) Anagramm
		h) Unlösbare Rätsel

II. Parabolische Formen

1. Beispielerzählung	2. Spruchgedicht	3. Fabel	4. Gleichnis	5. Parabel
				a) Biblische Parabel
				b) Didaktische Parabel
				c) Verrätselte Parabel
				d) Absurde Parabel

III. Satirische Formen

1. Satire	2. Parodie	3. Travestie
a) Witz	a) Artistische Parodie	
	b) Kritische Parodie	
	c) Agitatorische Parodie	

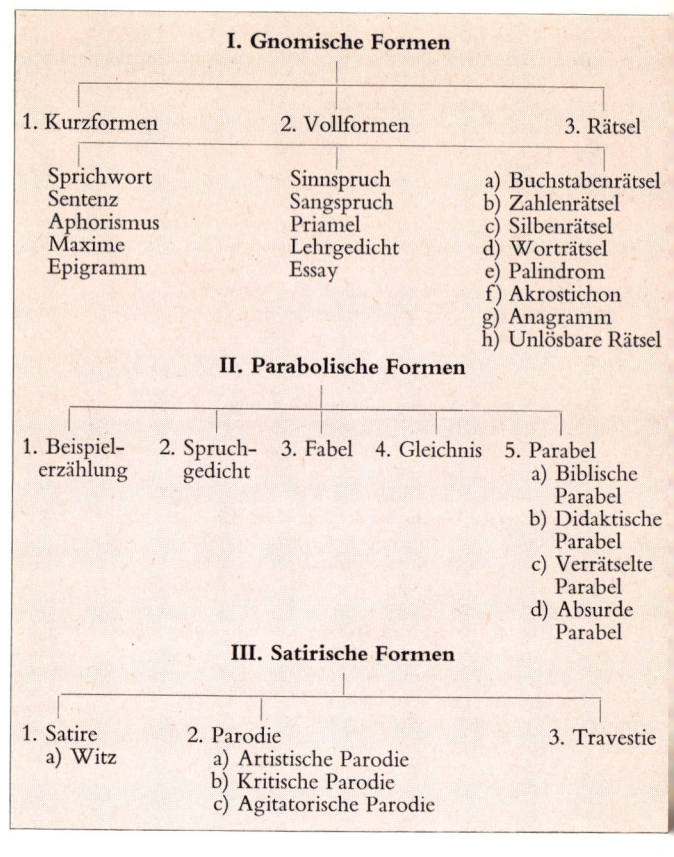

I. GNOMISCHE FORMEN

Denk- oder Weisheitssprüche (gr. gnomē Einsicht, Erkenntnis, Spruch) gnomische Dichtung = *Spruchdichtung*.

1. Kurzformen

1. Sprichwort

Sprichwort (Sprechspruch) formt volkstümliche Weisheit durch Einsatz rhythmisch klanglicher Mittel.

Bsp.: Haus ist kein Hase, das läuft nicht weg.

Verwandt mit (→) Sentenz; Weiterentwicklung zum *geflügelten Wort, Wahlspruch, Motto.* Die Sprüche Salomonis und das Buch Jesus Sirach im Alten Testament sind Gnomensammlungen.

2. Sentenz

Sinn- oder Denkspruch (lat. sententia Meinung, Gesinnung, Ausspruch) im dichterischen Kontext, leicht einprägsam auf Grund rhythmisch-klanglicher Merkmale.

Von Renaissance bis Klassik sehr geschätzt; vorzügliches Stilmittel SCHILLERs: gehaltlich von ethischer Tendenz, formal von rhetorischer Prägnanz. Umfang von knapper Schlagzeile („Ernst ist das Leben, heiter ist die Kunst", Prolog zu „Wallensteins Lager", Schlußzeile) bis zur breiter ausgesponnenen Rede. Tonerhöhend das vorangestellte grammatische Subjekt („Es liebt die Welt, das Strahlende zu schwärzen", Jungfrau von Orleans) oder die (→) Inversion, die den sinnbetonten Satzteil an den Anfang rückt: „Der Siege göttlichster ist das Vergeben" („Die Braut von Messina", I, 4).

„Darum lieben sie den herrlichen Schiller vorzüglich, weil sie seine sentenziöse, reflektierende Diktion in lauter Stammbuchstückchen zerknicken und verschlingen können." (CLEMENS BRENTANO)

★

    Er fühlt des edlen Landes Glück,
    Ihm eignet er sich an
    Und hat bis heute manchen Blick
    Hinüberwärts getan.
    Dem aber sei nun, wie's auch sei,
    Er wohnt in unsrem Schoß! —
    Die Erde wird durch Liebe frei,
    Durch Taten wird sie groß.
(GOETHE, Dem aus Amerika glücklichbereicherten Wiederkehrenden...,
        Schlußstrophe des 1. Logengedichtes)

Im dt. Realismus (z.B. von STORM) abgelehnt mit der Begründung: in einem vom Gefühl getragenen Gedicht stören geschliffene, rationale Formulierungen. Trotzdem von der Neuromantik (RILKE) bis zu BRECHT und den Neueren immer wieder als Stilmittel verwendet.

Herbsttag

Herr: es ist Zeit. Der Sommer war sehr groß.
Leg deinen Schatten auf die Sonnenuhren,
und auf den Fluren laß die Winde los.

Befiehl den letzten Früchten voll zu sein;
gib ihnen noch zwei südlichere Tage,
dränge sie zur Vollendung hin und jage
die letzte Süße in den schweren Wein.

Wer jetzt kein Haus hat, baut sich keines mehr.
Wer jetzt allein ist, wird es lange bleiben,
wird wachen, lesen, lange Briefe schreiben
und wird in den Alleen hin und her
unruhig wandern, wenn die Blätter treiben. (RILKE)

Raum für Zusätze **3. Aphorismus**

Unverbundener, gedrängter Prosasatz, knapp und gehaltvoll (gr. aphorízein abgrenzen). Im Ggs. zum (↪) Sprichwort kein Ausdruck allgemeiner Erfahrungen, im Ggs. zur (↪) Sentenz unverbunden und mit persönlicher Zuspitzung.

Kennzeichen sind Originalität, Kürze, Unverbundenheit; *bevorzugte Stilfiguren* u. a. (↪) Antithese, (↪) Parallelismus, (↪) Chiasmus, (↪) Paradoxon.

Als literarische Gattung aufgefaßt und ausgebildet im 16. Jh. in Deutschland, England und Frankreich (ERASMUS, BACON, MONTAIGNE). Blütezeit im 17. Jh. in *Spanien* (QUEVEDO; GRACIÁN, Oráculo manual y Arte de Prudencia [Handorakel und Kunst der Weltklugheit], 1647, dt. von SCHOPENHAUER unter dem Titel: Gracians Handorakel, 1864) und bes. bei den „Moralisten" in *Frankreich* (LA ROCHEFOUCAULD, Maximes et Réflexions, 1665; PASCAL, Pensées sur la religion, 1670; LA BRUYÈRE, Les Charactères, 1688); spätere Vertreter in Frankreich: VAUVENARGUES (Sentences et Maximes, 1747), CHAMFORT (Maximes et pensées, 1803), JOUBERT (Pensées, 1838), RIVAROL (Discours sur l'homme intellectuel et moral, 1797), VALÉRY (Rhumbs, 1926, Moralités, 1932).

> Der wahre Beweis, daß man mit großen Vorzügen geboren sei, ist, ohne Neid geboren zu sein.
> (LA ROCHEFOUCAULD)

In Deutschland: LICHTENBERG, Vermischte Schriften (9 Bde., 1800/06 posthum, darin „Bemerkungen vermischten Inhalts" = Aphorismen), ferner außer HEINSE, GOETHE, den Brüdern SCHLEGEL, HEINE bes. SCHOPENHAUER (Parerga und Paralipomena, 1851, daraus „Aphorismen zur Lebensweisheit") und NIETZSCHE (Menschliches-Allzumenschliches, 1878/86 u. a.); MARIE V. EBNER-ESCHENBACH (Aphorismen, 1880); RICHARD SCHAUKAL, KARL KRAUS, PETER ALTENBERG und ROBERT MUSIL (Tagebücher, Aphorismen, Essays, hrsg. 1955); WALTER BENJAMIN, Einbahnstraße, Aphorismen, 1928 (Bibl. Suhrkamp, Bd. 27).

> Die Menschen denken über die Vorfälle des Lebens nicht so verschieden, wie sie darüber sprechen.
> (LICHTENBERG)

*

> Der Gescheitere gibt nach! Eine traurige Wahrheit; sie begründet die Weltherrschaft der Dummheit.
> (MARIE V. EBNER-ESCHENBACH)

4. Maxime

Verhaltensregel, Richtschnur (lat. maxima, im Sinne von regula: höchste Regel, oberster Grundsatz), die eine Handlung bestimmende subjektive Regel, so gemeint in KANTs „Kategorischem Imperativ": „Handle so, daß die Maxime deines Willens jederzeit zugleich als Prinzip einer allgemeinen Gesetzgebung gelten könne." — Oft auch in allgemeiner Bedeutung im Sinne von moralischem Lehrsatz oder gar Denkspruch, dadurch Nähe zum (↪) Aphorismus (so bei den frz. Moralisten und auch in GOETHEs: „Maximen und Reflexionen", 1833).

5. Epigramm

Raum für Zusätze

Urspr. Auf- oder Inschrift (gr. epigraphein darauf schreiben) auf (Grab-) Denkmal oder Kunstgegenstand. Ein in sinnvoller Kürze dichterisch geformter Gedanke.

Antike Kunstlehre verlangte für das Epigramm kurze, scharfsinnige sprachliche Form, meist in (↪) Distichen; in der Spätantike auch mit überraschender, effektvoller Schlußwendung.

Diese Form von LESSING theoretisch befürwortet (Zerstreute Anmerkungen über das Epigramm, 1771): streng antithetischer Bau mit Erwartung und Aufschluß, Spannung und Lösung. HERDER (Über das griechische Epigramm, 1785) verwischte dagegen die Grenze zwischen Epigramm und Sinnspruch: jeder anziehende Gedanke, dichterisch dargestellt, sei ein Epigramm.

Epigramm im Barock bes. beliebt. Zeitsatirische Epigramme in den „Sinngedichten", z.B. bei LOGAU (Deutscher Sinn-Getichte Drey Tausend, 1654), mystisch-religiöse bei SCHEFFLER, genannt ANGELUS SILESIUS (Geistreiche Sinn- und Schlußreime, 1657; später unter dem Titel Cherubinischer Wandersmann, 1674). *Eigenart:* Zuspitzung der Antithese bis zur scheinbaren Widersinnigkeit. — Nach dem Barock erst in der Klassik wieder satirische Epigramme, bevorzugt im Bereich der *literarischen Kritik* (GOETHE/SCHILLER: Xenien), dann in der Romantik und im „Jungen Deutschland". MÖRIKE und HEBBEL schufen letzte Höhepunkte der Epigrammdichtung.

ANGELUS SILESIUS:

Der Mensch, der macht die Zeit

Du selber machst die Zeit; daß Uhrwerk sind die Sinnen;
Hemstu die Unruh nur, so ist die Zeit von hinnen.

*

LESSING:

Auf die Galathee

Die gute Galathee! Man sagt, sie schwärz' ihr Haar;
Da doch ihr Haar schon schwarz, als sie es kaufte, war.

*

Der Schuster Franz

Es hat der Schuster Franz zum Dichter sich entzückt,
Was er als Schuster tat, das tut er noch: er flickt.

*

GOETHE/SCHILLER:

Kant und seine Ausleger

Wie doch ein einziger Reicher so viele Bettler in Nahrung
Setzt. Wenn die Könige baun, haben die Kärrner zu tun.

Raum für Zusätze

An Schwätzer und Schmierer

Treibt das Handwerk nur fort, wir können's euch freilich nicht legen.
Aber ruhig, das glaubt, treibt ihr es künftig nicht mehr!

*

MÖRIKE:

Bei Tagesanbruch

„Sage doch, wird es denn heute nicht Tag? es dämmert so lange,
Und schon zu Hunderten, horch! singen die Lerchen im Feld."
Immer ja saugt ihr lichtbegieriges Auge die ersten
Strahlen hinweg, und so wächset nur langsam der Tag.

*

HEBBEL:

Gottes Rätsel

Kinder sind Rätsel von Gott und schwerer als alle zu lösen,
Aber der Liebe gelingt's, wenn sie sich selber bezwingt.

*

Ein Ausspruch S.

Wo zwei Menschen sich küssen, da schleichen die Andern vorüber;
Wo sie sich prügeln, da steh'n alle als Chorus herum.

2. Vollformen

1. Sinnspruch

Für die germ. und dt. Dichtung charakteristisch; belehrende Dichtung in gesprochenen (nicht gesungenen) Versen, durch Kürze und schlichte Fassung gekennzeichnet, bedient sich wie das Sprichwort gern des Bildes, ist aber intensiver im Zuspruch. Bei RÜCKERT schon Übergang vom Sinnspruch zum Lehrgedicht.

> Besser ists, lebend als leblos zu sein:
> wer lebt, kriegt die Kuh.
> Feuer sah ich rauchen auf des Reichen Herd,
> doch er lag tot vor der Tür.
>
> (Edda, Das alte Sittengedicht)

*

> Die tôren sint sô hêre
> sie enbietent nieman êre
> daz ist ouch der esele pflege
> si enwîchent nieman ûz dem wege.
>
> (FREIDANK, Bescheidenheit, 1229)

*

> Laß dich nur in keiner Zeit
> Zum Widerspruch verleiten!
> Weise fallen in Unwissenheit,
> Wenn sie mit Unwissenden streiten.
>
> (GOETHE, Buch der Sprüche
> aus dem „West-östlichen Divan"

Wo hört die Heimat auf und fängt die Fremde an? Raum für Zusätze
Es liegt daran, wie weit das Herz ist aufgetan.
Ein enges Herz, das sich verstockt im Winkel hat,
Es findet fremdes Land drei Finger von der Stadt;
Ein weites aber hat das Fernste sein genannt,
Als wie vom Himmel wird die blüh'nde Welt umspannt.
> (RÜCKERT, Die Weisheit des Brahmanen,
> Erste Stufe, Einkehr, 15)

2. Sangspruch

Zwecks Unterscheidung führte HERMANN SCHNEIDER die Bezeichnungen *Sprechspruch* und *Sangspruch* in die Literaturwissenschaft ein.

Sangspruch ist in der Regel einstrophiges gesungenes Gedankengedicht, das sich in Thema und Form vom Liede abhebt, ihm aber nahesteht. Er ist *auf die mhd. Dichtung beschränkt*. Sein größter Meister: WALTHER VON DER VOGELWEIDE.

> Ich saz ûf eime steine
> und dahte* bein mit beine:
> dar ûf satzt ich den ellenbogen:
> ich hete in mîne hant gesmogen
> daz kinne und ein mîn wange.
> dô dâhte ich mir vil ange,
> wie man zer werlte solte leben:
> deheinen rât kond ich gegeben,
> wie man driu dinc erwurbe,
> der keinez nicht verdurbe.
> diu zwei sint êre und varnde guot,
> daz dicke ein ander schaden tuot:
> daz dritte ist gotes hulde,
> der zweier übergulde.
> die wolte ich gerne in einen schrîn.
> jâ leider desn mac niht gesîn,
> daz guot und werltlich êre
> und gotes hulde mêre
> zesamene in ein herze komen.
> stîg unde wege sint in benomen:
> untriuwe ist in der sâze,
> gewalt vert ûf der strâze:
> fride unde reht sint sêre wunt.
> diu driu enhabent geleites niht,
> diu zwei enwerden ê gesunt.
> (WALTHER VON DER VOGELWEIDE)

Sangspruch ging im Meistergesang auf, als im bürgerlichen Mittelalter Lied- und Spruchdichtung allmählich miteinander verschmolzen.

---
* dahte = bedeckte; dâhte = bedenken, erwägen; übergulde = an Geltung übertreffen; sâze = Lauer, Hinterhalt

Raum für Zusätze

3. Priamel

Name einer spezifisch dt. Sonderform der Spruchdichtung im 14./15. Jh.; gekennzeichnet durch Anhäufung gleichwertiger, aber ungleichartiger Unterbegriffe (lat. praeambulum von praeambulare eine Vorrede vorausschicken, einleiten, vorbereiten) mit humoristischer oder satirischer Spannungslösung in der letzten Zeile:

> Ein Fastnacht ohne Freuden,
> Ein Messer ohn Schneiden,
> Ein Münch ohn Kutten,
> Ein Jungfrau ohn Dutten,
> Und ein Stecher (Turnierer) ohn Pferd,
> Die Ding sind alle nichts wert.

4. Lehrgedicht

Dt. Lehrdichtung beginnt *in ahd. Zeit* als geistliche Lehrdichtung. Lehrhafte dogmatische Teile oft noch eng verbunden mit poetisch ausgeprägteren Teilen (poetische Bibelübersetzungen, Bußpredigten, allegorische Lehrgedichte mit Ausdeutung der Symbolik von Zahlen, Edelsteinen, Blumen, Tieren usw.).

In mhd. Zeit gelingen poetische Darstellungen ritterlich-höfischer Minne- und Tugendlehren (allerdings nicht als selbständige Lehrgedichte) bei HARTMANN VON AUE, WOLFRAM VON ESCHENBACH, GOTTFRIED VON STRASSBURG, WALTHER VON DER VOGELWEIDE. Erste selbständige Darstellungen sind das Lehrbuch der höfischen Tugenden von THOMAS VON ZERKLAERE, Der welsche Gast (1215/16), und die umfassende, bereits von bürgerlicher Gesinnung getragene Mustersammlung praktischer Lebenserfahrung von HUGO VON TRIMBERG, Der Renner (um 1300), eines der meistgelesenen Bücher des späten Mittelalters.

In der *Renaissance* war das verbreitetste Lehrgedicht im dt. Sprachraum: Das Narrenschiff, 1494, von BRANT. Die durch ihn eingeführte *satirische* „Lehrdichtung im Narrengewand" fand zahlreiche Nachfolge, am stärksten bei dem Gegner LUTHERS, MURNER: Schelmenzunft; Narrenbeschwörung; Die Geuchmatt; Von dem großen Lutherischen Narren; alle 1512 bis 1522.

Im *Barock* Lehrgedichte nach antikem Muster, durchweg unkünstlerische Versifizierungen verschiedenster Wissensgebiete. — In der *Aufklärung* unter dem Einfluß des philosophischen Lehrgedichts von ALEXANDER POPE (An Essay on Man, 1733, von BROCKES 1740 übersetzt) und THOMSON (The Seasons, 1726/30; von BROCKES 1745 übersetzt, von HAYDN 1801 vertont) erste wichtige Versuche in der neueren dt. Dichtung durch BROCKES (Irdisches Vergnügen in Gott, bestehend in physikalischen und moralischen Gedichten, 1721/48), HALLER (Die Alpen, 1732) und EWALD V. KLEIST (Der Frühling, 1749).

Werke des literarischen *Rokoko* (z. B. WIELAND, Musarion, 1768) führten mit der Brillanz ihrer künstlerischen Form zu den großen Leistungen der *Klassik:* GOETHE, Die Metamorphose der Pflanzen, 1790; SCHILLER, Der Spaziergang, 1795/96. Hier wird das lehrhaft zu Vermittelnde vollkommen in poetische Gestalt eingeformt.

„Wichtigste(r) Kunstgriff aller didaktischen Dichtung: Umformung weiter Teile in einen Vorgang oder in Vorganghaftes. Schon das Zeigen eines Zusammenhangs von Gedanken oder Tatsachen kann so stark vordrängen, daß es zu einem durchgehenden Vorgang wird, wenn er auch nicht unbedingt die ganze Struktur beherrscht. In Goethes ‚Metamorphose der Pflanzen' ist diese Form vollständig durchgeführt... Im ‚Spaziergang' ist die ganze Kulturgeschichte in einen Spaziergang eingeformt. Diese Einkleidung geht durch, tritt zu Zeiten etwas zurück, wird aber immer so gehalten, daß sie im Untergrund mitwirkt... gibt so Geschlossenheit und Rahmung... Eine Lehrdichtung erhält durch solche vorganghafte Umformung ein eigenes und festes Gepräge, es entsteht so wirklich eine dichterische Eigenwelt."
(Herbert Seidler, 41)

Die Metamorphose der Pflanzen

Dich verwirret, Geliebte, die tausendfältige Mischung
Dieses Blumengewühls über den Garten umher;
Viele Namen hörest du an, und immer verdränget
Mit barbarischem Klang einer den andern im Ohr.
Alle Gestalten sind ähnlich, und keine gleichet der andern,
Und so deutet das Chor auf ein geheimes Gesetz.
Auf ein heiliges Rätsel. O könnt ich dir, liebliche Freundin,
Überliefern sogleich glücklich das lösende Wort! —
Werdend betrachte sie nun, wie nach und nach sich die Pflanze,
Stufenweise geführt, bildet zu Blüten und Frucht.

— —

O, gedenke denn auch, wie aus dem Keim der Bekanntschaft
Nach und nach in uns holde Gewohnheit entsproß,
Freundschaft sich mit Macht aus unserm Innern enthüllte,
Und wie Amor zuletzt Blüten und Früchte gezeugt.
Denke, wie mannigfach bald die, bald jene Gestalten,
Still entfaltend, Natur unsern Gefühlen geliehn!
Freue dich auch des heutigen Tags! Die heilige Liebe
Strebt zu der höchsten Frucht gleicher Gesinnungen auf,
Gleicher Ansicht der Dinge, damit in harmonischem Anschaun
Sich verbinde das Paar, finde die höhere Welt!
(GOETHE, Anfang und Schluß)

5. Essay

Das Lehrgedicht findet seine Entsprechung auf dramatischem Gebiet im (↪) Lehrstück, auf epischem im *Essay*.

Unterschieden von anderen Kleinformen der Kunstprosa, insbes. der kürzeren wissenschaftlichen Abhandlung und dem unterhaltenden *Feuilleton*, einerseits durch Betonung der Subjektivität und der Ungeniertheit (lat.-frz. désinvolture) in der Behandlung und Durchführung des Themas, andererseits durch den Anspruch auf höheres Niveau mit dem Ziel der Verständlichkeit für eine nichtprofessionelle Elite. Er setzt daher

Raum für Zusätze eine nicht allein von der ratio, sondern ebenso von der Kunst her geprägte Persönlichkeit von Reife und Rang als Verfasser voraus.

Bezeichnung (frz. essai Versuch) übernommen vom Hauptwerk des frz. Moralisten MONTAIGNE: Les essais (1580, 2. Fassung 1595), das von ihm als „Versuche an sich selbst" verstanden wurde, d.h. Selbstbildung durch Selbstdarstellung; schuf damit eine neue literarische Gattungsart, die sich rasch einbürgerte. Zuerst nachgeahmt von dem engl. Philosophen FRANCIS BACON (Essays, 1597), dann aufgenommen von den engl., frz., dt. Aufklärungsphilosophen und Moralisten LOCKE, D'ALEMBERT, DIDEROT, VOLTAIRE, LEIBNIZ (Essais de Théodicée sur la bonté de Dieu, la liberté de l'homme et l'origine du mal, 1710: Abhandlungen zur Rechtfertigung Gottes, über die Güte Gottes, die Freiheit des Menschen und den Ursprung des Übels; [↪ Aphorismus]). Auch Lehrgedichte erhielten im 18.Jh. den Namen Essay (↪ S. 156 POPE), sogar noch im 20.Jh. das Lehrgedicht des Amerikaners FITZGERALD, Essay on memory, 1938 (Versuch über das Gedächtnis). In Deutschland trat das Fremdwort seit HERMANN GRIMMS „Essays", 1859, an die Stelle des bis dahin üblichen „Versuchs".

Einteilung nach Stoff und nach Art möglich in die Gruppen der vorzugsweise *berichtenden Essays* (begriffliche, biographische, sachliche Essays), *kritischen Essays* (kulturkritische, kulturerzieherische, literaturkritische Essays), *meditativen Essays* (philosophische, soziologische, politische Essays), *ironischen Essays* (polemische, satirische Essays).

> „Der Essay ist ein Spiel mit der Freiheit, ein Versuch, bis an den Rand ihrer Versuchung zu gehen — und nicht zu erliegen. Seine großen Versuchungen sind Chaos und Ideologie. Zwischen Chaos und Ideologie — auf einer geisterhaften Linie — geht der Essayist seinen Weg, mit äußerster Wachsamkeit jeder Abweichung achtend." *(Walter Hilsbecher, 42)*

Bedeutende *deutschsprachige Essayisten* seit der Jahrhundertwende (Werke in Auswahl):

HERMANN BAHR: Zur Kritik der Moderne, 1890, Die Überwindung des Naturalismus, 1891, Impressionismus, 1903, Expressionismus, 1916; KARL KRAUS: Die demolierte Literatur, 1896, Sittlichkeit und Kriminalität, 1908, Die Chinesische Mauer, 1910, Heine und die Folgen, 1910, Nestroy und die Nachwelt, 1912, Weltgericht, 1919, Literatur und Lüge, 1929, Die Sprache, 1937; JAKOB WASSERMANN: Die Kunst der Erzählung, 1904, Der Literat, 1910; PAUL ERNST: Der Weg zur Form, 1906, Ein Credo, 1912, Der Zusammenbruch des Idealismus, 1919, Der Zusammenbruch des Marxismus, 1919; HUGO VON HOFMANNSTHAL: Über Gedichte, 1896, Ein Brief (Brief des Lord Chandos), 1902, Über Charaktere im Roman und Drama, 1902, Balzac, 1908, Augenblicke in Griechenland, 1924, Das Schrifttum als geistiger Raum der Nation, 1927, Berührung der Sphären, 1931; RUDOLF KASSNER: Essays, 1922; GOTTFRIED BENN: Essays, 1951; ERNST JÜNGER, THOMAS MANN: Das essayistische Werk, Taschenbuchausgabe in 8 Bden, hrsg. von *Hans Bürgin,* 1968; HEINRICH MANN, WALTER BENJAMIN, JOSEF HOFMILLER, ROBERT WALSER, ERNST BACMEISTER: Essays, 1948; STEFAN ZWEIG: Drei Meister, 1920, ternstunden der Menschheit, 1927, Drei Dichter ihres Lebens, 1928; Rudolf Alexander Schröder, Eugen Gottlob Winkler, Max Kommerell, Friedrich Georg Jünger, Max Rychner, Wilhelm Lehmann, Hans Egon Holthusen, Hans Hennecke, Christian Enzensberger: Größerer Versuch über den Schmutz, 1968: will hiermit zugleich den Essay aus seiner „autoritären" Verhärtung lösen.

Raum für Zusätze

Rätsel

Umschreibung eines Gegenstandes oder einer Sache, die erraten oder aufgefunden werden soll (ahd. râtan raten). In der Regel wird versucht, den Hörer auf eine falsche Fährte zu locken. Neben einstrophigem Volksrätsel (nicht länger als zwei- bis vierzeilig) steht eine Fülle einfacherer Formen: Rätsel oder Scherzfragen, wobei z. B. Verlagerungen der Satzbetonung oder Satzmelodie Verrätselungen bewirken können („Ein Sperling frißt *eher* ein Fuder Hafer als ein Pferd").

a) **Buchstabenrätsel:** Ein Wort gewinnt durch Hinzufügen oder Wegnehmen eines oder mehrerer Buchstaben eine andere Bedeutung, z. B.: Greis — Reis — Eis; Trost — Rost — Ost — St.

b) **Zahlenrätsel:** z. B. als Übergangsform von der Rechenaufgabe zum Rätsel:

De Voß de kickt in'n Höhnerstall:
Ji sünd wull hunnert an de Tall.
De Hahn de secht: Noch mal so väl,
Un drüddel so väl,
Un denn noch ik und du darto,
Dann sünd eerst hunnert an de Tall.
Woväl Höhner sünd in'n Stall?

oder durch veränderte Zusammenziehung von Wörtern:

Zehn Finger hab ich / an jeder Hand (,)
Fünf / und zwanzig an Händen und Füßen:
Wer wird mir das zu raten wissen?

c) **Silbenrätsel:** Das zu erratende Wort wird in Silben zerlegt, die für sich selbständige Wörter sind (z. B. Nacht-schatten).

Unterarten:

¹) **Scharade** (frz. charade von altfrz. charai Zauberspruch): Sonderform des *gespielten* Silbenrätsels, bei dem die Lösung der einzelnen Silben und des ganzen Wortes aus lebendiger Darstellung (Pantomime, Szene) erraten werden muß, z. B. Steg-Reif.

²) **Scharadoide:** Das Wort wird nicht nach Silben, sondern willkürlich in Teile zerlegt, z. B. Schulleiter in Schule — Ei — Teer; Eidotter in Eid — Otter.

Raum für Zusätze **d) Worträtsel**: Aus den angegebenen Merkmalen muß ein bestimmtes Wort erraten werden, z. B. das Ei in folgendem Rätsel (wobei „Wittenbarg" nicht als die Stadt Wittenberg, sondern als „weißer Berg" aufzulösen ist):

> To Wittenbarg im Dome,
> dor is en gele Blome;
> un de de gele Blome will eten,
> de mutt ganz Wittenbarg tobreken.

oder Wortneubildungen müssen erraten werden, z. B.:

> Zweibein saß auf Dreibein,   Da warf Zweibein
> aß Einbein.   das Dreibein nach Vierbein,
> Da kam Vierbein,   da ließ Vierbein
> nahm Zweibein das Einbein.   das Einbein fallen.
>   (Knochen, Mensch, Stuhl, Hund)

oder Lösung muß aus der *Mehrdeutigkeit* vieler Wörter (Homonym, Wortspiel) erraten werden, z. B.:

> Ich bin ein armer Bauer,
> hab nie eine Sünde getan
> und bin doch gehängt worden.   (Vogelbauer)

Unterart

d¹) Homoionym (gr. homoios ähnlich und onyma, onoma Name): Die verschiedenen Bedeutungen des Rätselworts werden durch Betonungsunterschiede klar, z. B.

Erlangen — erlangen, Meineid — mein Eid

e) Palindrom (gr. palindromos rückläufig): Rätsel über ein Wort, das vorwärts und rückwärts gelesen dieselbe oder andere Bedeutung hat, z. B.

Otto, Reliefpfeiler; Gras/Sarg, Regen/Neger

Unterart

e¹) Krebsvers (lat. versus cancrinus): Ein ganzer rückläufiger Vers, der rückwärts wie vorwärts gelesen gleich lautet:

Signa te, signa; temere me tangis et angis

Im weiteren Sinne auch spiegelbildlich gebaute Verse oder Strophen (↪ Apokoinu), z. B.

alt: du bist alt bist du: alt   (HANS MAGNUS ENZENSBERGER)

oder

> Nieman kan mit gerten
> kindes zuht beherten:
> den man z'êren bringen mac
> dem ist ein wort als ein slac.
> Dem ist ein wort als ein slac,
> den man z'êren bringen mac,
> kindes zuht beherten
> nieman kan mit gerten.
>   (WALTHER VON DER VOGELWEIDE, Anfangsstrophe

In moderner Lyrik wieder als Stilmittel verwendet (BRECHT, CELAN, KROLOW u. a.), z. B.:

> „Nebeneinander rudernd
> Sprechen sie. Sprechend
> Rudern sie nebeneinander."
>
> (BRECHT, Rudern, Gespräche)

f) Akrostichon (gr. akros zu oberst, an der Spitze und stichos Vers): Gedicht, bei dem Anfangsbuchstaben oder -silben der Verse oder Strophen, von oben nach unten gelesen, ein Wort, einen Namen oder einen Satz ergeben. Urspr. in kultischer Dichtung, mit dem Nebenzweck, die vorschriftsmäßige Reihenfolge zu sichern, Schutz gegen *Interpolation* (lat. interpolare von polire glätten, interpolation = Einschaltung = Einrückung eines Wortes oder ganzer Sätze in Handschriften, nachträgliche Einschiebung ganzer Strophen oder Teile in ein Gedicht), später, seit der Alexandrinerzeit, beliebte poetische Spielerei, bes. um den Namen des Empfängers oder des Verfassers anzudeuten.

In dt. Dichtung bei OTFRID VON WEISSENBURG (in den drei „Widmungen" seines Evangelienbuches), GOTTFRIED VON STRASSBURG, RUDOLF VON EMS und bes. häufig im Barock; z. B. bei OPITZ, FLEMING („Ein getreues Herze wissen..." = an Elsgen), PAUL GERHARDT („Befiehl du deine Wege..." = Befiehl/Dem Herren/Dein/Weg/Und/Hoff/Auf/Ihn/Er/Wirds/Wohl/Mach En[d]: Anfangsworte der 12 Strophen), JOHANN CHRISTIAN GÜNTHER.

Bsp. aus neuerer Zeit: LILIENCRON auf seine Braut HELENE V. BODENHAUSEN:

Akrostichon

> Hell leuchtet die Sonnen,
> Es zwitschern die Schwalben,
> Leis rauschen die Bronnen,
> Ein Glanz allenthalben. —
> Nur such ich vergebens in Garten und Au:
> Ein Röslein zu schauen im perlenden Tau.

Unterarten

f¹) Mesostichon (gr. mesos mitten und stichos Vers): Die zusammenzulesenden Buchstaben, Silben oder Wörter stehen in der Versmitte.

f²) Telestichon (gr. telos Ende und stichos Vers): Die zusammenzulesenden Buchstaben, Silben und Wörter stehen am Versende, sind jedoch meistens von unten nach oben zu lesen.

f³) Akroteleuton (gr. akros zu oberst und teleute Ende) ist Verbindung von Akrostichon und Telestichon.

g) Anagramm (gr. anagraphein auf-, einschreiben): Wortverrätselung durch Buchstabenversetzung. Bes. häufig bei *Pseudonymen* (z. B. hatte GRIMMELSHAUSEN sieben verschiedene Anagramme, u. a. GERMAN SCHLEIFHEIM VON SULSFORT oder MELCHIOR STERNFELS VON FUGSHAIM = Christoffel von Grimmelshausen. Bekanntes Bsp.: VOLTAIRE = AROUET L. J. Aus der Gegenwart: BENNO PAPENTRIGK = ANTON KIPPENBERG

Raum für Zusätze [schrieb unter diesem Pseudonym Schüttelreime], Dr. MacIntosh = Arno Schmidt [in: Kühe in Halbtrauer]). Regelmäßig rücklaufendes Anagramm heißt (↪) Palindrom.

h) Unlösbare Rätsel: Rätsel, die nur für „Eingeweihte" lösbar sind, weil sie die Umstände kennen, die mit der Bildung des Rätsels zusammenhängen. Auch *„Halslöserätsel"* oder „Halslösungsfragen" genannt, da ein Verbrecher im Mittelalter mit einem solchen Rätsel, falls es die Richter nicht lösen konnten, seinen Hals aus der Schlinge löste. So legte ein verurteiltes Mädchen, das sich aus dem Fell ihres Hundes Ilo Schuhe hatte machen lassen, den Richtern das Rätsel vor:

> Auf Ilo geh ich,
> Auf Ilo steh ich,
> Auf Ilo bin ich hübsch und fein.
> Ratet, Ihr Herren, was soll das sein?

II. PARABOLISCHE FORMEN

Parabolische Formen sind Formen der Beispieldichtung.

1. Beispielerzählung

Erzählter Vorgang bleibt in seiner Tatsächlichkeit, z.B. folgendes Gedicht von Goethe unter Weglassung der Überschrift und der letzten Zeile (vgl. S. 164 unter Parabel):

> Da hatt ich einen Kerl zu Gast,
> Er war mir eben nicht zur Last;
> Ich hatt just mein gewöhnlich Essen,
> Hat sich der Kerl pumpsatt gefressen,
> Zum Nachtisch, was ich gespeichert hatt.
> Und kaum ist mir der Kerl so satt,
> Tut ihn der Teufel zum Nachbar führen,
> Über mein Essen zu räsonnieren:
> „Die Supp hätt können gewürzter sein,
> Der Braten brauner, firner der Wein."
> Der Tausendsakerment!

Die Szene weist nicht über den alltäglichen Vorgang hinaus, die Lehre ist trivial: „So undankbare Menschen gibt es!" Auch Schillers Fiesko (II, 8) beginnt seine große Rede als Beispielerzählung (mit den Mitteln der Fabel), Schluß und dramatischer Kontext erweisen sie jedoch als Parabel. — Im N. T. unterscheidet *Adolf Jülicher (43)* Beispielerzählungen (Der barmherzige Samariter), Gleichnisse (Gleichnis vom Sämann), Parabeln (Parabel vom verlorenen Sohn).

2. Spruchgedicht

Veranschaulicht praktische Moral im Kleid einer kleinen, meist reimpaarigen Verserzählung, verwandt mit (↪) Beispielerzählung. In mhd. Dichtung *bîspel* genannt. Hauptvertreter in 1. Hälfte des 13.Jhs. der niederrheinfrk. Dichter Der Stricker (Bîspel, neu hrsg. von *V. Schwab,* 1959f.). Als Zeugnis der Nachwirkung folgendes Bsp. aus der nd. Mundartdichtung des 19.Jhs.:

De Mann, de wull liggn,
De Kater wull singn.
Do neem he den Kater,
Un smeet em int Water:
Ick will di doch wisen,
Wull Herr in min Hüsen!
Do legg he sik dal
Un sleep as en Pahl.
Do keemn se ganz lisen
In Schün un in Hüsen
Un pipen so lise
Un gnappern de Müse,
Un gnippen un gnappen
Un slicken un slappen
Op Bör' un in Schappen
Vun Schüttel un Teller
To Boen un in Keller.
Se eten sin Speck
Toreten sin Säck,
Se eten sin Metten
Un keemn in sin Betten:
Dor beten de Oes
Den Mann in'e Nees!
(GROTH, Quickborn)

Raum für Zusätze

3. Fabel

Fabel (lat. fabula Erzählung) ist eine Sproßform der (→) Spruchdichtung; bezieht ihre Einsichten aus praktischer Lebensweisheit des Volkes (→ Sprichwort), vermittelt diese durch umfassenden Vergleich an „Beispielen" (exempla), vorwiegend aus der Tierwelt. Verkleidung eines moralischen Lehrsatzes in der anschaulichen Gestalt einer Kleingeschichte. Vermutlich von Haus aus *eingekleidete Oppositionsdichtung,* satirischer Gesellschaftsspiegel mit der Doppelnatur: nicht nur Belehrung (Moral, Polemik, Satire) der Hörer oder Leser, sondern auch Unterhaltung (Phantasie, Schwank): fabula docet et delectat.

Situation der Fabel wird mehr angedeutet als beschrieben. Aus ihr erwächst meist ein Dialog (oder Monolog), der ihr die witzig-satirische oder die moralisch-belehrende Wendung gibt. — Als Kunstform (in Prosa oder Vers) steht sie außerhalb der Volksdichtung:

> Ein verfolgter Fuchs rettete sich auf eine Mauer. Um auf der anderen Seite gut herabzukommen, ergriff er einen nahen Dornstrauch. Er ließ sich auch glücklich daran nieder, nur daß die Dornen ihn schmerzlich verwundeten. „Elende Helfer", rief der Fuchs, „die nicht helfen können, ohne zu schaden."
> (LESSING, Der Fuchs)

Abgesehen von Fabeleinlagen in anderen Werken (z. B. in der Kaiserchronik Mitte des 12. Jhs.) erste Sammlung in dt. Sprache von ULRICH BONER, Der Edelstein, 1349/50; enthält 100 gereimte Fabeln, u. a. nach AESOP (6. Jh. v. Chr.), z. B. „Stadtmaus und Feldmaus", „Fuchs und Rebe"; wurde 1461 als eines der ersten dt. Bücher gedruckt. — Neben LUTHER, der die in der Reformationszeit wegen ihrer lehrhaften Wirkung beliebte Fabel durch Übersetzung einiger äsopischer Fabeln förderte, standen BURKHARD WALDIS, Esopus 1548 (400 gereimte Fabeln und Schwänke), ERASMUS ALBERUS, Etliche Fabeln Esopi, 1534 (und erweitert 1550) sowie HANS SACHS mit rd. 60 gereimten Fabeln, z. B. „Spinne und Zipperlein" (= Gicht).

Im 17. Jh. keine bes. Wertschätzung der Fabel; Blütezeit in dt. Dichtung im 18. Jh. (Aufklärung!), bes. nach Bekanntschaft mit dem Fabelwerk LA FONTAINES (Fables, 1668—94) durch HAGEDORN, GLEIM und bes. GELLERT, dessen „Fabeln und Erzählungen" (in Versen), 1746/48, riesiger Publikumserfolg wurden.

Raum für Zusätze LESSING bemängelte GELLERTs an LA FONTAINE geschulte Erzählweise (leicht, flüssig, auch behaglich breit) und forderte für die Fabel größte Knappheit und Verzicht auf jede epische Ausschmückung. 1759 entstanden seine Fabeln (↪ Bsp. S. 163) und dazu theoretisch die Abhandlung vom Wesen der Fabel.

Nach LESSING in Deutschland Absinken der Fabeldichtung zur Kinderdichtung: HEY, Fabeln für Kinder, 1833 und 1837, mit Bildern von OTTO SPECKTER.

Bedeutendster *russischer* Fabeldichter IVAN KRYLOW, Fabeln, 1809 (neueste dt. Übertragung von R. BÄCHTOLD, 1960).

4. Gleichnis

Versetzt wie die (↪) Fabel einen Sachverhalt vergleichend in einen anderen Lebensbereich; verknüpft im Ggs. zur Fabel nur in *einem* Punkte unmittelbar mit dem Gegenstand, bedarf keiner selbständigen Handlung, ist Abbild, Umsetzung des Abstrakten ins konkrete Bild. Alle seine Glieder lassen sich durch Analogieschluß zurückführen auf den abstrakten Kern des Gleichnisses.

> Es „hat die Absicht der Verdeutlichung. Ein Fremdes wird uns aufgeklärt, wenn wir durch Vergleichung erfahren, welchem Heimbekannten es ähnelt." *(Broder Christiansen, 44)*

z. B. im Neuen Testament:

> „Das Himmelreich ist einem Sauerteig gleich, den ein Weib nahm und vermengte ihn unter drei Scheffel Mehl, bis daß es gut durchsäuert ward."
> (MATTH. 13, 33)

5. Parabel

Parabel (gr. parabole von paraballein nebeneinanderstellen) weitet (ebenfalls bei Übereinstimmung mit dem Gegenstand nur in *einem* Punkt, aber ohne direkten Objektbezug) das (↪) Gleichnis zu einer Erzählung mit selbständiger Handlung aus, in der eine Wahrheit durch einen Vorgang aus einem anderen Vorstellungsbereich anschaulich gemacht wird = Gleichniserzählung; so HERDER: „Parabel ist eine Gleichnisrede, eine Erzählung aus dem gemeinen Leben, mehr zur Einkleidung und Verhüllung einer Lehre als zu ihrer Enthüllung" (45). LESSING definiert die Parabel als Darstellung eines Bsps, das so *möglich* sein könnte, im Ggs. zur Fabel als *wirklichem* Fall; nach GOETHE muß die Parabel über die Ebene, auf der sie spielt, hinausweisen. So wird das S. 162 angeführte Gedicht (↪ Beispielerzählung) erst durch die Überschrift „Rezensent" und die Schlußzeile: „Schlagt ihn tot, den Hund! Es ist ein Rezensent." aus dem Alltäglichen ins Literarische gehoben und damit zur Parabel.

Bei Einbeziehung moderner Dichtung wird die Bezeichnung Parabel als Gattungsbegriff zu eng, weil formal so vielfältig geworden wie die Zahl literarischer Gattungen; daher besser nur noch als *Sammelbegriff* zu gebrauchen, der nach *inhaltlichen* Kriterien umfaßt:

a) Biblische Parabel: z.B. Parabel vom verlorenen Sohn im N.T.; dramatisch bei Burkhard Waldis, De Parabell vam verlorn Szohn, 1527 (nd.).

b) Didaktische Parabel: z.B. Lessings „Parabel" oder die Parabel von den drei Ringen in „Nathan der Weise" (III, 7); Brechts Parabel „Maßnahmen gegen die Gewalt" (Geschichten vom Herrn Keuner) oder, dramatisiert, sein Parabelstück „Der gute Mensch von Sezuan".

c) Verrätselte Parabel: z.B. die Parabeln Kafkas, die nicht in einer Lehre enden, sondern in einem Paradoxon gipfeln, das rätselhaft bleibt, daher vieldeutig und esoterisch ist, visionäre Schau einer Realität der Träume:

> „Es war sehr früh am Morgen, die Straßen rein und leer, ich ging zum Bahnhof. Als ich eine Turmuhr mit meiner Uhr verglich, sah ich, daß es schon viel später war, als ich geglaubt hatte, ich mußte mich sehr beeilen, der Schrecken über die Entdeckung ließ mich im Weg unsicher werden, ich kannte mich in dieser Stadt noch nicht sehr gut aus, glücklicherweise war ein Schutzmann in der Nähe, ich lief zu ihm und fragte ihn atemlos nach dem Weg. Er lächelte und sagte: „Von mir willst du den Weg erfahren?" „Ja", sagte ich, „da ich ihn selbst nicht finden kann." „Gibs auf, gibs auf", sagte er und wandte sich mit einem großen Schwunge ab, so wie Leute, die mit ihrem Lachen allein sein wollen."

d) Absurde Parabel (oder Anti-Parabel), vorwiegend dramatisch verwirklicht im absurden Theater, z.B. bei Beckett, Endspiel; Pinter, Der Hausmeister; Ionesco, Jacob oder der Gehorsam; Hildesheimer, Die Verspätung. — Absurde Parabel beansprucht, die Welt selbst zu sein in ihrer ganzen Absurdität; ist nicht transparent auf einen Hintergrund hin wie die verrätselte Parabel, sondern bleibt absolutes Rätsel, letztlich stumme Gebärde, Pantomime (Beckett: „Spiel ohne Worte").

III. SATIRISCHE FORMEN

Schreibung Satyre ist falsch, die damit angedeutete Herleitung von gr. satyros abwegig. Sprachliche Herkunft vielmehr von lat. satira; abgeleitet von urspr. satura (satt, fruchtbar, voll) und lanx (Schüssel) = eine mit allerlei Früchten angefüllte Schale, daher ein Gemisch, Allerlei, Mischgedicht; im literarischen Sinne Formen, die verspotten, tadeln, höhnen, anprangern, lächerlich machen.

1. Satire

Satire kommt in allen Formen (Prosa, Spruch, Strophenform) und Gattungen vor: von Anekdote, Fabel, Parabel, Schwank, Erzählung bis zu satirischem Roman oder Spiel (Komödie, Lustspiel, Schwank, Posse, Burleske). Satire dient der *Zeitkritik,* ist immer Richterin, hält einer in Sitten und Anschauungen auf Abwege geratenen Zeit den scharfgeschliffenen Spiegel vor.

Raum für Zusätze Im 16. Jh. vorwiegend Spießbürgersatire in Schwanksammlungen (z. B. Schildbürger und Lalebuch, ↪ Schwank). Im 17. Jh. Waffe gegen die „Ausländerei" in Sprache (Sprachvermengung) und Sitten (à-la-mode-Wesen: Kleider- und Titelsucht). Bspe: MOSCHEROSCH, Wunderliche und wahrhafftige Gesichte Philanders von Sittewald, 1640/43 (Einkleidung der Satire in Traumgesichte, 1. Teil nach dem satirischen Meisterwerk des Spaniers QUEVEDO, Los Sueños [Die Träume], 1627, 2. Teil selbständig); LAUREMBERG, Veer Schertz Gedichte, 1652 (Satire in nd. Sprachgewand).

Die *Aufklärung* pflegte die „witzige Satire" (↪ Witz); Höhepunkt die geistreichen Satiren LICHTENBERGS. Im literarischen *Rokoko* gesellschaftskritische Satire: komischer Prosaroman von WIELAND, Die Abderiten, 1774/81. Die besondere Form der *Literatursatire* begann in der Zeit des *Sturm und Drang* mit GOETHES Farce in Prosa: Götter, Helden und Wieland, 1774, und LENZ' dramatischer Satire in Prosa: Pandaemonium Germanicum, 1774 (= Pan-Dämonenwelt: Gesamtheit der bösen Geister); wurde in der *Klassik* fortgesetzt mit den „Xenien" und v. a. in der Romantik (SCHLEGEL, TIECK, BRENTANO, PLATEN) gepflegt. Von PLATEN z. B. die Komödie: Die verhängnisvolle Gabel, 1826, als Literatursatire gegen das Schicksalsdrama.

Politisch-soziale Satire blühte in der Zeit des *Jungen Deutschland* (z. B. HEINE, Deutschland. Ein Wintermärchen, 1844); NESTROY baute sie in die Wiener Volkskomödie ein. Höhepunkt der politischen Satire: KARL KRAUS, Die dritte Walpurgisnacht, entst. 1933, Erstausg. 1952. Außerdem *satirische Gedichte* z. B. von BUSCH, MORGENSTERN, KÄSTNER, ROTH, KISHON.

a) Witz: Von den satirischen Kurzformen ist noch heute der Witz am lebendigsten. Er steht dem Epigramm durch seine Verstandesschärfe nahe, wählt aber einfache, vorliterarische Prosasprache mit fester formaler Struktur: Auflösung in der „Pointe".

Im 18. Jh. hatte der Witz erweiterte Bedeutung, bes. die Aufklärung und das literarische Rokoko waren ihm verpflichtet (vgl. frz. bel esprit): Dichten hieß nicht nur geistreich sein, sondern *heiter* geistreich sein.

„In dieser Mischung von Scharfsinn und Phantasie gewinnt das 18. Jh. eine ihm eigene Formensprache, die sich von der Rhetorik des 17. Jhs. ebenso abhebt wie von der dichterischen Symbolform der deutschen Klassik."
(Paul Böckmann, 46)

2. Parodie

Verzerrende, übertreibende oder verspottende Nachahmung (gr. parōdía Gegengesang, Gegengedicht) eines bekannten dichterischen Werkes unter Anwendung der *beibehaltenen Form* auf einen anderen, nicht dazu passenden Inhalt.

„Der komische Effekt entsteht durch einen Spannungsvorgang im Bewußtsein: man weiß, was da parodierend angespielt wird (darum ist Parodie immer ein Bildungsspiel), und man hört, wie dem Angespielten mitgespielt wird."
(Dieter Hasselblatt, 47)

„Allen Parodien ist das bewußte Spiel mit einem (möglicherweise auch nur fingierten) literarischen Werk gemeinsam." *(Alfred Liede, 48)*

Raum für Zusätze

LIEDE unterscheidet *artistische, kritische* und *agitatorische* Parodie, z.B. parodierte ARNO HOLZ in der „Blechschmiede", 1902, die barocken Formen artistisch, die Lyrik seiner Zeit kritisch und dichtete Verse GOETHEs agitatorisch um.

a) Artistische Parodie: „Ihr letztes Ziel ist — im Scherz oder Ernst — die vollendete Nachahmung, ihre Ähnlichkeit mit dem Original nimmt also bei steigender künstlerischer Qualität zu, bis sie von einem solchen nicht mehr zu unterscheiden ist." *(Alfred Liede, 49)*

Bspe: CLAUS HARMS' geistliche Parodie auf Mignons Sehnsuchtslied „Vaterland": „Kennt ihr das Land? Auf Erden liegt es nicht" (→ Kontrafaktur); GOETHEs Parodie „Nähe des Geliebten" (Schillers Musenalmanach 1796) auf „Ich denke dein" von FRIEDERIKE BRUN (Vossischer Musenalmanach 1775).

b) Kritische Parodie: „Greift das Original an und will es zerstören. Ihr letztes Ziel ist die vollendete Polemik und Satire, die Ähnlichkeit nimmt also meist bei steigender künstlerischer Qualität ab."
(Alfred Liede, 50)

Bspe: Verbindung von artistischer und kritischer Parodie in den *Dunkelmännerbriefen* (Epistulae obscurorum virorum, 1515/17), die den Gegner in dessen (karikierter) Maske vernichten will; NICOLAIs Parodie auf GOETHEs Werther: „Freuden des jungen Werthers", 1775, sowie auf HERDERs und BÜRGERs Volksliedbegeisterung: „Eyn feyner kleyner Almanach", 1777f.; FRIEDRICH THEODOR VISCHERs Faustparodie: „Faust. Der Tragödie dritter Teil", 1862. — Im 20.Jh. die genialen kritischen und z.T. agitatorischen Parodien im Gesamtwerk von KARL KRAUS und von BRECHT, in der Gegenwart RÜHMKORFs Parodien („Irdisches Vergnügen in g", 1959, und „Kunststücke", 1962, auf Gedichte KLOPSTOCKs, CLAUDIUS', HÖLDERLINs, EICHENDORFFs u.a.). — Sammlungen kritischer Parodien: MAUTHNER, Nach berühmten Mustern, 1878 und 1880; GUMPPENBERG, Das teutsche Dichterroß in allen Gangarten vorgeritten, 1901, erweitert 1929; ROBERT NEUMANN, Mit fremden Federn, 1927; Unter falscher Flagge, 1932.

c) Agitatorische Parodie: „Je weiter die agitatorische Parodie wirken soll, desto bekannter muß das Vorbild sein... bei religiösen und politischen Umwälzungen entstehen agitatorische Kontrafakturen."
(Alfred Liede, 51)

Umdichtung populärer Lieder („O Tannenbaum, o Tannenbaum, der Kaiser hat in' Sack jehaun") oder klassischer Gedichte zum Zwecke der Agitation.

Bspe: Mignons Lied von DINGELSTEDT gegen das Frankfurter Parlament, 1848: „Kennst du das Land, wo Einheits-Phrasen blühn" oder „Kennst du das Land, wo die Kanonen blühn" von KÄSTNER und bes. „Deutschland, Deutschland über alles", 1929, von TUCHOLSKY.

Raum für Zusätze

3. Travestie

Im Ggs. zur (→) Parodie Darstellung eines ernsthaften Inhalts oder Gegenstands in einem lächerlichen Gewand (ital. travestire, von lat. trans über und vestire kleiden = verkleiden), z. B. eine erhabene Dichtung unter *Beibehaltung des Stoffes* durch unangemessene Form ins Lächerliche umgestalten. Bspe.: BLUMAUER, Äneis-Travestie, 1783; NESTROY, Travestien auf WAGNER, MEYERBEER und HEBBEL (z. B. Judith und Holofernes, 1849).

> Es war einmal ein großer Held,
> Der sich Aeneas nannte;
> Aus Troja nahm er's Fersengeld,
> Als man die Stadt verbrannte,
> Und reiste fort mit Sack und Pack.
> Doch litt er manchen Schabernack
> Von Jupiters Xantippe.
>
> (BLUMAUER, Äneis-Travestie, Anfangsstrophe)

*

Holofernes, allein im Zelt, hält folgenden Monolog:

Holofernes: Ich bin der Glanzpunkt der Natur, noch hab ich keine Schlacht verloren. Ich bin die Jungfrau unter Feldherrn. Ich möcht mich einmal mit mir selbst zusammenhetzen, nur um zu sehen, wer der Stärkere ist: ich oder ich!
(NESTROY, Judith und Holofernes)

Literatur

ANDRÉ JOLLES, Einfache Formen, 1930, 1968[4]
ROBERT PETSCH, Spruchdichtung des Volkes, 1938
PAUL NIEMEYER, Die Sentenz als poetische Ausdrucksform, 1934 (Germ. Studien 46)
FRANZ MAUTNER, Der Aphorismus als literarische Gattung, 1933 (Zschr. für Ästhetik, 27)
WILHELM GRENZMANN, Artikel Aphorismus, in: Reallexikon der deutschen Literaturgeschichte, Bd. 1, 1958
WALTER KRÖHLING, Die Priamel, 1935
GERHARD EIS, Priamel-Studien, 1960 (SCHRÖDER-Festschrift)
ROBERT PETSCH, Das deutsche Volksrätsel, 1917
ROBERT F. ARNOLD, Zur Geschichte des deutschen Kunsträtsels, 1929 (Euphorion 29)
OTTO WEINREICH, Epigrammstudien, 1948
LUDWIG FULDA, Das Buch der Epigramme, 1920
RUDOLF ECKART, Die Lehrdichtung, ihr Wesen und ihre Vertreter, 1909[2]
MAX BENSE, Über den Essay und seine Prosa in: Merkur, 1. Jg., 1947, H. 3
KLAUS GÜNTHER JUST, Essay in: Deutsche Philologie im Aufriß, Bd. II
THEODOR W. ADORNO, Der Essay als Form in: Noten zur Literatur I (1958) 1968
BRUNO BERGER, Der Essay. Form und Geschichte, 1964
ANDREAS FISCHER, Studien zum historischen Essay..., 1968
MAX STAEGE, Die Geschichte der deutschen Fabeltheorie, 1929
ERWIN LEIBFRIED, Fabel, 1967

Adolf Jülicher, Die Gleichnisreden Jesu, 1. Bd. 1888, 2. Bd. 1899, 1910²   Raum für Zusätze
Johannes Günther, Über das Gleichnis, 1935
Clemens Heselhaus, Artikel Parabel in: Reallexikon der deutschen Literaturgeschichte, Bd. 3, 1966/67
Norbert Miller, Moderne Parabeln? in: Akzente 6, 1959
Georg Baum, Humor und Satire in der bürgerlichen Ästhetik, 1959
Alfred Liede, Artikel Parodie in: Reallexikon der deutschen Literaturgeschichte, 1958²
Ernst Heimeran, Hinaus in die Ferne mit Butterbrot und Speck. Die schönsten Parodien auf Goethe bis George, 1943
Erwin R. Rotermund, Gegengesänge. Lyrische Parodien vom Mittelalter bis zur Gegenwart, 1964
André Jolles, Die Literatur-Travestien, Blätter für deutsche Philologie 6, 1923

EPIK (19)

Gliedert sich in *Kurzepik* (Märchen, Sage, Legende, Schwank, Anekdote, Geschichte, Erzählung, Kurzgeschichte) und *Großepik* (Epos, Volksbuch, Roman, Novelle).

169

Epik

I. Kurzepik		II. Großepik
Volkstümliche Erzählformen	Literarische Erzählformen	*Epos*
Volksmärchen	*Kunstmärchen*	Heldenepos
Volkssage	*Heldensage*	Christliches Leseepos
Natursagen	*Göttersage*	Höfisches Epos
Ereignissagen		Vorhöfisches Epos
Erlebnissagen		Höfisches Epos
		Legendeepos
		Tierepos
Legende	*Kunstlegende*	Komisches Epos
Volkslegende		Weltanschauungsepos
Heiligenlegende		Bürgerlich-idyllisches Epos
Schwank		Geschichtliches Epos
Anekdote	*Kunstanekdote*	
Geschichte	*Geschichte*	*Volksbuch*
	Kalendergeschichte	*Roman*
	u. a. Trivialliteratur	Abenteuerroman
	Erzählung	Entwicklungsroman
	Dorferzählung	Zeitroman
	Tiererzählung	Experimentierender Roman
	Kurzgeschichte	*Novelle*

Raum für Zusätze

I. KURZEPIK

1. Märchen

1. Volksmärchen

Kurze Prosaerzählung aus freier Erfindung, ohne zeitlich-räumliche Festlegung in der Wirklichkeit, „von phantastisch-wunderbaren Begebenheiten, die sich in Wahrheit nicht ereignet haben und nie ereignen konnten, weil sie, in wechselndem Umfange, Naturgesetzen widerstreiten." *(Friedrich Panzer, 52)*.

Mhd. Stammwort: mære = Kunde, Bericht, Erzählung. Noch LUTHER verwendete das Wort in diesem Sinne: „Ich bring euch gute, neue Mär". Verkleinerungsformen „märchen, märlein" bedeuteten urspr. „kurze Erzählung"; erst im Spätmittelalter mit dem Nebensinn *erdichtete Erzählung*; Weitergabe aber ausschließlich durch *mündlichen Vortrag* im vertrauten Kreis.

Weitere *Bedeutungsverengung* von „Märchen" seit dem 18. Jh.; zunächst gebraucht für frz. Feengeschichten *(Contes de fées:* teils Übersetzungen aus der arab. Sammlung „Tausendundeine Nacht", teils geistreiche Kunstmärchen), dann festgelegt auf die Sammlung der Brüder GRIMM: Kinder- und Hausmärchen (ab 1807 aufgezeichnet; viele Texte auf Grund mündlicher Erzählungen; 1812/15 in 2 Bden erschienen).

Die beiden Herausgeber, WILHELM und JACOB GRIMM, nahmen, u. a. angeregt durch HERDER, in ihre Sammlung auf, „was das Volk erzählt": *volksmündliche Epik;* sie enthält daher auch viele Sagen, Legenden, Schwänke und Anekdoten. Von den 200 Stücken der Sammlung sind nur 32 echte „Volksmärchen". Irrige Annahme, das Märchen sei von Haus aus eine Kindergeschichte (wenn auch durch den Titel der GRIMMschen Sammlung nahegelegt).

„Im Märchen wird, zum erstenmal vielleicht, die Welt dichterisch bewältigt... Der Mensch, der sich in eine Welt geworfen sieht, die ihn bedroht und deren Sinn er nicht erkennt, der Mensch, der in der Sage die Gespenster dieser unheimlichen Welt als lyrischer Erschütterung erblickt, dieser Mensch erlebt in der ruhigen epischen Schau des Märchens die Verklärung eben dieser seiner Welt... Und diese traumhafte Schau der Welt, die nichts von uns fordert, keinen Glauben und kein Bekenntnis, sie ist sich selber so verständlich und wird mit solcher Notwendigkeit Sprache, daß wir uns beglückt von ihr tragen lassen." *(Max Lüthi, 53)*

Das Märchen führt aus der wirklich vorstellbaren Welt unversehens und bruchlos in die *magische Welt*. Unwirklichkeit wirkt glaubhaft, u. a. durch knappe, nicht schildernde Benennung, formelhafte Wendungen (am Anfang, am Schluß) und Verse (Zauber- oder Verschwörungsformeln) sowie durch Gebrauch der gesprochenen Sprache, Erzählsprache. Satzbau bevorzugt Nebenordnung (Parataxe). Kunstvoll durchdachte Kompositionsform; in der Regel dreigliedriger Aufbau: Ausgangssituation mit spannungsvoller Erwartung — Mittelstück — Schluß. Im Mittelstück muß die Hauptfigur in der Regel drei Abenteuer oder drei Aufgaben lösen, ehe die Wende eintritt.

„Solche Dreigliederung gibt dem Erzähler das Gerüst für sein Erzählen. Da die Wiederholung zugleich eine Steigerung bringt, das Gewicht also jeweils hinten liegt (,Achtergewicht'), wird Spannung erzeugt. Außerdem dehnt die Wiederholung die Geschichte aus. Der Erzähler kann seine Zuhörer länger unterhalten. Die Dreizahl ist also zugleich Aufbau-, Spannungs- und Längungsformel. Sie steht der in der Personenzeichnung herrschenden Zweizahl (arm — reich, gut — böse) als Stilmoment entgegen."
(Wilhelm Helmich, 54)

Raum für Zusätze

Die *wesentlichen Merkmale* des Märchenstils sind (nach *Lüthi, 55*):

1. *Eindimensionalität* (keine „Zwei-Welten-Dichtung", das Magische ist keine andere Dimension).

2. *Flächenhaftigkeit* (Märchengestalten sind Figuren ohne Körperlichkeit, ohne Innenwelt, ohne Umwelt).

3. *Abstrakter Stil* (Technik der bloßen Benennung ergibt scharfe Kontur, reine Farben, klare Handlungslinie, dazu feste Formeln, Sprüche, formelhafte Anfänge und Schlüsse: „Von allem Anfang an, a principio, geht das Märchen *nicht* darauf aus, die konkrete Welt mit ihren vielen Dimensionen einfühlend nachzuschaffen: es schafft sie *um* ... in abstrakter Stilisierung.")

4. *Isolation* und *Allverbundenheit* (Märchenfiguren sind isoliert, sie lernen nichts, machen keine Erfahrungen; trotzdem fügen sie sich, unsichtbar gelenkt, zu harmonischem Zusammenspiel: sichtbare Isolation, unsichtbare Allverbundenheit).

5. *Entwirklichung* und *Welthaftigkeit* (Motive sind ohne Wirklichkeitsnähe, z. B. keine numinose Angst, doch: „Die entmachteten Motive gewinnen Transparenz und Leichtigkeit ... Sie sind selber zwar keine Realitäten mehr; aber sie repräsentieren sie. In den Glasperlen des Märchens spiegelt sich die Welt.")

Theorien über den Ursprung der Volksmärchen

Vielzahl und Unterschiede der Theorien geben zugleich Hinweis auf Vielgliedrigkeit der historischen Entwicklung.

a) Mythologische Theorie: Steht auf dem Standpunkt, daß im Volksmärchen verblaßte Mythen der germ. Götterwelt weiterleben; danach wird z. B. Dornröschen gedeutet als abgesunkener Sigurd-Brunhilde-Mythos. Vertreten zuerst von HERDER und bes. von den Brüdern GRIMM, die in den dt. Volksmärchen Reste uralten Glaubens sahen. Im 19. Jh. nach GRIMM Ausdehnung dieser Theorie auch auf Natur- und Sternmythen (Dornröschen naturmythisch gedeutet: der Sonnengott erweckt die im Winterschlaf ruhende Erde zum Frühlingsleben!). „Sie sind alle nichts Erdachtes, Erfundenes, sondern des ältesten Volksglaubens ein Niederschlag und unversiegbare Quelle der eigentlichen lautersten Mythen." (JACOB GRIMM, Rede auf Wilhelm Grimm).

Raum für Zusätze

Diese Theorie heute aus zwei Gründen aufgegeben:
1. „Das Märchen ist viel ursprünglicher und älter als die uns erhalten gebliebene Göttersage und hat sie um ein Jahrtausend überlebt.
2. Es gibt kein germanisches, kein deutsches Märchen, in dem ein Handlungsträger mit wirklich göttlichen oder heldischen Zügen aufträte — mag er noch so ‚königlich‘ daherkommen." (*Severin Rüttgers, 56*)

b) Wandertheorie: Aufgestellt 1859 von THEODOR BENFEY; behauptet, Indien sei einzige Heimat des Märchens (Ansatz zur *Monogenesis*: ein *einziges* Ursprungsland); Märchen seien von buddhistischen Mönchen ersonnen worden als eingekleidete Bspe ihrer Lehren und hätten sich von Indien aus über die Welt verbreitet.

Theorie nach heutigem Standpunkt unhaltbar; es gab bereits Märchen *vor* BUDDHA (in Indien selbst; Ägypten). Für einige Märchen ist jedoch der literarische Weg von Indien nach dem Westen nachweisbar.

c) Vielfachursprungstheorie *(Polygenesis)*: Wurde vorbereitet durch anthropologische und ethnologische Forschung. Der engl. Anthropologe EDWARD B. TYLOR *(Primitive culture, London, 1871)* wies bei allen Naturvölkern einen ursprünglichen Glauben an die Beseeltheit der Natur und der Naturkräfte nach: Animismus (lat. anima Seele; als Träger dieser Seele z.B. Schmetterlinge, Hauch, Schatten, Maus). Unter Ansetzung solchen Glaubens bei allen primitiven Kulturen folgerten der Schotte ANDREW LANG (Myth, Ritual and Religion, London, 1887) und der Franzose CHARLES BÉDIER (Les Fabliaux, Paris, 1925): Märchen sind überall und unabhängig voneinander entstanden. Ihre Ähnlichkeit ergibt sich aus den gleichen Voraussetzungen bei den einzelnen Völkern.

Nach heutigem Standpunkt hilft Polygenesis zwar bei der Ursprungserforschung der Märchen*motive* (z.B. Kinderlosigkeit, Bruderzwist, Begegnung mit wiederkehrenden Toten, Zauberschlaf u. ä.), doch darf *Urmotiv* nicht mit *Erzähltypus* (Märchen oder Sage) verwechselt werden: das „Märchenmotiv" ist seinem Wesen nach etwas anderes als das „Sagenmotiv", auch wenn beide auf ein Urmotiv zurückgehen.

d) Einfachursprungstheorie *(Monogenesis)*: Behauptet, es gäbe nur *eine* Heimat für ein bestimmtes Märchen, anschließend Wanderung mit Umwandlungen und Veränderungen von Volk zu Volk. — Vertreten durch die *historisch-geographische* Methode, bes. der *finnischen Schule* (ANTTI AARNE und KAARLE KROHN): gibt Typenverzeichnis der Märchen heraus (seit 1910) und untersucht Ausgangspunkt (in der Regel das Land mit den meisten und geschlossensten Belegen), Wanderwege und Geschichte jedes einzelnen Märchens. Vertreter dieses *heute allgemein anerkannten Standpunkts* in Deutschland u.a. JOHANNES BOLTE, WALTER ANDERSON.

2. Kunstmärchen

Das Kunstmärchen ist im Ggs. zum Volksmärchen, das durch mündliche Überlieferung verändert werden kann, in Stil und Haltung das künstlerische Werk eines Dichters in seiner endgültigen Gestalt; es ist auch, im Ggs. zum Volksmärchen, den literarischen Strömungen unterworfen.

Im literarischen Rokoko geistreiches Spiel mit wunderbaren Begeben- Raum für Zusätze
heiten zur Unterhaltung der aufgeklärten Gegenwart (z.B. Musäus,
Volksmärchen der Deutschen, 1782/86). Seit Herder werden Erzählweise und Motive des Volksmärchens ins Kunstmärchen übernommen,
jedoch teilweise ausgeweitet und belastet durch volksmärchenfremde
Züge, z.B. phantastische Symbolik (Goethe: Märchen), philosophisches
Bekenntnis (Novalis), dämonische Elemente und Satire (Tieck), Ver-
mischung von Realistik und Traum (E. T. A. Hoffmann).

Künstlerischer Höhepunkt im *romantischen Kunstmärchen*: Novalis,
Hyacinth und Rosenblüte, 1798, in: Die Lehrlinge zu Sais; ferner die
Ofterdingen-Märchen, 1799, de la Motte Fouqué, Undine, 1811,
Brentano, Die Märchen, 1846 (posthum hrsg.), zu Lebzeiten nur er-
schienen: Gockel, Hinkel, Gackeleja (1838). Tieck mischt Märchen mit
Novelle: Der blonde Eckbert, 1797, Der Runenberg, 1801, Liebeszauber,
Die Elfen, Der Pokal, 1811. Bei E. T. A. Hoffmann ebenfalls Ineinander-
greifen von sachlich-realistischen und phantastisch-märchenhaften Par-
tien: Der goldne Topf, 1814, Nußknacker und Mausekönig, 1816, Das
fremde Kind, 1817, Klein-Zaches, 1819, Prinzessin Brambilla, 1821,
Meister Floh, 1822.

Trotz verschiedener Versuche in anderen Gattungen (Tiecks Märchen-
dramen: Ritter Blaubart; Der gestiefelte Kater [beide 1797, umgearb.
1812], Die verkehrte Welt, 1812; Raimunds Märchen- und Zauber-
spiele: Der Diamant des Geisterkönigs, 1824, Das Mädchen aus der Feenwelt oder Der Bauer als Millionär, 1826, Der Alpenkönig und der
Menschenfeind, 1828, Der Verschwender, 1834; Grillparzers dramatisches Märchen: Der Traum ein Leben, 1834; E. T. A. Hoffmanns
Märchenoper: Undine, 1816, nach dem Text von Fouqué, später auch
vertont von Lortzing, 1845; Webers Märchenoper: Der Freischütz,
1821; Heines satirisches Versmärchen als Epos: Atta Troll, 1843) bleibt
Prosa die charakteristische Form des Kunstmärchens im Realismus, z.B.
bei Mörike (Das Stuttgarter Hutzelmännlein, 1853 [darin die „Historie
von der schönen Lau"]), Otto Ludwig (Die wahrhaftige Geschichte
von den drei Wünschen, 1842), Gottfried Keller (Spiegel, das Kätz-
chen, 1856), Storm (Der kleine Häwelmann, 1851, Hinzelmeier, 1857,
Drei Märchen, 1866, später unter dem Titel: Geschichte aus der Tonne,
1873), Marie v. Ebner-Eschenbach (Parabeln, Märchen und Gedichte,
1892).

Von großem Einfluß waren die Märchen des Dänen Hans Christian
Andersen (Märchen, 1835/72); hier Verzicht auf philosophische Hinter-
gründigkeit des romantischen Kunstmärchens, volkstümlich-wirklich-
keitsnah in Stil und Sprache, doch sensibler als das Volksmärchen und
nicht ohne Ironie und Spott. In Nachfolge Andersens wurde das Jugend-
und Kindermärchen bes. gepflegt; in Deutschland u.a. von Reinick,
Volkmann-Leander, Heinrich Seidel, Blüthgen. Wiederaufnahme
des Kunstmärchens im 20.Jh., unter Einbeziehung der technischen Welt,
u.a. bei Blunck, Märchen von der Niederelbe, 1923, und Wiechert,
Märchen, 1946/47.

Raum für Zusätze

2. Sage
1. Volkssage

Im Ggs. zum Volksmärchen spiegelt die Volkssage naives, unkritisches Wissen des Volkes wider, zielt auf *Wiedergabe der Wirklichkeit* und erhebt Anspruch, geglaubt, für *wahr* gehalten zu werden. Das „Sagen", raunenhaftes Erzählen von *merkwürdigen, wirklichen* Begebenheiten, die aus dem Alltäglichen herausragen, gleicht unserem heutigen „Gerücht", erzählt jedoch keinen harmlosen oder bösen Klatsch, sondern *gibt Kunde:* eindringliche Erfahrungsbelege über den Einbruch einer ganz anderen Welt in die Tageswirklichkeit.

Sage will packen, erschüttern, (selten) belustigen, den Hörerkreis zum Miterleben in Staunen und in Grauen, aber auch zum Nachsinnen führen. Charakteristisch die *vorwiegend pessimistische Haltung* der Welt und den Menschen gegenüber. Im Ggs. zum idealen Land und zur idealen Zeit des Märchens haftet die Sage in der Regel an einem *einzelnen* auffallenden Anlaß (Natur — Ereignis — Erlebnis) zur bestimmten Zeit und an bestimmtem Ort.

Formal schmuckloser, bei Höhepunkten in flüsternd-raunendem Ton gehaltener, erlebnis-intensiver *Erzählbericht,* der sich am Anfang oder Schluß gern auf Gewährsmänner beruft („Das hat mein Großvater selbst erlebt!"); keine unmittelbare künstlerische Absicht wie beim Märchen.

„Wir sehen hier die dichtende Phantasie im ersten Zustand der Unbewußtheit. Sie schafft schon, aber sie weiß noch nicht, daß sie schafft; sie trennt noch nicht von den Kräften des Erlebens und der Erkenntnis."
(Robert Petsch, 57)

★

Die Sage „erwächst aus erregendem Erleben, sie glaubt ursprünglich an die Wirklichkeit des Erzählten, sie ist Wissenschaft und Dichtung in einem, das heißt sie ist keines von beiden rein, sondern ein vorwissenschaftlich-vordichterisches Gebilde ... sie entsteht im Volke; heute noch können neue Sagen sich bilden." *(Max Lüthi, 58)*

Zu unterscheiden sind drei *Volkssagentypen:*

a) **Natursagen:** Merkwürdige Naturereignisse oder -erscheinungen, Felsbildungen, Versteinerungen, (z.B. Roßtrappe) oder Witterungsphänomene regen Phantasie des Volkes zu Erklärungsversuchen im vorwissenschaftlichen Sinne an. Ätiologische Sagenentstehung (gr. aitiologia von aitia Ursache = Lehre von Ursache und Wirkung, von Grund und Folge) = „erklärende" Sage.

b) **Ereignissagen:** Charakteristisches Ereignis oder geschichtliche Persönlichkeit bildet den Hintergrund = „erinnernde" Sage *(nach Peuckert, 59),* oft mit Ortssage verbunden, z.B. Kyffhäusersage.

c) **Erlebnissagen:** Führen in der Regel auf Traumerlebnisse (Alp-, Angsttraum) zurück, gelegentlich auch auf Halluzinationen und (epileptische) Dämmerzustände, die mit dämonischen Wesen in Zusammenhang gebracht werden = „bezeugende" Sage *(nach Peuckert, 59),* z.B. Vampir-, Wiedergänger-, Teufelspaktsagen.

2. Heldensage

Raum für Zusätze

Höhere Form gemeingermanischer Dichtung der sog. „Reckenzeit" (Völkerwanderung). In altgermanischer Zeit Hauptgattung das (↪) Heldenlied, auch überliefert als (↪) Sage, (↪) Epos, (↪) Ballade und (↪) Volksbuch. Heldensage mischt Geschichte und Sage, hat aber keine geschichtliche Einstellung, obwohl sie auf geschichtlichen Ereignissen beruht und auf geschichtliche Persönlichkeiten anspielt (ERMANARICH, GUNTHER, ATTILA, THEODERICH), vielmehr gestaltet sie beispielgebende Schicksale in dichterischer Steigerung: sie ist *Standesdichtung des germanischen Kriegeradels.*

Abgesehen von dem einzigen dt. Bruchstück des (↪) Hildebrandsliedes und den Zeugnissen der nordischen Überlieferung (↪ Edda), ist Heldensage fast nur in der Gestalt der mhd. Großepen der „Ritterzeit" überliefert und damit in weiter Entfernung vom Ursprung; das gilt in noch verstärktem Maße für die späteren (↪) Balladen und die Prosaauflösungen der Epen (↪ Volksbuch).

Sprache und Form der dt. Überlieferung der Heldensage:

Althochdeutsch als *Heldenlied:* Hildebrandslied
Mittelhochdeutsch als *Heldenepen:* Nibelungenlied, Kudrun und Bruchstücke der Dietrichepen
Frühneuhochdeutsch als *Ballade:* Jüngeres Hildebrandslied
Niederdeutsch als *Lied:* Ermenrikes Dot
Neuhochdeutsch als *Volksbuch* (Prosafassung): Der gehörnte Siegfried

3. Göttersage

Germanische Göttersage findet sich fast nur im Altnordischen (↪ Heldenlieder, Edda), wenngleich bereits in mehr oder weniger starker heidnisch-christlicher Mischung. In dt. Sprache ist wenig überliefert: so die beiden ahd. *Merseburger Zaubersprüche* (entst. vor 750), die im ersten Spruch von kriegerischen Halbgöttinnen (Idisi), im zweiten von germanischen Göttern (Wuodan und Balder bzw. Phol) und zwei Schwesterpaaren von Göttinnen (Sinthgunt und Sunna, Frîia und Volla) reden; außerdem tritt in der Abschwörungsformel des *Altsächsischen Taufgelöbnisses* die Götterdreiheit „Thunaer ende Uuoden ende Saxnote" auf, schließlich noch „Doner" als erstarrte Formel im Eingang des Spruchs gegen die Fallsucht (Contra caducum morbum).

4. Saga

Altisländische Prosagattung. (altisländisch saga = Erzählung, beide Vokale kurz gesprochen, Mz. sögur, doch gewöhnlich auch sagas).

Mehrere Gruppen:

a) *Isländersagas* (Islendingasögur);
b) *Königssagas* (Konungasögur, z.B. SNORRI STURLUSON, Konungabók [Königsbuch], nach den Anfangsversen auch *Heimskringla,* d.h. Weltkreis, genannt), 1220/30, erstes historisches Werk über die Geschichte der norwegischen Könige;

Raum für Zusätze
c) *Vorzeitsagas* mythischen Inhalts (Fornaldarsögur, z. B. die *Völsungasaga*, Prosaparaphrase der Lieder des Nibelungenzyklus der [→] Edda);
d) *Rittersagas* (Ridderasögur, z. B. die *Thidrekssaga*, aufgezeichnet um 1250 nach Berichten nd. Männer, Prosakompilation von Geschichten aus dem Sagenkreis um *Dietrich von Bern*).

Isländersagas am wichtigsten: Schöpfung altisländischer Geschichtenerzähler (nicht unpersönliche Volkssage, eher erstes Auftreten realistischer Prosanovelle), spielen in der Landnahmezeit Islands (872—930) bis rd. 1050, mündlich tradiert, aufgezeichnet erst nach 1200, in der Regel geschichtliche Erzählungen mit biographischer Grundstruktur in minder gebundener Rede (Prosa). Stil ist sachlich, der natürlichen, gesprochenen Sprache gemäß, kühl (starke Leidenschaften nur ahnen lassend) und faktenreich mit strengem Sinn für Wirklichkeitsnähe und Lebenswahrheit. Neben meisterhafter kompositioneller Kunst (bes. das Prinzip der gegensätzlichen oder steigernden Wiederholung) als Kunstmittel ausgezeichnet eingesetzt der (indirekt charakterisierende) Dialog oder das Gespräch. Obwohl die meisten erst in christlicher Zeit entstanden bzw. weitergegeben (Christianisierung Islands im Jahr 1000) und erst Jahrhunderte später aufgezeichnet wurden, findet sich kein nennenswerter christlicher Einfluß. Hauptthemen dieser Welt frühgeschichtlicher Sittlichkeit: Sippenfehde oder Einzelfehde (Ächtergeschichten) mit Mord, Blutrache, gerichtlichen Vorgängen (Thing), Klage und Sühne.

Die bedeutendsten Isländersagas:
Die Geschichte vom Skalden Egil (Egilssaga — Slg. Thule Bd. 3);
Die Geschichte vom weisen Njal (Njalssaga — Slg. Thule Bd. 4);
Die Geschichte von den Leuten aus dem Lachswassertal (Laxdoela — Slg. Thule Bd. 6);
Die Geschichte vom Goden Snorri (Eyrbyggjasaga — Slg. Thule Bd. 7);
Die Geschichte von dem starken Grettir, dem Geächteten (Grettissaga — Slg. Thule Bd. 5);
außerdem kleinere Sagas wie: Die Geschichte von Hühnerthorir, von Gisli, dem Geächteten, von Havard aus dem Eisfjord, von Hörd, dem Geächteten, vom Hochlandskampf (zusammengefaßt unter dem Titel: Fünf Geschichten von Ächtern und Blutrache — Slg. Thule Bd. 8).

3. Legende

Urspr. Lesung (lat. legenda, Mz., das zu Lesende) ausgewähltes Kapitel aus dem Leben eines Heiligen am Tag seines Festes im Kirchenkalender, dann Bezeichnung übertragen allgemein auf die religiös erbauliche Erzählung vom Leben und Leiden eines Heiligen: Heiligensage; ist geistliche Abart der Volkssage, in der Gottes Wirken auf übernatürliche Weise (Wunder) im irdischen Geschehen gezeigt wird.

> Die Legende bezieht alle Dinge „auf ein und denselben Mittelpunkt, auf Gott. Die Sage verwirrt, belustigt, ängstigt, erregt den Menschen, die Legende klärt und festigt. Die Sage stellt Fragen, die Legende gibt Antworten.

Aber ihre Antwort ist dogmatischer Art. Sie systematisiert die jenseitigen Erscheinungen und Einflüsse und teilt ihnen eine inhaltlich eng festgelegte Bedeutung zu. Die Legende mag im Volk entstehen, aber nicht unmittelbar, sondern unter dem Einfluß kirchlicher Belehrung. Die Kirche ist es auch, die die Legenden sammelt, pflegt und verbreitet... Die Legende will Wesen und Sinn der jenseitigen Kräfte (und damit auch des diesseitigen Geschehens) endgültig und verpflichtend erklären ... sie will aufrichten, man spürt die Absicht. Sie fordert engen Glauben an die Wirklichkeit des Erzählten wie an die Richtigkeit der Deutung." *(Max Lüthi, 60)*

Raum für Zusätze

Abgrenzung der Legende gegen das Märchen durch ihren Wirklichkeitsbezug, da stets ein Stück geschichtlicher Wirklichkeit in sie hineingewebt ist; dadurch Verwandtschaft mit der Sage. Von dieser unterscheidet sie sich durch den Ton, der nicht raunend, sondern heller, mehr auf idyllische Gestimmtheit eingestellt ist. Mit der Fabel verbindet sie ihr erbaulich-didaktischer Zug.

Drei in der dichterischen Gestaltung graduell verschiedene *Typen:*

a) *einfache Volkslegende* = geistliche Volkssage,
b) *spezifische Heiligenlegende* mit mehr oder weniger deutlicher Tendenz zur religiösen Erbauung und Belehrung,
c) *Kunstlegende*.

Legende trat als besondere epische Form seit Entstehung und Ausbreitung des Christentums in Erscheinung; schon *im frühen Mittelalter* Legendensammlungen in lat. Sprache von HROTSVITH VON GANDERSHEIM und WALAHFRIED STRABO. Heiligenlegenden in dt. Sprache begannen mit dem fragmentarischen *Georgslied* (um 900), weiter z. B. um 1085 das *Annolied* über Erzbischof ANNO VON KÖLN, Erzieher HEINRICHS IV. Viele Legenden in der *Kaiserchronik* (1135/50). In mhd. Zeit Abwandlung der Form in den höfischen Legenden HARTMANNS VON AUE (Gregorius und Der arme Heinrich; → auch Legendenepos). In der mittelalterlich-nachklassischen Zeit wurden *Marienlegenden* sehr beliebt. Bedeutendste mittelalterliche Legendensammlung: *Legenda aurea* (um 1270) von JACOBUS DE VORAGINE (lat.) und ihre dt. Entsprechung, das *Passional* (1290/1300; Verfasser unbekannt).

Während *Reformationszeit* und *Humanismus* keine Neubelebung des Legendenschaffens, weil von Protestanten als einseitig-konfessionell gebunden betrachtet und für Humanisten in ihrer diesseitsbetonten Haltung ohne Interesse, erst *Gegenreformation* wendete sich der Legende wieder zu. Die *Aufklärung* lehnte Legenden ab aus Abneigung gegen alles Wunderbare und Übernatürliche.

In der *Klassik* und bes. der *Romantik* wieder Legenden künstlerischen Ranges, angeregt durch HERDER (in: Adrastea; Zerstreute Blätter), von GOETHE (Hufeisenlegende, Der Gott und die Bajadere, Paria), ARNIM, BRENTANO, UHLAND, RÜCKERT u. a. In der Folgezeit Absinken des Legendenschaffens; Ausnahmen bildeten HEINE (Die Wallfahrt nach Kevelaar) und GOTTFRIED KELLER (Sieben Legenden).

Raum für Zusätze

Die *Neuromantik* um die Jahrhundertwende erweckte die Legende wieder zu neuem Leben; starker Einfluß von SELMA LAGERLÖFS „Christuslegenden", 1904. Bevorzugte Gattung süddt., bes. österr. Dichtung: z.B. BINDING: Coelestina, 1908; St. Georgs Stellvertreter, 1909; Weihnachtslegende vom Peitschchen, 1917; Keuschheitslegende, 1919; FELIX BRAUN: Novellen und Legenden, 1910; KARL GUSTAV VOLLMOELLER: Acht Mirakel der Heiligen Jungfrau Maria, 1927; FRIEDRICH SCHNACK: Schmetterlingslegenden, 1931; Falterlegenden, 1932; GERTRUD VON LE FORT: Das Reich des Kindes, 1934; STEFAN ZWEIG: Legenden, 1945 (posthum); GERTRUD FUSSENEGGER: Die Legende von den drei heiligen Frauen, 1952. — Dramatisierung von Legenden durch GERHART HAUPTMANN (Der arme Heinrich, 1902) und MANFRED HAUSMANN (Der Fischbecker Wandteppich, ein Legendenspiel, 1955). THOMAS MANN modernisierte das höfische Legendenepos „Gregorius" von HARTMANN VON AUE in seinem Roman Der Erwählte, 1951.

4. Schwank

Im heutigen Sprachgebrauch üblich sowohl für den (→) *dramatischen* Schwank wie für den *epischen* Schwank; nur auf diesen bezog sich urspr. die Bezeichnung. Schwank (mhd. swanc leicht zu schwingen) bedeutet Schwung, Hieb, Streich, daher: die Erzählung eines Streiches.

Realistische Kurzgeschichte mit lustigem, oft derbdrastischem Inhalt. Beliebte *Motive:* ertappte Betrügerei, betrogene Betrüger, Prahlsucht, Dummstellen (Dummhans), eheliche Untreue u.ä. Schwank will in erster Linie unterhalten, nur gelegentlich lehrhafte Tendenz (Predigtbeispiel); unbefangen gegenüber dem Derben bzw. Obszönen. Charakteristisch ist Neigung zu Häufungen: Schwänke gruppieren sich oft um eine einzelne Gestalt (Eulenspiegel, Münchhausen) oder auch um eine ganze Gemeinde, z.B. Schilda in *Die Schildbürger,* 1598, entstanden nach Vorlage des *Lalebuchs,* 1597, eines anonymen elsässischen Volksbuchs, das die Streiche der Laleburger darstellt.

Als Form der Volksdichtung uralt und heute noch lebendig. Im Spätmittelalter literarisch fixiert; große dt. Schwanksammlungen entstanden im 16.Jh.: PAULI: Schimpf und Ernst, 1522; WICKRAM: Das Rollwagenbüchlein, 1555; KIRCHHOFF: Wendunmuth, 1563—1603 (mit über 2000 Schwänken).

„Dieses Literarisch-Werden der Schwänke ist einzufügen in den großen Prozeß des Literarisch-Werdens der deutschen Dichtung überhaupt, in dem ein Bereich der Dichtung nach dem anderen dem Pergament anvertraut wird... Sicher ist das nicht mit einem Niveauverlust gegenüber dem bisher üblichen mündlichen Tradieren verbunden, eher mit einem Anheben des Niveaus, da das Versifizieren, das Einfügen der Schwänke in die damals übliche Literatursprache, in die der höfischen Dichtung verpflichteten Sprache, in vielen Fällen eine Verfeinerung des Stoffes und der Sprache zur Folge hatte. Die Schwankdichter sind nicht nur Schreiberlinge und Verseschmiede: vom Adligen über den angesehenen Bürger bis zum unbekannten Schreiber und Fahrenden sind alle sozialen Stände vertreten, wobei die Qualität der Schwänke durchaus nicht vom sozialen Rang seines Dichters abhängt."

(Heinz Rupp, 61)

5. Anekdote

Raum für Zusätze

Kurze, charakteristische Geschichte um eine geschichtliche Persönlichkeit oder bezeichnende Begebenheit mit einem meist pointenartigen Schluß, der blitzartig verborgene Zusammenhänge erleuchtet (gr. an-ękdoton nicht ausgegeben; d.h. nicht Herausgegebenes, nicht Veröffentlichtes aus Gründen der Rücksichtnahme und Verschwiegenheit). Ist ihre Wahrheit auch nicht historisch verbürgt, so könnte sie doch wahr sein. Die witzige Gebärde wie das witzige Wort zeugen von der Überlegenheit eines Menschen, der sich nicht verblüffen läßt.

„Die Anekdote hat durchaus ‚Achtergewicht‘, d. h. ihre Hauptwirkung geht von der ‚Lösung‘ am Schluß aus, auf die wir von Anfang an gespannt werden. Im Gegensatz zu den anderen erzählenden Dichtungsarten gründet sich die Anekdote nicht auf die durchgehende Linie des Vorgangs, sondern auf den Gipfelpunkt ... (Roman, Novelle, Anekdote) verhalten sich zueinander wie Linie, Strich und Punkt." *(Robert Petsch, 62)*

Als Kunstform tritt die Anekdote in Deutschland seit dem 15.Jh. in Anlehnung an lat. Muster auf, wird rasch volkstümlich, dabei leicht formlos, da nur inhaltlich interessierend. Erst in der Romantik erneut Verständnis für die Anekdote als Kunstform. Meisterhafte Bspe bei HEINRICH V. KLEIST (z.B. Bach, Anekdote aus dem letzten Kriege; Anekdote aus dem letzten preußischen Kriege) und bei JOHANN PETER HEBEL (Sammlung „Schatzkästlein des rheinischen Hausfreundes", 1811, führen von einfachen Wortwitzanekdoten über Gaunergeschichten bis zu den Meistererzählungen „Kannitverstan" und „Unverhofftes Wiedersehen": diese zwei Bspe gehen über die reine Anekdote hinaus, sind Ausgangspunkt für die dt. Form der „Kurzgeschichte"). Im 20.Jh. Wiederaufnahme der HEBELschen Form durch WILHELM SCHÄFER, HANS FRANCK und PAUL ERNST.

Bach

„Bach, als seine Frau starb, sollte zum Begräbnis Anstalten machen. Der arme Mann war aber gewohnt, alles durch seine Frau besorgen zu lassen, dergestalt, daß, da ein alter Bedienter kam und ihm für Trauerflor, den er einkaufen wollte, Geld abforderte, er unter stillen Tränen, den Kopf auf den Tisch gestützt, antwortete: ‚Sagt's meiner Frau!'" (KLEIST)

6. Geschichte

Gehört entweder zur volkstümlichen Epik oder zur Trivialliteratur. Unterscheidet sich von der Anekdote durch breitere Erzählform (kein pointenartiger Schluß), von der Erzählung durch einfachen Aufbau (Reihung), von Sage und Märchen durch Betonung des „Wirklichen".

Verschiedene *Typen*, z.B.:

a) Kalendergeschichte: Wurde seit dem 15.Jh. zuerst in Form belehrender Anweisungen dem Kalendarium beigegeben. Neben literarisch anspruchslosen auch dichterisch gestaltete Formen: Erzählungen oder Kurzgeschichten. Bspe: Kalendergeschichten von JOHANN PETER HEBEL (1808/11), im 20.Jh. von GRAF (1929), WAGGERL (1937) und BRECHT (1949).

Raum für Zusätze

b) Reise- und Abenteuergeschichte: Umfaßt verschiedene Spielarten, vom einfachen Bericht über Reise- und erlebte Abenteuerschilderungen bis zu dichterisch gestalteten Erzählungen, Novellen und Romanen. STEFAN ZWEIGs Der Kampf um den Südpol (1927) nähert sich der Erzählung; bei SVEN HEDIN (Durch Asiens Wüsten, 1899; Von Peking nach Moskau, 1924) überwiegt die Berichtform.

c) Kriminalgeschichte: Wird nur durch stoffliche Spannung zusammengehalten und spekuliert in oft unbedenklicher Weise auf Leserwünsche. Gehört damit häufig zur *Kolportageliteratur* (frz. colporter, eigentlich: [Waren] auf dem Nacken herumtragen, von col Hals und porter tragen = Hausierer), auf niedrigem Niveau stehende Massenprodukte, die früher von Hausierern angeboten wurden, daher auch „Hintertreppenroman".

Auf *literarischer* Ebene meist als Roman *(Kriminalroman);* im Ausland mehr gepflegt als in Deutschland, z.B. von dem Amerikaner POE (1809—1849) und dem Engländer DOYLE (1859—1930).

Unterart

c¹) Detektivgeschichte (engl. detect auf-, entdecken), in der es weniger um die *E*rklärung eines Verbrechens als um dessen *Auf*klärung geht. Strukturschema: Enträtselung eines Sachverhalts durch Analysieren des seelischen Geschehens unter der Voraussetzung, daß seelische Vorgänge sich mechanisch-kausal vollziehen und logisch auflösbar sind.

Wenn durch Anhäufung und breites Ausmalen von Verbrechen, Brutalität, Sexualität an niedere Instinkte des Lesers appelliert wird, Absinken zur *Schundliteratur*.

d) Liebesgeschichte: Die *künstlerisch* gestaltete Liebesgeschichte wird zur Erzählung oder Novelle, z.B. bei GOETHE, BALZAC, GALSWORTHY, ZOLA; in der Form der massenhaft vertretenen und künstlerisch anspruchslosen Geschichte meist zum Kitsch. Beginn mit BERTHOLD AUERBACH, Barfüßele, 1856, und EUGENIE MARLITT, Goldelse, 1867. Höhepunkt um die Jahrhundertwende (über 200 Romane) mit HEDWIG COURTHS-MAHLER (z.Z. 30 Mill. Exemplare). Der Bedarf der dt. Presse an Fortsetzungsromanen beträgt heute etwa 10000 Titel pro Jahr.

Kitschliteratur unterscheidet sich von Schundliteratur durch ihr Bestreben, als Kunst zu erscheinen: *Scheinkunst* (BENN: „Das Gegenteil von Kunst ist gut gemeint"). Nicht jede epigonale Kunst ist Kitsch; sie wird es erst, wenn zum künstlerischen Unvermögen innere Unwahrheit hinzutritt, z.B. in Zeiten nüchterner Realität der Versuch, an „idyllischer" Kunst festzuhalten. Kitsch kann nicht von außen bekämpft werden (wie die Schundliteratur durch Verbot von jugendgefährdendem Schrifttum), sondern nur von innen her (durch Geschmacksbildung).

Trivialliteratur weitgehend identisch mit Kitschliteratur. *Klaus Gerth (63)* definiert: „Trivialliteratur ist eine Literatur der sozialen und weltanschaulichen Verspätungen, sie konserviert das Weltbild von gestern"; fügt folgende zehn *Kriterien für Trivialität* hinzu:

Stilisierung auf Wunscherfüllung und Gegenwelten (Bild des „Helden", z. B. im Western, bzw. Bild einer „idyllischen" Welt, z. B. im sog. Heimatroman);

Verknüpfung märchenhafter Fügung mit einer real gemeinten sozialen Umwelt in einer realen Zeit (trivialisiert sowohl das Märchen wie das Leben);

Illusion der Realitätsbemeisterung (keine Situation ist so hoffnungslos, daß der Held nicht doch einen Ausweg fände);

Zwangsharmonisierung und Spurenlosigkeit (beliebte Harmonisierungsmittel: Tod oder Kloster, Bagatellisierung „erfahrener" Leiden);

Scheinproblematik (Scheinprobleme aus dem Zwang der Handlung bzw. „konstruierte" Konflikte);

Häufung (→ Akkumulation) als Stilprinzip (z. B. schon im Titel: Abenteuerliche Flucht der unglücklichen Komteß);

Klischierung (Reduktion der Wirklichkeit auf klare Figurentypen, vertraute Handlungsschemata, wiedererkennbare Requisiten und [sprachlich] auf geläufige, abgenutzte Wendungen);

Banalität und Preziosität (Zitat: „Eine Seligkeit ohnegleichen durchrann ihren Körper, der nur von einem modisch geschmackvollen Mantel umhüllt war");

Unkritische Naivität und Ernsthaftigkeit (Fehlen jeder kritischen oder ironischen Distanz);

(Billige) *Nachahmung* vorgegebener Muster (z. B. KARL MAY nicht ohne COOPER).

Gerth erwägt trotz der z. Z. noch schwierigen Abgrenzungen Einteilung in: *Unterhaltungsliteratur* (arbeitet mit erprobten, geläufigen, konventionellen Mitteln, zweifelt nicht an der Eindeutigkeit von Sprache und Wirklichkeit und hat es nicht auf die Eroberung neuer Provinzen des Welt- und Selbstverständnisses abgesehen); *Trivialliteratur* (auch hier Qualitätsabstufungen: Obere Grenze, Mittellage, untere Grenze); *Schundliteratur*.

7. Erzählung

Epische Form zwischen Geschichte einerseits, Novelle und Roman andererseits. Von der Geschichte qualitativ unterschieden durch bewußt eingesetzte Gestaltungsmittel; dagegen fehlt der Erzählung die Konzentrierung des Erzählten auf *ein* Geschehnis wie in der Novelle. Chronologische Reihenfolge der einsträngigen Handlung, verknüpft also nicht mehrere Handlungen wie der Roman.

Zahlreiche *Typen*, z. B.:

a) Dorferzählung: Schon z. Z. ihrer Entstehung (um 1840) zwei Spielarten erkennbar: bei GOTTHELF nüchterner, wahrhaftiger Realismus, bei AUERBACH (Schwarzwälder Dorfgeschichten, 1843/54) sentimentale Verherrlichung und Verniedlichung des Bauernlebens. Fortsetzung in den Dorf- und Heimaterzählungen der Heimatkunst um die Jahrhundertwende, im 20. Jh. vermischt mit außerkünstlerischen Tendenzen in der sog. „Blut- und Boden"-Literatur des Nationalsozialismus sowie im (→) Roman und Erzählwerk des „Sozialistischen Realismus".

Raum für Zusätze **b) Tiererzählung**: In ihr standen seit jeher die Tiere für menschliche Verhaltensweisen; im 20. Jh. versucht die Tiererzählung, die Vermenschlichung soweit wie möglich zurückzunehmen. Solche Darstellungen zeigen z. B. die Erzählungen von SVEND FLEURON, JACK LONDON, in Deutschland die von FRIEDRICH SCHNACK und LÖNS. Das Anderssein der Tierwelt zu schildern, für sich und unabhängig vom Menschen, scheitert in diesen Erzählungen an dem notwendigen Gebrauch der Menschensprache.

Weitere Arten der Erzählung sind die *Gespenstererzählung,* die *geschichtliche Erzählung* und, von besonderer Wichtigkeit, die *Kinder- und Jugenderzählung* (↪ Jugendliteratur).

8. Kurzgeschichte

Als literarischer Begriff bis zum 1. Weltkrieg in Deutschland unbekannt. Lehnübersetzung aus dem Englischen *(short story* = kurze Geschichte; im Engl. kein Wort für Novelle vorhanden, engl. novel = Roman).

Drei *Entwicklungslinien* der dt. Kurzgeschichte:

a) Anknüpfung an die *Anekdote,* z. B. der HEINRICH V. KLEISTs, im 20. Jh. durch WILHELM SCHÄFER. Diese Entwicklung wird von der zeitgenössischen Literaturkritik skeptisch beurteilt:

„Die Verdrängung der Pointe, die Abkehr von der historischen Wirklichkeit und die Vernachlässigung der Kürze der Anekdote — alles nach der modernen Theorie erlaubt, ja sogar als Element ihrer ‚Kunstform' hervorgehoben — zerstören nach unserer Meinung geradezu die Struktur der Anekdotenform." *(Klaus Doderer, 64)*

b) Im Anschluß an die Kalendergeschichten von HEBEL Entwicklung einer dt. *Eigenform* der „kurzen Geschichte". Im 20. Jh. aufgenommen von PAUL ERNST (Geschichten deutscher Art, 1928), WILHELM SCHÄFER (Anekdoten, ab 1907, letzte Ausg. 1950) und HANS FRANCK (Der Regenbogen, 1927; Recht ist Unrecht, 1928).

c) Einfluß der amer. *short story,* die eine eigene, der dt. Novelle ähnliche Entwicklung hat: Beginn mit IRVING (The Sketch Book of Geoffrey Crayon [Gottfried Crayon's Skizzenbuch], 1819f.) und POE (Tales of the Grotesque and Arabesque [Phantastische Erzählungen], 1840); bei diesem zugleich *Theorie* der short story: keine überraschende Lösung, sondern vom ersten Satz an auf das „Unausweichliche" festgelegt. Einfluß auch auf Europa, bes. auf MAUPASSANT und über ihn auf TSCHECHOW. Rückwirkung dieser europäischen Form wiederum auf amer. Erzähler: Erste Entfaltung in den short stories von FRANCIS BRET HARTE, O. HENRY und JACK LONDON. Höhepunkt bei den Meistern des 20. Jhs. SHERWOOD ANDERSON, HEMINGWAY, THOMAS WOLFE, FAULKNER, STEINBECK, SAROYAN. In der Zeit von 1918 bis 1933 und nach 1945 starker Einfluß dieser short stories auf die dt. Literatur.

Das *Wesen* der Kurzgeschichte sieht *Doderer (65)* in der „künstlerischen Wiedergabe eines entscheidenden Lebensausschnittes (eines Schicksalsbruches)."

Gestaltung des Krisenaugenblickes „eines Lebens in äußerster Kürze so, daß dadurch ein Blick in das Ganze des Lebens getan und die Geschichte für den Leser bedeutsam wird. Der Inhalt ist ein Augenblick äußerer oder innerer Gefährdung für den Menschen, der entweder durch ein Ereignis vernichtet wird oder zu dem Ereignis eine innere Haltung einnimmt und es damit seinem Lebensgang und -sinn einfügt. Das Schicksal oder der Charakter des Menschen kann hervortreten. Die Motive sind wie die Personen und die Umwelt nicht Typen oder typisch gezeichnet. Die Menschen sind Menschen des Alltags, die keine Entwicklung durchmachen, sondern in Grenzsituationen geraten, aber zugleich Muster, die für viele andere stehen."
(Wilhelm Helmich, 66)

Raum für Zusätze

Zeitgenössische *dt. Autoren* (mit ausgewählten Titeln): ELISABETH LANGGÄSSER (Saisonbeginn, Untergetaucht); WOLFGANG BORCHERT (Die Küchenuhr, Nachts schlafen die Ratten doch, Die drei dunklen Könige, Die Kirschen, Das Holz für morgen); RISSE (Der Diebstahl); MARIE LUISE KASCHNITZ (Popp und Mingel, Das dicke Kind); EICH (Züge im Nebel, Der Stelzengänger); LUISE RINSER (Die rote Katze); BÖLL (Die Waage der Baleks, Unberechenbare Gäste); BENDER (Iljas Tauben, Die Wölfe kommen zurück); KREUDER, GOES, GAISER, KÜHNER, PIONTEK, STAHL, HILDESHEIMER, SCHALLÜCK, LENZ, WALSER u. v. a.

9. Jugendliteratur

Unter dem *Jugendbuch* versteht man das dem jungen Leser in seinem Erfahrungs- und Verstehensbereich zugängliche, angemessene und förderliche Lesegut.

Im 18. Jh. führte pädagogische Tendenz der Aufklärung zur Gleichsetzung von Jugendschriften und Schulbuch. Bekanntestes Bsp.: CAMPE, Robinson der Jüngere, 1779/80, eine Bearbeitung des DEFOEschen „Robinson" für die Jugend in erziehrisch-moralischer Absicht. Formale Änderungen gegenüber dem Original: statt Ich-Form Bericht in dritter Person; Handlungsablauf wird unaufhörlich durch sachlich-belehrende und moralisch-deutende Gespräche unterbrochen und auf Abende verteilt. Vorwand für totale Pädagogisierung des Stoffes im Sinne der philanthropinen Bewegung.

Im 19. Jh. entwickelte sich neben dem Lesebuch sog. *spezifisches* Jugendschrifttum mit starker Tendenz, entweder moralisch-christlich (CHRISTOPH SCHMID, THEKLA GUMPERT u.a.) oder wilhelminisch-patriotisch.

Im 20. Jh. entstand die *Kunsterziehungsbewegung* (Kunsterziehungstage in Dresden 1901, Weimar 1903 und Hamburg 1905). Sie schloß diese spezifische Jugendliteratur als unkünstlerische Tendenzliteratur aus, anerkannte als Maßstab nur die *ästhetische* Beurteilung („Die Jugendschrift in künstlerischer Form muß ein Kunstwerk sein", [*Wolgast, 67*]) und setzte die der Jugend geistig zugänglichen *Werke der Weltliteratur* zum alleinigen Maß für eine literar-ästhetische Erziehung.

Dieser Optimismus in bezug auf ästhetische Bildsamkeit des einzelnen und von hier aus auch des ganzen ist heute abgeklungen.

Raum für Zusätze *Gegenposition* kam von den Vertretern der *Psychologie:* KARL BÜHLER (Die geistige Entwicklung des Kindes, 1918, 1924[4]); WILLIAM STERN (Psychologie der frühen Kindheit, 1914, 1952[7]); CHARLOTTE BÜHLER (Das Seelenleben des Jugendlichen, 1922, 1929[5]); EDUARD SPRANGER (Psychologie des Jugendalters, 1924, 1960[26]). — ERWIN ACKERKNECHT (Jugendlektüre und deutsche Bildungsideale, 1914) formulierte die Gegenthese zu WOLGAST: der künstlerische Wert einer Erzählung entscheide nicht über ihren Bildungswert für die kindliche Persönlichkeit, vielmehr müßten für die Beurteilung einer Jugendschrift die Voraussetzungen und Ziele der einzelnen *Entwicklungsstufen* des Heranwachsenden maßgebend sein.

Das führte zur Entdeckung der sog. „Lesealter" oder Lesestufen, d.h. zum Versuch, mit Hilfe des Lieblingsbuches der Altersstufen und Geschlechter eine Lesetheorie aufzubauen (CHARLOTTE BÜHLER, Das Märchen und die Phantasie des Kindes, 1918, 1958[2]; ALBERT RUMPF, Kind und Buch, 1926; ELISABETH SCHLIEBE-LIPPERT, Der Mensch als Leser. Entwicklungsverlauf der literar-ästhetischen Erlebnisfähigkeit, 1950; ALEXANDER BEINLICH, Über die Entwicklung der Leseneigung und des literarischen Verständnisses, in: Handbuch des Deutschunterrichts, hrsg. von *A. Beinlich, 1961).*

Schließlich meldete noch die *Soziologie* gruppendynamische Beeinflussung der literarischen Entwicklung an (Familie, Gruppe, Schule, Stadt/Land u. a.).

So ist der komplexen Natur der Jugendliteratur nur gerecht zu werden unter Anwendung *aller Beurteilungsgrundsätze:*

Erzieherischer Wert:	Pädagogischer Gesichtspunkt
Dichterische Gestaltung:	Ästhetischer Gesichtspunkt
Altersstufengemäße Formgebung und Sprachgestaltung:	Psychologischer Gesichtspunkt
Gruppendynamischer Einfluß:	Soziologischer Gesichtspunkt

Daraus ergibt sich Verbreiterung der Basis des Lesegutes für Jugendliche und *Einteilung* in:

a) Dichtung: Umfaßt *Volksdichtung:* Kinderreime, Kinderlieder, Volksmärchen, Sagen, Schwänke, Legenden, Deutsche Volksbücher; *Kunstdichtung:* der Jugend gemäße Werke der dt. Dichtung, z.B. STORM, Pole Poppenspäler (1875); Werke der *Weltliteratur,* wenn nötig, in entsprechender Bearbeitung, z.B. CERVANTES, DEFOE, SWIFT.

b) Künstlerisches Jugendbuch: Eigens für die Jugend geschriebene Bücher können durchaus künstlerischen Rang erreichen, frei von Tendenzen sein oder die Tendenz (die wie etwa die moralische durchaus dem kindlichen Leben gemäß sein kann) in den künstlerischen Zusammenhang der Erzählung einfügen. Bestes Bsp.: SELMA LAGERLÖF, Wunderbare Reise des kleinen Nils Holgersson mit den Wildgänsen, 1906f.:

"Das Buch ist in glücklicher Verschmelzung vieles in einem: Märchen (als Rahmen und in Einlagen), Sagenbuch (Vineta, Falun), Tiergeschichte (Fuchs Smirre, Karo und Graufell), Kinderschicksal (Asa und Klein-Matt), kindertümliches Sachbuch zur Erdkunde, Erziehungsspiegel eines dann noch tüchtigen Jungen. Vollkommen geglückte Verschmelzung von Lehrgut, Volksgut und Kindergut in dichterischer Form." *(Josef Prestel, 68)*

Also keine Ablehnung eines recht verstandenen und geübten spezifischen Jugendschrifttums.

c) Sachbuch: Belehrende Bücher, bes. solche, die ihren Gegenstand in lebendiger, aus unmittelbarem Erlebnis der Sache fließender Darstellung darbieten = gestaltete Sachbücher, z.B. Thor Heyerdahl, Kon-Tiki; Hans Hass, Unter Korallen und Haien; Georg Grillmeyer, Ein Lausbub findet zur Technik; August Verleger, Das Wunder aus dem Nichts; Franz Bauer, Der sprechende Draht; Karl Hartl, Vom Feuerpfeil zum Weltraumschiff.

Literatur

Karl Ernst Maier, Jugendschrifttum. Formen, Inhalte, pädagogische Bedeutung, 1969³ (Einführende Arbeit in das Gesamtgebiet)

Hermann L. Köster und Walter Scherf, Geschichte der deutschen Jugendliteratur, 1968

James Krüss, Naivität und Kunstverstand — Gedanken zur Kinderliteratur, 1969

II. GROSSEPIK

1. Epos

A. Mittelalterliches Epos

Erzählerische Großform in Versen (gr. epos Wort, Rede, Erzählung). Zum *Vortrag* durch den *Rhapsoden* (gr. rhapsōdós von rhaptein nähen, flicken, zusammenfügen und ōdé Gesang = Zusammenfüger von Gesängen) bestimmte Kunstdichtung *in vorliterarischer Zeit*. Setzt festes Ordnungsgefüge bestimmter Gemeinschaften voraus, tritt vornehmlich in geschichtlichen Frühzeiten der Völker (Kriegeradel) auf.

Charakteristisch sind gehobene Verssprache, übersichtliche Struktur, Wiederholungen, Formeln. Epos entwirft möglichst umfassendes Weltbild, in dem seine handelnden Figuren fest verankert sind. In diesem Sinne ist das Epos in dt. Dichtung nur verwirklicht im (anonymen) Heldenepos.

Drei Formen des mittelalterlichen Epos:

1. Heldenepos

Drei Heldenepen erhalten, keines davon in der Sprache des Originals: *Waltharius* (Ende 9.Jh.), lat., in Hexametern; *Nibelungenlied* (um 1200), in mhd. Sprache der ritterlich-höfischen Blütezeit; *Gudrunlied* (um 1240), enthalten im „Ambraser Heldenbuch", das Kaiser Maximilian I. 1504—1515 von dem Zöllner Hans Ried aus Bozen aus älteren Sammlungen abschreiben ließ.

Raum für Zusätze

2. Christliches Leseepos

Dichterische Darstellung des Lebens und Leidens JESU: *Heliand* (um 830), in altsächsischer Sprache (Stabreim); *Evangelienharmonie* des OTFRID VON WEISSENBURG (vollendet 863—871) in ahd. (südrheinfränkischer) Sprache (Endreim).

3. Höfisches Epos

Übergangsform zum Roman, daher auch „höfischer Versroman" genannt. Verwandtschaft liegt nicht in der Form (höfisches Epos bleibt beim Vers), sondern in der Problemstellung:

> weil das höfische Epos „im Gegensatz zum Heldenepos die Wirklichkeit idyllisch beschränkt zu einer rein idealischen Wirklichkeit, die sich von der natürlichen Wirklichkeit sehr weit entfernt, und indem es die Schilderung des seelischen Innern zu feinsten Kleinmalereien zerlöst (wie ja auch das Seelische des Dichters sich auf Schritt und Tritt vordrängt)."
>
> *(Kurt Halbach, 69)*

Innerhalb der Epoche des höfischen Epos sind zu unterscheiden: *vorhöfisches Epos, höfisches Epos, Legendenepos* (hier noch stärkerer Übergang zu romanhaften Formen) und *Tierepos*.

a) Vorhöfisches Epos: In frühmhd. Zeit schlug *weltliche* Epik von *geistlichen Dichtern* Brücke zum vorhöfischen Epos (gelegentlich mißverständlich auch „Spielmannsepos" genannt): *Alexanderlied* des Pfaffen LAMPRECHT, *Rolandslied* des Pfaffen KONRAD und die *Kaiserchronik* (alle Mitte des 12. Jhs.).

Entstanden unter erster Einwirkung altfrz. weltlicher Epik: Quelle für Alexanderlied ist ältester frz. Alexanderroman in Form der alten *Chansons de geste* (lat. cantio Lied und gerere tun, gestus getan = Tatenlieder des ALBÉRIC DE BESANÇON [um 1120], die auch Quelle für das älteste überlieferte span. Heldenepos „Cid" von 1140 waren), Quelle für Rolandslied altfrz. Rolandslied (Chanson de Roland, um 1100). Dagegen Quellen für Kaiserchronik lat. (spätrömische) Kaiser„geschichten" und Weltchroniken.

Hauptwerke: König Rother (um 1150); Herzog Ernst (um 1180).

b) Höfisches Epos: Hier zweite und stärkere Einwirkung der altfrz. weltlichen Epik. Vorbild für dt. Bearbeitungen: das Werk des altfrz. Epikers CHRÉTIEN DE TROYES (vor 1150 bis vor 1190), überliefert in fünf großen Romanen: Erec et Enide, Cligés, Lancelot (La Charette = Der Karrenritter), Yvain, Perceval (unvollendet), auch „Artusromane" genannt, da die Ritter dieser Romane alle zur Tafelrunde des Königs Artus gehörten. Übernahme von Erec et Enide und Yvain durch HARTMANN, von Perceval durch WOLFRAM.

Hauptwerke: HEINRICH VON VELDEKE, Eneide (vor 1190); HARTMANN VON AUE, Erec (ca. 1190/92) und Iwein (um 1200); WOLFRAM VON ESCHENBACH, Parzival (1200/10); GOTTFRIED VON STRASSBURG, Tristan und Isolt (um 1210).

c) Legendenepos: Salman und Morolf; Sankt Oswald; Orendel (alle 2. Hälfte des 12.Jhs., anonym). — Höfisches Legendenepos bzw. legendenhafte höfische Versnovelle: HARTMANN VON AUE, Gregorius und Der arme Heinrich (beide letztes Jahrzehnt des 12.Jhs.).

d) Tierepos: Reinke de Vos (1498) in nd. Sprache, anonym.

Mittelalterliches Epos erlosch um 1500; jedoch wurden berühmte ausländische Vorbilder ins Dt. übersetzt: HOMERs Odyssee, 1537 und Ilias, 1610; VERGILs Äneis, 1537.

Außerdem Einwirkung der großen epischen Schöpfungen aus:

Italien: DANTE, La Divina Commedia, 1307/21 (Die Göttliche Komödie); ARIOST, L'Orlando furioso, 1516 (Der rasende Roland); TASSO, La Gierusalemme Liberata, 1581 (Das befreite Jerusalem);
Portugal: CAMÕES, Os Lusiadas, 1572 (Die Lusiaden);
England: MILTON, Paradise Lost, 1667 (Verlorenes Paradies);
Frankreich: VOLTAIRE, La Henriade, 1728 (Die Henriade).

B. Neues deutsches Epos

Setzte Mitte des 18.Jhs. ein; bis zur Jahrhundertwende entwickelten sich im wesentlichen vier Spielarten: *Komisches Epos, Weltanschauungsepos, bürgerlich-idyllisches Epos* und *geschichtliches Epos.*

a) Komisches Epos: Kennzeichnend für die geistesgeschichtliche Situation Mitte des 18.Jhs. in Deutschland mit Rokoko, Aufklärung und Empfindsamkeit ist das Nebeneinanderbestehen zweier sich im Grunde ausschließender Gattungsformen: des komischen und des ernsten Epos. Erst WIELAND findet in seinen besten Verserzählungen die Synthese (Musarion oder Die Philosophie der Grazien, 1768; Der Neue Amadis, 1771).

Das komische Heldengedicht füllt die Form des hohen Epos mit einem Bagatell-Inhalt. Darstellungsprinzip also das der (→) Parodie; bes. die epischen Stilmittel des hohen Epos (Musenanruf, Gleichnis, rhetorische Figuren, Einleitung von Rede und Gegenrede, heroisches Reimpaar usw.) sowie typische Szenen (Volksversammlungen, Götterrat, Schlachtbeschreibungen) wirken, auf den trivialen Inhalt angewendet, komisch.

Musterbeispiele aus der Antike und, seit Renaissance und Barock in Theorie und Praxis, aus den Nachbarländern:

In der Antike: Froschmäusekrieg (gr. batrachomyomachia aus gr. batrachos Frosch, mȳs Maus und machesthai fechten, kämpfen = Frosch- und Mäusekrieg), anonym, später HOMER zugeschrieben, nicht vor dem 6./5.Jh. v.Chr.

In Italien: ALESSANDRO TASSONI, La secchia rapita (Der geraubte Eimer), 1622. Poema eroicomico: Krieg zwischen Bologna und Modena wegen eines geraubten Holzeimers.

In Frankreich: NICOLAS BOILEAU, Le lutrin (Das Chorpult), 1674 und 1683. Poème héroi-comique: Streit zwischen zwei kirchlichen Parteien um ein Chorpult der Pariser Kirche La Sainte-Chapelle.

Raum für Zusätze *In England:* ALEXANDER POPE, The Rape of the Lock (Der Lockenraub), 1712 und 1714. Mock-heroic poem: Statt Raub der Helena Raub einer Locke vom Haar einer Aristokratin durch einen jungen Lord. Höhepunkt der Gattung an Eleganz und Witz. — Ins Dt. übertragen durch die GOTTSCHEDIN (1744), nachgeahmt von JOHANN PETER UZ, Der Sieg des Liebesgottes, 1753.

In Deutschland setzte sich, abgesehen von dem isoliert gebliebenen, Anfang des 15. Jhs. in der Schweiz entstandenen ersten komischen Epos in dt. Sprache von HEINRICH WITTENWEILER, Der Ring (Krieg zwischen zwei Dörfern wegen einer Bauernhochzeit), und dem Hauptwerk von GEORG ROLLENHAGEN, Froschmeuseler, 1595 (mehr dem Reinke de Vos verpflichtet als dem pseudohomerischen Epos), im 18. Jh. das komische Heldengedicht vornehmlich in der Nachfolge POPEs durch. Höhepunkt: FRIEDRICH WILHELM ZACHARIAE, Der Renommiste, 1744 (Streit zwischen den groben Studenten von Jena und Halle und den galanten von Leipzig). Größter Publikumserfolg: MORITZ AUGUST V. THÜMMEL, Wilhelmine oder Der vermählte Pedant, 1764 (Prosa). Die Gattung klingt endgültig aus mit CARL ARNOLD KORTUM, Die Jobsiade, 1784 und 1799 (Knittelversstrophen).

WILHELM BUSCH bearbeitete dieses Werk (1874), schuf aber mit dieser und anderen *„Bild*geschichten in Versen" eine *neue Gattung* (Max und Moritz, 1865, Der Heilige Antonius von Padua, 1870; Pater Filucius, 1872; Die Fromme Helene, 1872).

b) Weltanschauungsepos: Im 18. Jh. Höhepunkt durch KLOPSTOCK, Der Messias, 1748/73, angeregt durch MILTONs Paradise Lost; Ausdruck pietistischer Frömmigkeit, verbunden mit dem Selbstbewußtsein der *Aufklärung;* Pathos der Sprache; wegweisend der Übergang vom Alexandriner zum Hexameter. Weltliches Gegenstück des literarischen *Rokoko* ist das Hauptwerk von WIELAND, Oberon, 1780, leicht und anmutig in der Gestalt (Stanzen), im sittlichen Gehalt mit GOETHEs gleichzeitig entstehender „Iphigenie" verwandt: Treue und Standhaftigkeit eines getrennten Liebespaares bis in den Tod. GOETHEs großangelegter Versuch, ein Weltanschauungsepos zu schaffen, blieb Fragment: Die Geheimnisse, 1784/85, ebenfalls die Weiterführung eines Motivs aus der Ilias: Achilleis, 1799. Auch der Versuch der *Romantik,* aus der Sicht katholischen Denkens ein Gegenspiel zur klassischen Humanität zu geben, blieb Bruchstück: BRENTANO, Die Romanzen vom Rosenkranz (geschrieben 1805/12).

Das *Junge Deutschland* benutzte Epenformen zur Propagierung liberaler Ideen, bes. in bezug auf politische und geistige Freiheit, z. B. HEINE, Atta Troll. Ein Sommernachtstraum, 1843. Hierher gehört auch LENAU, Die Albigenser, 1842. — C. F. MEYER gestaltete in „Huttens letzte Tage", 1871, unter dem Eindruck des Krieges 1870/71 seine persönliche Umstellung vom frz. zum dt. Kulturraum; Hutten wird zum Vorkämpfer nationaler Einigung und freiheitlicher Ideen. — Im *Naturalismus* kommt das Weltanschauungsepos nicht über kurze Anfänge hinaus: HART, Das Lied der Menschheit (1888/96, nur drei Gesänge). Bemühungen des Schweizers SPITTELER um 1900 zur Wiederbelebung alter Mythen, finden keinen Nachhall: Prometheus und Epimetheus, 1881; Olympischer Frühling, 1900/05. Gleichzeitig mythisches Kolossalepos im expressionistischen Sprachgeist von THEODOR DÄUBLER, Das Nordlicht, 1910; ihm folgt DÖBLIN, Manas, 1927. ALBRECHT SCHAEFFER (Der Raub der Persefone, 1920, Gevatter Tod, 1921, und Parzival, 1922) blieb mit seinen Weltanschauungsepen neuromantischen Ideen verpflichtet.

c) Bürgerlich-idyllisches Epos: Während noch GOTTSCHEDs „Poetik" vom Epos die Darstellung der Geschichte ganzer Völker verlangte und als Helden nur Könige, Feldherren, Staatsmänner anerkannte, führte Ende des 18. Jhs. JOHANN HEINRICH VOSS (Luise, 1795) die kleine Welt, den Alltag des Bürgers in das Epos ein. GOETHE nahm diese Richtung auf: Hermann und Dorothea, 1797, hebt sie durch den bedeutenden, zeitgeschichtlichen Hintergrund; MÖRIKE führte sie in die Idylle zurück (Die Idylle vom Bodensee, 1846), im 20. Jh. ebenso GERHART HAUPTMANN mit dem idyllischen Epos: Anna, 1921.

Im 19. Jh. entwickelten sich mehrere *Arten des bürgerlich-idyllischen Epos:*

Bürgerlich-soziales Epos: z. B. HEBBEL, Mutter und Kind, 1857, 1859 erschienen; REUTER, Kein Hüsung, 1858;

Bürgerlich-triviales Epos: z. B. OTTO ROQUETTE, Waldmeisters Brautfahrt, 1851; OSKAR v. REDWITZ, Amaranth, 1849; und als größter Erfolg VICTOR v. SCHEFFEL, Der Trompeter von Säckingen, 1854;

Bürgerlich-zeitkritisches Epos: z. B. LILIENCRON, Poggfred, 1896; DEHMEL, Zwei Menschen, 1903; WILDGANS, Kirbisch, 1927; GERHART HAUPTMANN, Till Eulenspiegel, 1928; Der große Traum, 1942.

d) Geschichtliches Epos: Am Anfang steht HERDERs „Cid", 1805, ihm folgen im 19. Jh. zahllose Schöpfungen, die meisten künstlerisch wertlos. Heraus ragen ANNETTE V. DROSTE-HÜLSHOFF, Die Schlacht im Löner Bruch, 1840; Des Arztes Vermächtnis, 1844; C. F. MEYER, Huttens letzte Tage, 1871; FRIEDRICH WILHELM WEBER, Dreizehnlinden, 1878. Wiederaufnahme des geschichtlichen Epos im 20. Jh.: FRENSSEN, Bismarck, 1914, umgearbeitet 1923; dann (mit größerer künstlerischer Kraft) PAUL ERNST, Das Kaiserbuch (begonnen 1919, erschienen 1922/28). (Unbewältigte) Verquickung von Mythos, Sage und Geschichte bei HANS FRIEDRICH BLUNCK (Sagen vom Reich, 1941).

2. Volksbuch

Volksbuch vereinigte im wesentlichen frühneuhochdeutsche *Prosanacherzählungen* mittelalterlicher epischer Verdichtungen verschiedener Herkunft (im 15. und 16. Jh. in Buchform erschienen).

Die Romantik glaubte, in den Volksbüchern den schaffenden Volksgeist zu erkennen; GÖRRES prägte für sie 1807 den Begriff „Die teutschen Volksbücher". Diese Bezeichnung aus zwei Gründen unzutreffend: 1. Verfasser sind z. T. bekannt, 2. Werke urspr. nicht als Volkslesestoff gedacht, sondern als Bildungsgut einer Oberschicht.

Raum für Zusätze   „Erst die Erfindung der Buchdruckerkunst und der aufblühende Buchhandel bewirkten eine Popularisierung der Prosawerke. Je öfter diese Romane aufgelegt wurden, um so mehr entfernten sie sich künstlerisch von ihrer ursprünglichen Form. Die Freude am rein Stofflichen trat immer stärker auf Kosten der formalen Seiten in den Vordergrund." *(70)*

Stoffe entstammen mhd. (↪) vorhöfischen und (↪) höfischen Epen, frz. Epen, die z.T. schon in Prosaromane umgewandelt worden waren, bzw. den ebenfalls sprachlich umgeformten und inhaltlich aufgeschwellten altfrz. epischen Heldenliedern (↪ Chansons de geste, z.B. Quatre fils de Aimon = dt.: Die vier Haimonskinder), ferner Romanen, Novellen und Legenden aus dem spätantiken und romanischen Bereich und den umlaufenden Geschichten um Abenteuer-, Schwank-, Magiergestalten sowie der Tierdichtung.

Verbreiteteste Werke:
Nach frz. Vorlagen: Melusine, 1456 (1. Druck 1474); Die schön Magelona, 1527 (1. Druck 1536); Die Haymonskinder (1. Druck 1535).

Nach lat. Vorlagen: Apollonius, 1461 (1. Druck 1471); Griseldis, um 1461 (1. Druck 1471); Das Volksbuch vom Herzog Ernst, 1493 (1. Druck 1610).

Nach mhd. Epen: Die Historie von Herrn Tristrant und der schönen Isalde von Irland (1. Druck 1484); St. Brandan, 15. Jh. (abenteuerliche Seefahrtsgeschichte).

Neuschöpfungen oder Zusammenfassungen um eine Figur: Fortunatus (1. Druck 1509); Till Eulenspiegel (1. Druck 1515, nd. Original verloren); Historia von D. Johannes Faust (gedruckt 1587); Der gehörnte Siegfried (1. Druck 1726, rd. zwei Jahrhunderte früher entstanden). Hochdt. Übersetzung des mnd. Reinke de Vos von 1498: Reincke Fuchs, 1544, wurde Vorlage für GOTTSCHEDS hochdt. Prosaübertragung: Reinek der Fuchs, 1752, die GOETHE für Hexameterepos: Reineke Fuchs, 1793, gedruckt 1794, benutzte.

3. Roman

Erzählerische Großform in Prosa.

1. urspr. alles in *romanischer* Sprache Geschriebene (frz. roman): das Volkssprachliche im Ggs. zur gelehrten lat. Schriftsprache;

2. in Frankreich eine auf altem epischem Hintergrund ruhende abenteuerliche Helden-, Ritter- und Liebesgeschichte in Vers oder Prosa;

3. seit Ende des 13. Jhs. eine erdichtete längere Erzählung in Prosa.

In dieser Bedeutung in Deutschland seit Einführung (Übersetzung) der (↪) Amadis- (= Ritterheld Amadeus) Romane aus Frankreich ab 1569.

Darstellung erdichteter menschlicher Begebenheiten, deren Hauptzweck Charakterzeichnung und Sittenschilderung ist, daher Darstellung bes. der Entwicklungs- und Bildungsgeschichte und des Lebensschicksals eines einzelnen Menschen.

Vergleich Roman — Epos: „Die Erzählung von der totalen Welt (in gehobenem Ton) hieß Epos; die Erzählung der privaten Welt in privatem Ton heißt Roman" *(Kayser, 71)*. Diese zugespitzte These ist abgewandelt in der Definition: Der Roman ist eine „Erzählung, in der vom Persönlichen aus das Ganze des Weltseins erfahren wird oder erfahren werden soll" *(Martini, 72)*. Nicht mehr das „große Schicksal", sondern die *seelische Entwicklung des einzelnen* ist bestimmend. Im Ggs. zum Epos wird der Roman nicht einer geschlossenen Gemeinschaft vorgetragen, sondern, je umfangreicher, desto mehr, dem *einzelnen* zur Lektüre gegeben. Wie der Romandichter als einzelner den einzelnen anspricht, so zeigt er auch vorwiegend die Welt nur in Beziehung zu *einem* Menschen. Der Leser, sich mit ihm einsdenkend, sucht und fragt mit ihm nach Sinn und Ziel des Lebens.

Typen. Jede Zuordnung eines Romans zu einer bestimmten Romanform ist einseitig; es bestehen zahlreiche Einteilungsmöglichkeiten, die einander im Einzelfall überschneiden. Folgende *Hauptgruppen* ergeben sich:

a) nach dem *thematischen* Ordnungsprinzip: *Abenteuerroman, Entwicklungsroman, Zeitroman, experimentierender Roman;*
b) nach dem *formalen* Ordnungsprinzip: *Ich-Roman, Er-Roman, Es-Roman.*

Andere Ordnungsschemata sind möglich und im folgenden skizziert.

Wichtige neuere Typologien des Romans

A. Typen des Aufbaus

Sind gekennzeichnet durch die *„Zeitstruktur"*. Das dichterische Wort ermöglicht die Verwendung dreier Zeitdimensionen: mögliche Zeitindifferenzen, freiere Zeit, strafferre Zeit sowie eines vierfachen Präsens: Gegenwart, Futur, Zeitlosigkeit und Vergangenheitsform als „Gegenwart"; für letzteres ein Bsp.:

> „Aber am Vormittag hatte sie den Baum zu putzen. Morgen *war* Weihnachten."
>
> (ALICE BEREND, Die Bräutigame der Babette Bomberling)

„Zeitmessende" Erzählungen (KLEIST) stehen neben solchen, die eine gegen die physikalische Dauer gleichgültige Zeit entwickeln (STIFTER). Durch Reflexion und Schilderung kann epische Dichtung in den Zustand einer Zeitindifferenz gelangen. Wichtig ist das Verhältnis von *erzählter Zeit* und *Erzählzeit*. Erstere meint den Zeitumfang der erzählten Handlung, die zweite die Dauer des Hörens oder Lesens. Beide kommen im experimentierenden Roman beinahe zur Kongruenz, während sonst die Erzählzeit wesentlich kürzer als die erzählte Zeit zu sein pflegt.

Eberhard Lämmert stellt dementsprechend *drei Typenreihen* auf:
a) erste Reihe spannt sich zwischen der knappen *Krisengeschichte* (z. B. KLEIST, Das Erdbeben in Chili) und der ausgedehnten *Lebensgeschichte* (z. B. STIFTER, Der Nachsommer; THOMAS MANN, Buddenbrooks);

Raum für Zusätze

b) Pole der zweiten Reihe sind die *einsinnig* erzählte Geschichte (z. B. FIELDING, Tom Jones; GOTTFRIED KELLER, Der grüne Heinrich) und die *aufgesplitterte* Geschichte (z. B. STERNE, Tristram Shandy; JEAN PAUL Titan; Flegeljahre);

c) dritte Reihe beginnt beim *dominierenden* äußeren Geschehen (z. B. SCOTTs historische Romane) und endet bei der völlig *verdeckten* und überwucherten Geschichte (z. B. VIRGINIA WOOLF, Mrs. Dalloway; Orlando The Waves; Flush; The Years).

„Der grundsätzliche Vorteil der hier zugrundegelegten drei Typenreihen besteht darin, daß die verschiedenen Werktypen sich sämtlich an einem gemeinsamen Kriterium prüfen lassen. Sie alle beziehen sich auf die vom Erzähler zugrundegelegte und bewältigte Geschichte, mit anderen Worten auf die Anlage und Verkleidung des Zeitgerüstes in der Erzählung."

(Eberhard Lämmert, 73)

B. Typen der Substanz

Betreffen nach *Kaysers (71)* Schema die *„Substanzschichten"* des Romans: Geschehen, Figur und Raum. Deren jeweilige Dominanz ergibt

a) *Geschehnisroman:* Zuerst ausschließlich (z. B. spätgr. Schäferroman „Daphnis und Chloe" von LONGOS) und später noch überwiegend (z. B. ZESEN, Adriatische Rosemund) Liebesroman. Bedeutendstes Bsp. GOETHE, Die Wahlverwandtschaften.

b) *Figurenroman:* z. B. CERVANTES, Don Quijote. — Zur Lyrisierung neigend GOETHE, Werther; HÖLDERLIN, Hyperion. — Autobiographien. — Bildungsromane.

c) *Raumroman:* z. B. GRIMMELSHAUSEN, Simplizissimus; LESAGE, Gil Blas; FIELDING, Tom Jones; THACKERAY, Vanity Fair; STENDHAL, Chartreuse de Parme; BALZAC, La Comédie Humaine; FLAUBERT, Madame Bovary; TOLSTOJ, Krieg und Frieden.

C. Typen der Erzählsituationen

Im Schnittpunkt von Erzählweise und Erzählerstandpunkt ergeben sich nach *Franz K. Stanzel (74)* bestimmte „Erzählsituationen": „... (Diese Typen) meinen nicht kategorial voneinander geschiedene, gleichsam nebeneinander liegende Möglichkeiten, sondern Erzählsituationen, von denen jede in den beiden anderen *in nuce* enthalten ist."

Korrespondierend mit der Gattungstriade Lyrik, Epik und Dramatik ergeben sich *drei typische Erzählsituationen:*

a) *Ich-Erzählsituation:* Der Erzähler wirkt hier selbst als Figur in der dargestellten Welt. Er hat „das Geschehen erlebt, miterlebt oder beobachtet oder unmittelbar von den eigentlichen Akteuren des Geschehens in Erfahrung gebracht." Diese Form verpflichtet den Autor auf den Standpunkt und die Erlebnisperspektive einer handelnden oder doch beteiligten Gestalt; erlaubt auch ständige Kontrastierung des erzählenden und des erzählten Subjekts, eine Spannung zwischen rückblickendem Erzähler und handelndem Helden. In der Regel wird der *Akzent* zwischen Erzähler und Erzähltem ungleich verteilt: lagert entweder auf dem Erzählakt (wie bei STERNE) oder fällt auf das nur durch epische Vergangenheit distanzierte Geschehen selbst (wie bei GRIMMELSHAUSEN und DEFOE). — Klassische Gestalter dieser Erzählsituation sind die Vertreter des Schelmenromans und des Bildungsromans, aber auch moderne Autoren wie PROUST, NATHALIE SARRAUTE, FRISCH, GRASS, SALINGER („Der Mann im Roggen", dt. 1954).

Raum für Zusätze

Sonderform des klassischen Briefromans (RICHARDSON, ROUSSEAU, GOETHE) verkürzt die Erzählsituation noch durch radikale Psychologisierung, so daß das Werk zu einer „neuen, uneingeschränkten, subjektiven Selbstkundgabe" des Erzählenden wird.

b) *Auktoriale Erzählsituation* (auktorial = bevollmächtigt von lat. auctor oder autor Urheber, Verfasser): Ist gekennzeichnet durch einen sich in Einmengung und Kommentaren zum Erzählten kundgebenden Erzähler: eine außerhalb der dargestellten Welt stehende Gestalt, die als Mittelsmann der Geschichte „einen Platz sozusagen an der Schwelle zwischen der fiktiven Welt des Romans und der Wirklichkeit des Autors und des Lesers einnimmt." — Die Relation des Erzählers zur dargestellten Welt umfaßt alle nur denkbaren Spannungsgrade: von vollkommener Kongruenz der Wertwelten des Erzählers und des Erzählten (wenn der Held die Ideale des Autors artikuliert) bis zu völliger Diskongruenz (wenn der Erzähler sich von der erzählten Welt distanziert). — Klassische Gestalter dieser Erzählsituation sind CERVANTES, FIELDING, JEAN PAUL, SCOTT, THACKERAY, RAABE, THOMAS MANN, MUSIL, SCHOLOCHOW.

„An einer Stelle eines Romans, in der eine auktoriale Erzählsituation herrscht, ergibt sich folgender Querschnitt durch den Vermittlungsgang: Leser (Erwartung) — auktorialer Erzähler (sein Jetzt und Hier im Erzählakt, Kommentar der Handlung) — Leser (Vorstellungsbild, in dem die Handlung unter dem Aspekt der auktorialen Deutung erscheint). Es zeigt sich, daß bei auktorialer Erzählsituation die dargestellte Wirklichkeit immer von zeit-räumlichen Ort des Erzählers aus und unter dem Aspekt der auktorialen Deutung vom Leser vorgestellt wird." *(Franz Stanzel, 75)*

c) *Personale Erzählsituation:* Ist gekennzeichnet durch Fehlen eines erzählerischen Mediums, dadurch „öffnet sich dem Leser die Illusion, er befände sich selbst auf dem Schauplatz des Geschehens, oder er betrachte die dargestellte Welt mit den Augen einer Romanfigur." Diese „personalen Medien" übernehmen einen wesentlichen Teil der Funktionen des persönlichen Erzählers, zugleich erleichtern sie die intensivierte, aber auch unredigierte Spiegelung von Bewußtseinsprozessen. Nicht zufällig ist der innere Monolog im personalen Roman entstanden. Ein Bewußtseinsstrom kann nicht länger „erzählt", sondern allenfalls reproduziert werden. — Nicht die berichtende (wie vornehmlich in den beiden anderen Erzählsituationen), sondern die szenische Darstellung ist die dem personalen Roman entsprechende Grundform. — Ihre klassischen Gestalter sind FLAUBERT, HENRY JAMES, SCHNITZLER, JOYCE, VIRGINIA WOOLF, BROCH, HANS HENNY JAHNN.

Raum für Zusätze

„An einer Stelle eines Romans mit personaler Erzählsituation ergibt sich folgendes Bild des Vermittlungsweges: Leser (Erwartung) — Gestalt des Romans als personales Medium (ihr Jetzt und Hier im jeweiligen Moment der Handlung, die dargestellte Welt als ihr Bewußtseinsinhalt) — Leser (in seinem Vorstellungsbild erscheint die dargestellte Welt, wie sie sich im personalen Medium gespiegelt hat, zusammen mit dem Eindruck, den die Persönlichkeit dieses Mediums auf den Leser macht)." *(Franz Stanzel, 76)*

Literatur zur Geschichte der Romantheorie

FRIEDRICH V. BLANKENBURG, Versuch über den Roman, 1774 (Faksimile 1965, Slg. Metzler)
JOHANN WOLFGANG V. GOETHE, Wilhelm Meisters Lehrjahre, 5, 7 (Über den Unterschied zwischen Roman und Drama), 1795/96
GOETHE/SCHILLER, Briefwechsel (Über das Wesen der Epik), 1828/29 (hrsg. von H. G. Gräf u. A. Leitzmann, 3 Bde, 1912, 1955)
FRIEDRICH SCHLEGEL, Brief über den Roman, Athenäum 3, 1800
JEAN PAUL, Vorschule der Ästhetik, 1804
ÉMILE ZOLA, Der Experimentalroman, 1880
WILHELM BÖLSCHE, Die naturwissenschaftlichen Grundlagen der Poesie, 1887
FRIEDRICH SPIELHAGEN, Beiträge zur Theorie und Technik des Romans, 1882; Neue Beiträge zur Theorie und Technik der Epik und Dramatik, 1897
GEORG LUKÁCS, Die Theorie des Romans, ein geschichtsphilosophischer Versuch über die Formen großer Epik, 1920
VIRGINIA WOOLF, The Common Reader, 1925/32; The Death of the Moth, 1942 (dt.: Der schiefe Turm, 1957)
EDWARD MORGAN FORSTER, Aspects of the Novel, 1927 (dt.: Ansichten des Romans, 1949)
RAFAEL KOSKIMIES, Theorie des Romans, 1935 (1966)
REINHOLD GRIMM (Hrsg.), Deutsche Romantheorien. Beiträge zu einer historischen Poetik des Romans in Deutschland, 1968
GASTON BACHELARD, Poetik des Raumes, 1957 (übers. von K. Leonhard, Schriftenreihe „Literatur als Kunst", 1960)
WILLI FLEMMING, Epik und Dramatik, 1925 (1955)
ROBERT PETSCH, Wesen und Formen der Erzählkunst, 1934 (1942)
NORBERT MILLER, Der empfindsame Erzähler. Untersuchungen an Romananfängen des 18. Jahrhunderts, 1968
GÜNTHER MÜLLER, Die Bedeutung der Zeit in der Erzählkunst, 1947; Erzählzeit und erzählte Zeit, 1948; Aufbauformen des Romans, 1953
KÄTHE HAMBURGER, Beobachtungen über den urepischen Stil, 1948; Zum Strukturproblem der epischen und dramatischen Dichtung, 1951
ERICH KAHLER, Untergang und Übergang der epischen Kunstform, 1953; Die Verinnerung des Erzählens, 1957
THEODOR W. ADORNO, Form und Gehalt des zeitgenössischen Romans, Akzente 1954
EBERHARD LÄMMERT, Bauformen des Erzählens, 1955, 1968[3]
BERNHARD RANG, Die Wandlungen des Epischen, 1954 (1956)
FRANZ K. STANZEL, Die typischen Erzählsituationen im Roman. Dargestellt an Tom Jones, Moby Dick, The Ambassadors, Ulysses u.a., 1955 (1963); Typische Formen des Romans, 1965[2]

VOLKER KLOTZ (Hrsg.), Sammelband: Zur Poetik des Romans, 1965 Raum für Zusätze
(darin u.a.: KÄTE FRIEDEMANN, Die Rolle des Erzählers in der Epik; FRANZ
K. STANZEL, Die Erzählsituation und das epische Präteritum; Episches Präteritum, erlebte Rede, historisches Präsens)
FRITZ MARTINI, Geschichte und Poetik des Romans. Ein Literaturbericht; Wandlungen und Formen des gegenwärtigen Romans, beide in: Der Deutschunterricht, Jg. 3, 1951, Heft 3
WOLFGANG KAYSER, Entstehung und Krise des modernen Romans, 1954, 1968[5]; Wer erzählt den Roman? Neue Rundschau 1957
WOLFGANG LOCKEMANN, Die Entstehung des Erzählproblems, 1963 (Dt. Studien 3)
HUGO V. HOFMANNSTHAL, Unterhaltungen über literarische Gegenstände, 1904
JAKOB WASSERMANN, Die Kunst der Erzählung (Dialog), 1904
ALFRED DÖBLIN, Der Bau des epischen Werkes, 1929
HERMANN BROCH, James Joyce und die Gegenwart, 1936; Dichten und Erkennen, 1955 (posthum)
THOMAS MANN, Die Entstehung des Doktor Faustus, Roman eines Romans, 1949 (1966)
ROBERT MUSIL, Tagebücher, 1955 (posthum, Bd. 3 der Ges. Werke)
HEIMITO V. DODERER, Grundlagen und Funktion des Romans, 1959
REINHARD BAUMGART, Aussichten des Romans oder Hat Literatur Zukunft, 1968

Romanformen

A. nach *thematischem* Ordnungsprinzip

1. Abenteuerroman	2. Entwicklungsroman	3. Zeitroman	4. Experimentierender Roman
Abenteuerliches Volksbuch	Psychologischer Roman	Utopischer Roman (Staatsroman)	
Amadis-Roman	Bildungsroman	Schlüsselroman	
Schäferroman		Historischer Roman	
Schelmenroman	Erziehungsroman	Zeitroman im engeren Sinne bzw. Gesellschaftsroman	
Robinsonade		Großstadtroman	
Reiseroman		Dorf- bzw. Heimatroman	
Landstreicherroman		Roman und Erzählwerk des „Sozialistischen Realismus"	

B. nach *formalem* Ordnungsprinzip

1. Ich-Roman	2. Er-Roman	3. Es-Roman

A. Romanformen nach thematischem Ordnungsprinzip

1. Abenteuerroman

Umfassende Bezeichnung für verschiedene Formen des Romans abenteuerlicher Art.

a) Abenteuerliches Volksbuch: Abenteuerliche Züge bereits im frühmittelalterl. (lat.) Roman (um 1050) *Ruodlieb* und in den höfischen Artus-Romanen. Im Prosavolksbuch *Fortunatus*, 1509, erstmals die Gestalt des Abenteurers; hier ist das Abenteuer nicht mehr (wie im höfischen Epos) Bewährungsprobe des Helden, sondern zufälliges, überraschendes Ereignis. Weite Verbreitung im Spätmittelalter.

b) Amadis-Roman: Ein von Portugal über Spanien nach Frankreich und von dort über ganz Europa verbreiteter, nach dem Titelhelden (Amadeus) benannter Zyklus von Ritter- und Abenteuergeschichten, die mittelalterliches Rittertum mit Märchenhaftem (Zauberei), Morgenländischem und Erotisch-Galantem mischen. Verschmelzung von Ritter- und Abenteuerroman. Übersetzung des frz. Amadis-Zyklus ins Deutsche 1569—1595. Zahlreiche Nachahmungen. Im Barock Weiterleben in Form des für die Oberschicht bestimmten idealistischen Romans: Umwandlung des Amadis-Romans in einen (↪) Schäferroman.

c) Schäferroman: Steht in Renaissance und Barock im umfassenden Zusammenhang *europäischer Pastoraldichtung* (lat. pastor Hirt: Schäfer- bzw. Hirtendichtung). — Literarische Vorbilder: THEOKRIT (Idyllen, entst. um 280—260 v. Chr., Begründer der bukolischen Dichtung [gr. bukolos Rinderhirt]), VERGIL (Bucolica, entst. 41—37 v. Chr., Slg. von zehn Hirtengedichten, später Eklogen genannt [gr. eklegein auswählen, daher eigentl. ausgewählte Gedichte, später eingeengt auf Hirtengedichte]), LONGOS (Daphnis und Chloe, gr. Hirtenroman, entst. im 2. oder 3. Jh. n. Chr.).

Alle Gattungen zu Beginn der Neuzeit an neulat. wie nationalsprachlicher Schäferdichtung beteiligt: Lied, Spiel (Drama und Oper) und Roman. Das Ausland gab für den dt. Schäferroman die Vorbilder:

In *Italien*: GIOVANNI BOCCACCIO mit „Ninfale d'Ameto" (Ametos Nymphenspiel), 1341/42. Volkssprachlich; formal *prosimetrisch*, d.h. Wechsel von Prosa und Vers (hier: Prosaerzählungen und Terzinen); diese Kombination in der Zukunft für die Gattung kennzeichnend. — JACOPO SANNAZARO mit „Arcadia" (Arkadien), 1504. Neulat., formal an BOCCACCIO anschließend, gibt jedoch mit dem von VERGIL übernommenen Traumland „Arkadien" das wichtigste Stichwort für die ganze Gattung. Nähe zum (↪) utopischen Roman, aber unpolitische (Schäfer-)Scheinwelt.

In *Spanien*: JORGE DE MONTEMAYOR mit „Diana", 1558. Fortsetzung des (unvoll.) Werkes von GIL POLO: Diana enamorada (Die verliebte Diana), 1564. Nachhaltigste Wirkung, alle folgenden Schäferromane von ihm abhängig, entweder Übersetzungen, Bearbeitungen oder Nachahmungen. CERVANTES, Galatea, 1585. LOPE DE VEGA, La Arcadia, 1598.

In *England:* PHILIP SIDNEY, Arcadia, 1590.   Raum für Zusätze

In *Frankreich:* HONORÉ D'URFÉ, L'Astrée, 1607/27.

In *Deutschland Übersetzungen* der Romane von D'URFÉ (1619), SIDNEY (1629 von THEODOR V. HIRSCHBERG, 1638 von OPITZ bearbeitet), MONTEMAYOR (1646 von HARSDÖRFFER). Erster eigener Versuch: OPITZ, Schäfferey von der Nimfen Hercinie, 1630. *Erster selbständiger dt. Schäferroman:* PHILIPP VON ZESEN, Ritterholds von Blauen Adriatische Rosemund, 1645. Vertieft das schäferlich-erotische Motiv durch konfessionellen Gegensatz: Rosemund katholisch, Markhold protestantisch.

Im 18.Jh. Weiterentwicklung der Schäferpoesie entweder zu (→) Robisonaden oder zu beschreibenden (→) Lehrgedichten bzw. im Rokoko zur „kleinen" Form: der Idylle.

Idylle (gr. eidyllion kurzes, selbständiges Gedicht). Bei dem Schweizer Hauptvertreter SALOMON GESSNER (Idyllen, 1756, in rhythmischer Prosa) noch weitgehend Darstellung eines idealisierten Hirtenlebens, aber bereits von äußerlicher Naturbeschreibung zu empfindsamem Mitfühlen übergehend. Friedrich, gen. MALER MÜLLER, Idyllen, 1775 (z.B. Die Schaaf-Schur, Das Nußkernen) mit stärkerem realistischem Akzent, der zu den noch wirklichkeitsnäheren Idyllen von JOHANN HEINRICH VOSS führte (mit „De Winteravend" und „De Geldhapers" hätte VOSS sogar die nd. Mundartdichtung eröffnen können, hätte er nicht anachronistischerweise an die bereits untergegangene mnd. Schriftsprache anknüpfen wollen). Mit seinen breiter ausgeführten Idyllen Übergang zum bürgerlich-idyllischen Epos.

d) Schelmenroman, auch *pikarischer* Roman genannt nach der Mittelpunktfigur: span. pícaro Gauner, dt. Landstörzer; entstanden in Spanien in 2. Hälfte des 16.Jhs. Erstes Werk und Prototyp des Genres: *Lazarillo de Tormes,* anonym erschienen 1554, ins Dt. übersetzt 1617; ferner MATEO ALEMÁN, Vida del pícaro Guzmán de Alfarache, 1589/1604, ins Dt. übersetzt von ALBERTINUS: Der Landstörzer Gusman von Alfarache, 1615; CERVANTES, Novelas ejemplares, 1613 (darin bes. Rinconete y Cortadilla), ins Dt. übersetzt 1617, und als Höhepunkt QUEVEDO, Historia de la vida del Buscón, 1626, ins Dt. übersetzt 1665. CERVANTES Meisterwerk: Don Quijote de la Mancha, 1605/15, als Satire auf die Ritterromane geschrieben, ist zugleich Schelmenroman (durch die Figur des Sancho Pansa).

Weitere künstlerische Höhepunkte: In England NASH, The Unfortunate Traveller, 1594 (zugleich der erste engl. Reiseroman); in Deutschland GRIMMELSHAUSEN, Der Abentheurliche Simplicissimus Teutsch, 1669; Trutz Simplex: Oder Lebensbeschreibung der Ertzbetrügerin und Landstörtzerin Courasche, 1670; in Frankreich LESAGE, Gil Blas, 1715/35. — Simplicissimus nicht als Vorstufe des Entwicklungsromans anzusehen.

Fortleben des Schelmenromans bis in die Gegenwart; in ausländischer Literatur z.B. HAŠEK, Die Abenteuer des braven Soldaten Schwejk, 1921, dt. 1926; GUARESCHI, Don Camillo und Peppone, 1948, dt. 1951; in dt. Dichtung z.B. JOSEF WINCKLER, Der tolle Bomberg, 1922; ERICH KÄSTNER, Fabian, 1931; THELEN, Die Insel des zweiten Gesichts, 1953; THOMAS MANN, Bekenntnisse des Hochstaplers Felix Krull, 1954.

Raum für Zusätze

e) Robinsonade: Blütezeit im Anschluß an den Roman des Engländers DEFOE, Life and Strange Surprising Adventures of Robinson Crusoe (Robinson Crusoe), 1719; ins Dt. übersetzt 1720, ungeheurer Erfolg; Unzahl von Nachahmungen. Ende des Jhs. (pädagogisierende) Bearbeitung von CAMPE, Robinson der Jüngere, 1779/80 (→ Jugendliteratur). Eine dt. Robinsonade mit Tendenz zum (→) utopischen Roman ist SCHNABELs: Die Insel Felsenburg, 1731/43 (Bearbeitung von TIECK, 1828).

f) Reiseroman: Vorbild waren die engl. Romane Anfang 18. Jhs., bes. SWIFT, Travels of Gulliver (Gullivers Reisen), 1726; ferner STERNE, A Sentimental Journey through France and Italy (Empfindsame Reise durch Frankreich und Italien), 1768. In Deutschland HERMES, Sophiens Reise von Memel nach Sachsen, 1769/73; und THÜMMEL, Reise in die mittäglichen Provinzen von Frankreich im Jahre 1785 bis 1786, 1791/1805. Den humoristischen Reiseroman pflegte JEAN PAUL: z.B. Flegeljahre, 1804/05; in seinem Hauptwerk: Titan, 1800/03, verknüpft er Reiseroman mit (→) Bildungsroman: Bildungsreise.

In der Romantik klang der Reiseroman wieder an bei EICHENDORFF, Aus dem Leben eines Taugenichts, 1826, obwohl sich für den Leser (paradoxerweise) oft das dem Reiseroman entgegengesetzte Zeitgefühl einstellt: kein Fluß der Zeit, sondern eine unmarkierte zeitlose Zeitlichkeit, eine Traumzeit, in der die physikalische Uhrzeit stillzustehen scheint; ebenso z.B. bei TIECK, Franz Sternbalds Wanderungen, 1798.

Im weiteren Verlauf des 19. Jhs. lebte der Reiseroman als Unterhaltungsroman weiter, z.B. in Verbindung mit dem exotischen Abenteuerroman bei CHARLES SEALSFIELD, Das Kajütenbuch, 1841 (darin „Die Prärie am Jacinto"), FRIEDRICH GERSTÄCKER, Die Flußpiraten des Mississippi, 1848, und schließlich in dem umfangreichen Werk von KARL MAY.

g) Landstreicherroman: Moderne Abart des Abenteuerromans, z.B. in norwegischer Literatur die Wanderer-Trilogie von HAMSUN (Unter Herbststernen, 1906; Gedämpftes Saitenspiel, 1909; Die letzte Freude, 1912); ferner: Landstreicher, 1927; August Weltumsegler, 1930; Nach Jahr und Tag, 1933. In Deutschland HERMANN HESSE, Knulp, 1915; KLABUND, Bracke, 1918; WALDEMAR BONSELS, Menschenwege, 1918; MANFRED HAUSMANN, Lampioon küßt Mädchen und kleine Birken, 1928; Salut gen Himmel, 1929.

2. Entwicklungsroman

Als Vorstufe Übergang von der Darstellung äußerer Ereignisse zur Darstellung innerer Erlebnisse, vom Abenteuerroman zum psychologischen Roman. Dafür sind in Deutschland *drei Einflüsse* bestimmend:

1. der *englische Roman* in der 1. Hälfte des 18. Jhs., v. a. vom Schöpfer des sentimentalen psychologischen Romans, RICHARDSON (Pamela, 1740/41, Clarissa, 1747/48, Sir Charles Grandison, 1753), ferner von FIELDING (Joseph Andrews, 1742, Tom Jones, 1749, Amelia, 1751), LAURENCE STERNE (Tristram Shandy, 1759/67), GOLDSMITH (The Vicar of Wakefield [Der Landpfarrer von Wakefield], 1766).

2. die religiöse Bewegung im dt. Protestantismus von 1670—1770: der *Pietismus*. Findet literarischen Ausdruck vornehmlich in *Autobiographien* (gr. autos selbst, bios Leben, graphein schreiben = selbstverfaßte Lebensbeschreibung), die der Darstellung und Erforschung des seelischen Lebens dienen; weithin wirkend v. a. JUNG-STILLING, Heinrich Stillings Jugend, 1777; Heinrich Stillings Jünglingsjahre und Wanderschaft, 1778; ferner KARL PHILIPP MORITZ, Anton Reiser, 1785/90, und der Schweizer BRÄKER, Lebensgeschichte und Natürliche Ebentheuer des Armen Mannes im Tockenburg, 1789, eine der bedeutendsten dt.-sprachigen Autobiographien.

3. die *Werke von* ROUSSEAU, bes. der Erziehungsroman: Émile ou De l'éducation (Emil oder über die Erziehung), 1762, der (seinerseits von RICHARDSON beeinflußte) Briefroman: Julie ou La nouvelle Héloïse (Julie oder Die neue Heloïse), 1761, und die Autobiographie „Les Confessions" (Bekenntnisse), 1765/70, Druck 1782/88.

Niederschlag dieser Einflüsse und erste eigene Gestaltung des Entwicklungsromans in dt. Dichtung bei WIELAND, Geschichte des Agathon, 1766/67. WIELAND begründete mit diesem Buch den *psychologischen Roman*, zugleich in enger Verbindung mit dem Bildungsroman.

> „Der deutsche Roman wurde durch Wielands Geschichte des Agathon auf ein bisher unbekanntes Niveau der geistig-moralischen und gesellschaftlich-politischen Bewußtseinserhellung gehoben, wie denn ausdrücklich betont werden muß, daß Wieland im Unterschied zum dt. Bildungsroman seit Goethe das politisch-gesellschaftliche Erfahrungsfeld in die Totalität der humanen Erziehungs- und Erprobungsgeschichte einbezog."
> *(Fritz Martini, 77)*

Von nun an für 150 Jahre „Roman" gleichbedeutend mit „psychologischem Roman", erst mit KAFKA setzt in dt. Dichtung die Entpsychologisierung des Romans ein.

Trotz mancher Überschneidungen sind zu unterscheiden: *Psychologischer Roman, Bildungsroman, Erziehungsroman*.

a) Psychologischer Roman: Erster Höhepunkt in dt. Dichtung durch GOETHEs Die Leiden des jungen Werthers, 1774. Gültige Gestaltung der typischen Krise jedes jugendlichen Daseins. Ausschließlicher Schauplatz der Handlung ist die Seele Werthers; seine seelische Welt zerbricht an den Grenzen, die die Umwelt setzt, und erstickt an ihrem eigenen Reichtum. Der Zeit wird die Diagnose ihrer gefährlichsten Krankheit gestellt: Empfindsamkeit, die weltliche Form des Pietismus.

Psychologischer Roman von der Frühromantik aufgenommen mit forcierter Sturm- und Drang-Problematik, z. B. TIECK, Geschichte des Herrn William Lovell, 1795/96; FRIEDRICH SCHLEGEL, Lucinde, 1799. Vorläufiger Abschluß dieser Richtung in dt. Dichtung mit deutlicher Zurückweisung freigeistiger Züge in GOETHEs tragischem Roman: Die Wahlverwandtschaften, 1809, dem großen Vorbild für den dt. psychologischen Roman des 19. Jhs.

Raum für Zusätze In *Frankreich* Anfänge des psychologischen Romans im Realismus des 19.Jhs. Roman wird zur modernen, der Welt und dem Leben geöffneten Literaturform, strebt nach objektiver Darstellung in einem von der (Natur-)Wissenschaft geführten Zeitalter.

Vorläufer ist Henri Beyle, genannt Stendhal (nach der dt. Geburtsstadt Stendal des von ihm verehrten Winckelmann) mit seinem Hauptwerk: Le Rouge et le Noir (Schwarz und Rot), 1830; seine Gestalten sind gefühlskalte Willensnaturen, die Mechanik ihres geistigen und seelischen Lebens wird bis in die feinsten Regungen bloßgelegt; von Zeitgenossen kaum beachtet, Wirkung erst Ende des 19.Jhs. nach Entdeckung durch Hippolyte Taine und Nietzsche. Auch nicht unmittelbar, aber rascher wirkte nach Deutschland das Riesenwerk von Balzac, La Comédie Humaine (Menschliche Komödie), 1829/54. Künstlerisch vollendete Darstellung psychologischer Vorgänge gelang Flaubert mit dem berühmtesten Roman der Zeit: Madame Bovary, 1857. Sein folgerichtigster Schüler in der Kunst psychologischer Differenziertheit ist Maupassant (z.B. Bel ami, 1885).

Aus *England* wirkte Thackeray mit Vanity Fair (Jahrmarkt der Eitelkeit), 1847/48, ein Jahr später bereits ins Dt. übersetzt.

Am Anfang des psychologisch-realistischen Romans in *Rußland* stand Lermontow, Ein Held unserer Zeit, 1840; es folgten Gogol, Die toten Seelen, 1842; Gontscharow, Oblomow, 1859 (Gestalt des „gelangweilten" Menschen); Turgenjew, Väter und Söhne, 1862 (erste Gestaltung des Generationskonflikts); Tolstoi, Krieg und Frieden, 1868/69; Anna Karenina, 1878; Der Tod des Iwan Iljitsch, 1886; Auferstehung, 1900; Dostojewski, Schuld und Sühne, 1866; Die Dämonen, 1873; Der Idiot, 1874; Die Brüder Karamasow, 1881.

Aus *Skandinavien* wirkten der Norweger Bjørnson v.a. mit seinen bäuerlichen Erzählungen (z.B. Synnøve Solbakken, 1857; Ein frischer Bursche, 1860) auf die Romane der dt. Heimatdichtung sowie die Dänen Jacobsen (z.B. mit der Novelle Mogens, 1872, und den Romanen Frau Marie Grubbe, 1876, und Niels Lyhne, 1880) und Bang (z.B. Michael, 1904; Am Wege, 1886; Tine, 1889; Das weiße Haus, 1898) auf die dt. Neuromantik. Jacobsen und Bang wurden Vorbild für einen malenden, Farben, Schatten und Bewegungen bis in die feinsten Zwischentöne festhaltenden Stil: den psychologischen Impressionismus; übten starken Einfluß aus auf Fontane, Thomas Mann, Rilke (Die Aufzeichnungen des Malte Laurids Brigge, 1910) und Eduard v. Keyserling (z.B. Beate und Mareile, 1903; Dumela, 1908; Wellen, 1911; Abendliche Häuser, 1914). Ebenso nachhaltig wirkten die Werke des Schweden Strindberg, v.a. seine autobiographischen Entwicklungsgeschichten (z.B. Der Sohn einer Magd, 1886/87) und Romane (z.B. Das rote Zimmer, 1879; Am offenen Meer, 1890; Die gotischen Zimmer, 1904; Schwarze Fahnen, 1907) sowie des Norwegers Hamsun (z.B. Hunger, 1890; Mysterien, 1892; Pan, 1894; Victoria, 1898).

In *Deutschland* folgte die Romanliteratur des 19.Jhs. den ausländischen Vorbildern des literarischen Realismus nur zögernd; sie verharrte in der Tradition, das Schicksal eines *einzelnen* zu verfolgen, das *nicht* exemplarisch für ganze Gesellschaftsschichten zu stehen braucht, und erreichte erst Ende des Jhs. im Spätwerk FONTANEs und im Frühwerk von THOMAS MANN und von HEINRICH MANN den Anschluß an die europäische Entwicklung. Durch die *Koppelung des dt. psychologischen Romans mit dem Bildungsroman* besteht seit WIELANDs „Agathon" eine selbständige *deutsche* Form des Romans. Ausländische Bspe dieser Art sind selten: DICKENS, David Copperfield, 1849/50; und, vermutlich unter dt. Einfluß, ROLLAND, Jean-Christophe, 1904/12.

Raum für Zusätze

b) Bildungsroman: Neben der Darstellung der Persönlichkeits- und Charakterentwicklung liegt der Akzent im Bildungsroman mehr auf Darstellung, Einfluß und Wirkung der Kulturgüter. Nach dem Vorbild WIELANDs verbindet GOETHE den psychologischen Roman mit dem Bildungsroman (diesem fortschreitend mehr Gewicht gebend) in Wilhelm Meisters theatralische Sendung, 1776, hrsg. 1911; Wilhelm Meisters Lehrjahre, 1795/96; Wilhelm Meisters Wanderjahre oder Die Entsagenden, 1821 und 1829.

Unter dem Einfluß des „Wilhelm Meister" stehen alle folgenden deutschsprachigen Bildungsromane. TIECK, Franz Sternbalds Wanderungen, 1798 (Bildungsroman aus der Zeit und Umwelt Dürers, → Künstlerroman); NOVALIS, Heinrich von Ofterdingen, 1802 (Werden eines Dichters); JEAN PAUL, Titan, 1800/03 („Das Ideal ist allseitige Ausbildung, gegen Goethes einseitig ästhetisch fundierte ‚Einkräftigkeit'... Außerdem auch gegen die Überspannung des ästhetischen Gedankens in der Romantik gerichtet." *[Frenzel, 78]*). Im österr. Biedermeier gestaltete STIFTER nach dem Vorbild des „Wilhelm Meister" seinen Bildungsroman: Der Nachsommer, 1857; aus dem Realismus kamen GOTTFRIED KELLER, Der grüne Heinrich, 1854/55, Neufassung 1879/80, und RAABE, Der Hungerpastor, 1864. Im 20. Jh. wurde die Form des Bildungsromans wieder aufgenommen von THOMAS MANN (Der Zauberberg, 1924), ALBRECHT SCHAEFFER (Helianth, 1920) und HERMANN HESSE (Das Glasperlenspiel, 1943).

b¹) Künstlerroman: Abart des Bildungsromans, im wesentlichen Maler-, Dichter- oder Musikerroman. Beginn mit dem Malerroman „Ardinghello" von HEINSE (→ utopischer Roman). GOETHE plante in „Wilhelm Meisters theatralischer Sendung" Darstellung der Ausbildung des Helden zum Dramaturgen und Regisseur des dt. Theaters, später durch Neukonzeption des Gesamtplans aufgegeben. In der Romantik standen Musiker- und Malerroman wieder an erster Stelle, z. B. WACKENRODER, Herzensergießungen eines kunstliebenden Klosterbruders, 1797, und TIECK, Franz Sternbalds Wanderungen, 1798. E. T. A. HOFFMANN, Kreisleriana, 1810, zeigt die Zerrissenheit des Künstlers, sein Leiden an der Alltagswelt. NOVALIS' Dichterroman Heinrich von Ofterdingen, 1802, führt in eine unrealistische Traumwelt. MÖRIKE, Maler Nolten (1832, erste Fassung), nimmt das HOFFMANNsche Thema wieder auf. GOTTFRIED KELLER, Der grüne Heinrich, 1854/55, führt das Scheitern des Künstlers vor, in der Neufassung 1879/80, positive Lösung durch Einordnung in das bürgerliche Leben wie im „Wilhelm Meister".

In neuerer dt. Dichtung zahlreiche Künstlerromane, zum großen Teil (in Verbindung mit kulturhistorischem Roman) *biographische* Romane (z. B. BRACHVOGEL, Friedemann Bach, 1858; MOLO, Schiller, 1912/16). Erst THOMAS MANN nahm das Thema des Künstlers in einer bürgerlichen Welt wieder in seiner Tiefe auf in dem Schlußteil seines ersten Romans: Buddenbrooks, 1901, dann in den Novellen: Tristan, 1902; Tonio Kröger, 1903; Der Tod in Venedig, 1913, und besonders in dem Roman: Doktor Faustus, 1947.

c) Erziehungsroman: Sonderform des Bildungsromans bei betontem Hervortreten pädagogischer Tendenzen. Vorbild ROUSSEAU, Émile ou De l'éducation (Emil oder Über die Erziehung), 1762. In dt. Literatur PESTALOZZI, Lienhard und Gertrud, 1781/87, Vorbild für GOTTHELFS Roman: Wie Uli der Knecht glücklich wird, 1841. Erziehungsroman wird später mit dem Bildungsroman verbunden.

3. Zeitroman

Begriff Zeitroman hier nicht im engeren Sinne als Nebenform des Gesellschaftsromans gemeint, sondern umfassender als Oberbegriff für diejenigen Romantypen, die weder das abenteuerliche Ereignis noch die psychologische Entwicklung, sondern *allgemeinere, überindividuelle Themen* gestalten.

Untergruppen: Utopischer Roman (auch Staatsroman), Schlüsselroman, Historischer Roman, Zeitroman im engeren Sinne (auch Gesellschaftsroman), Großstadtroman, Dorf- bzw. Heimatroman.

a) Utopischer Roman (Staatsroman): Nach der philosophischen Schrift von THOMAS MORE (lat. Morus), De insula Utopia (Die Insel Utopia, 1516 [gr. ou nicht und topos Ort = Nirgendland]) benannt: Wunschdarstellung einer idealen menschlichen Gesellschaftsordnung.

Trat in dt. Dichtung zuerst innerhalb der (→) Robinsonaden auf (z. B. SCHNABEL, Die Insel Felsenburg, 1731/43). WIELAND erweiterte diese Form, indem er ein scheinbar konkretes historisch-politisches Gebilde als Grundlage für seine politisch-utopischen Gedankengänge entwarf, z. B.: Der goldne Spiegel, 1772, Staatsroman in morgenländischem Kostüm mit deutlicher Anspielung auf den aufgeklärten Absolutismus JOSEPHS II. Neben WIELAND ist bes. ALBRECHT V. HALLER zu nennen mit drei Staatsromanen: Usong, 1771 (Schilderung der Despotie); Alfred, König der Angelsachsen, 1773 (Schilderung der gemäßigten Monarchie); Fabius und Cato, 1774 (Schilderung der demokratischen Aristokratie). — Reiner utopischer Roman wieder in der „Sturm- und Drang"-Zeit: HEINSE, Ardinghello und die glückseeligen Inseln, 1787. Im Ggs. zu SCHNABEL ist hier nicht die festgefügte Ordnung, ausgehend von der Familie, das Ideal, sondern schrankenlose Freiheit.

Danach erlosch zunächst (außer utopischen Ideen bei NOVALIS, Die Christenheit oder Europa, 1799) die Form des utopischen Romans im dt. Schrifttum, während sie in der frz. und bes. der angelsächsischen Literatur weiter gepflegt wurde (Entwürfe idealkommunistischer Gesellschaftsordnungen oder Auseinandersetzung mit dem Zukunftsbild der Technik u. a. bei JULES VERNE, WELLS, SHAW, ALDOUS HUXLEY, ORWELL).

In neuerer dt. Dichtung utopische Romane in verschiedenen Abwand-   Raum für Zusätze
lungen. NIETZSCHE, Also sprach Zarathustra, 1883/91, ist Vorläufer der
dichterisch-philosophischen Utopie. Im 20.Jh. folgten CARL STERNHEIM,
Europa, 1919, und MAX BROD, Das große Wagnis, 1919. GERHART
HAUPTMANN gab utopischem Roman neue Note durch den heiteren,
ironisierenden Akzent: Die Insel der großen Mutter oder Das Wunder
von Ile des Dames, 1924; DÖBLIN durch den kühnen Entwurf einer
technischen Zukunft (Enteisung Grönlands): Berge, Meere und Gigan-
ten, 1924. Weitere Bspe: HESSE, Das Glasperlenspiel (in Verbindung mit
Bildungs- und Erziehungsroman), 1943; WERFEL, Stern der Ungeborenen,
1946; ERNST JÜNGER, Heliopolis, 1949.

b) Schlüsselroman: Bezeichnung ist Lehnübersetzung aus dem Frz.
(roman à clef). Stellt wirklich Geschehenes in anderer Einkleidung dar,
allerdings so durchsichtig, daß dem Leser die Entschlüsselung leichtfällt.

Erstes Bsp. in dt. Literatur: *Teuerdank* (der auf Hohes denkt), 1517
(Schlüsselgedicht über die Brautfahrt MAXIMILIANS I. zu MARIA VON
BURGUND). Stoff und Verschlüsselungsplan stammen von MAXIMILIAN I.

Schlüsselroman wurde Mode in der höfischen Barockdichtung, z.B.
Romane des Herzogs ANTON ULRICH VON BRAUNSCHWEIG, Die Durch-
lauchtige Syrerinn Aramena, 1669/73; Octavia, 1677/1707; beide zu-
gleich Staats- und Schlüsselroman, überladen mit *Anspielungen* auf
Tagesereignisse (in „Aramena" ist als Episode die Geschichte der Prin-
zessin von Celle enthalten). Außerdem bei LOHENSTEIN, Arminius und
Thusnelda, 1689/90 (Schlüssel: Arnim = Kaiser LEOPOLD, Drusus =
LUDWIG XIV.).

Schlüsselromane im *eigentlichen* Sinne in neuerer Literatur *selten*. Bspe,
die lediglich von tatsächlichen Vorgängen, bestimmten Personen aus-
gehen, sie aber unabhängig von der Wirklichkeit ins künstlerische
Gefüge einbauen, sind *keine* Schlüsselromane im eigentlichen Sinne. Auf-
schlußreich darüber THOMAS MANNs Schrift „Bilse und ich" (1906) in
bezug auf den angeblichen Schlüsselroman „Buddenbrooks". Dagegen
beabsichtigte Verschlüsselung in vielen Romanen JEAN PAULs; bei
IMMERMANN, Münchhausen, 1838/39 (Münchhausen = Fürst PÜCKLER-
MUSKAU); in der Gegenwart bei MUSIL, Der Mann ohne Eigenschaften,
1930/43 (Paul Arnheim: WALTER RATHENAU, Meingast: LUDWIG
KLAGES, Hagauer: GEORG KERSCHENSTEINER, Feuermaul: LEONHARD
FRANK).

c) Historischer Roman: Entwickelte sich unter Einwirkung des engl.
Romans Anfang des 19.Jhs., bes. der geschichtlichen Heimatromane von
SCOTT. Seine „Waverley-Romane", genannt nach dem ersten in der
langen Roman-Reihe: Waverley, 1814, bildeten Grundlage des europäischen historischen Romans im 19.Jh.; sie spielen im Schottland des
17. und 18.Jhs., einige im England der Kreuzzüge (Ivanhoe, 1819), der
Königin ELIZABETH I. (Kenilworth, 1821) oder im Frankreich LUD-
WIGs XI. (Quentin Durward, 1823): farbige *Zeitbilder* mit wissenschaft-
licher Genauigkeit in kulturhistorischen Details.

Raum für Zusätze

Deutscher historischer Roman begann in der Romantik mit ARNIM, Die Kronenwächter, 1817; HAUFF, Lichtenstein, 1826 (im Vorwort: HAUFFs Verhältnis zu SCOTT); TIECK, Vittoria Accorombona, 1840.

In der Nachfolge von SCOTT stehen auch die historischen Romane von WILLIBALD ALEXIS: z. B. Die Hosen des Herrn von Bredow, 1846/48; ferner WILHELM MEINHOLD, Maria Schweidler, die Bernsteinhexe, 1843, und (mit wissenschaftlichem Apparat versehen, aber künstlerisch nicht überzeugend) SCHEFFEL, Ekkehard, 1855. *Äußerer* Höhepunkt in 2. Hälfte des 19.Jhs. bei FREYTAG, Die Ahnen, 1872/80; *innerer* Höhepunkt in den historischen Romanen von STIFTER (Witiko, 1865/67), C. F. MEYER (Jürg Jenatsch, 1876) und FONTANE (Vor dem Sturm, 1878; Schach von Wuthenow, 1883):

> „Meyer sieht seine Gestalten, Fontane hört sie; der eine charakterisiert durch die Gebärde, die wie ein Epigramm wirken kann, der andere durch die Rede, die im Aphorismus am hellsten aufblitzt."   *(Heinz Otto Burger, 79)*

Eine „literarische Sackgasse" bildet der sog. *Gelehrten-* oder *Professorenroman,* z.B. DAHN (Historiker und Jurist), Die Könige der Germanen, 1861/1911, 20 Bde; Ein Kampf um Rom, 1876/78; EBERS (Archäologe), Eine ägyptische Königstochter, 1864. — Die künstlerisch unbewältigte Stoffülle dieser Historienromane, gekoppelt mit aufdringlicher Wissenschaftlichkeit, verspottet VISCHER in der seinem Roman: Auch Einer, 1879, eingefügten Pfahldorfgeschichte.

Erst Anfang des 20.Jhs. Wiederbelebung des historischen Romans von verschiedensten Seiten her, u.a. durch KOLBENHEYER, Amor Dei, 1908 (um SPINOZA); Meister Joachim Pausewang, 1910 (um JAKOB BÖHME); Paracelsus, Romantrilogie, 1917/25; und die Österreicherin ENRICA VON HANDEL-MAZZETTI, Jesse und Maria, 1906; Die arme Margaret, 1910. Höhepunkt RICARDA HUCHs dreibändiges Werk: Der große Krieg in Deutschland, 1912/14:

> „Der gewaltige Stoff wird von einer Sprachkraft hoher Ausdrucksdichte und Prägnanz zusammengehalten, wie sie in solcher epischen Mächtigkeit kaum ein zweites Mal zu dieser Zeit auftritt."   *(Hans Schwerte, 80)*

Dem Impressionismus verpflichtet ist STUCKENs stimmungskräftiger Roman aus der Zeit der Eroberung Mexikos durch Cortez: Die weißen Götter, 1918/22. Der Expressionismus gibt dem historischen Roman dynamisch gesteigerte Akzente: DÖBLIN, Wallenstein, 1920; KLABUND (mit Kurzformen): Mohammed, 1917; Pjotr, 1923; Borgia, 1928; Rasputin, 1929; ALFRED NEUMANN, Der Teufel, 1926; FEUCHTWANGER, Jud Süß, 1925; BRUNO FRANK, Trenck, 1926; THIESS, Tsushima, 1936.

d) Zeitroman im engeren Sinne bzw. Gesellschaftsroman:

Tendenz: farbiges Bild der jeweiligen Gegenwart zu geben. In Deutschland seit etwa 1830, u.a. ausgelöst durch die politisch-historischen Ereignisse. Hauptforderung: Kenntnis und Schilderung der gesellschaftlichen Verhältnisse.

Erstes dt. Bsp.: EICHENDORFF, Ahnung und Gegenwart, 1815, Schilderung der Lage vor den Befreiungskriegen; ihm folgt, noch gekoppelt mit dem Bildungsroman, der Zeitroman von IMMERMANN, Die Epigonen, 1836, eindringliche Zeitdiagnose (Titel!) bei formaler Abhängigkeit vom klassisch-romantischen Roman (bes. von GOETHEs „Wilhelm Meister"). Dazu kommen die Programmatiker des „Jungen Deutschland", z.B. LAUBE mit dem dreiteiligen Roman: Das junge Europa, 1833/37 (Titel soll politisch provozieren); GUTZKOW mit dem ersten dt. Frauenroman: Wally, die Zweiflerin, 1835, angeregt durch die frauenrechtlerischen Romane der Französin GEORGE SAND Indiana, 1832, Lélia, 1833. — Der Beschluß des dt. Bundestages (10. 12. 1835), die Verbreitung der Werke des „Jungen Deutschland" zu unterbinden, und die gescheiterte Revolution 1848 beendeten für kurze Zeit diese Entwicklung; Wiederaufnahme durch FREYTAG, Soll und Haben, 1855; SPIELHAGEN, Problematische Naturen, 1861/62; meisterhaft durch FONTANE (↪ Großstadtroman).

Raum für Zusätze

In 2. Hälfte des 19.Jhs. nachhaltige Wirkung des frz. Romans: außer FLAUBERT und MAUPASSANT bes. ZOLA, Les Rougon-Macquart (20 Bde), 1871/93. Richtungweisend ZOLAs Essay: Le roman expérimental (Der experimentelle Roman), 1880; dazu in Deutschland BÖLSCHE, Die naturwissenschaftlichen Grundlagen der Poesie, 1887.

In „Les Rougon-Macquart" beschreibt ZOLA am Beispiel einer weitverzweigten Familie aus der Zeit des 2. Kaiserreiches deren „histoire naturelle et sociale", um zu zeigen, wie unterschiedlich miteinander verwandte Menschen sich in verschiedenen Zeiten und in verschiedener Umwelt entfalten können. Anwendung der positivistischen Theorie auf die Dichtung, die mit der Wissenschaft an Exaktheit wetteifern soll. (Systematiker des Positivismus, AUGUSTE COMTE, wirkte bes. durch seinen Schüler HIPPOLYTE TAINE auf die frz. Literatur. These: Nicht das Genie prägt das nationale Gesicht eines Volkes, sondern das Volk scheidet als notwendige Produkte aus Blut [race], Zeit [temps], Umwelt [milieu] seine großen Geister aus.)

Zwei Gefahren für diese Romanform:

1. Ungeheure Ausweitung des Stoffgebietes, allerdings meist Darstellung des bisher nicht behandelten Proletariermilieus (in BALZACs Werk kommt noch kein Arbeiter vor!).

2. Vernachlässigung der künstlerischen Komposition (in hohem Grade noch gewahrt bei ZOLA) kann zu Reportage bzw. Dokumentation führen.

Im dt. Roman dieser Zeit *stilistischer Naturalismus* nur in Ansätzen verwirklicht, eher in Erzählungen und Skizzen (z.B. SCHLAF und HOLZ, Papa Hamlet, 1889) zu finden. Viele Bspe dagegen für den *stofflichen Naturalismus* im Gewand des *realistischen Romans;* z.B. KRETZER, Meister Timpe, 1888; BLEIBTREU, Größenwahn, 1888; CONRADI, Adam Mensch, 1889; HELENE BÖHLAU, Der Rangierbahnhof, 1895.

Raum für Zusätze

e) Großstadtroman: Setzte in Deutschland ein mit dem ersten *Berliner Gegenwartsroman* von FONTANE, L'Adultera, 1882; fortgeführt in: Frau Jenny Treibel, 1892; und in den Meisterwerken: Unwiederbringlich, 1891, und Effi Briest, 1895. Großstadt *München* ist Schauplatz des Romans von CONRAD, Was die Isar rauscht, 1888. — Im 20.Jh. gelang DÖBLIN mit Berlin Alexanderplatz, 1929, nicht nur ein eindringliches Zeitdokument, sondern auch dichterisch ein gültiges Bild der spezifischen Großstadtproblematik: Hilflosigkeit des nur noch in der anonymen Masse treibenden Ichs. Formal bereits zum (→) experimentierenden Roman zu rechnen. Zwischen FONTANE und DÖBLIN steht Berliner Roman von CLARA VIEBIG, Das tägliche Brot, 1902.

f) Dorf- bzw. Heimatroman: Eigentlicher, selbständiger Dorfroman begann mit GOTTHELF, Bauernspiegel oder Lebensgeschichte des Jeremias Gotthelf, 1837; darauf folgte das riesige Gesamtwerk (u. a. Wie Uli der Knecht glücklich wird, 1841; Uli, der Pächter, 1849). Kennzeichen sind umfassende Schilderung des (Schweizer [Berner]) Bauerntums, Wirklichkeitsnähe, Aufdeckung schwerer sozialer Nöte in den unteren bäuerlichen Schichten, Verwendung der Mundart.

„Schonungsloser Erzähler des elementaren Grauens und glühender Verkünder der göttlichen Hilfe" *(Joachim Müller, 81),* symbolisiert in dem angenommenen Namen JEREMIAS GOTTHELF (Ps. für ALBERT BITZIUS).

Der in den „Münchhausen"-Roman von IMMERMANN eingeflochtene Dorfroman: Oberhof, 1838/39, ist typisch für den Übergang von der Romantik zum Realismus: bäuerliche Welt als gesundes Gegenbild zur degenerierten Welt des Adels wie zur beginnenden Industrialisierung. HERMANN KURZ, Der Sonnenwirt, 1854, verbindet realistischen Dorfroman mit psychologischem Roman. Diese Entwicklung setzte sich in der 2. Hälfte des Jhs. fort und wurde nicht wieder aufgegeben. ROSEGGER, Die Schriften des Waldschulmeisters, 1875; ANZENGRUBER, Der Sternsteinhof, 1885; MARIE V. EBNER-ESCHENBACH, Das Gemeindekind, 1887; SUDERMANN, Frau Sorge, 1887.

Einwirkung der skandinavischen Literatur, bes. der Romane und Novellen von BJØRNSON, auf die dt. Romandichtung: Nachgeahmt wurde sagamäßig-biographische Anlage der Geschichten, die mit Darstellung des frühen Lebens beginnt und aus dem Kind den Erwachsenen begreifen lehrt (Einfluß auf SUDERMANN, KRÖGER, FRENSSEN).

Höhepunkt um die Jahrhundertwende im Dorfroman der sog. *„Heimatkunst".* Dieses Schlagwort wurde 1900 durch die Zeitschrift „Heimat" verbreitet. Programm: Kampf gegen die „Vorherrschaft Berlins", Betonung des Wertes provinzieller und stammesmäßiger Sonderart, in der sich Eigentümlichkeit des dt. Volkstums in seiner Mannigfaltigkeit offenbaren sollte. Starke Resonanz. Keine herausragenden Dichterpersönlichkeiten mit Ausnahme des Schlesiers HERMANN STEHR: Leonore Griebel, 1900; Romantrilogie: Drei Nächte, 1909, Der Heiligenhof, 1918, Peter Brindeisener, 1924; Romantrilogie Das Geschlecht des Maechler: Nathanael Maechler, 1929, Die Nachkommen, 1933, Damian oder Das große Schermesser (posthum 1944).

g) Roman und Erzählwerk des „Sozialistischen Realismus": Üblich, aber unzureichend, das erzählerische Werk im anderen Teil Deutschlands mit dem Begriff „Sozialistischer Realismus" zu kennzeichnen; dennoch scheint eine Voraussetzung nach wie vor unabdingbar zu sein: freies Schöpfertum erst nach Annahme der Ideologie (der wissende Künstler: erkennen *vor* gestalten) und, damit zusammenhängend, der utilitaristische Grundzug (Kunst als Mittel zum Zweck).

Raum für Zusätze

„Heute geht es darum, daß nicht die von Georg Lukács einst zu starr verfochtene, damit kanonisierte ‚Erzählweise des 19. Jahrhunderts', die eine bedeutende realistische Tradition darstellt und als lebendige Kontinuität nach wie vor ihre große Bedeutung für die Weiterentwicklung des Realismus besitzt, einfach auf Grund bürgerlich-modernistischer Theorien über Bord geworfen wird. Das wäre der Weg zu einer Zerstörung von Inhalt und Form unserer sozialistischen Kunst, zu einer Verwandlung der Menschen in vulgäre Reflexbündel à la Joyce und damit zu ihrer Entmenschlichung... Literatur und Kunst sind für den Gebrauch der Menschen, für die Vermenschlichung ihres Lebens da... Der eigentliche Gegenstand der Literatur ist und bleibt der Mensch und sein Anderswerden in unserer Lebenswirklichkeit... (Diese Feststellung) besagt nichts gegen die Wahl jener traumhaft alle Zeitebenen verschiebenden Erzählweise, die Anna Seghers in ihrem ‚Ausflug der toten Mädchen' verwendet, weil sie damit auf gedrängtem Raum ein repräsentatives Bild vieler Schichten des deutschen Volkes in ihrer Schuld und Bewährung während der Zeit des Faschismus geben konnte. Ein Beispiel der jüngsten Zeit: In Hermann Kants ‚Die Aula' entspricht die gewählte Form auf eine originelle Weise der erstrebten literarischen Aussage. Entscheidend, ob all dies nicht Selbstzweck, sondern Mittel zur tieferen sozialen Durchdringung der Welt durch die Kunst sei... Der wissende Künstler schiebt die Legende von der ‚gesteigerten Undurchschaubarkeit der modernen kapitalistischen Gesellschaft' beiseite, indem er sie kraft seines Erkennens ihrer Zusammenhänge durchschaut. Er macht sie für den Leser durchschaubar, sei es mit dieser oder jener Struktur in seinem Erzählen, die ihm zweckmäßig erscheint; jedoch nicht mit dem Dogma einer angeblich ‚modernen Erzählweise und Struktur', die klassenindifferent ‚von James Joyce bis Uwe Johnson' reicht." *(Alexander Abusch, 82)*

Die wichtigsten Romane (R), Erzählungen (E) und Novellen (N) aus dem anderen Teil Deutschlands, die z. T. bereits über die oben angeführte Theorie hinausstreben:

FRIEDRICH WOLF, Sieben Kämpfer vor Moskau (E), 1942; Der Russenpelz (E), 1943; Heimkehr der Söhne (N), 1944; Die Unverlorenen (R), 1951. — ANNA SEGHERS, Der Aufstand der Fischer von St. Barbara (E), 1928; Die Gefährten (R), 1932; Das siebte Kreuz (R), engl. 1942, dt. 1946; Transit (R), span. 1943, engl. 1945, frz. u. dt. 1948; Der Ausflug der toten Mädchen (E), 1946; Die Toten bleiben jung (R), 1949; Der Bienenstock, (E, II), 1953; Die Entscheidung (R), 1960; Das Licht auf dem Galgen (E), 1961. — LUDWIG RENN, Der Krieg (R), 1928; Vor großen Wandlungen (R), 1936; Krieg ohne Schlacht (R), 1957; Auf den Trümmern des Kaiserreichs (R), 1961. — WILLI BREDEL, Rosenhofstraße (R), 1931; Die Prüfung (R), 1934; Der Spitzel (E), 1936; Der Kommissar am Rhein u.a. Erz., 1939; die Romantrilogie „Verwandte und Bekannte" (R) (Die Väter, 1941; Die Söhne, 1947, Neufassung 1952; Die Enkel, 1953), Das Vermächtnis der Frontsoldaten (N),

Raum für Zusätze

1942; Der Sonderführer (E), 1943; Das schweigende Dorf (E), 1949; Die Vitalienbrüder (R), 1950; Ein neues Kapitel (R), 1959. — THEODOR PLIVIER, Trilogie: Stalingrad (R), 1945; Moskau (R), 1952; Berlin (R), 1954. — EHM WELK, Die Heiden von Kummerow (R), 1937; Die Gerechten von Kummerow (R), 1943; Mein Land, das ferne leuchtet (R), 1952; Im Morgennebel (R), 1953; Der wackere Kuhnemann aus Puttelfingen (R), 1959. — JOHANNES R. BECHER, Abschied (R), 1940; Romane in Versen, 1946. — ARNOLD ZWEIG, Das Beil von Wandsbek (R), 1947; Allerleirauh (E), 1949; Die Feuerpause (R), 1954; Die Zeit ist reif (R), 1957. — BODO UHSE, Die letzte Schlacht (R), 1938; Leutnant Bertram (R), 1944; Wir Söhne (R), 1948; Die Patrioten (R), 1954; Die Brücke (E), 1952. — EDUARD CLAUDIUS, Grüne Oliven und nackte Berge (R), 1945; Gewitter (E), 1948; Menschen an unserer Seite (R), 1951; Von der Liebe soll man nicht nur sprechen (R), 1957. — STEPHAN HERMLIN, Die Zeit der Gemeinsamkeit (E), 1950; Erzählungen, 1966. — ERWIN STRITTMATTER, Ochsenkutscher (R), 1950; Eine Mauer fällt (E), 1952; Tinko (R), 1955; Die Dame Daniel (E), 1956; Der Wundertäter (R), 1957; Ole Bienkopp (R), 1963; Schulzenhofer Kramkalender (Kurzgesch.), 1966. — STEFAN HEYM, Goldsborough (R), 1953 (dt. 1954); Licht und Schatten (E), 1960. — BRUNO APITZ, Nackt unter Wölfen (R), 1958. — MAX WALTER SCHULZ, Wir sind nicht Staub im Wind, 1962 (1966). — CHRISTA WOLF, Der geteilte Himmel (R), 1963; Nachdenken über Christa T. (R), 1969. — BRIGITTE REIMANN, Ankunft im Alltag (E), 1961; Die Geschwister (E), 1963. — ERIK NEUTSCH, Spur der Steine (R), 1964 (1966). — JOHANNES BOBROWSKI, Levins Mühle (R), 1964; Litauische Claviere (R), 1966; Boehlendorff und Mäusefest (E), 1966; Der Mahner (R), 1967. — HERMANN KANT, Die Aula (R), 1965; Ein bißchen Südsee (E), o. J.; Das Impressum (R), 1969.

4. Experimentierender Roman

In Deutschland starke Einwirkung des modernen frz. Romans, z. B. GIDE, Die Falschmünzer, 1926; Grenze zwischen Wirklichkeit und Erfindung wird ironisch verwischt, indem der Dichter zum Mithandelnden seiner Figuren wird. Ferner Einfluß durch das umfangreiche Werk von PROUST, A la recherche du temps perdu (Auf der Suche nach der verlorenen Zeit), 1913/27, und am nachhaltigsten (in bezug auf Sprengung der bisher gültigen Form des Romans) durch das Werk des Iren JOYCE, Ulysses, 1922.

Auflösung der alten Romanform durch:

a) *Zweifel an dem alles wissenden Erzähler.* Nach *Wolfgang Kayser (83)* ist mit dem Verzicht auf die These, daß „jemand eine Geschichte erzählt", überhaupt das Ende des Romans gekommen: „Der Tod des Erzählers ist der Tod des Romans."

b) *Entpsychologisierung.* Statt Darstellung von Charakteren figurierte Träume. Setzt ein mit KAFKA, bedeutet „Ablösung der realistischen, kausal-psychologischen Erzählweise durch ein (mythisches) Aufheben der zeit-räumlichen Gesetzlichkeit, des Vorder- und Hintergründigen, des Realen und Irrealen, des Sinnlichen und Übersinnlichen in ein Geschehen komplexer Gegenwärtigkeit und des Einbruchs von Zufall und alogischem Geheimnis." *(Hans Schwerte, 84)*

c) *Neues Verhältnis zur Zeit.* Nach PROUST ist alle Wirklichkeit Schein und Lüge, nur die erinnernde Vergegenwärtigung besitzt Wahrheit. Hauptthema: das Zeitbewußtsein. „Äußere Zeit" wird in „innere Zeit" verwandelt, in die „durée réelle" („reine Dauer") des frz. Philosophen BERGSON. Der moderne Roman will Festhalten *dieser* Zeit im Kunstwerk.

d) Versuch, den *Bewußtseinsstrom* in der Romanfigur *festzuhalten*. Der Autor erzählt nicht, was geschehen *ist*, sondern von etwas, das geschehen *will* (JOYCE, VIRGINIA WOOLF, DÖBLIN, Berlin Alexanderplatz, 1929).

e) *Weitung des Erzählraumes* ins Unbegrenzte. Die Einheit der epischen Erzählordnung (↪ S. 115f.) wird bewußt zerschlagen, z B. durch plötzliches Verlassen der Situation und Übergang zur philosophischen Reflexion oder Desillusion einer pathetischen Situation durch Einblenden einer Reklame usw. Vorgezeichnet bereits im Roman der Romantik (TIECK, E. T. A. HOFFMANN).

f) *Verfremdende Eingruppierungen* bzw. rein assoziative Reihung von scheinbar Zusammenhanglosem: *Montage* (↪ auch S. 36), übernommen von der Bild- und Erzählkunst des (↪)Films. In moderner Dichtung außer in der Epik auch in den anderen Gattungen: Drama und Lyrik (↪ Chiffre).

Bspe aus der deutschsprachigen Dichtung: THOMAS MANN, Lotte in Weimar, 1939; Doktor Faustus, 1947; MUSIL, Der Mann ohne Eigenschaften, 1930/43; JAHNN, Perrudja, 1929, Fluß ohne Ufer (Trilogie), 1949/61; BROCH, Der Tod des Vergil, 1945; ELISABETH LANGGÄSSER, Das unauslöschliche Siegel, 1946, Märkische Argonautenfahrt, 1950; DODERER, Die Strudlhofstiege, 1951, Die Dämonen, 1956, Roman No 7. I. Teil: Die Wasserfälle von Slunj, 1963, II. Teil: Der Grenzwald, 1967 (Fragment); FRISCH, Stiller, 1954, Homo faber, 1957, Mein Name sei Gantenbein, 1964; ARNO SCHMIDT, Das steinerne Herz, 1956.

B. *Romanformen nach formalem Ordnungsprinzip*

1. Ich-Roman

Im Ggs. zur Autobiographie (↪ Entwicklungsroman) eine *fingierte* Geschichte (wenn auch oft mit autobiographischen Zügen durchsetzt): das Erzählte wird von der erzählenden Person als selbsterlebt ausgegeben. Erzählperspektive ist eingeengt, da nur von *einem* Standpunkt aus die Geschehnisse betrachtet werden. Diese Form bewirkt jedoch im Leser auf Grund des scheinbar wahrheitsgetreuen Berichts die Bereitschaft, der Fiktion zu folgen. Ich-Form wird verwendet im Entwicklungsroman, bes. im psychologischen Roman.

Bspe: GOTTHELF, Bauernspiegel, 1837; KELLER, Der grüne Heinrich (in der 1. Fassung, 1854/55, erzählt Heinrich nur seine Jugendgeschichte selbst, in der 2. Fassung, 1879/80, wird die Form des Ich-Romans im ganzen Werk durchgeführt); STIFTER, Der Nachsommer, 1857; HESSE, Peter Camenzind, 1904, Demian, 1919; RICARDA HUCH, Erinnerungen von

Raum für Zusätze   Ludolf Ursleu dem Jüngeren, 1893; Rilke, Die Aufzeichnungen des Malte Laurids Brigge, 1910; Kafka, Das Schloß, 1926, als Ich-Roman geplant, dann ‚ich' durch die Chiffre ‚K.' ersetzt; Gaiser, Schlußball, 1958; Grass, Die Blechtrommel, 1959.

Sonderform

a) Briefroman: Grundlage bilden fingierte Briefe bzw. fingiertes Tagebuch. Erste Bspe, die zugleich Vorbild waren, sind engl. Briefroman (Richardson, ↪ Entwicklungsroman) und (wiederum von Richardson beeinflußter) frz. Briefroman (Rousseau, ↪ Entwicklungsroman). Anregungen Richardsons verwendet in dt. Dichtung erstmals Gellert, Leben der schwedischen Gräfin von G..., 1747/48, viele Briefeinlagen. Zahlreiche Romane aus der Zeit der Empfindsamkeit folgen ihm; am bedeutendsten: Goethes Werther, 1774. Augenfällige Nachahmung Richardsons durch Tieck, Geschichte des Herrn William Lovell, 1795/96; ferner durch Hölderlin, Hyperion oder der Eremit in Griechenland, 1797/99, und durch Wieland, Aristipp und einige seiner Zeitgenossen, 1800/01. Im 19. Jh. keine Nachfolge.

Abart des Briefromans

a¹) Tagebuchroman: Angewandt von Goethe in den „Wahlverwandtschaften", 1809 (Ottiliens Tagebuch), von Büchner in „Lenz", 1839, und bes. von Rilke in „Die Aufzeichnungen des Malte Laurids Brigge", 1910.

2. Er-Roman

Gekennzeichnet durch Anwesenheit eines auswählenden, wertenden, gelegentlich kommentierenden und auch den Leser unmittelbar ansprechenden *Erzählers*. Urform der epischen Situation.

Sonderform

a) Chronikroman bzw. **Chronikalische Erzählung:** Das Erzählte wird ausgegeben als Veröffentlichung einer alten Chronik. Um die Glaubwürdigkeit zu erhöhen, Angleichung in Stil und Sprache an jeweilige historische Zeit (↪ Archaismus). In der Regel Einfassung durch einen *Rahmen,* in dem der Herausgeber, der Chronist oder der Autor selbst als Erzähler auftritt.

Bsp.: Thomas Mann, Doktor Faustus, 1947; Untertitel: „Das Leben des deutschen Tonsetzers Adrian Leverkühn, erzählt von einem Freunde". Dieser, Serenus Zeitblom, schreibt während des 2. Weltkrieges die Lebensgeschichte seines 1940 verstorbenen Freundes Adrian Leverkühn.

> „Wir sehen uns vor einem Gefüge, in dem zuerst der in den Teufelspakt verstrickte Musiker Deutschland repräsentiert, dann der Musiker und sein Biograph zusammen Thomas Manns Doppelwelt vom Künstler und vom Bürger bezeichnen, und schließlich wieder beide Hauptgestalten zusammen das wilde und das stille Deutschland symbolisieren, die Welt Nietzsches und die Welt Stifters."   *(Werner Milch, 85)*

Chronik als Rahmen ist häufig benutzte Form im Roman oder in der Novelle des poetischen Realismus, bes. eindrucksvoll bei C. F. MEYER, Das Amulett, 1873; Der Heilige, 1879; Die Hochzeit des Mönchs, 1884 (DANTE als Erzähler der Geschichte, dieser nimmt die real Anwesenden als Modelle seiner dichterischen Gestalten; damit wird im Rahmen der *Prozeß des Erzählens selbst* zum Gegenstand der Dichtung, denn die beste Möglichkeit, das Kernbild zur vollkommenen Entfaltung zu bringen, vermitteln Gespräche zwischen dem Erzähler und seinem Publikum); bei STORM, z. B. in den Chroniknovellen Aquis submersus, 1877; Renate, 1878; Zur Chronik von Grieshuus, 1884. Im 20. Jh. vornehmlich gepflegt von KOLBENHEYER, Meister Joachim Pausewang, 1910 (im Sprachstil des beginnenden 17. Jhs.), „Paracelsus"-Trilogie, 1917/26.

Raum für Zusätze

3. Es-Roman

Im Ggs. zu den medialisierten Erzählungen (Ich-Roman, Er-Roman) wird dargestelltes Geschehen nur *unmittelbar* vorgeführt. Kein „Erzähler" mehr; seine Stelle nehmen Gestalten ein, deren Bewußtsein sich dem Leser öffnet in einer anscheinend unredigierten Spiegelung von *Bewußtseinsprozessen*. Erzählerisches Mittel, den Wirklichkeitsbezug der Personen um die innere Unendlichkeit der Bewußtseins- und Unterbewußtseinswelt zu erweitern.

Verschiedene Möglichkeiten der *Wiedergabe von Gedanken* einer handelnden Person in der Epik durch:

a) Monolog in *direkter Rede*, z. B.: Sie fragte :„Muß ich wirklich in das Armenhaus?", oder Monolog in *indirekter Rede* in der Möglichkeitsform, z. B.: Sie fragte, ob sie wirklich in das Armenhaus müsse;

b) *erlebte Rede*, Zwischenform in der dritten Person, Wirklichkeitsform, z. B.: „Mußte sie *wirklich* in das Armenhaus?". „Wiedergabe des unformulierten Bewußtseinsstroms in der dritten Person" *(Käte Hamburger, 86);*

c) *inneren Monolog*, Wiedergabe von unausgesprochenen Gedanken, im Ggs. zur erlebten Rede, in direkter Ich-Form, z. B. (über eine Katze): „Sollen dumm sein. Was wir sagen, verstehen sie besser, als wir sie verstehen. Auch rachsüchtig. Möchte doch wissen, wie ich ihr vorkomme. Turmhoch? Nein, sie kann ja an mir hochspringen" (JOYCE, Ulysses). Form der assoziativen Reihe; kurze Sätze, Halbgedanken, *Selbstgespräch ohne alle Zwischenglieder*.

Verschiedene Möglichkeiten *zeitraffender Darstellung* in der Epik durch:

a) *stereotype Zeitbestimmungen,* z. B. „Täglich ritt er nun hinaus...";

b) *Überspringen von Zeitspannen,* z. B. „Mehrere Jahre nachher...";

c) starke *Verkürzung und Beschränkung* auf Hauptlinien, Verlaß auf das „unwillkürliche" Gedächtnis (mémoire du cœur): die Vergangenheit wird transportiert in die Gegenwart; Geruch-, Tast-, Gehörempfindungen „holen herauf", wirken mit.

Raum für Zusätze **4. Novelle**

Für *Wesen und Form* der Novelle (Neuigkeit; ital. novella von lat. novellus; Verkleinerungsform von novus neu) sechs Kriterien charakteristisch:

1. Zusammenziehung eines Vorgangs zu einem *krisenhaften* Vorfall.

2. *Geflecht* von Vorfall und Mensch; Verknüpfung von Schicksal und Charakter und die Frage ihrer Verflechtung.

3. *Kristallisation, Wendepunkt.* Während der Roman mehrere Handlungen und Geschehnisse verknüpft, wird in der Novelle „alles in einem einzigen Vorfall zusammengefaßt, von dem aus das Leben (des Helden) dann nach rückwärts und nach vorwärts bestrahlt wird; und dieser Vorfall ist seltener und eigentümlicher Art, so daß er sich der Phantasie einprägt." *(Paul Ernst, 87).*

Zu diesem Wendepunkt (↪ auch S. 217) wird meist hingeführt durch das *Dingsymbol,* ein äußeres, gegenständliches Zeichen des Angel- oder Drehpunkts, z.B. der Schleier in „Der Schleier" von EMIL STRAUSS oder die Buche in „Die Judenbuche" von ANNETTE V. DROSTE-HÜLSHOFF. Nach einer Novelle des BOCCACCIO, in der ein Falke diese Rolle spielt, wird das Dingsymbol auch kurz „*Falke*" genannt (↪ auch Theorie der Novelle, 7, S. 217). Nicht in jeder Novelle muß dieses dinghafte Sinnzeichen erscheinen. „Den Boccaccioschen Falken laß ich unbekümmert fliegen." *(Theodor Storm, 88)*

4. In der Form (Vers oder Prosa) *Konzentrierung* des Erzählten, äußerste Verdichtung und abgekürzte Darstellung. Natürliche Reihenfolge der Geschehnisse, wie sie die *Erzählung* bietet, wird dadurch in der Regel verändert. Ähnlich der Anekdote gipfelt die Handlungsführung in einem einzigen Punkt. Struktureller Aufbau eher verwandt mit dem des *Dramas:* knappe Exposition, zusammenraffendes Hinführen zum Höhe- und Wendepunkt, Abfall und Ausklang. Der Novellist ist Dramatiker als Erzähler. Gegenüber dem Verweilenden der rein epischen Formen stärkere Gespanntheit und Steigerung, Zeitablauf rascher als in der Erzählung.

5. Szenischer *Ausschnitt* statt eines breiten *Gemäldes;* Schauplätze oft wie Bühnenbilder gestaltet; keine ausführliche Milieuschilderung.

6. *Länge* der Novelle ist nicht entscheidend; es gibt Großformen der Novelle und Kleinformen des Romans.

Novelle als literarischer Begriff seit BOCCACCIOs „Decamerone" (1348/53). An einem Ort, unweit von Florenz, wo die Pest herrscht (1348), werden in einer Gesellschaft und vor diesem düsteren Hintergrund lebensbejahende Geschichten reihum an zehn (deca zehn) Tagen erzählt. Damit Entstehung der *Gesellschaftsnovelle.* Zahlreiche Nachahmungen. In England am bedeutendsten CHAUCERs „Canterbury Tales" (Canterbury Erzählungen, 1387/1400); in Frankreich MARGUERITE DE NAVARRAS „Heptaméron" (1559; eine aristokratische Gesellschaft, die sich in einem

Kloster zusammengefunden hat, erzählt die Novellen in sieben [gr. hepta] Tagen); in Spanien CERVANTES' „Novelas ejemplares" (Exemplarische Novellen, 1613).

In Deutschland, an diese Vorbilder anknüpfend, entstand die Novelle im literarischen Rokoko als geselliger *Novellenkranz* (z. B. WIELANDs Sammlung von sechs [gr. hex] Novellen „Hexameron von Rosenhain", darin: Die Novelle ohne Titel), ebenso nach dem Muster der BOCCACCIO-schen Novellensammlung GOETHES „Unterhaltungen deutscher Ausgewanderten", 1795, (noch ohne den Begriff „Novelle" zu verwenden): Rahmenerzählung mit sechs Binnengeschichten, mit denen sich eine dt. Adelsfamilie, die vor der frz. Revolution auf das rechte Rheinufer geflüchtet ist, unterhält. Schon hier Übergang in Stoff und Thema auf „sittlich-beispielhafte" Fälle, der zur *Problem-* und *Schicksalsnovelle* führt.

Im Novellenschaffen HEINRICH V. KLEISTs vollzieht sich dieser Übergang auch in der Form: von der geselligen Rahmennovelle zur Einzelnovelle (Michael Kohlhaas, Die Marquise von O., Die Verlobung in St. Domingo, Das Bettelweib von Locarno, Der Findling, Der Zweikampf, alle 1810. KLEIST nennt sie noch „Erzählungen"). Wie in seinen Dramen durchbricht KLEIST auch hier den von der Klassik vertretenen Harmoniegedanken: die Welt ist gebrechlich, gleichwohl wirkt in ihr Göttliches. Sein Thema: Die Verschlungenheit des Göttlichen und Menschlich-Gebrechlichen; tragisches Ringen des Ich um seine gottgewollte Bestimmung in einer verrätselten Welt. Seine Frage: Wie kann durch alle Gebrechlichkeiten hindurch das Göttliche erkannt werden? Seine Antwort: nicht durch den Verstand, sondern durch das *Gefühl,* das zunächst jedoch auch dem Zwiespältigen und Widersprüchlichen ausgeliefert ist.

Die Romantiker TIECK, FOUQUÉ und E. T. A. HOFFMANN folgen KLEIST mit psychologisierenden Märchennovellen (↪ Kunstmärchen). Das Wunderbare und Unheimliche mischt sich ins Wirkliche. Die natürliche Wirklichkeit wird in Frage gestellt. Am vollendetsten verbindet BRENTANO magische und profane Welt in seiner „Geschichte vom braven Kasperl und dem schönen Annerl", 1817. Erzähltechnisch dreidimensional aufgebaut: Der Erzähler, die Erzählerin (Großmutter), das Erzählte; Perspektivismus des Erzählens. „Das Romantische ist ein Perspektiv" *(Brentano, 89).* Ebenfalls Mischung von Traum und Wirklichkeit, Märchen und Historie bei ARNIM (Isabella von Ägypten, 1812; Der tolle Invalide auf dem Fort Ratonneau, 1818; Die Majoratsherren, 1819), befreiende Wirkung durch Auflösung des Schauerlich-Phantastischen in Komisches und Groteskes. Diese beiden Sphären sind unversöhnlich bei E. T. A. HOFFMANN: metaphysische Vereinigung mit der „wahren" Welt in traumhafter Schau („Somnambulismus") und groteske Entlarvung philiströser Alltäglichkeit (Ritter Gluck, 1809; Don Juan, 1813; Rat Krespel, 1818; Die Fermate, 1817), Ausgeliefertsein des Künstlers an dämonische Mächte (Cardillac in „Das Fräulein von Scudéri", 1819), Darstellung von Persönlichkeitsspaltung (Doppelgängermotiv) und Außenseiterexistenzen (Typus des *Sonderlings*: in der Literatur von JEAN PAUL über E. T. A. HOFFMANN, GRILLPARZER, KELLER, RAABE bis zum frühen THOMAS MANN).

Raum für Zusätze | Für die Spätromantik bezeichnend ist einerseits EICHENDORFFs Rückkehr zum bewußt naiven Märchenton (Wirklichkeit = Märchen): Das Marmorbild, 1819; Aus dem Leben eines Taugenichts, 1826; Das Schloß Dürande, 1841, andererseits TIECKs Vorstoß in den Realismus, z. B. erste historische Novelle „Der Aufruhr in den Cevennen", 1826, ferner die realistischen Idyllen „Der junge Tischlermeister", 1836, und „Des Lebens Überfluß", 1839.

Zwischen 1825 und 1850 Novelle der *Restauration* (Biedermeiernovelle) und Novelle der *Revolution* (Junges Deutschland). *Biedermeiernovelle* vertreten durch: HAUFF (Die Bettlerin vom Pont des Arts, 1826); IMMERMANN (Der Carneval und die Somnambüle, 1830); GOTTHELF (Elsi, die seltsame Magd, 1843; Die schwarze Spinne, 1842 [Spinne ist mythisches Symbol des stets zum Einbruch in die Ordnung bereiten Bösen]; die Novelle verbindet bäuerlichen Gegenwartsrahmen [Kindtaufe am Himmelfahrtstag] mit halb legendenhafter, halb phantastischer Vergangenheitswelt. Rahmen und Binnenerzählung bilden dadurch eine Einheit, so daß sich alles, auch das noch so Idyllische, auf dem Hintergrund dauernder Gefährdung entfaltet: Dualismus zwischen Bedrohung und Ordnung, der ewigen Möglichkeit des Bösen und der ewigen Nähe der göttlichen Hilfe); STIFTER (Der Condor, 1840; Der Hochwald, 1842; Brigitta, 1844); ANNETTE V. DROSTE-HÜLSHOFF (Die Judenbuche, 1842); GRILLPARZER (Das Kloster bei Sendomir, 1828; Der arme Spielmann, 1848); MÖRIKE (Mozart auf der Reise nach Prag, 1855).

Novelle des *Jungen Deutschland* vertreten durch BÖRNE (Die Schwefelbäder bei Montmorency, 1823); LAUBE (Reisenovellen, 1834/37); HEINE (Florentinische Nächte, 1836); GUTZKOW (Der Sadduzäer von Amsterdam, 1834); BÜCHNER (Lenz, 1839).

Im *poetischen Realismus* von etwa 1850 bis etwa 1890 erreichte dt. Novellendichtung den Höhepunkt künstlerischer Gestaltungskraft: STORM, Novellen (erschienen 1850—1888; drei Stufen sind zu unterscheiden: stimmungsvolle Erinnerungsnovellen mit starken lyrischen Elementen, z. B. Immensee, 1850; psychologische Problem- und Chroniknovellen mit der Erzählform zwischen Erinnerung und Wirklichkeit, z. B. Aquis submersus, 1876; tragische Schicksalsnovellen, z. B. Der Schimmelreiter, 1888); OTTO LUDWIG, Die Heiterethei und ihr Widerspiel (Aus dem Regen in die Traufe), 1857; Zwischen Himmel und Erde, 1856; RIEHL, Kulturgeschichtliche Novellen, 1856; GOTTFRIED KELLER, Die Leute von Seldwyla, 1856 u. 1874; Züricher Novellen, 1878 (bei einfacher, fast schmucklos-schlichter Sprache Distanz der Ausgewogenheit. Grenzt ab gegen romantischen Traum wie gegen manirierte Stilisierung, vermeidet Pathos und Sentimentalität. Verwandlung und Verdichtung konkreter Bildwirklichkeit. Leitmotivische Verwendung des Symbols. Paradoxie als Erfassung der Beschaffenheit der Welt. Humor als Erkenntnisprinzip); C. F. MEYER, Novellen (erschienen 1873—1891; Stil scheinbar strenger Objektivität. „Ich bediene mich der Form der historischen Novelle einzig und allein, um meine Erfahrungen und persönlichen Gefühle darin niederzulegen. Auf diese Weise bin ich unter einer sehr objektiven und außerordentlich künstlerischen Form in Wirklichkeit ganz individuell und subjektiv." Im Ggs. zu KELLER plastisch-konturenhafter Stil mit Neigung zu bühnenhaft wirkenden Szenen. Realismus der Ferne. Vorliebe für überragende Gestalten, große entscheidende Ereignisse der Geschichte [Renaissance]); RAABE bevorzugt wie C. F. MEYER geschichtliche Themen (z. B. Die schwarze Galeere, 1865; Else von der Tanne, 1865; Des Reiches Krone, 1870); FONTANE (z. B. Grete Minde, 1880; Ellernklipp, 1881) ist Meister realistischer Gestaltung großstädtischer Gesellschaftsprobleme (nennt seine Gestaltungen in novellistischer Form Romane). „Was heißt großer Stil? Großer Stil heißt soviel wie vorbeigehen an allem, was die Menschen eigentlich interessiert!" Realismus der Nähe. Thema (Relativierung des einzelnen gegenüber größeren Zusammenhängen) korrespondiert mit Form: impressionistische Auflösung der epischen Sprache in Dialog und Gespräch. Indirekte Darstellung der Figuren.

Raum für Zusätze

Außer der von ARNO HOLZ und JOHANNES SCHLAF gemeinsam geschriebenen Sammlung: Papa Hamlet, 1889, kein Bsp. konsequent durchgeführter *naturalistischer* Erzählweise („Sekundenstil"). Auch GERHART HAUPTMANNs Novelle „Bahnwärter Thiel", 1888, ist kein zufälliger, beliebiger, sondern ein dichterisch verwandelter Wirklichkeitsausschnitt. Ziel der Kunst kann niemals die direkte Wirklichkeit sein (wie nach der Formel von HOLZ: $K = N - x$, Kunst = Natur $- x$), das Axiom der Kunst ist der Schein. SUDERMANNs Litauische Geschichten, 1917, als Nachzügler dieser literarischen Strömung unterscheiden sich stilistisch nicht vom Realismus.

Starkes Wiederaufleben der Novelle um die Jahrhundertwende in der *Neuromantik* und in der *Neuklassik*. Für die erstgenannte sind neben ISOLDE KURZ, EMIL STRAUSS, ERNST HARDT, RUDOLF G. BINDING, STEFAN ZWEIG (z. B. Erstes Erlebnis, 1911, darin: Brennendes Geheimnis), ARNOLD ZWEIG (z. B. Die Novellen um Claudia, 1912), HERMANN HESSE (Demian, 1919; Narziß und Goldmund, 1930) bes. herauszuheben ARTHUR SCHNITZLER, der in „Leutnant Gustl" (1900) und „Fräulein Else" (1924) erste konsequente Anwendung des „Inneren Monologs" in dt. Dichtung vollzieht, und THOMAS MANN. In zwei Sammlungen seiner Frühnovellen: Der kleine Herr Friedemann, 1898, und Tristan, 1903, werden ausnahmslos Randgestalten des Lebens, Außenseiter, Sonderlinge, Enterbte, gleichwohl Repräsentanten des Geistes gegenüber dem Leben dargestellt. An die Stelle der ethischen Fragestellung tritt die vitalistische (statt gut oder böse gesund oder krank). Hauptthema ist das Vernichtungsmotiv, d. h. das Motiv des vernichtenden Einbruchs des „Lebens" in die Welt einsamer Menschen. Der Lebenssphäre (= banal, dumm, aus Dummheit grausam) wird die Todessphäre (= Leiden und Krankheit als Voraussetzung des Geistigen und Künstlerischen) gegenübergestellt. Schwanken zwischen komischer und tragischer Behandlung des Problems, erst im „Tod in Venedig" wirklich tragische Durchführung des Konflikts. GERHART HAUPTMANN stellt in „Der Ketzer von Soana", 1918, den Eros dar als panische Urkraft im Ggs. zum mönchisch-asketischen Christentum.

Raum für Zusätze

Für die *Neuklassik* ist bes. zu nennen PAUL ERNST (Komödianten- und Spitzbubengeschichten, 1920), meisterhafter Erneuerer der novellistischen Erzählform im Sinne der altital. Novelle. Fortsetzer dieser stilistisch mehr konservativen Richtung sind WILHELM V. SCHOLZ, GERTRUD VON LE FORT, WERNER BERGENGRUEN, ALBRECHT GOES.

Expressionismus beeinflußte die Erzählprosa weniger als Lyrik und Dramatik, dennoch gestaltet sich der expressionistische Erzähler selbstherrlich die Szenerie, die Wirklichkeit ist ihm im jeweiligen Augenblick eigens zugeordnet; bewußte Abwendung vom Psychologismus, dagegen Wesensschau durch Pathos, Ekstase, Groteske. Bei DÖBLIN, BENN und JAHNN (später nicht verleugneter) Durchgangsstil. Für KAFKA blieb der Expressionismus zwar sprachlich ohne Einwirkung, brachte aber thematisch die dichterische Erfüllung: expressive Verwandlung der Dinge im traumhaften Sprechen.

„Es bleibt eine der wenigen Gerechtigkeiten der Geschichte, daß in den Jahrzehnten des Antisemitismus ein Jude die klarste deutsche Prosa geschrieben hat." *(Klaus Wagenbach, 90)*

Bspe: DÖBLIN (Die Ermordung einer Butterblume, 1910), KAFKA (Das Urteil, 1913), BENN (Der Rönne Komplex, 1914/23, darin: Gehirne, Der Geburtstag), EDSCHMID (Die sechs Mündungen, 1915; Das rasende Leben, 1916), UNRUH (Opfergang, 1919), LEONHARD FRANK (Die Ursache, 1915; Der Mensch ist gut, 1918), WERFEL (Nicht der Mörder, der Ermordete ist schuldig, 1920; Der Tod des Kleinbürgers, 1927), JAHNN (13 nicht geheure geschichten, 1954).

In der *Gegenwart* löst sich strenge Form der Novelle auf, wird zur Erzählung (z. B. von ZUCKMAYER, Die Erzählungen, 1952; Die Fastnachtsbeichte, 1959) oder zur (→) Kurzgeschichte. Tradition und Moderne sind abzulesen an den Werken von STEFAN ANDRES (z. B. Wir sind Utopia, 1943), ERNST JÜNGER (Auf den Marmorklippen, 1939), HANS ERICH NOSSAK (Interview mit dem Tode, 1948), ARNO SCHMIDT (Leviathan, 1949; Brand's Haide, 1951; Die Umsiedler, 1953; Rosen & Porree, 1959), ILSE AICHINGER (Der Gefesselte, 1953), INGEBORG BACHMANN (Das dreißigste Jahr, 1961), GÜNTER GRASS (Katz und Maus, 1961).

Zur Theorie der Novelle

1. FRIEDRICH SCHLEGEL, 1801: „Es ist die Novelle eine Anekdote, eine noch unbekannte Geschichte, die an und für sich schon einzeln interessieren können muß, ohne auf irgendeinen Zusammenhang zu sehen, eine Geschichte also, die streng genommen nicht zur Geschichte gehört... Da sie interessieren muß, so muß sie in ihrer Form etwas enthalten, was vielen merkwürdig oder lieb sein zu können verspricht... so erzählt, wie man sie in Gesellschaft erzählen würde... eine subjektive Stimmung und Ansicht... indirekt und gleichsam *sinnbildlich* darzustellen... zu dieser indirekten und verborgenen Subjektivität eben vielleicht darum besonders geschickt, weil sie sich übrigens sehr zum Objektiven neigt." *(91)*

2. Bei AUGUST WILHELM SCHLEGEL, 1803/04, erstmals Hervorheben der „Wendepunkte" als bestimmendes Kriterium für den Aufbau: „Die Novelle bedarf entscheidender Wendepunkte, durch die die Hauptmassen der Geschichte deutlich in die Augen fallen." *(92)*

Raum für Zusätze

3. WIELAND, 1805: „Bei einer Novelle werde vorausgesetzt, daß sie sich weder im Dschinnistan der Perser ... noch in einem andern idealischen oder utopischen Lande, sondern in unserer wirklichen Welt begeben habe, und die Begebenheiten zwar nicht alltäglich sind, aber sich doch, unter denselben Umständen, alle Tage allenthalben zutragen könnten." *(93)*

4. GOETHE zu ECKERMANN, 25.1.1827: „Wissen Sie was, wir wollen es die *Novelle* nennen; denn was ist eine Novelle anders als eine sich ereignete unerhörte Begebenheit. Dies ist der eigentliche Begriff, und so vieles, was in Deutschland unter dem Titel Novelle geht, ist gar keine Novelle, sondern bloß Erzählung oder was Sie sonst wollen. In jenem ursprünglichen Sinne einer unerhörten Begebenheit kommt auch die Novelle in den Wahlverwandtschaften vor." *(94)*

5. Bei TIECK, 1829, wird Wesen der Novelle eingeschränkter gesehen als Spannung zwischen Realistik und Wunder, die sichtbar wird im *Wendepunkt:* „Die Novelle stellt einen großen oder kleinen Vorfall ins hellste Licht, der — so leicht er sich ereignen kann — doch wunderbar, vielleicht einzig ist. Diese Wendung der Geschichte, dieser Punkt, von welchem aus sie sich völlig unerwartet umkehrt, und doch natürlich, dem Charakter und den Umständen angemessen, die Folge entwickelt, wird sich der Phantasie des Lesers um so fester einprägen, als die Sache, selbst im Wunderbaren, unter anderen Umständen wieder alltäglich sein könnte." *(95)*

6. FRIEDRICH THEODOR VISCHER, 1857: „Sie gibt nicht das umfassende Bild der Weltzustände, aber einen Ausschnitt aus ihnen, der mit intensiver, momentaner Stärke auf das größere Ganze als Perspektive hinausweist, nicht die vollständige Entwicklung einer Persönlichkeit, aber ein Stück aus einem Menschenleben, das eine Spannung, eine Krise hat und uns durch seine Gemüts- und Schicksalswendung mit scharfem Akzente zeigt, was Menschenleben überhaupt ist." *(96)*

7. PAUL HEYSE stellte 1870 die *Falkentheorie* auf nach dem Bsp. in der 9. Geschichte des 5. Tages in Boccaccios „Decamerone": Der Falke. „In dieser Novelle wirbt ein Ritter vergebens um das Herz einer Edelfrau. All sein Besitz geht dahin bis auf einen Falken. Um diesen Falken zu erbitten, sucht die Dame eines Tages den Ritter auf, der jedoch, da er von ihrem Wunsch keine Ahnung hat, den Falken schlachtet und der Dame als letztes, was er zu bieten hat, vorsetzt. Die Tat rührt die Geliebte so, daß sie den Ritter nun erhört." *[Heinz Otto Burger, 97].* Das Tier spielt an dem entscheidenden Wendepunkt der Geschichte eine Rolle, die ihm etwas Spezifisches und dem Ganzen eine starke Silhouette gibt, was Heyse den „Falken" nennt: „Der Leser wird sich überall fragen, wo der Falke sei, also das Spezifische, das diese Geschichte von tausend anderen unterscheidet." *(98)*

217

Raum für Zusätze

8. THEODOR STORM, 1888: „Die heutige Novelle in ihrer besten Vollendung ist die epische Schwester des Dramas und die strengste Form der Prosadichtung. Gleich dem Drama behandelt sie die tiefsten Probleme des Menschenlebens; gleich diesem verlangt sie zu ihrer Vollendung einen im Mittelpunkt stehenden Konflikt, von welchem aus das Ganze sich organisiert, und demzufolge die geschlossenste Form und die Ausscheidung alles Unwesentlichen; sie duldet nicht nur, sie stellt auch die höchsten Forderungen der Kunst." *(99)*

9. PAUL ERNST, 1904: „Eine Novelle muß in ihrem Hauptpunkt etwas Unvernünftiges enthalten, etwas, wodurch sich das in ihr Erzählte als ein *Besonderes* und *Überraschendes* ausweist, wodurch es eben würdig wird, behandelt zu werden." *(100)*

10. HERMANN PONGS, 1929: „Die Technik der Novelle zielt auf ein Symbol als konstruktives Element, das Handlung und tieferen Sinn in einem bedeutsamen Zeichen zusammenschließt." PONGS gibt so dem „Falken" erst die weitere Bedeutung eines (↪) *Dingsymbols*. „Im Falken vollzieht sich die Verwandlung vom Zufälligen der Begebenheit in ein sinnhaltiges Geschehen, und sie vollzieht sich als Zusammenfall im Symbol. Das ist die Bedeutung des Falken von der inneren Form her." *(101)*

11. ANDRÉ JOLLES, 1921: „Unter einer Novelle verstehen wir die Darstellung einer Begebenheit oder eines Ereignisses von eindringlicher Bedeutung, die uns als wahr anmutet. Dieses Ereignis führt uns die Novelle in einer Form vor, in der es uns wichtiger erscheint als die Personen, die es erleben. Auf das Geschehene kommt es an; die Psychologie, die Charaktere der Handelnden und Leidenden interessieren uns nicht an und für sich, sondern nur insoweit das Geschehene durch sie bedingt ist. Dadurch unterscheidet sich die Novelle vom Roman. GOETHES ‚Werther' und MÉRIMÉES ‚Carmen' zeigen beide inhaltlich, wie ein Mann an seiner Liebe zugrunde geht; aber GOETHES Roman schildert den Mann, MÉRIMÉES Novelle das Zugrundegehen, der eine gibt einen Menschen und sein Schicksal, der andre das Schicksal und einen Menschen. Selbst ‚Michael Kohlhaas' und ‚Pankraz der Schmoller' sind nicht an erster Stelle die Geschichten des märkischen Roßhändlers und des mürrischen Seldwylers, sondern die Geschichten dessen, was mit ihnen geschehen ist." *(102)*

12. BENNO v. WIESE, 1963, vertritt die Auffassung, „daß der absichtlich unbestimmtere Ausdruck ‚novellistisches Erzählen' bzw. eine Untersuchung über den jeweiligen ‚Spielraum' dieses Erzählens weiter führen könne als die theoretischen und dogmatischen Festlegungen der Gattung Novelle überhaupt. Denn insoweit es diese Gattung gibt, können wir sie nur in ihrem geschichtlichen Wachstum und in der Anreicherung neuer Erzähltraditionen wahrnehmen." *(103)*

Literatur

MAX LÜTHI, Das europäische Volksmärchen. Form und Wesen. Eine literaturwissenschaftliche Darstellung, 1947, 1968[3]; Märchen, 1962, 1964[2]
OSWALD A. ERICH und RICHARD BEITL, Wörterbuch der deutschen Volkskunde, 1936, 1969[3] (mit Literaturangaben über Archive, Handbücher, Märchen- und Sagenforschung, Einzeldarstellungen, Sammlungen)

Mimi Ida Jehle, Das deutsche Kunstmärchen von der Romantik zum Naturalismus, 1935
Lutz Röhrich, Sage, 1966
Werner Betz, Die deutsche Heldensage, in: Deutsche Philologie im Aufriß, Band III, 1957
Hellmut Rosenfeld, Legende, 1961, 1964²
Gerhard Kuttner, Wesen und Form der deutschen Schwankliteratur des 16. Jahrhunderts, 1934
Walter Nutz, Der Trivialroman, 1962
Wolfgang Langenbucher, Der aktuelle Unterhaltungsroman, 1964
Gerhard Schmidt-Henkel u. a. (Hrsg.), Trivialliteratur — Aufsätze, 1964
Gustav Sichelschmidt, Hedwig Courths-Mahler, 1967
Hans A. Ebing, Die deutsche Kurzgeschichte, 1936
Klaus Doderer, Die Kurzgeschichte in Deutschland, 1953. Die Kurzgeschichte als literarische Form, in: Wirkendes Wort 8 (1957/58)
Heinz Piontek, Graphik in Prosa. Nachwort zu: Kaleidoskop, 1960
Ruth J. Kilchenmann, Die Kurzgeschichte. Formen und Entwicklung, 1967
Kurt Herbert Halbach, Epik des Mittelalters, in: Deutsche Philologie im Aufriß, Bd. II, 1954, 1960²
Heinrich Maiworm, Epos der Neuzeit, ebd.
Friedrich Sengle, Wieland, 1949
Karl August Schleiden, Klopstocks Dichtungstheorie, 1954
Renate Böschenstein-Schäfer, Idylle, 1967
Richard Benz, Geschichte und Ästhetik des deutschen Volksbuchs, 1924²
Walther Killy, Wirklichkeit und Kunstcharakter, 1963
Herbert Singer, Der deutsche Roman zwischen Barock und Rokoko, 1963; Der galante Roman, 1966²
Dieter Kimpel, Der Roman der Aufklärung, 1967
Werner Welzig, Der deutsche Roman im 20. Jahrhundert, 1967. (Vgl. dazu die unter Dichtungswissenschaft und Poetik genannten grundlegenden Arbeiten von Käte Hamburger, Roman Ingarden, Wolfgang Kayser, Eberhard Lämmert, Herbert Seidler, Emil Staiger sowie die unter Zur Geschichte der Romantheorie genannten.)
Fritz Lockemann, Gestalt und Wandlungen der deutschen Novelle. Geschichte einer literarischen Gattung im 19. und 20. Jahrhundert, 1957
Benno von Wiese, Novelle, 1963, 1967³
Hellmuth Himmel, Geschichte der deutschen Novelle, 1963

Interpretationen

Johannes Pfeiffer, Wege zur Erzählkunst, 1952, 1955³
Fritz Martini, Das Wagnis der Sprache, 1954, 1964⁵
Benno von Wiese, Die deutsche Novelle von Goethe bis Kafka, Bd. I, 1956, 1967², Bd. II, 1962, 1965²
Werner Zimmermann, Deutsche Prosadichtungen unseres Jahrhunderts, Bd. I, 1966, Bd. II, 1968
Jost Schillemeit (Hrsg.), Interpretationen, Bd. 3: Deutsche Romane von Grimmelshausen bis Musil, 1966; Bd. 4: Deutsche Erzählungen von Wieland bis Kafka, 1966 (Fischer Bücherei 716 u. 721)
Reimer Bull, Interpretationen zu „Konturen I", 1966
Franz-Josef Thiemermann, Kurzgeschichten im Deutschunterricht, o. J.

Raum für Zusätze **DRAMATIK**

(20) *Drama* (gr. dran tun, handeln) ist Oberbegriff für die dichterische Gestaltung eines durch *Rollenträger* vorgeführten Geschehens.

> **Dramatisches** und **Theatralisches**, **Sprache** und **Mimus**, gehören aufs engste zusammen;
> zum ersten sind zu rechnen: *dramatisches Wort, dramatische Handlung, Dynamik, Aktivität, Dialog, Figur, Struktur;*
> zum zweiten: *abgesteckter Platz (Bühne), Mimus (Mimisches Theater, Pantomime, Tanz, Mimisches Spiel, Stumme Szene), Maske.*

I. DAS DRAMATISCHE

1. Dramatisches Wort

Erstes Grundelement des Dramas. Gemeint ist das dramatische Wort, das eine Tat, einen Akt, eine Handlung *vorführt*. Dadurch unterscheidet es sich vom lyrischen Wort, das in stärkster Verdichtung Symbolkraft des Bildes mit rhythmisch-klanglichen Elementen *beschwört*, und vom epischen Wort, das *von* etwas (Handlung) *erzählt*. Das dramatische Wort ist *agierende Sprache*, d.h. nicht für sich allein bestehende, sondern durch Motorik ergänzte und fortgesetzte, *Spiel aussagende Sprache*.

2. Dramatische Handlung

Dramatische Handlung, d.h. Vorgang und Spannung, ist immer zugleich bühnengerecht aufführbare Handlung. Unterschied zwischen „freier Spielhandlung" und „dramatischer Handlung":

> „Der Form nach betrachtet, kann man das Spiel also zusammenfassend eine freie Handlung nennen, die ‚als nicht so gemeint' und außerhalb des gewöhnlichen Lebens stehend empfunden wird und trotzdem den Spieler völlig in Beschlag legen kann, an die kein materielles Interesse geknüpft ist und mit der kein Nutzen erworben wird, die sich innerhalb einer gewissen Zeit und eines eigens bestimmten Raumes vollzieht, die nach bestimmten Regeln ordnungsgemäß verläuft." *(Johan Huizinga, 104)*

Dagegen stehen in der „dramatischen Handlung" die Rollenträger in einem Kraftfeld von Spannungen zueinander. Spannung ergibt sich darüber hinaus für den Zuschauer aus der Situation seines „Mehrwissens".

3. Dynamik

Erzeugt Bewegung auf ein Ziel hin. Im Dramatischen gibt es kein ruhiges Vorstellen wie in der Epik.

> „Im Drama ist mir zumut, als ob ich mit bloßen Füßen über ein glühendes Eisen ginge; um Gottes Willen nur kein Aufenthalt; was nicht im Fluge mitgeht, gehört nicht zur Sache." *(Friedrich Hebbel, 105)*

4. Aktivität

Beherrscht die dramatische Figur als Träger des dramatischen Vorgangs; als solche ist sie *tätig*. „Das Theater ist die tätige Reflexion des Menschen über sich selbst" *(Novalis, 106)*. Erst wenn die Reflexion sich in Spiel umgesetzt hat, kann man von Drama sprechen.

> „Die im Drama gesprochenen Worte sind allesamt Ent-schlüsse, sie werden aus der Situation heraus gesprochen und verharren in ihr; keineswegs dürfen sie als vom Autor herrührend aufgenommen werden."
> *(Peter Szondi, 107)*

5. Dialog

Alle dramatische Thematik äußert sich im Bereich des „Zwischenmenschlichen"; sein sprachliches Medium ist der Dialog.

> „Die Handlung ist der Tiegel, in welchem der Mensch Wort wird, Wort werden muß. Das heißt nun aber, daß ich den Menschen im Drama in Situationen zu bringen habe, die ihn zum Reden zwingen. Wenn ich zwei Menschen zeige, die zusammen Kaffee trinken und über das Wetter, über die Politik oder über die Mode reden, sie können dies noch so geistreich tun, so ist dies noch keine dramatische Situation und noch kein dramatischer Dialog. Es muß etwas hinzukommen, das ihre Rede so besonders, dramatisch, doppelbödig macht. Wenn der Zuschauer etwa weiß, daß in der einen Kaffeetasse Gift vorhanden ist, oder gar in beiden, so daß ein Gespräch zweier Giftmischer herauskommt, wird durch diesen Kunstgriff das Kaffeetrinken zu einer dramatischen Situation, aus der heraus, auf deren Boden sich die Möglichkeit des dramatischen Dialogs ergibt."
> *(Friedrich Dürrenmatt, 108)*

Stichomythie (gr. stichos Reihe, Zeile, Vers und mythos Wort, Rede, Erzählung), Zeilenrede, macht den dramatischen Dialog bes. wirkungsvoll, Rede und Antwort folgen Zeile für Zeile oder Vers auf Vers bei gleichzeitigem Personenwechsel mit Antithesenspiel. — Im gr. Drama z. B. in SOPHOKLES' Ödipus; häufiger bei EURIPIDES, z. B. Medea, Vers 652—692. Im klassischen Drama u. a. bei GOETHE, Tasso, II, 3, und SCHILLER, Die Braut von Messina, III, 1.

> *Antonio:* Welch hoher Geist in einer engen Brust!
> *Tasso:* Hier ist noch Raum, dem Busen Luft zu machen.
> *Antonio:* Es macht das Volk sich auch mit Worten Luft.
> *Tasso:* Bist du ein Edelmann wie ich, so zeig es.
> *Antonio:* Ich bin es wohl, doch weiß ich, wo ich bin.
> *Tasso:* Komm mit herab, wo unsre Waffen gelten.
> *Antonio:* Wie du mich fordern solltest, folg ich nicht.
> *Tasso:* Der Feigheit ist solch Hindernis willkommen.
> *Antonio:* Der Feige droht nur, wo er sicher ist.
> *Tasso:* Mit Freuden kann ich diesem Schutz entsagen.
> (GOETHE, Tasso, II, 3)

Raum für Zusätze Steigerung wird erzielt durch Anwendung der Stichomythie auf den Einzelvers: *Antilabe* (gr. anti gegen und lat. labi fallen, gleiten): Verteilung des Sprechverses auf verschiedene Personen, d.h. der Vers wird trotz Aufteilung antilabil = stabil gehalten.

> PRINZ (FLÜSTERND): Natalie! Mein Mädchen! Meine Braut!
> KURFÜRST: Geschwind! Hinweg!
> HOHENZOLLERN: Was sagt der Tor?
> HOFKAVALIER: Was sprach er?
> (KLEIST, Prinz Friedrich von Homburg, I, 1)

Durch solche Dynamisierung entsteht starke dramatische Wirkung des Dialogs. Bei KLEIST Gegenkraft gegen diese vorwärtshetzende Zersplitterung des Dialogs durch Ballung in einer langen Periode, z.B. Amphitryon, II, 4.

Entzweiung der Sprache ist möglich im Dialog: „Aneinandervorbeireden" bei HEINRICH V. KLEIST; „Unverflochtenheit" bei BÜCHNER, d.h. der Dialog nähert sich dem Monolog; „Verschweigen" bei GERHART HAUPTMANN, d.h. das eigentlich zu Sagende offenbart sich im Verstummen; „Anti-Dialog" bei IONESCO, d.h. Kombinationen von Alltagsphrasen (an der Sprache wird vollzogen, was „gesagt" werden soll: geistiger Leerlauf). Das gleiche gilt für den *Monolog:* nur dramatisch als innerer Dialog, z.B. bei SHAKESPEARE (Macbeth, Dolchmonolog) undramatisch im lyrischen Drama, z.B. bei HOFMANNSTHAL (Frühe Dramen).

> „Ja, hier liegt ja der Kern allen Übels! In den Worten! Wir tragen alle in uns eine Welt von Dingen, ein jeder seine eigene Welt. Und wie können wir uns verstehen, mein Herr, wenn ich in meine Worte den Sinn und Wert der Dinge lege, die in mir sind; der andere aber, der zuhört, kann sie doch nur aufnehmen nach dem Sinn und Wert *seiner* inneren Welt. Wir glauben uns zu verstehen, und wir verstehen uns nie!"
> *(Luigi Pirandello, 109)*

Das Wort ist jedoch nicht alleiniges Medium des Dramatischen (→ Mimisches Spiel).

6. Figur

Gängige Bezeichnungen: „Person" (lat. personare durchtönen, nämlich durch das Schalloch der antiken Schauspielermaske) und „Charakter". Bezeichnung Charakter entwickelte sich aus dem von ARISTOTELES gebrauchten „ethos" (bei den Griechen die *bleibende* Eigentümlichkeit eines Menschen im Ggs. zu „pathos", dem augenblicklichen und wechselnden Seelenzustand); schon bei seinem Nachfolger THEOPHRASTOS („Charakteres") tauchte die Bezeichnung *Charakter* auf, vorwiegend bezogen auf den Charaktertyp in seinen komisch wirkenden Schwächen; von hier ging in späteren Zeiten der Terminus in die Dramaturgie über.

Petsch (110) verwendet die „schlichtere Bezeichnung" Figuren, weil
a) durchaus nicht alle Figuren in einem Drama, bes. Nebenfiguren, ausgeprägten „Charakter" haben, sondern „mehr umrißartig", allenfalls „flachbildnerisch" wirken;

b) die erst in unserer Zeit entstandene „Charakterologie" zwar Kategorien zur Erfassung differenzierter Charaktere entwickelt, aber „gerade diese verfeinerten Auffassungen und Methoden passen nicht für die Freskozeichnungen des Dramas, während sie allenfalls (aber auch nur mit Abstrichen) in die Epik eingehen können".

Damit deutliche Abgrenzung des dramatischen Charakters („Figur") gegen den undramatischen (bestenfalls epischen) psychologischen Charakter, der vor allem im Zuge des Naturalismus in das Drama eingedrungen war.

Über die Ansätze bei HEINRICH V. KLEIST, BÜCHNER und GRABBE vollzog sich im Expressionismus der Bruch mit den bisherigen Vorstellungen: der (nach einer Forderung LESSINGS) unter dem Gesetz der Kausalmotivation stehende Charakter wird ersetzt durch die allen Mächten ausgelieferte Figur. Endgültiger Bruch im „absurden" Theater der Gegenwart:

„Wir geben das Prinzip der Identität und der Einheit der Charaktere auf, ... wir sind nicht wir ... die Persönlichkeit existiert nicht!" *(Ionesco, 111)*

Raum für Zusätze

7. Struktur

Hinsichtlich des dramatischen Aufbaus ist zu unterscheiden zwischen

1. *Enthüllungsdrama — Entfaltungsdrama*
2. *Einortdrama — Bewegungsdrama*
3. *Geschlossenem (Aristotelischem) Drama — Offenem (Nichtaristotelischem) Drama*

1. Enthüllungsdrama — **Entfaltungsdrama**

Enthüllungsdrama (Analytisches Drama)	*Entfaltungsdrama* (Synthetisches Drama)
Strukturbedingend: Der rückwärtige Beziehungspunkt	Strukturbedingend: Der Zielpunkt
Stück beginnt, nachdem wesentliche Teile der Fabel bereits geschehen sind: Aufrollen der Fakten; in der Vergangenheit liegende Ursachen werden wirksam und erst in der Katastrophe voll erkannt und erlitten	Stück beginnt nach kurzer Exposition und richtet sich auf ein zukünftiges Gelingen. Nur für das Zieldrama gilt das von FREYTAG aufgestellte Aufbauschema: *Exposition* (Situation und Atmosphäre), erregender Moment (Konflikt), Steigerung auf den Höhepunkt, dann Umschwung *(Peripetie)*, mehrere Stufen des Abstiegs *(fallende Handlung)* bis zur Katastrophe (dabei dürfen Exposition und Katastrophe niemals auf derselben Kurvenhöhe liegen!)
Bspe: SOPHOKLES, König Ödipus; SCHILLER, Die Braut von Messina; KLEIST, Der zerbrochene Krug; IBSEN, Gespenster	*Bsp.:* SCHILLER, Wallenstein

Raum für Zusätze *Mischformen* von *äußerer* Enthüllungshandlung und *innerer* Zielhandlung bei LESSING, Nathan der Weise; SCHILLER, Maria Stuart; KLEIST, Das Käthchen von Heilbronn; HEBBEL, Herodes und Mariamne.

Enthüllungsdrama braucht von seinem Wesen her nur *einen* Akt. Aufbau des Entfaltungsdramas führt zur Teilung in mehrere *Akte*. Die Griechen und SHAKESPEARE kannten keine Akteinteilung. Diese wurde eingeführt von den Theoretikern des frz. klassischen Dramas. Muster der dramatischen Technik im geschlossenen Drama. Teilung in 5 Akte, später auch in 3 Akte, selten (von der strengen Theorie abgelehnt) Aufteilung in 4 Akte, z. B. GERHART HAUPTMANN, Der Biberpelz. Zusammenfassung von Mehraktern in der „Trilogie" (z. B. SCHILLER, Wallenstein; HEBBEL, Die Nibelungen) oder (selten) „Tetralogie" (z. B. GERHART HAUPTMANN, Die Atridentetralogie).

2. Einortdrama — Bewegungsdrama

Einortdrama	*Bewegungsdrama*
Handlung auf *einen* Raum konzentriert; Unentrinnbarkeit; Stimmungslage der Beklemmung und Belastung	Handlung bewegt sich durch *viele* Räume, häufiger Schauplatzwechsel: lockere Handlungsführung und Ausweitung
	Parallelhandlungen möglich (z. B. Gloster-Handlung in SHAKESPEARE, König Lear); Figurenreichtum, Massenszenen

Mittel der Dramentechnik (bes. angewandt im Einortdrama)

a) *Mauerschau, Teichoskopie* (gr. teichoskopia Mauerschau): Mittel, auf der Bühne nicht oder schwer darzustellende Ereignisse (z. B. Schlacht) dem Zuschauer nahezubringen, indem ein Spieler sie schildert, als sähe er sie außerhalb der Szene „jetzt" vor sich gehen (Standort: Mauer, Dach, Turm, am Fenster). Häufig nach dem Vorbild des antiken Dramas im dt. klassischen Drama, z. B. GOETHE, Götz von Berlichingen; SCHILLER, Wilhelm Tell; KLEIST, Penthesilea.

b) *Botenbericht*: Mittel, bereits zurückliegende Ereignisse „jetzt" ins Spiel zu bringen; damit wird neue Lage und zugleich Vertiefung und Dauer des Konflikts bewirkt. Häufig im gr. Drama: berühmtestes Bsp. bei AISCHYLOS, Die Perser: Botenbericht von Xerxes' Niederlage. Danach häufig nachgeahmt im frz. und im dt. klassischen Drama, z. B. SCHILLER, Wallensteins Tod, IV, 10.

3. Geschlossenes Drama — Offenes Drama

Aufstellung des Gegensatzpaares: geschlossene Form — offene Form bzw. tektonisches — atektonisches Aufbauprinzip nach *Walzel,* der an das dritte kunstgeschichtliche Begriffspaar (geschlossene Form — offene Form) *Wölfflins* anknüpft (↪ Literaturgeschichtliche Richtungen der Gegenwart, Stilgeschichtliche Gruppe).

Geschlossene Form = klassisch, aristotelisch, tektonisch.

Offene Form = episch, nichtaristotelisch, atektonisch.

Volker Klotz (112) unterscheidet:

Geschlossenes Drama	*Offenes Drama*
Ausschnitt als Ganzes	Das Ganze in Ausschnitten
Repräsentativer Ausschnitt, der in sich als ein geschlossenes Ganzes, Abgerundetes erscheint	Fragmentarisch (Fortsetzbarkeit möglich)
Einheit von Handlung, Raum und Zeit	Vielfalt von Handlung, Raum und Zeit
Einheitliches Konstruktionsschema, einer Entwicklung folgend	Gleichwertiges reihend
Ausgewogenheit von Spiel und Gegenspiel, schlüssig geführte Handlung, zielstrebiger Dialog, ungebrochene Richtungsbewegung	Unausgewogenheit; Gegenspieler des Helden keine Person, sondern die Welt in der Fülle ihrer Einzelerscheinungen. Handlungsführung: afinale Kreisbewegung; unerlöste Spannung; intensiv erlebte Augenblicke
Unselbständigkeit der Teile, Vorrang des Allgemeinen vor dem Zufälligen: Hierarchie	Selbständigkeit der Teile, Verschwinden eines Allgemeinen hinter dem Einzelnen: Nebenordnung, Reihung

Alle Aufstellungen sind nur als *Idealtypen* zu verstehen. Oft keine reine Abgrenzung möglich, außerdem jeweils beide Richtungen in der Entwicklung *eines* Dramatikers möglich, z. B. bei GOETHE: vom offenen Drama des „Urfaust" und des „Götz" über das geschlossene der „Iphigenie" und des „Tasso" zu einer Mischung beider Typen in „Faust II". Ähnlich bei SCHILLER: von den „Räubern" über „Maria Stuart" und „Braut von Messina" zu „Wilhelm Tell". Obwohl bestimmte Epochen einen der beiden Stiltypen bevorzugen, sind Zeiten, in denen die *eine* Stiltendenz möglichst rein realisiert wird, selten.

„Die deutschen Autoren des offenen Dramas von Lenz bis Brecht haben sich immer gern auf Shakespeare als ihren dramaturgischen Lehrherrn berufen. Trotzdem hat keines seiner Dramen, nicht einmal die locker gebauten Historien, die in Deutschland übliche extreme Form des offenen Dramas erreicht. Sein Drama zeigt vielmehr *in* der offenen Form Züge des tektonischen Typs."
(Volker Klotz, 113)

Raum für Zusätze *Strukturelle Sonderformen des Dramas*

a) Monodrama (gr. monos allein): Auftreten nur *einer* handelnden und sprechenden Person, dabei sind zulässig: Chor, Musik, stumme Nebenpersonen, filmische Elemente. *Bsp.* aus dem Expressionismus: BRONNEN, Ostpolzug, 1926; aus der Gegenwart: BECKETT, Das letzte Band, 1958.

b) Melodrama (gr. melos Lied): Sprechrolle mit Musikbegleitung. Bes. lebendig in 2. Hälfte des 18. Jhs. *Bspe:* ROUSSEAU, Pygmalion, 1762; GERSTENBERG, Ariadne auf Naxos, 1775; GOETHE, Proserpina, 1776/77.

II. THEATRALISCHE DARSTELLUNG

Zur theatralischen Darstellung gehören: abgesteckter Platz (Bühne), Mimus (Mimisches Theater, Pantomime, Tanz, Mimisches Spiel, Stumme Szene), Maske.

1. Bühne

Urspr. erhöhte Spielfläche aus Brettern (mhd. büne, nd. böhn, wahrscheinlich zu „Boden").

In geschichtlicher Reihenfolge treten folgende *Bühnenformen* auf:

Bühnenformen

1. Freilichtbühnen
a) Bühne des antiken Theaters
b) Simultanbühne des mittelalterlichen Spiels
   Wagenbühne
c) Gartenbühne der Barockzeit
d) Freilichtbühne der Neuzeit

2. Saalbühnen
a) Terenz-Bühne
b) Hans-Sachs-Bühne
c) Shakespeare-Bühne
d) Kulissenbühne
   Telaribühne
e) Stilbühne
   Brecht-Bühne

1. Freilichtbühnen

a) Bühne des antiken Theaters: Älteste Form war ein kreisrunder Tanzplatz (gr. orchestra) im Kultbezirk (Altar des Dionysos in der Mitte der orchestra) = *volles Raumtheater*. Durch Errichtung eines Holzbaus (gr. skēnē Hütte, Zelt) an irgendeiner Stelle des Kreises wurde die Zentrierung aufgegeben; der Skene vorgebaut war eine über die Orchestra erhöhte Spielfläche (gr. proskenion Vorbühne); damit wurden zwei entscheidende Vorgänge vollzogen: Trennung der „Bühne" vom Altarplatz und Entstehung des Halbrundtheaters. Diese Anordnung ermöglichte rechts und links der Skene zwei Auftrittsstraßen (parodoi von gr. hodos Weg, Gang), das Spiel vor der Skene (auf der Vorbühne) und Einbeziehung der Skene selbst (Tür, Dach, Fenster) = *geschlossene Bühnenform*.

b) Simultanbühne des mittelalterlichen Spiels: Nach Verlassen des Kultraums (Kirche) diente in der Regel der rechteckige Marktplatz als Spielfläche; hier waren die Spielorte (loca) nebeneinander aufgebaut und gleichzeitig sichtbar: *Simultaneität* (lat. simul zugleich) *der Schauplätze, nicht der Handlungen*. Die Spieler (Bürger statt Kleriker, daher „Laienspieler") zogen von einem Spielort zum anderen, wie es der Handlungsablauf vorschrieb = *addierende, offene Bühnenform*. Stärkster Stilgegensatz gegenüber der geschlossenen Form des antiken Theaters.

b¹) Wagenbühne entsteht in späterer Zeit durch Verteilung der loca auf verschiedene Plätze der Stadt: hier wird jeweils eine Szene auf Wagen gespielt (Nachahmung der Prozessionsform).

Erneuerung der Simultanbühne im 20. Jh. im Laienspiel der Jugendbewegung; Wiederbelebung mittelalterlicher Moralitätenspiele (HOFMANNSTHAL, Jedermann, 1911), im Raumtheater auch mit *Simultaneität der Handlungen* (z. B. BRUCKNER, Elisabeth von England, 1930).

c) Gartenbühne der Barockzeit: Proszenium und Bühnenwände bestehen aus geschnittenen, mehrere Meter hohen Hecken, die nach Art von Kulissen hintereinander gestaffelt sind. Eigentlich nur die Verlegung der Kulissensaalbühne in eine umgewandelte, zurechtgemachte Natur.

„Diese Art war typisch für die Epoche und ist aus dem Naturgefühl des Barockmenschen zu erklären, dessen Beziehung zur freien Natur stets architektonisch gebunden war. Alles wurde ängstlich vermieden oder beseitigt, was die Natur frei bildete. Im Gebirge z. B. sah der Mensch dieser Zeit nur etwas Unordentliches, Furchterregendes, das er nicht seinem souveränen Willen unterordnen und korrigieren konnte."
(Ottmar Schuberth, 114)

d) Freilichtbühne der Neuzeit: Wesentlich ist, daß in der so gewachsenen Welt agiert wird, gleichgültig, ob es sich um eine Wald-, Felsen- oder Ruinenbühne handelt. Wenn z. B. auf der Waldbühne mit Kulissenhäusern gearbeitet wird, entsteht ein Zwiespalt des Stils, der illusionsstörend wirkt.

2. Saalbühnen

a) Terenz-Bühne: Bühnenform des Humanismus; entstanden in Italien im 15. Jh.; angewendet im lat. Schuldrama und entwickelt bei dem Versuch, altrömische Komödien (TERENZ, PLAUTUS) aufzuführen. Bühne ist eine rechteckige Fläche (Podium); an der Rückwand nebeneinandergestellte, verhangene Türen aus Holzrahmen (mit Aufschriften), die die „Häuser" bezeichnen und Auftrittsmöglichkeiten bieten. Wegen der zellenartigen Anordnung auch *Badezellenbühne* genannt.

b) Hans-Sachs-Bühne (um 1530) ist wesentlich einfacher: Podestbühne mit einer Spielfläche und Hintergrundvorhang mit Mittelschlitz zum Auftritt.

Raum für Zusätze

c) Shakespeare-Bühne: Zeitliche Festlegung entsprechend den Lebensdaten SHAKESPEARES (1564—1616). Weit in den Zuschauerraum vorspringende Vorderbühne, im Hintergrund Aufbau mit Türen und Galerie, so daß Hinterbühne und Ober- oder Balkonbühne als Spielplätze entstehen. Bereits Mittelvorhang, aber noch kein Vordervorhang. Wenige Spieldinge (Thronsessel, Bank), kaum Dekoration, jedoch prunkvolles Kostüm, wenn die Rolle es erforderte. Rascher Szenenwechsel möglich. Gespielt wurde bei Tageslicht am Nachmittag; die meisten Theater ohne Dach. Im Prinzip: auf *eine* Blickrichtung zusammengeschobene Flächensimultanbühne.

d) Kulissenbühne *(Barockbühne, Guckkastenbühne, Gassenbühne, Illusionsbühne):* Bühnensystem, das auf zwei Voraussetzungen beruht: 1. Trennung von Zuschauer- und Bühnenraum durch die *Rampe* (bes. ausgebildet im Barock: Hoftheater mit Logen und Rängen), 2. Verwandlung des von drei Seiten umschlossenen (vierte Wand fehlt) guckkastenähnlichen Bühnenraums *(Guckkastenbühne)* durch Kulissen.

d¹) Telaribühne ist Vorstufe der Kulissenbühne: Bühne der ital. Renaissance mit perspektivisch bemalten Prismen aus Leinwandrahmen (telari), links und rechts aufgestellt und drehbar (aber nur für drei Bühnenbilder verwendbar). In Deutschland zuerst nachgebaut in Ulm (1641 von J. FURTTENBACH). An Stelle des Nebeneinanders der Szenen trat ein Nacheinander; Bühnenbild wurde in verschiedene, in der Tiefe gestaffelte Bildebenen aufgelöst und perspektivisch auf die Kulissen gemalt. Durch die Anordnung der auf der rechten und linken Seite der Bühne hängenden oder festen Kulissen entstanden Gassen für die Auftritte der Darsteller *(Gassenbühne).* Telaribühne in Italien um 1620 von selbständig aufgestellter und damit von Anzahl der Bühnenbilder unabhängiger Kulissenbühne verdrängt.

In Deutschland *erste Kulissenbühne* 1659 im Wiener Jesuitentheater. Auswechslung der Dekorationen durch verschiedene Methoden: a) durch flache, in Führungsleisten laufende Kulissenschienen (frz. coulisse von couler gleiten, schieben; daher der Name Kulisse), b) durch Hochziehen der Dekoration in den Schnürboden und Herablassen einer anderen.

Prinzip der Kulissenbühne: Vortäuschung, als ob die Bühne die Wirklichkeit sei *(Illusionsbühne).* Im *Barock*, bes. für die Oper, in ganz Europa nachgeahmt. Trotz mechanischer Holzmaschinerie erstaunliche Effekte.

Entwicklung im 19.Jh. führte von der Vortäuschung zur *Täuschung:* Scheincharakter des Bühnenbildes wurde aufgegeben und „echte" Wirklichkeit angestrebt; z.B. durch historisch genaues Kostüm und Requisit (echte gotische Truhen) bei den „Meiningern" (Schauspielertruppe des Herzogs GEORG II. VON SACHSEN-MEININGEN; Glanzzeit 1870/90) oder auf der Bühne des naturalistischen Dramas, z.B. die Wohnküche in GERHART HAUPTMANNS Der Biberpelz, mit wirklichem Herd, dampfender Suppe. Regisseure des naturalistischen Theaters: OTTO BRAHM und der junge MAX REINHARDT.

Rückkehr zur Illusionsbühne in der Neuromantik um 1900 mit dem Ziel, unter Zuhilfenahme von Licht (Ausbau der Beleuchtungseffekte), Farbe, Bewegung (Drehbühne) im Bühnenbild das „Atmosphärische" des Stückes einzufangen. Regisseure: STANISLAWSKIJ, MAX REINHARDT.

e) Stilbühne: Radikale Abkehr von realistischen und naturalistischen Ausdrucksmitteln. Statt dessen gleichbleibende, einfache Elemente, wie Vorhänge, Seitenvorhänge mit Gassen, Podesten, Treppen, Säulen. Stilisierendes Bühnenbild zeigt eine Anzahl von Gegenständen und Formen, die einen *Ersatz* bilden, z. B. wird eine Tür durch zwei senkrechte Pfosten dargestellt. Konsequent verwendet für die Bühne des expressionistischen Theaters. Regisseur: LEOPOLD JESSNER.

Sonderform

e¹) Brecht-Bühne: Der Realismus des epischen Theaters in der Art BRECHTs will weder Naturalismus noch Stilisierung, sondern *Realismus in Auswahl,* z. B. wird nur ein Teil des Zimmers deutlich gezeigt, der andere Teil bleibt unverkleidet und *soll* als Bühne gesehen werden: keine Wirklichkeit, sondern die Wirklichkeit des *Theaters.*

2. Mimus

Mimus (gr. mimos, lat. mimus Nachahmer, Gaukler, Schauspieler), hier Begriff umfassender gemeint: theatralisches *Spiel.* Der Mimus begleitet alle Stationen des Dramas, einmal stärker, einmal schwächer hervortretend.

Zu unterscheiden sind: Mimisches Theater — Pantomime — Tanz — Mimisches Spiel — Stumme Szene.

a) Mimisches Theater: Vorherrschen des Mimischen gegenüber dem Wort mit Übergang zur (→) Pantomime. Unliterarische, volkstümliche Vorstufe des Dramas. Wichtiges Element der *antiken Komödie;* später, nach Abklingen der klassischen Tragödie und Komödie, die Bühne wiederum beherrschend; Höhepunkt im Rom der Kaiserzeit. Fortleben in der altital. Stegreifvolkskomödie (genannt *Atellana,* da zuerst in der Stadt Atella in Kampanien heimisch); hier schon feststehende Typen ausgebildet, aber ohne Masken. Hauptinteresse galt der Mimik und der oft (vom Publikum gewünschten) obszönen Gestik.

Im 16. Jh. wieder aufgenommen von der ital. Stegreifkomödie der *commedia dell'arte* (ital. commedia Komödie, dell'arte von Beruf): *professionelle* Schauspielkunst mit festgelegter Szenenfolge, aber nicht festgelegtem Text („Stegreif"). Aus- und Weiterbildung der übernommenen feststehenden *Typen:* Pantalon, Capitano, Dottore, Columbina, Isabella u. a. Bes. beliebt vom 16. bis 18. Jh. Nach Abwertung (GOTTSCHED) erfolglose Erneuerungsversuche in der Romantik (z. B. in TIECKs Dramen: Der gestiefelte Kater, Ritter Blaubart, Verkehrte Welt).

Wiederaufnahme des mimischen Theaters in den antiillusionistischen Stücken der Gegenwart. Bsp.: IONESCO, Die Stühle, 1951.

Raum für Zusätze

b) Pantomime: Steigerung des mimischen Theaters unter Abstreifung aller realistischen Elemente. Die Pantomime stilisiert die Geste, macht sie exakt und zugleich sinnbildhaft, verzichtet auf (Gesichts-)Mimik. Pantomime = Haltung (statuarisch) + Bewegung (rhythmisch). Die *Marionette* ist der ideale Pantomime.

c) Tanz: Dienendes Element auf fast allen Stationen des Dramas; stärker hervortretend in Verbindung mit der (→) Pantomime. Im „absurden" Theater der Gegenwart aber kein dienendes Element mehr, sondern gegenüber dem (oft sinnlosen) Wort vorherrschend. Tanz und Pantomime machen die Handlung theatralisch sinnfällig. Bsp.: IONESCO, Der neue Mieter (Ein Mieter wird in dem anfangs leeren Zimmer von Möbelstücken und Schränken, die immer leichter zu handhaben sind, je größer sie sind, allmählich zugedeckt. Die Choreographie zeigt, „demonstriert", nicht das Wort: Überhandnehmen zufälliger, seelenloser Dinge).

d) Mimisches Spiel: Erst im elisabethanischen Drama eingesetzt, von SHAKESPEARE voll ausgebildet, da das Wesen der von ihm gestalteten Menschen nicht allein durch das gesprochene Wort zu erschließen ist.

> Ist das ein Dolch, was ich hier vor mir sehe,
> Das Heft mir zugekehrt? Komm, laß dich packen!
> Ich hab dich nicht und seh dich dennoch stets...
> (Macbeth, Anfang des Dolchmonologs, II, 1)

Worte sind hier nicht Selbstzweck, sondern Resultat mimischen Spiels. Das Wichtigste steht zwischen den Worten.

Starke Nachwirkung auf das abendländische Drama. Aus der Fülle der Bspe: KLEIST, Der Prinz von Homburg, IV, 4. (Diese Szene zwischen Natalie und dem Prinzen ist nicht nur Dialog, sondern auch Spiel; mimisches Spiel steht hier *gegen* den Dialog. Die Worte sagen etwas anderes aus als die Gesten.) — GERHART HAUPTMANN, Einsame Menschen, III. (In der Szene zwischen Anna Mahr und Käthe Vockerath [→ S. 41 f.] kämpfen die Worte ständig gegen das *Ungesagte* zwischen beiden Frauen, das sich im mimischen Spiel verrät und das viel stärker als Worte ist, dem Wissen und Willen überlegen.) — ANZENGRUBER, Der G'wissenswurm, I, 5/6. (Hier wird zwischen Grillhofer und Dusterer mimisches Spiel zu *komischer* Wirkung ausgenutzt: Dusterer als urwüchsiger Bauer und zugleich als erbschleichender Frömmler befindet sich in ständigem Kampf mit seiner angenommenen Rolle, da Wesensart und Rolle nicht übereinstimmen.)

e) Stumme Szene: Mimisches Spiel in der sog. „Pause" der Bühnenszene, in der sich bestimmte Vorgänge in einer den Zuschauer unmittelbar treffenden Weise abspielen, z.B. KLEIST, Robert Guiskard, I, 10. Ebenso im Drama GRILLPARZERS (z.B. Die Jüdin von Toledo [1872], König Alfons beim Anblick der toten Geliebten). Bes. stark ausgebildet im naturalistischen Drama; hier ausführliche, oft seitenlange Regieanweisungen des Dichters für die Gestaltung der stummen Szenen, z.B. GERHART HAUPTMANN, Das Friedensfest, 1890.

3. Maske

Maske (von arab. mashkara, Possenreißer, maskierte Person, span. mascara, ital. maschera, frz. masque; in Oberdeutschland dafür auch *Larve* [aus dem Klosterlatein zu lat. lares Geister = Person mit Maske, dann Maske selbst]) ist Bezeichnung für gesichtsförmige Kappe aus Holz, Baumrinde, Leder, Leinwand oder Pappe (Ganzmasken; auch Halbmasken = Gesichtslarven), urspr. Sinnbilder dämonischer Wesen (Totengeister; Geister der Fruchtbarkeit).

Wichtiges theatralisches Element im Schauspiel der Griechen, ebenso im japanischen Theater. Im gr. Drama übernommen aus dem Kult (festliche Umzüge mit Masken). Maske verwehrt individualisierendes schauspielerisches Ausdrucksspiel, gibt aber den Charaktertyp an, doch so allgemein, daß er erst durch das Attribut in der Hand des Spielers (z.B. Schwert) eindeutig gemacht wird; es bilden sich Maskentypen der tragischen, komischen, satyrischen und orchestrischen (Tanzmaske) Art heraus. Seit AISCHYLOS stilisiert durch kühnen Linienschnitt, grellbunte Bemalung, mit großen Öffnungen versehen für Augen und Mund (mit schallverstärkendem Trichter). Maske läßt Darstellung mehrerer Rollen durch einen Schauspieler zu, ebenso Wiedergabe von Frauenrollen durch Männer. In der (→) Atellana keine Masken, in der (→) commedia dell'arte nur komische Figuren maskiert. Seit Anfang des 19.Jhs. von der Bühne verbannt.

III. HAUPTFORMEN DES DRAMAS

Im allgemeinen herrscht Übereinstimmung bei der Einteilung in die *Hauptformen:* Tragödie (mit Schauspiel), Komödie, Lustspiel.

Dagegen unterschiedliche Auffassungen über *zusammenfassende Einteilungen,* z.B. Handlungsdrama — Charakterdrama — Schicksalsdrama — Symbolisches Drama; Ereignisdrama — Figurendrama — Raumdrama (nach *Wolfgang Kayser, 115).*

Weitere *Einteilungen* sind möglich, z.B. geordnet nach:

a) der *Sprache:* Alexandrinertragödie — Jambendrama — Prosadrama (Hochsprache — Mundart [Dialektdrama] — Umgangssprache [Konversationsstück]);

b) dem *Stand:* Bürgerliches Trauerspiel — Soziales Drama — Arbeiterdrama;

c) dem *Thema:* religiöses, heldisches, historisches Drama, Zeitdrama, Tendenzstück;

d) dem *Stil:* idealistisches, realistisches, naturalistisches, expressionistisches, surrealistisches, episches, absurdes Drama;

e) dem *Ziel:* didaktisches, metaphysisches, nihilistisches, poetisches, politisches Drama. Die Spannweite des politisch engagierten Dramas reicht vom Dokumentarstück (HEINAR KIPPHARDT) über das Modellstück (PETER WEISS) bis zum politisch-symbolischen Drama (GÜNTER GRASS, ARMAND GATTI).

Raum für Zusätze

Hauptformen des Dramas

1. Tragödie
Griechische Tragödie
Tragödie
   Klassische Tragödie
   Gemischte Tragödie
Historisches Ideendrama
Bürgerliches Trauerspiel
Soziales Drama
Schauspiel

2. Komödie
Antike Komödie
Charakterkomödie
Intrigenkomödie
Situationskomödie
Dramatische Satire

3. Tragikomödie

4. Lustspiel
Comédie larmoyante
Unterhaltungslustspiel
Romantisches Lustspiel
Konversationslustspiel
Dramatischer Schwank

5. Sonderformen
Volksstück
Tendenzstück
Formen in Verbindung
mit Musik
   Singspiel (Opera buffa)
   Operette
   Musical
   Oper
Hörspiel
Film
Fernsehspiel

1. Tragödie

Der Begriff des Tragischen

„Alles Tragische beruht auf einem unausgleichbaren Gegensatz. Sowie Ausgleichung eintritt oder möglich wird, schwindet das Tragische."

(Goethe, 116)

Für den *Begriff des Tragischen* sind notwendig:
1. die unbedingte Ausweglosigkeit tragischen Geschehens,
2. das tragische Bewußtsein ihres Trägers.
3. die tragische Schuld.

Zu 1.: Unbedingte *Ausweglosigkeit tragischen Geschehens* kann (nach *Albin Lesky, 117*) begründet sein in:
a) der geschlossen tragischen Weltsicht,
b) dem geschlossen tragischen Konflikt.

a) Liegt einem Drama eine *geschlossen tragische Weltsicht* zugrunde, prallen Kräfte und Werte mit Notwendigkeit aufeinander und werden vernichtet: HEBBELscher *Pantragismus* (gr. pan all, gesamt, völlig; vom Menschen nicht zu überwindendes Weltgesetz zwischen Individuum und Universum). HEBBEL verlegt den tragischen Gegensatz in das Wesen Gottes („Der Himmel selbst ruht auf gespaltnen Kräften", Demetrius IV, 10; 1864); Gott gerät durch Zersplitterung in unendlich viele Einzelwesen in Widerspruch zu sich selbst: die Menschen als „Schmerzen Gottes". Übergreifender Sinn: der Mensch schmilzt durch sein Leben und Leiden die ständig drohende Vereisung der Welt auf („Der Mensch ist die Kontinuation des Schöpfungsaktes, eine ewig werdende, nie fertige Schöpfung, die den Abschluß der Welt, ihre Erstarrung und Verstockung, verhindert." HEBBEL, Tagebücher, 1838, I, 1364). Im Ggs. dazu will *nihilistischer Pantragismus* mit dem Aufreißen unaufhebbarer Gegensätze zugleich ihre *Sinnlosigkeit* beweisen.

Raum für Zusätze

b) Bei der Tragödie mit *geschlossen tragischem Konflikt* kommt es „im Grunde bloß auf den Konflikt an, der keine Auflösung zuläßt, und dieser kann entstehen aus dem Widerspruch welcher Verhältnisse er wolle, wenn er nur einen echten Naturgrund hinter sich hat und nur ein echt tragischer ist." *(Goethe, 118)*

Die große weltanschauliche Spannweite des Konflikts reicht vom noch spürbar religiös erfahrenen Gegensatz zwischen Unendlich und Endlich, Absolut und Relativ bis zur weltimmanenten Spannung zwischen Wertgegensätzen. Auch hier steht die Vernichtung am Ende, aber „dieser Konflikt, so geschlossen sein Ablauf in sich auch sein mag, bedeutet nicht das Ganze der Welt. Er steht als Teilereignis in ihr, und es ist durchaus denkbar, daß das, was in diesem besonderen Falle mit Tod und Untergang enden mußte, Teil eines übergreifenden Ganzen ist und aus dessen Gesetzen seinen Sinn erhält" *(Lesky, 119)*. Hierher gehören z.B. die Hauptdramen SCHILLERs. Grunderlebnis: Spannung zwischen Idee und Wirklichkeit, Freiheit und Notwendigkeit. In „Maria Stuart", einem typischen „Läuterungsdrama" der Weimarer Klassik, führt SCHILLER die (äußere) Handlung konsequent bis zur physischen Vernichtung der Heldin, die (innere) Handlung im Gegenlauf zum Triumph der Freiheit über die Notwendigkeit, indem die Heldin den Tod in Freiheit annimmt:

„Gott würdigt mich, durch diesen unverdienten Tod
Die frühe schwere Blutschuld abzubüßen." (V, 7)

Zu 2.: Das *tragische Bewußtsein* setzt voraus, daß der Träger des tragischen Geschehens dieses *bewußt, wissend* durchleidet. Dies gilt für die gr. Tragödie ebenso wie für das frz. und dt. klassische Drama, einschließlich des Bürgerlichen Trauerspiels.

Schon in HEBBELS „Maria Magdalene" ist die Frage nach dem tragischen Bewußtsein nicht mehr eindeutig zu beantworten. „Meister Anton selbst hat dieses Bewußtsein nicht. Das Tragische der Tragödie geht über ihn hinweg. Der eigentliche Konflikt bleibt seinem Blickfeld entzogen, während ihn die Tochter von ihrem gleichsam tragischen Bewußtsein her erfaßt. Aber genau besehen, erfaßt sie nur, daß ihn der Vater nicht erfaßt. Den letzten Sinn des Duldens, wie ihn die innere Handlung des Dramas erschließt, erfaßt am Ende nicht einmal sie, sondern — der Zuschauer. HEBBEL hat solches Erfassen durch den Titel ‚Maria Magdalene' erleichtert."

(Walter Müller-Seidel, 120)

Raum für Zusätze

Noch mehr trifft diese Unbestimmtheit des tragischen Bewußtseins für BÜCHNERS „Woyzeck" zu. Hier sind die Personen keine Handelnden im Sinne des klassischen Dramas, sondern Gehetzte und Getriebene. Das Tragische verkörpert sich *für den Zuschauer* in der Person Woyzecks: obwohl er intellektuell nichts weiß, fragt er über das Gehetztsein des Alltags hinaus nach einem tieferen Sinn des Daseins, bezeugt damit das Sein des Menschlichen auch in dieser grausamen Welt.

Zu 3.: Die *tragische Schuld* ist nach Auffassung der Griechen *unverdientes* Leid, Schicksal, subjektiv nicht anrechenbare, aber objektiv bestehende Schuld. Die gr. Tragödie wurde im 18./19. Jh. irrtümlich als Charakterdrama verstanden, die tragische Schuld in der personalen Sphäre gesucht. Diese psychologische Ausdeutung der antiken Tragödie ist heute überwunden durch das Erkennen ihres kultischen Charakters. Neben dieser außerpersönlichen tragischen Schuld und unabhängig von dieser kannte die gr. Tragödie auch die anrechenbare, sittliche, persönliche Schuld, z.B. bei AISCHYLOS die Aufdeckung der *Hybris* (gr. Übermut, Frevel, Maßlosigkeit), die die *Ordnung* verletzt.

Eine entgegengesetzte Weltsicht vertritt SHAKESPEARE: Tragische Schuld erwächst aus dem „Kosmos des Charakters". In der dt. Klassik engt sich dieser Kosmos auf den „humanen" Menschen ein, der mit der Helle des Bewußtseins zwischen Alternativen zu entscheiden hat. Tragische Schuld wird zur moralischen Schuld. HEINRICH V. KLEIST nähert sich wieder der Auffassung von der Schuld als unverdientem Leid (traumhafte und unbewußte Reflexionen: „Kann man auch Unwillkürliches verschulden?", Frage der Alkmene in „Amphitryon"). Schuld beruht auf verirrtem Gefühl, das nicht von dieser Verwirrung weiß, sich selbst ein Rätsel ist und erst löst, wenn die (schuldhaft?) unterbliebene Unterscheidung von Schein und Wahrheit vollzogen wird. HEBBEL nimmt gr. Begriff der tragischen Schuld wieder auf. Hauptthema seiner Dramen ist die an die bloße Existenz des Menschen geknüpfte Schuld, die Diskrepanz zwischen Mensch und Universum, d.h. die *metaphysische* (unanrechenbare) Urschuld des Individuums: daneben kennt HEBBEL (wie die Griechen) auch eine *willkürliche* Schuld: die Verletzung des Gesetzes von der Unantastbarkeit der Menschenwürde („Einen Menschen zum bloßen Mittel herabzuwürdigen: ärgste Sünde", Tagebücher 1839, I, 187). — Stärkere Einbeziehung außerpersonaler Kräfte und zugleich Zweifel an der „Festigkeit" des „Charakters" im Sinne des klassischen Dramas führen zur Auflösung des Begriffs der tragischen Schuld.

Außer diesen (drei) für den Begriff des Tragischen grundlegenden Forderungen waren bzw. sind noch wirksam:

a) Die *tragische Fallhöhe,* die auf der sog. *Ständeklausel* aus der Poetik der Renaissance und des Barock basiert; der antiken Tragödie folgend, durften in Trauerspielen nur Figuren hohen Standes (Könige, Fürsten) auftreten. Noch von GOTTSCHED gefordert und befolgt. Begründung: die höhere Stellung macht den Fall tiefer und ist für den Zuschauer erschütternder. Bürgerliche Personen, die vorwiegend in ihren Schwächen gezeichnet wurden, traten nur in der Komödie auf. Forderung z.B. von GRYPHIUS durchbrochen in „Cardenio und Celinde", 1657, damit

Vorläufer des (↪) Bürgerlichen Trauerspiels, das den Bürgerlichen auch in würdiger Form auf die Bühne stellt. — Heute spielt nur noch „innere" Fallhöhe, unabhängig von der sozialen Rangordnung, eine Rolle.

b) *Tua res agitur* (Deine Sache wird gespielt) bedeutet für den Zuschauer Beziehungsmöglichkeit des tragischen Geschehens auf die eigene Welt. Dabei ist es gleichgültig, ob sich das Geschehen in fremder oder vertrauter Welt abspielt, ob in der Vergangenheit oder in der Gegenwart, entscheidend ist die Intensität des persönlichen Betroffenseins.

1. Griechische Tragödie

Erste Verwirklichung der Gattungsart Tragödie vollzog sich in der gr. Tragödie (gr. tragōdia Bocksgesang, Gesang um den Bock, der zu Beginn der Aufführung dem Gott als Opfer dargebracht wurde, also Opfergesang; in übertragenem Sinn noch gültig). Der ihr innewohnende Begriff des Tragischen hat somit stark zur Ausbildung des Begriffs Tragödie beigetragen, deckt sich jedoch nicht mehr mit ihm (vgl. Begriff der „tragischen Schuld" in der gr. Tragödie), z.B. bezüglich der Härte des tragischen Schlusses; bereits die „Orestie" des AISCHYLOS sowie das Alterswerk des SOPHOKLES, „Ödipus auf Kolonos", haben *versöhnlichen* Schluß; das Mittelalter in seiner christlichen Heilsgewißheit kannte keine echte Tragödie.

2. Tragödie

Heute im wesentlichen gleichbedeutend mit *Trauerspiel* (Begriff im 17.Jh. von ZESEN eingeführt). In ihm gehen tragische Gestalten durch das Unheil und erreichen ihre Erfüllung im Tod.

„Wo eine tragische Konzeption des Lebens wirksam ist, kann es darüber hinaus keine Zuflucht zu säkularen oder materiellen Heilmitteln geben. Das Schicksal Lears läßt sich nicht durch die Einrichtung angemessener Altersheime lösen... Die Tragödie will uns zeigen, daß allein schon in der Tatsache der menschlichen Existenz eine Provokation oder ein Paradox enthalten ist; sie sagt uns, daß die Absichten des Menschen bisweilen den unerklärlichen oder zerstörerischen Kräften, die zwar ‚außerhalb', aber dennoch sehr nahe liegen, zuwiderlaufen. Die Götter zu fragen, weshalb... Macbeth auf seinem Weg den Hexen begegnete, hieße, die Nacht, die keine Stimme besitzt, nach Vernunft und Rechtfertigung zu fragen. Es gibt keine Antwort. Warum auch? Gäbe es sie, hätten wir es mit gerechtem oder ungerechtem Leiden zu tun wie in den Parabeln oder warnenden Geschichten, aber keineswegs mit Tragödie." *(George Steiner, 121)*

Seit SHAKESPEARE bildeten sich in der europäischen Bühnendichtung *zwei Tragödientypen* heraus: die klassische Tragödie und die gemischte Tragödie.

a) Klassische Tragödie: Schließt sich zunächst an die römische (SENECA), dann an die gr. Tragödie (bes. an EURIPIDES) an: Prinzip der *Stilreinheit* (Einhaltung der drei Einheiten) und der *Stiltrennung* (keine Mischung mit Komischem).

Raum für Zusätze

Bspe für die römische Nachfolge: Im Dt. die Dramen des Barock, beginnend mit Opitz' Übertragung von Senecas Trojanerinnen, 1625. Ständische Auffassung in absolutistischer Weltschau: nur Könige und Fürsten verbürgen große Verhältnisse und große Schicksale. Aufgabe der Tragödie ist es, am Bsp. des Helden die Tugend der Standhaftigkeit (constantia) zu erlernen. Gryphius baute diesen Typ in seinen Trauerspielen weiter aus, z. B. durch die Einführung der drei Einheiten und die Verwendung des Chors = „Reyen". Noch Gottsched ist mit seinem „Sterbenden Cato", 1732, gedacht als Muster für ein regelrechtes dt. Trauerspiel, über Corneille unmittelbar Seneca verpflichtet.

Bspe für die griechische Nachfolge: Im frz. Drama des 17. Jhs. Höhepunkt mit Racines Phädra (Phèdre), 1677, im engl. Drama, wenn auch unter Verwendung eines biblischen Stoffs, Miltons Samson Agonistes, 1671. In neuerer engl. Dichtung: Eliot, Mord im Dom, 1935: nicht so streng wie die klassische Tragödie (z. B. Mischung von Vers und Prosa), aber formal den Typ anstrebend.

In der dt. Dramatik der (nicht bruchlose) Versuch Schillers einer „Tragödie nach der strengen griechischen Form": Die Braut von Messina oder die feindlichen Brüder, 1803. Schillers Vorhaben, den Chor in bewußter Anlehnung an die Antike wieder einzuführen, scheiterte wegen der Unvereinbarkeit *kultischer* Spielelemente mit modernem *psychologischem* Drama, obwohl „die Chöre in diesem Werke zu dem Gewaltigsten gehören, das je von der Bühne herab erklungen ist, und in ihrer erschütternden Wirkung nur dem Herrlichsten zu vergleichen sind, das uns vom Altertum erhalten blieb" *(Paul Ernst, 122);* ferner das Tragödienfragment Hölderlins Der Tod des Empedokles (drei Fassungen), entst. 1797/99; die psychologische Ausdeutung der antiken Tragödie in Kleists Penthesilea (ohne Akteinteilung), entst. 1806/07, wie auch in Hofmannsthals Elektra, 1904; der neuklassizistische Ansatz von Paul Ernst in Demetrios, 1905; die strengste Handhabung wesentlicher Stilmittel der antiken Tragödie im Expressionismus in Hans Henny Jahnns Medea, 1926, und schließlich im mächtigen Tragödienzyklus Gerhart Hauptmanns: Atridentetralogie, entst. 1940/44 (erste Gesamtausgabe 1949).

b) Gemischte Tragödie entwickelte sich, im Ggs. zur (↪) klassischen Tragödie, im Anschluß an die jeweilige Volksdramatik, dann bes. an Shakespeare: Prinzip der *Stilmischung* (Tragisches mit Komischem, Staatsaktionen mit Volksszenen, Vers mit Prosa verbunden; Absage an die Einheiten des Orts und der Zeit).

Bspe: Prototyp für die dt. Shakespeare-Nachfolger ist Goethes Götz von Berlichingen mit der eisernen Hand, 1773; stärker als diese 2. Fassung steht die 1. Fassung mit dem Titel: Geschichte Gottfriedens von Berlichingen mit der eisernen Hand, 1771/72, unter Shakespeares Einfluß; ähnlich Egmont, 1775/87; auch hier drängte die Umarbeitung 1787 in Rom allzudeutliche Züge der Shakespeare-Nachahmung zurück, die Prosasprache nähert sich in emphatischen Partien durch jambische Rhythmisierung dem Vers.

Nach dem Zwischenspiel der dt. klassischen Dramenform betonte Wiederaufnahme der SHAKESPEARE-Nachfolge durch GRABBE, Herzog Theodor von Gothland, 1827; Marius und Sulla, 1827; Die Hohenstaufendramen (Kaiser Friedrich Barbarossa, 1829, und Kaiser Heinrich der Sechste, 1830) und, in stärkster Ausprägung, Napoleon oder Die hundert Tage, 1831, sowie die Prosadramen BÜCHNERs (z. B. Dantons Tod. Dramatische Bilder aus Frankreichs Schreckensherrschaft, 1835) und sein Fragment Woyzeck, entst. 1836, das über die Nachfolge hinaus zu eigener, zukunftsträchtiger dramatischer Technik vorstößt.

Während der dt. Naturalismus dem Typ der gemischten Tragödie nur zögernd nachging (so in GERHART HAUPTMANNs Florian Geyer, 1896, sodann überzeugender in der Komödie Schluck und Jau, 1900, und mit Anklängen an den späten SHAKESPEARE [Sturm] in Indipohdi, 1922), trat er im Expressionismus als offene Form bestimmend hervor, bes. in der Bevorzugung der Technik des Stationendramas: GEORG KAISER, Von morgens bis mitternachts, entst. 1912; ERNST BARLACH, Der arme Vetter, entst. 1911; Die echten Sedemunds, 1920.

In russ. Bühnendichtung stärkste Verwirklichung der gemischten Tragödienform durch ALEXANDER PUSCHKIN, Boris Godunow, 1831.

Raum für Zusätze

3. Historisches Ideendrama

SCHILLERs Versuche, den antiken Schicksalsgedanken mit geschichtlichem Stoff zu verbinden, SOPHOKLES und SHAKESPEARE zu vereinen, führten zur Begegnung von menschlicher Freiheit und geschichtlichem Zwang in der tragischen Gestalt. SCHILLERs Werke sind keine *romantischen Schicksalsdramen* (Häufung von schrecklichen Zufällen, wie z.B. bei ZACHARIAS WERNER, Der vierundzwanzigste Februar, entst. 1809), auch keine historischen Zeitgemälde als Spiegel von Gegenwartsfragen (wie die *Geschichtsstücke* des 19.Jhs., z.B. WERNER, Martin Luther oder die Weihe der Kraft, 1807; GUTZKOW, Uriel Acosta, 1847; LAUBE, Struensee, 1845; WILDENBRUCH, Heinrich und Heinrichs Geschlecht, 1896), sondern *ethische Entscheidungsdramen:* Don Carlos, 1787; Wallensteins Tod, 1800; Maria Stuart, 1801.

Dem klassischen Vorbild folgten GRILLPARZERs Stücke, wenn sie auch in der Form keine Einhelligkeit erreichten, da ihm im Dichter die Tradition des barocken Volkstheaters entgegenwirkte, und somit starke stilistische Schwankungen auftraten. HEBBEL gab in der Darstellung von Wendepunkten der Geschichte eine Synthese von religiösem Drama, Geschlechtertragödie und Geschichtsdrama. In neuerer Bühnendichtung nahm HOFMANNSTHAL mit: Der Turm (zwei Fassungen, entst. 1921/24 und 1926/27) den GRILLPARZERschen Ansatz auf kongenialer Höhe wieder auf, unterlag den gleichen stilistischen Schwankungen wie GRILLPARZER, entfernte sich jedoch vom historischen Ideendrama und strebte zum zeitlosen, symbolischen Trauerspiel. Einfacher und geschichtlich realistischer: WERFEL, Juarez und Maximilian, 1924; Das Reich Gottes in Böhmen, 1930.

Raum für Zusätze

4. Bürgerliches Trauerspiel

Mit Einführung des Bürgerlichen Trauerspiels, der Ausprägung des Tragischen *in bürgerlicher Umwelt,* wird die seit OPITZ gültige Regel, „das sie (die Tragödie) selten leidet, das man geringen standes personen vnd schlechte sachen einführe" *(Martin Opitz, 123)* aufgegeben.

Ein Bsp. erster Abweichung von solcher, nur in der höfischen Welt angesiedelten Tragödie gibt bereits GRYPHIUS in Cardenio und Celinde Oder Unglücklich Verliebte, entst. um 1649, gedruckt 1657 (Vers). In der Vorrede entschuldigt sich GRYPHIUS: „Die Personen, so eingeführt, sind fast zu niedrig vor ein Trauerspiel ... Die Art zu reden ist gleichfalls nicht viel über die gemeine ..."

Eine weitere Abweichung ist der Übergang von der gehobenen Sprache des Verses zur Prosa *(Prosatragödie).* Prosaverwendung bereits früher in der Komödie (MOLIÈRE, Don Juan, 1682), in der (→) comédie larmoyante (GELLERT), aber auch in der Tragödie, z.B. in England: GEORGE LILLO, Der Kaufmann von London, 1731. Diesem Werk, in dem das Bürgertum die ausschließliche Rolle spielt, ist LESSING gehalt- und gestaltlich verpflichtet mit seinem ersten bürgerlichen Trauerspiel: Miß Sara Sampson, 1755. Als *Zusichselbstkommen des Bürgertums* in der Auseinandersetzung mit dem Adel ist auch LESSINGs Trauerspiel Emilia Galotti, 1772, zu verstehen. Ihm folgten mit zunehmend stärkerer *sozialkritischer Tendenz* die Prosatrauerspiele der „Stürmer und Dränger", 1775/76 (LEISEWITZ, Julius von Tarent; KLINGER, Das leidende Weib, Die Zwillinge; WAGNER, Die Kindermörderin; auch LENZ, Die Soldaten, denn die Bezeichnung „Komödie" wurde von LENZ selbst als unzutreffend zurückgenommen). 1784 starker Schlußpunkt mit SCHILLERs Kabale und Liebe.

Die zweite Stufe der Ausprägung des Tragischen in bürgerlicher Umwelt offenbart eine Tragik, die im *Wesen des Bürgertums* selbst beschlossen liegt: *Eingemauertsein* in kleinbürgerlichen, d.h. hier unmenschlichen Vorurteilen: HEBBEL, Maria Magdalena, 1844.

5. Soziales Drama

Hier entlarvt sich nach ersten Ansätzen im (→) Bürgerlichen Trauerspiel auf dritter Stufe das Bürgerliche noch stärker als *Scheingröße,* bes. in der Auseinandersetzung mit dem aufkommenden vierten Stand, es vollzieht sich der Übergang zum Sozialen Drama. Vorläufer ist Dramenfragment von BÜCHNER Woyzeck, entst. 1836, hrsg. 1879, uraufgef. 1913. GERHART HAUPTMANN nannte sein erstes naturalistisches Stück im heruntergekommenen bäuerlichen Milieu „Soziales Drama": Vor Sonnenaufgang, 1889, und führte den Ansatz voll durch in: Die Weber, 1892. — Der Expressionismus wendete das Thema in die politisch engagierte Entscheidung des einzelnen: ERNST TOLLER, Die Wandlung, 1919; Masse — Mensch, 1921; Die Maschinenstürmer, 1922. Der Kreis schließt sich mit GEORG KAISERs Prosaschauspiel Der Soldat Tanaka, 1940: Gegenstück zu BÜCHNERs Woyzeck, insofern die Aktivität gegen (unmenschliche) Macht in ihm gepriesen wird.

5. Schauspiel
Raum für Zusätze

Nebenform der Tragödie seit Ende des 18. Jhs., in der die *tragische Situation überwunden* wird und die frei ist von jeder Beimischung komischer Elemente. Lösung und Rettung deuten sich am Schluß an, und zwar:

Entweder tritt *Versöhnung* bereits am Ende des Schauspiels ein: in LESSINGs Nathan der Weise, 1779 (LESSING bezeichnet das Stück als „dramatisches Gedicht"), in GOETHEs Schauspielen (Stella, 1776 [erst die 2. Fassung, 1803, gibt den versöhnlichen Schluß auf], Die Geschwister, entst. 1776, Iphigenie auf Tauris [letzte Versfassung 1786, gedr. 1787]); oder der *Ausgleich* kann sich noch im Scheitern beweisen: GOETHE, Torquato Tasso, 1790; oder er wird für die Zukunft gesichert ein: SCHILLER, Wilhelm Tell, 1804; oder er wird besiegelt in einem Fest wie in KLEISTs „Traumstücken": Das Käthchen von Heilbronn oder die Feuerprobe, 1808, und Prinz Friedrich von Homburg, entst. 1809/11. — Bemerkenswerterweise wird auch von GERHART HAUPTMANN in Rose Bernd, 1903, sonst HEBBELs Maria Magdalena sehr nahestehend, der tragische Ausgang vermieden.

Bezeichnung Schauspiel heute unscharf. So verschiedenartige Werke wie FERDINAND BRUCKNERs Elisabeth von England, 1930; FRITZ HOCHWÄLDERs Das heilige Experiment, entst. 1942, und ROLF HOCHHUTHs Der Stellvertreter, 1963, werden als „Schauspiel" bezeichnet.

6. Komödie

Komödie (gr. kōmōdia von komos lustiger, ritueller Umzug als Bestandteil des Dionysos-Kults, und ōde Gesang; lat. comoedia, ital. commedia, frz. comédie) ist Gegenstück zur Tragödie. Erwächst aus der Haltung der *Komik* (im Ggs. zu dem aus dem *Humor* entstandenen Lustspiel). An die Stelle tragischer Erschütterung tritt komische Befreiung; an die Stelle des pathetischen Heroismus realistische Entlarvung menschlicher Schwächen. Die Komödie hat *desillusionistischen Grundcharakter:* in Verfall begriffene oder überholte geschichtliche bzw. soziale Erscheinungen bilden den Hintergrund; sie sieht aus der Nähe, ist mit der alltäglich erfahrbaren Realität verbunden. Das Komische beruht dabei auf dem Kontrast zum allgemein Gewohnten: diese Aufdeckung des „Risses durch die Welt" führt die Komödie auf ihrem Höhepunkt in die Nähe des Tragischen (Möglichkeit des „Kippens"), doch folgt in Erkenntnis der Unlösbarkeit des Widerspruchs die befreiende Lösung im reinigenden „Dennoch" des Lachens.

Im Ggs. zur Tragödie lebt die Komödie aus dem *Bezug auf die gesellschaftliche Situation* der jeweiligen Zeit. Mit dem Verfall einer Gesellschaft schwindet auch die darauf zugeschnittene Komödie. Voraussetzung für ihre Entstehung und Wirkung ist daher eine in (Vor-)Urteilen und Wertungen gleichgesinnte Gesellschaft. Ein zu großer Anteil zeitgebundener Anspielungen kann Verständnis und Wirkung in späterer Zeit beeinträchtigen.

Raum für Zusätze

1. Antike Komödie

Entstanden aus gleichem Ursprung wie die (→) gr. Tragödie. Übergang bildete das Satyrspiel (Satyrn = Fruchtbarkeitsdämonen aus dem Gefolge des Dionysos). Künstlerisch auf die Höhe geführt (z.Z. der Aufführung während der Dionysien = Festspieltage zu Ehren des Dionysos) durch ARISTOPHANES. Von 44, zwischen 425 und 388 v.Chr. geschriebenen Komödien sind 11 erhalten (z.B.: Der Frieden, Die Frösche, Lysistrata, Die Wolken, Die Vögel); die meisten gehören noch dem 5.Jh. an.

„(Er) verspottete die neuen, aufklärerischen Gedanken, die Naturphilosophie und die künstlerischen Entwicklungen seiner Zeit. Demgemäß galt seine Liebe dem Aischylos, sein Hohn dem Euripides. Als einem Verächter des damals Modernen, der Avantgarde seiner Zeit, war ihm der Beifall der Menge sicher. Doch fühlte er sich als frommer Patriot, der bewährte Ideale zu verteidigen hat. Ob seine Satiren dazu beigetragen haben, das Vertrauen des Volkes in die Demokratie zu untergraben, oder ob die Demokratie zu ihrer Selbstreinigung solcher Satiren bedarf — das war schon damals eine Streitfrage." *(Georg Hensel, 124)*

Da Witz und Komik oft sehr *zeitgebunden,* kein eigentliches Weiterleben der antiken Komödie als Ganzes, wohl aber Weitergeben komödiantischer Formen.

Formaler Unterschied zwischen antiker Komödie und antiker Tragödie durch die *Parabase* (gr. parabasis von parabainein danebentreten: Abschweifung): die anfänglich meist, später völlig ohne Zusammenhang mit dem Stück stehende Anrede des Chorführers an das Publikum (anti-illusionistischer Effekt); im wesentlichen gespickt mit zeitsatirischer Anspielungen; in dt. Dichtung nachgeahmt von PLATEN in seiner Literaturkomödien, z.B.: Die verhängnisvolle Gabel, 1826. Damit verliert der Chor im antiken Sinne seine Bedeutung.

2. Charakterkomödie

Im Mittelpunkt steht eine Figur, die auf Grund ihrer Eigenart den Zuschauer zunächst verblüfft und in ihrer scheinbaren Mächtigkeit täuscht. Indem sich diese Mächtigkeit schrittweise von Szene zu Szene in nichts auflöst, löst sich auch die Dissonanz. Dies anzuschauen, erheitert.

Geschichtliche Entwicklung führte von der Typenkomödie zur Charakterkomödie; so auch im Schaffen des Meisters der Charakterkomödie MOLIÈRE (von z.B. Les précieuses ridicules [Die lächerlichen Preziösen 1659, zu z.B. Le Tartuffe, 1669, L'Avare [Der Geizige], 1668). Vor MOLIÈRE beeinflußt wurde der Däne HOLBERG, Schöpfer der dänischen Charakterkomödie und Mitbegründer eines nationaldänischen Theater (z.B. Der politische Kannegießer, 1723; Erasmus Montanus, 1731; Jeppe vom Berge, 1723). In Deutschland seit LESSINGS „Minna von Barnhelm" 1767, Charakterschilderungen in der Art MOLIÈRES und HOLBERGS. Ers bei KLEIST (Der zerbrochene Krug, 1811; Figur des Dorfrichters Adam und bei GERHART HAUPTMANN (Biberpelz, 1893; Figur der „grundehrlichen" Wäscherin Mutter Wolffen) reine Charakterkomik.

3. Intrigenkomödie

Raum für Zusätze

Nach der oft listig angelegten Verwicklung bezeichnet (frz. *intrigue* Ränkespiel). Im Ggs. zur Charakterkomödie hat die Handlung Vorrang. Bspe der Weltliteratur: SHAKESPEARE, Kaufmann von Venedig, Die lustigen Weiber von Windsor, Viel Lärm um nichts, Wie es euch gefällt, Was ihr wollt (alle vermutlich zwischen 1595 und 1600); CALDERÓN, Die Dame Kobold, 1636; BEAUMARCHAIS, Figaros Hochzeit, 1784. — In dt. Dichtung auch LESSINGs Minna von Barnhelm, 1767, hierher zu rechnen.

4. Situationskomödie

Akzentuierung durch Komik der Situationen, die dadurch entsteht, daß nur der Zuschauer von ihrem Unwert weiß. Situationskomik ist im (↪) *Volksstück* beliebtestes Strukturelement; von KLEIST aber auch mit Wendung bis an die Grenze des Tragischen benutzt in Amphitryon, 1807.

5. Dramatische Satire

Entstanden aus moralischer Haltung der Anklage und nicht aus der Haltung des befreienden Humors, daher in der Regel lustspielfeindlich; kann sich in den besten Bspen bis zur tragikomischen *Groteske* steigern.

Bspe: WEDEKIND, Der Marquis von Keith, 1901; STERNHEIM, Die Hose, 1911; Der Snob, 1914; ZUCKMAYER, Der Hauptmann von Köpenick, 1930; DÜRRENMATT, Die Ehe des Herrn Mississippi, 1952; Romulus der Große, 1958 (hier Mischung mit tragikomischen Zügen).

3. Tragikomödie

Dramatische Mischform; Schauspiel, in dem ein tragischer Stoff komisch behandelt wird. Bezeichnung zunächst äußerlich verstanden: sozial Hochgestellte (deren „Raum" die Tragödie ist) und sozial Niedriggestellte (deren „Raum" die Komödie ist) treten in demselben Stück auf (vgl. PLAUTUS, Amphitruo); später innerlich, z.B. bei LESSING (Hamburgische Dramaturgie 55, 1767/69), LENZ (Anmerkungen übers Theater, 1774), HEBBEL (Vorrede zu „Ein Trauerspiel in Sizilien", 1851).

> „Man möchte vor Grausen erstarren, doch die Lachmuskeln zucken zugleich; man möchte sich durch ein Gelächter von dem ganzen unheimlichen Spuk befreien, doch ein Frösteln beschleicht uns wieder, ehe uns das gelingt. Nun verträgt sich die Komödie nicht mit Wunden und Blut, und die Tragödie kann das Barocke nicht in sich aufnehmen. Da stellt sich die Tragikomödie ein, denn eine solche ergibt sich überall, wo ein tragisches Geschick in untragischer Form auftritt, wo auf der einen Seite wohl der kämpfende und untergehende Mensch, auf der anderen jedoch nicht die berechtigte sittliche Macht, sondern ein Sumpf von faulen Verhältnissen vorhanden ist, der Tausende von Opfern hinunterwürgt, ohne ein einziges zu verdienen. Ich fürchte sehr, manche Prozesse der Gegenwart können, so wichtig sie sind, nur noch in dieser Form dramatisch vorgeführt werden. Tragisch zu sein, hörten selbst die Bedeutendsten auf, seit die Überzeugung

Raum für Zusätze   der einen Partei nicht mehr mit der Überzeugung der anderen, sondern nur noch mit ihren Interessen zu kämpfen hat. Aber die Träger und Verfechter dieser Interessen, wie nichtig und erbärmlich sie auch, als Persönlichkeit betrachtet, seien, sind der Komödie desungeachtet noch nicht verfallen, denn es gehen fürchterliche Wirkungen von ihnen aus." *(Hebbel, 125)*

In dt. Dichtung sind Tragikomödien selten ganz geglückt; am ehesten bei KLEIST, Amphitryon, 1807; im Naturalismus bei GERHART HAUPTMANN, Kollege Crampton, 1892; Die Ratten, 1911. — Spätere Formen bei WEDEKIND, KAISER, STERNHEIM mischen sich mit dramatischer Zeitsatire (→ dramatische Satire). — In der Gegenwart wieder aufgetaucht unter der Bezeichnung *Tragische Farce*, z.B. IONESCO, Die Stühle, 1951.

„Die Welt erscheint mir mitunter leer von Begriffen und das Wirkliche unwirklich. Dieses Gefühl der Unwirklichkeit, die Suche nach einer wesentlichen, vergessenen, unbenannten Realität, außerhalb der ich nicht zu sein glaube, wollte ich ausdrücken — mittels meiner Gestalten, die im Unzusammenhängenden umheirren und die nichts ihr eigen nennen, außer ihrer Angst, ihrer Reue, ihrem Versagen, der Leere ihres Lebens. Wesen, die in etwas hineingestoßen sind, dem jeglicher Sinn fehlt, können nur grotesk erscheinen, und ihr Leiden ist nichts als tragische Farce..."
(Eugène Ionesco, 126)

Bestes deutschsprachiges Bsp.: DÜRRENMATT, Der Besuch der alten Dame, 1956.

„... das Tragische ist immer noch möglich, auch wenn die reine Tragödie nicht mehr möglich ist. Wir können das Tragische aus der Komödie heraus erzielen, hervorbringen als einen schrecklichen Moment, als einen sich öffnenden Abgrund." *(Friedrich Dürrenmatt, 127)*

4. Lustspiel

Erwächst aus der Haltung des *Humors* (im Ggs. zu der aus der *Komik* entstandenen Komödie); zwar wird die ganze Tiefe der Entzweiung von Idee und Wirklichkeit aufgenommen, jedoch von einer höheren Warte gesehen, mit dem einzigen Bestreben, heiter zu vereinigen, was feindlich sich flieht. Erstes Lustspiel in dt. Dichtung JOHANN ELIAS SCHLEGELs Verseinakter: Die stumme Schönheit, 1747.

„Erst Johann Elias Schlegel hat das Formprinzip des Witzes zum Inhalt und zur Darstellungsweise, zum Strukturprinzip und zum Wirkungsprinzip des Lustspiels gemacht. Er hat in ‚Die stumme Schönheit' solche Möglichkeiten der Spielgestaltung im begrenzten Rahmen des Einakters in vollkommener Weise verwirklicht." *(Fritz Martini, 128)*

1. Comédie larmoyante

Rührstück, „weinerliches Lustspiel" (LESSING) der frz. Literatur des 18.Jhs., wirkte stark auf dt. Dichtung, bes. auf GELLERTs Rührstücke: Die Betschwester, 1745; Das Loos in der Lotterie, 1746; Die zärtlichen Schwestern, 1747. Starker rührseliger Einschlag auch bei LESSING, Miß Sara Sampson, 1755; in einer Episode auch in: Minna von Barnhelm,

1767 („Die Dame in Trauer", I, 5/6). Danach führte Stilverfall, Mischung mit der Situationskomödie, zum Unterhaltungslustspiel.

2. Unterhaltungslustspiel

Stücke dieser Art beherrschten den Spielplan des Weimarer Theaters unter GOETHEs Leitung (1791—1817), z. B. IFFLAND, Die Hagestolzen, 1793, und KOTZEBUE, Die deutschen Kleinstädter, 1803.

3. Romantisches Lustspiel

Führte ein individuelles Dasein im kleineren Kreis, z. B. vertreten durch TIECK (Der gestiefelte Kater, 1797; Verkehrte Welt, 1799), dabei Aufnahme theatralischer Elemente der ital. commedia (Pantomime, Improvisation, Spiel auf mehreren Ebenen: „Bühne auf der Bühne"). Weitere Lustspiele dieser Art (z. B. BÜCHNER, Leonce und Lena, 1836; GRABBE, Scherz, Satire, Ironie und tiefere Bedeutung, 1827; GRILLPARZER, Weh dem, der lügt, 1840) blieben ohne breite Resonanz. HEBBELs Märchenlustspiele (Der Diamant, 1847; Der Rubin, 1851) haben SHAKESPEARES Lustspiele als Vorbild, sind jedoch ohne deren Leichtigkeit und erreichen dadurch keine künstlerische Einheit zwischen realistischer und idealisierter Welt.

Bedeutung gewann in dieser Zeit allein das (→) *Volksstück,* bes. in der Ausprägung des *„Wiener Volkstheaters".* ANZENGRUBER stand noch in dieser Tradition, vollzog aber bereits den Übergang zum Naturalismus: Die Kreuzelschreiber, 1872; Der G'wissenswurm, 1874; beide Stücke bezeichnete er als „Volkskomödien mit Gesang".

4. Konversationslustspiel

Das gehobene Konversationslustspiel fand zu Beginn des 20. Jh. den ihm eigenen Boden in der österr. Neuromantik, z. B. mit den Werken von SCHNITZLER, BAHR, FONTANA, LERNET-HOLENIA und bes. HOFMANNSTHAL. Diesem gelang die Wiederbelebung der Wiener Lustspieltradition in: Der Rosenkavalier, 1911. Der Schwierige (entstanden während des 1. Weltkrieges, erschienen 1920) ist die höchste Leistung in dieser Gattung.

5. Dramatischer Schwank

Lustspielart mit übertriebener, vordergründiger Situations- und Typenkomik. Einziges Ziel ist *Unterhaltung;* Unwahrscheinlichkeiten der Handlung werden dafür in Kauf genommen. Trotzdem sind erforderlich: sorgfältiger Aufbau, spritziger Dialog, witzige und treffsichere Situationen um jeden Preis, Verbleiben im Bereich des verhältnismäßig Harmlosen, da durch Gesellschaftskritik und individuelle Problematik die Behaglichkeit des Zuschauers gestört werden würde. Vorzügliches dt. Bsp.: FRANZ und PAUL V. SCHÖNTHAN, Der Raub der Sabinerinnen, 1885. Derbkomische Abart (mit größerer Freiheit zum Extempore): *Posse* (z. B. HOLTEI, Dreiunddreißig Minuten in Grünberg, 1834).

Literatur

Robert Petsch, Wesen und Formen des Dramas, I, 1945
Fritz Martini / Robert Petsch, Ein Bericht über den ungedruckten 2. Band, DtVjs. 27 (1953)
Bertolt Brecht, Schriften zum Theater, Werkausgabe, Bd. 15 und 16
Friedrich Dürrenmatt, Theaterprobleme, 1955
Paul Fechter, Das europäische Drama, 3 Bde, 1956/58
Siegfried Melchinger / Henning Rischbieter (Hrsg.), Welttheater, 1962
Siegfried Melchinger, Theater der Gegenwart, 1956 — Modernes Welttheater, 1956; Drama zwischen Shaw und Brecht, 1957
Benno v. Wiese, Die deutsche Tragödie von Lessing bis Hebbel, 1948, 1967[7]
Otto Mann, Geschichte des deutschen Dramas, 1960
Margret Dietrich, Europäische Dramaturgie, 2 Bde, 1952 ff.; Das moderne Drama, 1961, 1963[2]
Volker Klotz, Geschlossene und offene Form im Drama, 1960
Peter Szondi, Theorie des modernen Dramas, 1956, rev. Ausg. 1963
Marianne Kesting, Das epische Theater, 1959; Panorama des zeitgenössischen Theaters, 1962
Albin Lesky, Die griechische Tragödie, 1958
George Steiner, Der Tod der Tragödie, 1962
Walter Benjamin, Ursprung des deutschen Trauerspiels, 1928
Wolfgang Schadewaldt, Furcht und Mitleid? dtv 342, 1966
Max Kommerell, Lessing und Aristoteles, 1957[2]
Käthe Hamburger, Von Sophokles zu Sartre, 1962
Friedrich Sengle, Das deutsche Geschichtsdrama, 1952
Karl Holl, Geschichte des deutschen Lustspiels, 1923, Nachdr. 1964
Hans Steffen (Hrsg.), Das deutsche Lustspiel, I und II, 1968
Helmut Arntzen, Die ernste Komödie, 1968
Heinz Kindermann, Theatergeschichte Europas, 1957 ff.
Herbert Jhering, Von Reinhardt bis Brecht, 3 Bde, 1958

Interpretationen

Benno v. Wiese (Hrsg.), Das deutsche Drama vom Barock bis zur Gegenwart, 2 Bde, 1958
Jost Schillemeit (Hrsg.), Interpretationen, Bd 2: Deutsche Dramen von Gryphius bis Brecht, 1965 f.
Hans Schwab-Felisch und Wolf Jobst Siedler (Hrsg.), Dichtung und Wirklichkeit, 1960 ff.
Georg Hensel, Spielplan. Schauspielführer von der Antike bis zur Gegenwart, Teil I und II, 1966
Ludwig Büttner (Hrsg.), Das europäische Drama von Ibsen bis Zuckmayer, dargestellt an Einzelinterpretationen, o. J.
Rolf Geissler (Hrsg.), Zur Interpretation des modernen Dramas, o. J.
Sonderreihe „Erläuterungen und Dokumente" in der Universal-Bibl., 1969 ff.

Texte

Walter Höllerer (Hrsg.), Spiele in einem Akt, 1961
Horst Müller (Hrsg.), Moderne Dramaturgie. Texte zum Verständnis des modernen Theaters, 1967
Weitere Texte in Sammelbänden und Einzelausgaben (Spectaculum, Theatrum Mundi, rororo theater, Sonderreihe dtv, Reclam)

5. Sonderformen des Dramas

1. Volksstück

Verlangt theatralische Anschaulichkeit, daher Buntheit der Handlung, Mischung von Scherz und Ernst, Realismus und Phantastik. Guter, „gerechter" Ausgang, Spannung, oft verdeckte lehrhafte Tendenz; ernste Szenen gleiten zuweilen ins Rührselige ab; einfache Sprache (oft Mundart), die sich an Herz und Gemüt, weniger an den Verstand wendet.

> „Da gibt es derbe Späße, gemischt mit Rührseligkeiten, da ist hanebüchene Moral und billige Sexualität. Die Bösen werden bestraft, und die Guten werden geheiratet, die Fleißigen machen eine Erbschaft, und die Faulen haben das Nachsehen. Es scheint aussichtslos, das alte Volksstück wieder beleben zu wollen. — Jedoch zeigt sich, daß hier Bedürfnisse vorliegen, auch wenn es diese (z. Z.) nicht befriedigen kann. Tatsächlich kann ein Bedürfnis nach naivem, aber nicht primitivem, poetischem, aber nicht romantischem, wirklichkeitsnahem, aber nicht tagespolitischem Theater angenommen werden." *(Bertold Brecht, 129)*

Das literarisch *wertvolle* Volksstück ist daher naiv, poetisch, wirklichkeitsnah; das literarisch *wertlose* Volksstück primitiv, romantisierend, tagesklatschsüchtig.

BRECHT bemühte sich um Erneuerung des Volksstücks, knüpfte an alte chinesische und japanische Volksspiele an, benutzte finnische Volkserzählungen, z. B.: Herr Puntila und sein Knecht Matti, 1948.

Im *Wiener Volkstheater* wurde das Volksstück am stärksten verwirklicht. Seine bedeutendsten Vertreter waren RAIMUND und NESTROY. Sie wurden auf dem Boden, den die „großen Drei": ADOLF BÄUERLE, JOSEPH ALOIS GLEICH und KARL MEISL bereitet hatten, von Vorstadtkomödien-Schreibern zu Dichtern.

RAIMUND, Das Mädchen aus der Feenwelt oder Der Bauer als Millionär, 1826; Der Alpenkönig und der Menschenfeind, 1828; Der Verschwender, 1834.

> „Er verwienert mit großer Naivität den ganzen barocken Apparat des Zauberstückes." *(Walther Hofstaetter, 130)*

NESTROY, Der böse Geist Lumpazivagabundus, 1833; Einen Jux will er sich machen, 1844. NESTROY nimmt die bei RAIMUND noch sentimental behandelten sozialen Probleme („Besserungsstück") mit stärkerem realistischem Einschlag auf: witzig-kritisch, zynisch (↪ Parodie). An Stelle des Liedes tritt das satirisch-scherzhafte, oft aktuell bezogene *Couplet* (heute: *Song*).

Das *soziale Volksstück* gipfelte in den Stücken ANZENGRUBERs, Der Pfarrer von Kirchfeld, 1871; Der Meineidbauer, 1872; Das vierte Gebot, 1878.

Raum für Zusätze   *Sonderform*

Lokalposse: Mit starkem mundartlichen Einschlag und festem, örtlich beschränktem Hörerkreis. *Darmstadt:* Ernst Elias Niebergall, Datterich, 1841 (heute noch lebendig); *Berlin:* Friedrich Beckmann, Eckensteher Nante; *Schlesien:* Adolf Glassbrenner, Kaspar der Mensch, 1850; *Hamburg:* Julius Stinde, Tante Lotte, 1875; Gorch Fock, De Keunigin von Honolulu, 1916; *Bayern:* Ludwig Thoma, Die Lokalbahn, 1902; *Rheinland:* Hans Müller-Schlösser, Schneider Wibbel, 1913.

2. Tendenzstück

Zielt auf *Aktualität* und kritisiert Tagesgeschehen. Immer in der Gefahr, dogmatisch und ideologisch zu werden, da Streben nach agitatorischer Aktualität den dichterischen Formkräften übergeordnet ist. Gekennzeichnet durch rhetorische Versicherungen, Gesinnungsausbrüche und Überredungsversuche. *Bspe:* Friedrich Wolf, Cyankali — § 218, 1929; Hanns Johst, Schlageter, 1933.

Mehr oder weniger verdeckt steckt Tendenz in jedem Kunstwerk; für die Beurteilung eines Kunstwerkes ist entscheidend, wie weit der Autor über den „tendenziösen" *Anlaß* hinausstößt.

Sonderform

Lehrstück (didaktisches Theater), so bes. Brecht in seiner mittleren Periode, z. B. Der Ozeanflug; Die Maßnahme; Die Ausnahme und die Regel (alle 1929/30).

3. Formen in Verbindung mit Musik

a) Singspiel, Komische Oper: Heiteres Spiel mit Sprechtext und Gesang, mit dem Volksstück verwandt und auf älterer Tradition fußend (ital. *opera buffa,* frz. opéra comique); in Deutschland im 18. Jh. gepflegt und gefördert von Weisse, Wieland, Goethe. Künstlerischer Höhepunkt: „Die Entführung aus dem Serail" mit der Musik von Mozart. Verbindet in der Weiterentwicklung Musik mit Komödie oder Lustspiel; in Frankreich z. B. Adam: Der Postillon von Lonjumeau, 1836, in Deutschland bes. Lortzing: Zar und Zimmermann, 1837; Der Wildschütz, 1842; Der Waffenschmied, 1846.

b) Operette (ital. operetta kleine Oper): Melodienreiches heiteres Lustspiel; Vorläufer sind musikalische Einlagen im Volksstück und Volksschwank (Posse); seit Mitte des 19. Jhs. zu eigener Form entwickelt. Führung durch die Musik in leichter, einschmeichelnder Art. Großer Publikumserfolg. Gepflegt v. a. in Großstädten:

Paris: Offenbach, Orpheus in der Unterwelt, 1858; Die schöne Helena, 1864. — *Wien:* Johann Strauss (Sohn), Die Fledermaus, 1874; Der Zigeunerbaron, 1885; Millöcker, Gräfin Dubarry, 1879; Der Bettelstudent, 1882; Gasparone, 1884; Lehár, Die lustige Witwe, 1905; Der Graf von Luxemburg, 1909; Paganini, 1925; Zarewitsch, 1927; Das Land des Lächelns, 1929; Leo Fall, Der fidele Bauer, 1907; Die Dollarprinzessin, 1907; Der liebe Augustin, 1911; Die Rose von Stambul, 1916. — *Berlin:* LINCKE, Frau Luna, 1899; Lysistrata, 1908; KOLLO, Wie einst im Mai, 1913; KÜNNECKE, Der Vetter aus Dingsda, 1921.

Raum für Zusätze

c) Musical: Urspr. amerik. Theaterform aus Musik, Dialog und Tanz; neben leichtgewichtigen Transpositionen aus bekannten Komödien zunehmend auch zeitkritische Themen.

Bspe: Kiss me, Kate (C. PORTER nach SHAKESPEARES Der Widerspenstigen Zähmung), 1948; My Fair Lady (A. J. LERNER nach SHAWs Pygmalion), 1956; Anatevka (Buch JOSEPH STEIN, Musik M. JERRY BOCK unter dem Originaltitel The Fiddler on the Roof nach dem Roman von SCHOLEM-ALEJCHEM, Tewje, der Milchmann, 1894), 1964; Hallo, Dolly! (Buch MICHAEL STEWART, Musik JERRY HERMAN nach THORNTON WILDERS Die Heiratsvermittlerin, 1957, und nach NESTROYs Einen Jux will er sich machen, 1844), 1966. — Weitere Titel: Westside Story, The Music Man, Golden Boy, Hair, Der Mann von La Mancha.

d) Oper (ital. opera in musica Musikwerk): Verbindung des Wortdramas mit der Tonkunst unter Führung der Musik. Entstanden in Italien um 1600 (MONTEVERDI, Orfeo, 1607); lange Zeit Vorherrschaft der ital. Oper, später der ital.-frz. Oper: ROSSINI, BELLINI, DONIZETTI. In Österreich GLUCK (Orpheus und Eurydike, 1762; Iphigenie in Aulis, 1774) und herausragend MOZART (Don Giovanni, 1787; Die Zauberflöte, 1791). Von BEETHOVEN (Fidelio, 1805, umgearbeitet 1806, 1814), dessen Schaffen auf das „Musikdrama" (Wort und Musik gleichgestellt und qualitativ möglichst gleichrangig) weist, führte der Weg in Deutschland über die *Romantische Oper* (z.B. WEBER, Der Freischütz, 1821; Oberon 1826) zu WAGNER, der das *Gesamtkunstwerk* schuf: Wortdichtung steht am Anfang (Texte zu allen seinen Opern von WAGNER selbst geschaffen), Gesang folgt der Sprachmelodie, Verzicht auf Scheidung von Rezitativ und Arie, Hauptgewicht liegt beim Orchester (musikalisches Leitmotiv). Hauptwerke: Der fliegende Holländer, 1841; Tannhäuser, 1845; Lohengrin, 1847; Der Ring des Nibelungen, 1854/74; Tristan und Isolde, 1859; Die Meistersinger von Nürnberg, 1867; Parsifal, 1882.

In der Nachfolge WAGNERs entfaltete RICHARD STRAUSS differenzierten Klangreichtum in kongenialen Libretti, geschaffen von HOFMANNSTHAL, z.B. Elektra, 1909; Der Rosenkavalier, 1911; Ariadne auf Naxos, 1912; Die Frau ohne Schatten, 1919; Die ägyptische Helena, 1928 (Neufassung 1933).

Abkehr von der Oper und stärkere Hinwendung zum szenischen Oratorium („Musiktheater") z.B. bei STRAWINSKY (Ödipus rex, 1927), HONEGGER (Johanna auf dem Scheiterhaufen [nach CLAUDEL], 1935), MILHAUD (Christoph Columbus, 1935 [nach CLAUDEL]). — Expressionistische und konstruktivistische Elemente verbindet ALBAN BERG (SCHÖNBERG-Schüler) in: Woyzek, 1925. Neue, insbes. rhythmisch eigenwillige Formen schufen HINDEMITH (Cardillac, 1926; Mathis der Maler, 1934/35; Die Harmonie der Welt, 1957), ERNST KŘENEK (Jonny spielt auf, 1927; Das Leben des Orest, 1931; Kaiser Karl V., 1938), KURT WEILL (Dreigroschenoper, 1928, Text von BRECHT), GOTTFRIED V.

Raum für Zusätze EINEM (Dantons Tod, 1947; Der Prozeß [nach KAFKA], 1953), WERNER EGK (Die Zaubergeige, 1936; Peer Gynt, 1938; Der Revisor, 1957), CARL ORFF (Die Kluge, 1943; Die Bernauerin, 1947; Antigonae, 1949; Ödipus, 1959), ROLF LIEBERMANN (Penelope, 1954; Schule der Frauen, 1955), WOLFGANG FORTNER (Bluthochzeit, 1957), GISELHER KLEBE (Die Räuber, 1957), HANS WERNER HENZE (Prinz von Homburg, 1960; Elegie für junge Liebende, 1961; Der junge Lord, 1965), BORIS BLACHER (Die Flut, 1947; Die Nachtschwalbe, 1948; Romeo und Julia, 1950) und BERND ALOIS ZIMMERMANN (Die Soldaten [nach LENZ], 1968).

Bedeutende zeitgenössische ausländische Opernkomponisten: der Engländer BENJAMIN BRITTEN, der Franzose DARIUS MILHAUD, der Italiener LUIGI DALLAPICCOLA und der Pole TADEUSZ BAIRD.

4. Hörspiel

Neue dramatische Form seit Erfindung und Verbreitung des Rundfunks. Eigenen Gesetzen gehorchend, weil nur auf den *Hörraum* beschränkt. Hörspiel einerseits begrenzter als das Bühnenspiel, andererseits „entgrenzter", denn der Hörspielautor kann viel häufiger ohne störenden Bruch die Szene wechseln. Von hier aus legitime Einbeziehung der *irrealen* Welt (Traum, Vision, Märchen). Eigentliche Thematik des Hörspiels (da es nicht im Raum, sondern nur in der Zeit abläuft) ist die *Zeit*:

„Man muß im Hörspiel Spannung durch die Distanz der Zeit erzeugen, man muß die Zeiträume aufreißen." *(Otto Heinrich Kühner, 131)*

★

Bsp. aus dem ersten Traum der „Träume" von EICH:
  Geräusch eines immerfort rollenden Zuges.
  Stimme eines Uralten: Es war vier Uhr, als sie uns aus den Betten holten. Es war vier Uhr.
  Knabe: Du erzählst immer dasselbe. Das ist langweilig, Großvater.

„In diesen beiden Sätzen ist eigentlich schon die gesamte Geschichte und Vorgeschichte der Familie enthalten, die da in dem verschlossenen Güterwagen in unbekannte Richtung mit unbekanntem Ziel unaufhörlich transportiert wird — und zwar schon so lange, daß sie um ihr Schicksal kaum noch weiß, sondern das Innere des Güterwagens als ihre Welt empfindet."
  (Heinz Schwitzke, 132)

Mittel: Wort, Geräusch, Musik.

Hilfsmittel: Die *Blende* (Ein- und Ausblenden, Überblenden, Montage, Rückblende), erleichtert Szenenwechsel, schafft Atmosphäre, Übergänge.

„Im akustischen Raum stoßen nur ‚Stimmen' aufeinander, also Medien der Gedanken; in ihm kann wesensgemäß nur gedacht werden. Der akustische Raum als dramatischer Raum kennt kein Miteinander der Personen wie der sichtbare Raum, keine ‚Gleichzeitigkeit', nur Nacheinander von Stimmen. Deshalb kennt er auch eigentlich keine Aktion, höchstens ‚Vorgänge', Prozesse, Ablauf von Gedanken."
  (Otto Heinrich Kühner, 133)

Hörspielautoren: ILSE AICHINGER (Knöpfe, 1953; Besuch im Pfarrhaus, 1962), LEOPOLD AHLSEN (Philemon und Baucis, 1955), INGEBORG BACHMANN (Zikaden, 1954; Der gute Gott von Manhattan, 1958), HEINRICH BÖLL (Die Spurlosen, 1957; Bilanz, 1958; Die Sprechanlage, 1962), WOLFGANG BORCHERT (Draußen vor der Tür, 1947), FRIEDRICH DÜRRENMATT (Die Panne, 1956; Abendstunde im Spätherbst, 1957), GÜNTER EICH (Geh nicht nach El Kuwehd, 1950; Träume, 1952; Das Jahr Lazertis, 1954; Zinngeschrei, 1955; Die Brandung von Setúbal, 1957; Die Stadt des Huflattichs, 1962), HERBERT EISENREICH (Wovon wir leben und woran wir sterben, 1956), MAX FRISCH (Herr Biedermann und die Brandstifter, 1953), RICHARD HEY (Hochzeitsreport, 1964), WOLFGANG HILDESHEIMER (Begegnung im Balkanexpreß, 1953; Prinzessin Turandot, 1954; Das Opfer Helena, 1955; Herrn Walsers Raben, 1960; Unter der Erde, 1962), PETER HIRCHE (Miserere, 1965), WALTER JENS (Ahasver, 1956; Plakate am Hafen, 1960), OTTO-HEINRICH KÜHNER (Die Übungspatrone, 1950), SIEGFRIED LENZ (Zeit der Schuldlosen, 1960), CHRISTA REINIG (Aquarium, 1967), JAN RYS (Grenzgänger, 1960; Verhöre, 1961; Die Toten dürfen nicht sterben, 1962), MARTIN WALSER (Ein Abstecher, 1962), DIETER WELLERSHOFF (Der Minotaurus, 1960), WOLFGANG WEYRAUCH (Die japanischen Fischer, 1955; Totentanz, 1961), ERWIN WICKERT (Darfst du die Stunde rufen, 1951), HEINZ OSKAR WUTTIG (Nachtstreife, 1953; Klopfzeichen, 1959).

Raum für Zusätze

Sonderform

Feature: Informationen über einen bestimmten Wirklichkeitsausschnitt mit poetischen und journalistischen Formmitteln, z. B. ERNST SCHNABEL, Interview mit einem Stern, 1951; Großes Tamtam, 1952; Anne Frank, Spur eines Kindes, 1958.

Literatur

FRIEDRICH KNILLI, Das Hörspiel. Mittel und Möglichkeiten eines totalen Schallspiels, 1961 (mit zahlreichen Literaturangaben)
HORST-GÜNTER FUNKE, Die literarische Form des deutschen Hörspiels in historischer Entwicklung, Diss. Erlangen 1962
HEINZ SCHWITZKE, Das Hörspiel. Dramaturgie und Geschichte, 1963
EUGEN KURT FISCHER, Das Hörspiel. Form und Funktion, 1964
OTTO-HEINRICH KÜHNER, Mein Zimmer grenzt an Babylon, Nachwort: Dramaturgie des Hörspiels, der Funkerzählung und des Features, 1954
WERNER KLOSE, Das Hörspiel im Unterricht, 1958, 1962[3]

5. Film

Die These des konsequenten Naturalismus, Kunst habe die Tendenz, Natur zu sein, verband sich von Anfang an mit der *Photographie*. Nach Entdeckung des photographierten *bewegten* Bildes und seiner Möglichkeiten (Nahaufnahmen, Szenenwechsel, Montage) entstand neben Lehr- und Dokumentationsfilm der *Spielfilm*. Obwohl ein eigenes, nach Mitteln wie nach Aussage in sich geschlossenes Gebiet, „ist es ein einzigartiger Vorgang, daß eine Kunst, die über so reiche und schöpferische Mittel verfügt wie der Film, jahrzehntelang freiwillig im Schatten einer anderen Kunstform lebte." *(Gunter Groll, 134)*

Raum für Zusätze

Abgesehen von „Tagesware" stehen sich in der Spitze Wortkunstwerk und Filmkunstwerk gegenüber, jedes in seiner Weise zu selbständigen Leistungen befähigt. Geschieht Aufbau beim letzteren vom *Bild* her, so daß das Wort dem bildepischen Faktor untergeordnet bleibt, gewinnt der Film Eigengesetzlichkeit. Dabei wird die These, Film und Realität seien eins, aufgegeben, vielmehr muß der so verstandene Film die Realität der Gesellschaft *kritisch* durchdringen, d. h. mit den Mitteln des Films die Zusammenhänge der Wirklichkeit aufdecken.

> „Filmische Filme beschwören eine umfassendere Wirklichkeit als jene, die die faktische abbilden." *(Siegfried Kracauer, 135)*
>
> *
>
> „Verfilmungen, die weder dokumentieren noch zu einer eigenen künstlerischen Gestaltung vordringen, sondern sich lediglich im Schatten einer anderen Sphäre aufhalten, suchen eine Verbindung zu konstituieren, die es nicht geben kann: den Ersatz eines Kunstbereichs durch einen anderen. Das Resultat muß eine Verzerrung sein, im Durchschnitt auf wenig ansehnliche Art." *(Alfred Estermann, 136)*

Trotzdem liefen bis in jüngste Gegenwart auf dem Gebiet des Spielfilms nebeneinander: *pseudokünstlerischer* Film (= photographiertes Theater oder verfilmte „Nacherzählung" eines vorgegebenen literarischen Werkes oder Versuch einer „Nachgestaltung"), Unterhaltungsfilm und *künstlerischer* Film. Dieser hat seinem Wesen und Wollen nach keinen Raum für dichterische Sprache, vielmehr „gehört es zum Wesen des Films, daß er das Drehbuch ‚völlig aufsaugt' und ihm damit die Bedeutung eines selbständigen Werkes nimmt" *(Fedor Stepun, 137)*. — Hohe künstlerische Leistungen vor Einführung des Tonfilms. Der mit diesem einsetzende Rückschritt wurde nur allmählich überwunden.

Stufen der Filmgeschichte

Der Zeitraum des Experiments: 1895—1911

Erste Vorführung bewegter Bilder in Frankreich durch die Brüder LUMIÈRE, 1895, und in Deutschland durch die Brüder MAX und EMIL SKLADANOWSKY und OTTOMAR SCHÜTZ, 1895/96. — Aufkommen der Zwischentitel um 1907/08. Entdeckung zahlreicher filmischer Tricks (bes. von dem Franzosen MÉLIÈS).

> Bspe: 1902 *Die Reise zum Mond* (Buch nach JULES VERNE und H. G. WELLS, R.*: GEORG MÉLIÈS. — Länge: 280 m, Vorführungsdauer: 15 Minuten). 1909 *Das Liebesglück einer Blinden* (B.**: ROSA PORTEN, D.***: HENNY PORTEN). 1911 *Engelein* (R.: URBAN GAD, D.: ASTA NIELSEN, BRUNO KASTNER). 1911 *Quo vadis?* (B.: GABRIELE D'ANNUNCIO nach HENRYK SIENKIEWICZ, R.: ARTHURO AMBROSIO).

Der Zeitraum des Stummfilms: 1912—1928

> „In diesem Zeitraum werden alle die Errungenschaften gemacht, die die Filmtheorie als das ‚Filmische' bezeichnet: die Beweglichkeit der Kamera, die Montage, die zahlreichen Aufnahme- und Kopiertricks, die Vor-,

* R: Regie ** B: Buch *** D: Darsteller

Rück- und Zwischenblenden, die verschiedenen Schnittechniken, die Raum für Zusätze
systematische Großaufnahme, das Kammerspiel, das Mitspielenlassen der
Dinge, die Besinnung auf das „erzählerische" Wesen des Films, die Expressionsmöglichkeiten der Massen." *(Alfred Estermann, 138)*

Bspe: 1913 *Der Student von Prag* (B.: HANNS HEINZ EWERS, R.: STELLAN RYE, D.: PAUL WEGENER). 1914 *Der Golem* (B.: GUSTAV MEYRINK, R.: PAUL WEGENER u. HENDRIK GALEEN, D.: PAUL WEGENER, ALBERT STEINRÜCK). 1919 *Das Kabinett des Dr. Caligari.* Expressionistischer Film (B.: CARL MAYER u. HANS JANOWITZ, R.: ROBERT WIENE, D.: WERNER KRAUSS, CONRAD VEIDT, LIL DAGOVER). 1921 *The Kid* (B. u. R.: CHARLES CHAPLIN, D.: CHARLIE CHAPLIN, JACKIE COOGAN, EDNA PURVIANCE). 1922 *Dr. Marbuse der Spieler* (B.: THEA VON HARBOU, R.: FRITZ LANG). 1923 *Gösta Berling* (B. nach SELMA LAGERLÖF, R.: MAURITZ STILLER, D. u.a.: GRETA GARBO). 1924 *Nju* (B. nach einer Novelle von OSSIP DYMOW, R.: PAUL CZIMMER, D.: ELISABETH BERGNER, EMIL JANNINGS, CONRAD VEIDT). *Der letzte Mann* (R.: F. W. MURNAU, D.: EMIL JANNINGS). 1925 *Goldrausch* (B. u. R.: CHARLES CHAPLIN, D.: CHARLIE CHAPLIN, GEORGIS HALE). *Panzerkreuzer Potemkin* (R.: SERGEJ M. EISENSTEIN). 1926 *Metropolis* (B.: THEA VON HARBOU, R.: FRITZ LANG, D.: BRIGITTE HELM, GUSTAV FRÖHLICH, ALFRED ABEL, THEODOR LOOS, HEINRICH GEORGE). 1927 *Love* (Anna Karenina), (B. nach TOLSTOI, R.: EDMUND GOULDING, D.: GRETA GARBO, JOHN GILBERT). 1928 *Johanna von Orleans* (B.: JOSEPH DELTEIL, R.: CARL THEODOR DREYER, D.: MARIA FALCONETTI). 1928 *Zehn Tage, die die Welt erschütterten* (R.: S. M. EISENSTEIN).

Der Zeitraum des Tonfilms: 1928 bis heute

„Die berühmtesten ersten Tonfilme unter den Verfilmungen (Der blaue Engel u.a.) stellen im Grunde nur eine künstlerische Nachwirkung der voraufgegangenen großen Epoche dar. Nach ihnen versinkt die Filmproduktion fast vollständig in Mittelmäßigkeit..., trotz der Voraussetzung der potentiell größten technischen Möglichkeiten zur ‚Annäherung' an die Literatur (Einsatz des Tones als Dialog, Geräusch und musikalischer Hintergrund). Natürlich bemüht man sich in der Spitzengruppe der Filme mehr und mehr um das ‚eigene' Drehbuch und die originale Gestaltung."
(Alfred Estermann, 139)

★

„Wenn es also so ist, daß die Filmkunst noch nicht voll entwickelt ist, bietet sich dann der Ästhetik nicht eine unvergleichliche Gelegenheit, die Entwicklungsgesetze einer vor unseren Augen erst Gestalt annehmenden Kunst zu studieren?... Die gelehrten Akademiker haben dies verabsäumt. Obwohl seit Jahrhunderten zum erstenmal mit freiem Auge *eines der seltensten Ereignisse der Kulturgeschichte zu beobachten gewesen wäre:* die Entstehung neuer künstlerischer Ausdrucksformen, nämlich der Ausdrucksformen der einzigen Kunst, die in unserem Zeitalter, in unserer Gesellschaftsordnung geboren wurde, deren materielle und geistige Vorbedingungen wir daher alle kennen. Es wäre für die Wissenschaft lohnend gewesen, sich diese herrliche Gelegenheit zunutze zu machen, schon darum, weil sie durch das unmittelbare Kennenlernen der Entwicklungs- und Lebensgeschichte der neuen Kunstform auch den Schlüssel zu vielen Geheimnissen der alten Künste erlangt hätte." *(Béla Balázs, 140)*

Raum für Zusätze

Literatur

Urban Gad, Der Film, 1921
Béla Balázs, Der sichtbare Mensch, 1924; Der Geist des Films, 1930; Der Film. Werden und Wesen einer neuen Kunst, 1961
Rudolf Arnheim, Film als Kunst, 1932
Fedor Stepun, Theater und Kino, 1932; Theater und Film, 1953
Walter Benjamin, Das Kunstwerk im Zeitalter seiner technischen Reproduzierbarkeit, 1936
Gunter Groll, Film — die unentdeckte Kunst, 1937
Ernst Iros, Wesen und Dramaturgie des Films, 1938 (1962)
Sergej M. Eisenstein, Vom Theater zum Film, 1947 (1960)
Walter Hagemann, Der Film. Wesen und Gestalt, 1952
Gottfried Müller, Dramaturgie des Theaters, des Hörspiels und des Films, 1952, 1962[7]
Arnold Hauser, Sozialgeschichte der Kunst und Literatur, 1953, 1958[8] (2 Bde.)
Siegfried Kracauer, Theorie des Films. Die Errettung der äußeren Wirklichkeit, 1964
Alfred Estermann, Die Verfilmung literarischer Werke, 1965

Texte: Spectaculum. Texte moderner Filme, 1961

6. Fernsehspiel

Hat ähnliche Probleme auf künstlerischem Gebiet zu bewältigen wie der (↪) Film. Zunächst (und bis heute andauernd) Ersatz durch Aufbereitung fremder Formen: Filme, Hörspiele, Bearbeitungen von Bühnenstücken, Ampexaufzeichnungen von Bühneninszenierungen.

„Das Fernsehen hatte schon im Augenblick seines ersten Funktionierens die Erfindungskraft seiner Installateure überrundet. Denn als es darum ging, der Maschine einen Sinn zu geben, waren die Ingenieure nicht mehr zuständig, und die Benutzer konnten bis heute keine Einigkeit darüber erzielen, wie ein Fernsehspiel aussehen muß, das der Bildermaschine ein künstlerisches Alibi verschaffen könnte." *(Hermann Naber, 141)*

Originalfernsehspiele in der Zahl noch gering. Fernsehdramaturgie entwickelt „ihre Gesetze, während sie sie bereits anwenden muß" *(Heinz Schwitzke, 142)*, statt Bühneneinteilungen in Akte Kameraeinstellungen, „dennoch muß das Fernsehspiel mehr als der Film die Projektionsfläche berücksichtigen, da diese genormt ist und nicht für bestimmte Zwecke vergrößert oder verkleinert werden kann... (muß) Großaufnahme, Blende, Kameraeinstellung in die Handlung einbeziehen. Dann könnte auch im Fernsehen ein Realismus zustande kommen, der dem Zuschauer einen authentischen Blick in seine eigene Welt ermöglicht und ihr Bild im eigenen Bewußtsein richtigstellt." *(Hermann Naber, 143)*

Literatur

Vier Fernsehspiele, hrsg. und eingeleitet von Heinz Schwitzke, 1960
Tony Schwaegerl, Das deutsche Fernsehspiel von 1936—1961, Diss. Erlangen 1964
Jörg Lingenberg, Das Fernsehspiel in der DDR, 1968

Quellenverzeichnis der zitierten Sekundärliteratur

Die z. T. hinter den Autorennamen in Klammern angegebenen Ziffern verweisen auf die Nummern dieses Verzeichnisses)

1 DODERER, HEIMITO V.: Tangenten. Tagebuch eines Schriftstellers 1940—1950, 1964, S. 391
2 WEINRICH, HARALD: Semantik der kühnen Metapher, DtVjs., 37. Jg., 1963, Heft 3, S. 333
3 WEINRICH, HARALD: (2), S. 335
4 KÖRNER, JOSEF: Einführung in die Poetik, 1949, S. 9
5 KILLY, WALTHER: Wandlungen des lyrischen Bildes, Kleine Vandenhoeck-Reihe 22/23, 1956, S. 5
6 MÜLLER-FREIENFELS, RICHARD: Poetik. Aus Natur und Geisteswelt, Bd. 460, 1914, S. 95
7 SEIDLER, HERBERT: Die Dichtung. Kröners Taschenausgabe, Bd. 283, 1959, S. 222
8 CURTIUS, ERNST ROBERT: Europäische Literatur und lateinisches Mittelalter, 1948, 1961³, S. 202
9 VEIT, WALTER: Toposforschung, DtVjs., 37. Jg., 1963, Heft 1, S. 162
10 SEIDLER, HERBERT: (7), S. 154 f.
11 REINERS, LUDWIG: Deutsche Stilkunst, 1944, S. 75 u. S. 77
12 KÖRNER, JOSEF: (4), S. 15
13 KÖRNER, JOSEF: (4), S. 16
14 SCHNEIDER, WILHELM: Stilmittel, in: Sachwörterbuch der Deutschkunde, Bd. II, 1930, S. 1159
15 REINER, LUDWIG: (11), S. 332 f.
16 REINERS, LUDWIG: (11), S. 340
17 KÖRNER, JOSEF: (4), S. 26
18 KAYSER, WOLFGANG: Kleine deutsche Versschule, 1946, S. 114
19 KAYSER, WOLFGANG: (18), S. 106 f.
20 KÖRNER, JOSEF: (4), S. 37, Anm. 1
21 HEUSLER, ANDREAS: Deutsche Versgeschichte, 3 Bde 1925—29, 1956²
22 SCHERPE, KLAUS R.: Gattungspoetik im 18. Jahrhundert, 1968, S. 1 u. S. 274
23 BÖCKMANN, PAUL: Formgeschichte der deutschen Dichtung, I. Bd., 1949, S. 39/40
24 HOLTHUSEN, HANS EGON: Versuch über das Gedicht, Merkur, 8. Jg., 1954, Heft 2, S. 137
25 HASSELBLATT, DIETER: Lyrik heute, Signum Taschenbuch 201, S. 250 u. S. 254
26 HÖLLERER, WALTER: Das Ungelegenheitsgedicht, Akzente, Heft 1, 1961
27 WILPERT, GERO V.: Sachwörterbuch der Literatur, Kröners Taschenausgabe, Bd. 231, 1955, S. 372
28 FRENZEL, ELISABETH: Stoffe der Weltliteratur. Ein Lexikon dichtungsgeschichtlicher Längsschnitte, 1962, Vorwort S. V.
29 FRENZEL, ELISABETH: (28), Vorwort S. V.
30 DÜRRENMATT, FRIEDRICH: Theaterprobleme, 1955, S. 33 f.
31 NAUMANN, HANS: Deutsches Dichten und Denken von der germanischen bis zur staufischen Zeit, Slg. Göschen, Bd. 1121, 1952, S. 37
32 PIDAL, RAMON MENÉNDEZ: Volksdichtung und Überlieferung — Wesen und Stil der Romanzen, in: Universitas, 9. Jg., 1954, Heft 5, S. 529
33 GOETHE, JOHANN WOLFGANG V.: Über Kunst und Altertum, Bd. 3, Heft 1, 1821, dtv-Ausgabe Bd. 31, S. 213/14
34 NAUMANN, HANS: (31), S. 10/11
35 HEUSLER, ANDREAS in: Nordische Literaturgeschichte von *Wolfgang Golther,* 1921, S. 19
36 KÄMPCHEN, PAUL LUDWIG: Von den Typen der deutschen Ballade, in: Der Deutschunterricht, Jg. 8, 1956, Heft 4, S. 5 ff.

37 STRICH, FRITZ: Schiller. Sein Leben und sein Werk, o.J., S.339
38 VOSSLER, KARL: Die Dichtungsformen der Romanen, hrsg. von *Andreas Bauer,* 1951, S.191
39 MÖNCH, WALTER: Das Sonett. Gestalt und Geschichte, 1955, S.16
40 SCHLEIDEN, KARL AUGUST (Hrsg.): Klopstock, Ausgewählte Werke, 1962, S.1218/19
41 SEIDLER, HERBERT: (7), S.449/450
42 HILSBECHER, WALTER: Essay über den Essay, in: Frankfurter Hefte, 17.Jg., 1962, Heft 1, S.54
43 JÜLICHER, ADOLF: Die Gleichnisreden Jesu, 1.Bd. 1888, 2.Bd. 1899 (Neudruck 1910)
44 CHRISTIANSEN, BRODER: Die Kunst des Schreibens. Eine Prosa-Schule, o.J., S.239
45 HERDER, JOHANN GOTTFRIED: Über Bild, Dichtung und Fabel, S.43
46 BÖCKMANN, PAUL: (23), S.508
47 HASSELBLATT, DIETER: (25), S.243
48 LIEDE, ALFRED: Parabel, in: Reallexikon der deutschen Literaturgeschichte, Bd. III, 1958², S.12
49 LIEDE, ALFRED: (48), S.13/14
50 LIEDE, ALFRED: (48), S.14
51 LIEDE, ALFRED: (48), S.62/63
52 PANZER, FRIEDRICH: Märchen, in: John Meier, Deutsche Volkskunde, 1926, S.219
53 LÜTHI, MAX: Das europäische Volksmärchen, 1947, 1960², S.78/79
54 HELMICH, WILHELM: Die erzählende Volks- und Kunstdichtung in der Schule, in: Handbuch des Deutschunterrichts, Bd. II, 1961², S.923
55 LÜTHI, MAX: (53), S.74/75
56 RÜTTGERS, SEVERIN: Märchen, in: Handbuch für den Deutschunterricht, Bd. I, 1938, S.403
57 PETSCH, ROBERT: Die deutsche Volkssage, in: *Josef Prestel,* Die Volkssage, o.J., S.32
58 LÜTHI, MAX: (53), S.78
59 PEUCKERT, WILL ERICH: Sage, in: Deutsche Philologie im Aufriß, Bd. III, 1952f., Sp.1741f.
60 LÜTHI, MAX: (53), S.78/79
61 RUPP, HEINZ: Schwank und Schwankdichtung in der deutschen Literatur des Mittelalters, in: Der Deutschunterricht, Jg.14, 1962, Heft 2, S.38
62 PETSCH, ROBERT: Anekdote, in: Handbuch für den Deutschunterricht, Bd.I, 1938, S.11/12
63 GERTH, KLAUS: „Die abenteuerliche Flucht der unglücklichen Komteß" oder Was haben wir an der Trivialliteratur? Bertelsmann Briefe, Heft 60, Dezember 1968, S.15
64 DODERER, KLAUS: Die Kurzgeschichte in Deutschland, 1953, S.94
65 DODERER, KLAUS: (64), S.94
66 HELMICH, WILHELM: (54), S.977
67 WOLGAST, HEINRICH: Das Elend unserer Jugendliteratur. Ein Beitrag zur künstlerischen Erziehung der Jugend, 1899, neu hrsg. von *Elisabeth Arndt-Wolgast* und *Walter Flacke,* 1950²
68 PRESTEL, JOSEF: Das Lesegut der Jugend in geschichtlicher Darstellung, in: Handbuch des Deutschunterrichts, Bd. II, 1961², S.850
69 HALBACH, KURT: Epos, in: Sachwörterbuch der Deutschkunde, Bd. I, 1930, S.292
70 ERICH, OSWALD A., u. RICHARD BEITL (Hrsg.): Artikel in: Wörterbuch der deutschen Volkskunde, Kröners Taschenausgabe, Bd.127, 1955, S.792
71 KAYSER, WOLFGANG: Das sprachliche Kunstwerk. Eine Einführung in die Literaturwissenschaft, 1948, 1967¹², S.361
72 MARTINI, FRITZ: Geschichte und Poetik des Romans, in: Der Deutschunterricht, Jg.3, 1951, Heft 3, S.89
73 LÄMMERT, EBERHARD: Bauformen des Erzählens, 1955, S.42
74 STANZEL, FRANZ K.: Typische Formen des Romans, 1965², S.52
75 STANZEL, FRANZ K.: Die typischen Erzählsituationen im Roman. Dargestellt an Tom Jones, Moby Dick, The Ambassadors, Ulysses u.a., 1955 (1963), S.29
76 STANZEL, FRANZ K.: (75), S.29

77 MARTINI, FRITZ: Geschichte des Agathon, in: Lexikon der Weltliteratur, hrsg. von G. v. Wilpert, Bd. II, 1968, S. 367
78 FRENZEL, HERBERT A.: Daten deutscher Dichtung, 1953, S. 187
79 BURGER, HEINZ OTTO: Der Realismus des 19. Jahrhunderts, in: Annalen der deutschen Literatur, 1952, S. 710
80 SCHWERTE, HANS: Der Weg ins 20. Jahrhundert, in: Annalen der deutschen Literatur, 1952, S. 807
81 MÜLLER, JOACHIM: Jeremias Gotthelf, in: Neue Jahrbücher für Wissenschaft und Jugendbildung, 1935, Heft 6, S. 507
82 ABUSCH, ALEXANDER: Erkennen und Gestaltung, in: Sinn und Form, Sonderheft Probleme des Romans, II, 1966, S. 1302—07
83 KAYSER, WOLFGANG: Entstehung und Krise des modernen Romans, 1954, S. 34
84 SCHWERTE, HANS: (80), S. 805
85 MILCH, WERNER: Thomas Manns „Doktor Faustus", in: Die Sammlung, 3. Jg., 1948, S. 354
86 HAMBURGER, KÄTE: Die Logik der Dichtung, 1957, S. 41
87 ERNST, PAUL: Der Weg zur Form, 1928, S. 71
88 STORM, THEODOR: Briefwechsel zwischen Theodor Storm und Gottfried Keller, hrsg. von Albert Köster, 1904, S. 117 (Brief vom 13. September 1883)
89 BRENTANO, CLEMENS: Werke, hrsg. von F. Kemp, Bd. II, 1963, S. 258 f.
90 WAGENBACH, KLAUS: Franz Kafka. Die Biographie einer Jugend, 1958, S. 285
91 SCHLEGEL, FRIEDRICH: Jugendschriften, hrsg. von Jakob Minor, Bd. II, 1882, S. 411 ff.
92 SCHLEGEL, AUGUST WILHELM: Vorlesungen über schöne Literatur und Kunst, 3. Teil (1803/04), in: Deutsche Literaturdenkmale in Neudrucken, hrsg. von B. Seuffert, Bd. 19, S. 242 ff.
93 WIELAND, CHRISTOPH MARTIN: Vorbemerkungen zu „Die Novelle ohne Titel" aus „Das Hexameron von Rosenhain"
94 GOETHE, JOHANN WOLFGANG V., in: Eckermann, Gespräche mit Goethe, 1. Teil, 25.1.1827
95 TIECK, LUDWIG: Gesammelte Schriften, Vorbericht zum 11. Bd. (1829), S. 86 f.
96 VISCHER, FRIEDRICH THEODOR: Aesthetik oder Wissenschaft des Schönen, 1853—57, 2. Aufl., hrsg. von Robert Vischer, Bd. VI, 1923, S. 192 f.
97 BURGER, HEINZ OTTO: Theorie und Wissenschaft von der deutschen Novelle, in: Der Deutschunterricht, Jg. 3, 1951, Heft 2, S. 87
98 HEYSE, PAUL: Vorrede zum „Deutschen Novellenschatz", 1870/76
99 STORM, THEODOR: (88), S. 119 (Brief vom 14. August 1881 und „Vorrede")
100 ERNST, PAUL: Schlußwort zur Ausgabe der „Judenbuche", 1904
101 PONGS, HERMANN: Über die Novelle, in: Zeitschrift für deutsche Bildung, 1929, S. 175 ff.
102 JOLLES, ANDRÈ: Einleitung zur neuen dt. Ausgabe des Dekameron, 1921
103 WIESE, BENNO V.: Novelle, Slg. Metzler, 27, 1967³, S. 13
104 HUIZINGA, JOHAN: Homo Ludens, rde, Bd. 21, S. 21 f.
105 HEBBEL, FRIEDRICH: Werke (Briefe: Brief an Uechtritz)
106 NOVALIS: Werke, hrsg. von Hermann Friedemann, 3. Teil, Fragmente I, o. J., S. 231
107 SZONDI, PETER: Theorie des modernen Dramas, 1959, S. 15
108 DÜRRENMATT, FRIEDRICH: (30), S. 33
109 PIRANDELLO, LUIGI: Sechs Personen suchen einen Autor, in: Dramen, 1. Bd., o. J., S. 222
110 PETSCH, ROBERT: Wesen und Formen des Dramas, 1945, S. 242
111 IONESCO, EUGÈNE: Opfer der Pflicht, 1952, in: Stücke, 1. Bd., S. 204
112 KLOTZ, VOLKER: Geschlossene und offene Form im Drama, in: Literatur als Kunst, 1960, S. 228 ff.
113 KLOTZ, VOLKER: (112), S. 238
114 SCHUBERTH, OTTMAR: Das Bühnenbild, 1955, S. 70
115 KAYSER, WOLFGANG: (71), S. 370 ff.

116 GOETHE, JOHANN WOLFGANG v.: Gespräche (Kanzler Müller, Tagebuch, 6.Juni 1824), zitiert aus: Goethe im Gespräch, Manesse Bibl., S.240
117 LESKY, ALBIN: Die griechische Tragödie, Kröners Taschenausgabe, Bd.143, 1958, S.27
118 GOETHE, JOHANN WOLFGANG v., in: Eckermann, Gespräche mit Goethe, 3.Teil, 28.März 1827
119 LESKY, ALBIN: (117), S.27
120 MÜLLER-SEIDEL, WALTER: Klassische deutsche Dichtung, Bd.15: Bürgerliches Trauerspiel und soziales Drama, S.514
121 STEINER, GEORGE: Der Tod der Tragödie, 1962, S.110
122 ERNST, PAUL: Völker und Zeiten im Spiegel ihrer Dichtung, 1942, S.72
123 OPITZ, MARTIN: Buch von der Deutschen Poeterey, neu hrsg. von *Richard Alewyn,* 1963, S.20
124 HENSEL GEORG: Spielplan. Schauspielführer von der Antike bis zur Gegenwart, Teil I, 1966, S.71 f.
125 HEBBEL, FRIEDRICH: Vorrede zu „Ein Trauerspiel in Sizilien", 1846/47
126 IONESCO, EUGÈNE: Text für das Programmheft (Die Stühle) 1952, auch in: Argumente und Argumente, 1962, S.182
127 DÜRRENMATT, FRIEDRICH: Theaterprobleme, 1955, S.48
128 MARTINI, FRITZ: Johann Elias Schlegel, Die stumme Schönheit, in: Der Deutschunterricht, Jg.15, Heft 6, 1963, S.14
129 BRECHT, BERTOLT: Über das Volksstück, in: Schriften zum Theater, Gesammelte Werke 17 (Werkausgabe), S.1162/63
130 HOFSTAETTER, WALTHER: Sachwörterbuch der Deutschkunde, Bd. II, 1930, S.1229
131 KÜHNER, OTTO HEINRICH: Mein Zimmer grenzt an Babylon, 1954, S.209
132 SCHWITZKE, HEINZ: Die Überwindung der Zeit im Hörspiel, in: Rundfunk und Fernsehen, 4.Jg., 1956, S.259
133 KÜHNER, OTTO HEINRICH: (131), S.219
134 GROLL, GUNTER: Film — die unentdeckte Kunst, 1937, S.78
135 KRACAUER, SIEGFRIED: Theorie des Films, 1964, S.24
136 ESTERMANN, ALFRED: Die Verfilmung literarischer Werke, 1965, S.433
137 STEPUN, FEDOR: Theater und Film, 1953, S.100
138 ESTERMANN, ALFRED: (136), S.190
139 ESTERMANN, ALFRED: (136), S.194
140 BALÁZS, BÉLA: Der Film. Werden und Wesen einer neuen Kunst, 1961, S.12/13
141 NABER, HERMANN: Aus der Kinderstube des Fernsehspiels, in: Frankfurter Hefte, 17.Jg., 1962, Heft 6, S.417
142 SCHWITZKE, HEINZ: Vier Fernsehspiele, 1960, Vorwort
143 NABER, HERMANN: (141), S.419

Register

A. Namenregister

(Autoren und anonyme Werke)

Aarne, Antti Amatus (1867—1925) 172
Abusch, Alexander (*1902) 207
Ackerknecht, Erwin (1880—1960) 184
Adam, Adolphe Charles (1803—1856) 246
Adelung, Johann Christoph (1732—1806) 16
Aesop (Aisopos von Sardes; 6. Jh. v. Chr.) 163
Ahlsen, Leopold (*1927) 249
Aichinger, Ilse (*1921) 216, 249
Aischylos (525/24—456/55 v. Chr.) 224, 231, 234, 235, 240
Albéric de Besançon (um 1120) 186
Albertinus, Ägidius (um 1560—1620) 197
Alberus, Erasmus (um 1500—1553) 163
Alciat[us], Andreas (um 1492—1550) 36
Alemán, Mateo (1547—1614) 197
Alexis, Willibald (eig. Georg Wilhelm Heinrich Häring; 1798—1871) 204
Alkäus (Alkaios; um 620 v. Chr.) 109
Altenberg, Peter (1859—1919) 152
Amadis-Roman 190, 196
Ambraser Heldenbuch 185

Andersen, Hans Christian (1805—1875) 173
Anderson, Sherwood (1876—1941) 182
Anderson, Walter (1885—1962) 172
Andres, Stefan (*1906) 216
Angelus Silesius (eig. Johann Scheffler; 1624—1677) 93, 153
Annolied 177
Anton Ulrich von Braunschweig-Wolfenbüttel (1633—1714) 16, 203
Anzengruber, Ludwig (1839—1889) 206, 230, 243, 246
Apitz, Bruno (*1900) 208
Apollonius 190
Apostelgeschichte 43
Archipoeta (Erzpoet; * um 1230/40) 120
Ariost[o], Lodovico (1474—1533) 105, 187
Aristophanes (um 445 — um 385 v. Chr.) 240
Aristoteles (384—322 v. Chr.) 28, 113, 222
Arnaut, Daniel (2. Hälfte des 12./Anfang 13. Jh.) 140
Arnim, Achim v. (1781—1831) 19, 121, 177, 204, 213
Artus-Romane 196
Asklepiadeus (3. Jh. v. Chr.) 110
Atlilied, Das alte 126
Auerbach, Berthold (1812—1882) 180, 181

Bachmann, Ingeborg (*1926) 146, 216, 249
Bacmeister, Ernst (*1874) 158
Bacon, Francis (1561—1626) 152, 158
Bächtold, Rudolf (*1917) 164
Bäuerle, Adolf (Ps. Otto Horn, J. H. Fels; 1786—1856) 245
Bahr, Hermann (1863—1934) 158, 243
Baird, Tadeusz (*1928) 248
Balàzs, Béla (*1886) 250
Balzac, Honoré de (1799—1850) 180, 192, 200, 205
Bang, Herman Joachim (1857—1912) 200
Barlach, Ernst (1870—1938) 47, 237
Bartels, Adolf (1862—1945) 23, 24
Bauer, Franz (*1901) 185
Baumgärtner, Klaus (*1931) 23, 26
Beaumarchais, Pierre Augustin Caron de (1732—1799) 241
Becher, Johannes Robert (1891—1958) 26, 208
Beckett, Samuel (*1906) 165, 226
Beckmann, Friedrich (1803—1866) 246
Bédier, Charles Marie Joseph (1864—1937) 172

Beethoven, Ludwig van (1770—1827) 247
Beinlich, Alexander (*1911) 184
Beißner, Friedrich (*1905) 26
Bellini, Vincenzo (1801—1835) 247
Benda, Georg (1722—1795) 226
Bender, Hans (*1919) 183
Benfey, Theodor (1809—1881) 172
Benjamin, Walter (1892—1940) 113, 152, 158
Benn, Gottfried (1886—1956) 48, 98, 129, 158, 180, 216
Bense, Max (*1910) 23, 26, 27
Benz, Richard (1884—1966) 24
Berend, Alice (1878—1938) 191
Berg, Alban (1885—1935) 247
Bergengruen, Werner (1892—1964) 216
Bergson, Henri (1859—1941) 209
Berlepsch, Karl v. (*1882) 129
Bernart de Ventadour (von Ventadorn; um 1125—um 1195) 130
Bertram, Ernst (1884—1957) 22
Bertran de Born (um 1140—vor 1215) 130
Bienek, Horst (*1930) 81, 129
Bierwisch, Manfred (*1930) 23, 26

257

Binding

Binding, Rudolf Georg (1867—1939) 71, 178, 215
Birken, Sigmund v. (eig. Betulius; 1626—1681) 16, 95
Birkhoff, George David (1884—1944) 26
Bjørnson, Bjørnstjerne (1832—1910) 200, 206
Blacher, Boris (*1903) 248
Blei, Franz (1871—1942) 146
Bleibtreu, Karl (1859—1928) 205
Bloomfield, Leonard (1887—1949) 26
Blüthgen, Victor (1844—1920) 173
Blumauer, Aloys (Ps. Obermayer u. Auer; 1755—1798) 168
Blunck, Hans Friedrich (1888—1961) 173, 189
Bobrowski, Johannes (1917—1965) 129, 208
Boccaccio, Giovanni (1313—1375) 105, 196, 212, 213
Bock, Jerry 247
Bodmer, Johann Jacob (1698—1783) 17, 28
Böckmann, Paul (*1899) 23, 25, 113, 166
Böhlau, Helene (1856—1940) 205
Böhme, Franz Magnus (1827—1898) 121
Böll, Heinrich (*1917) 58, 183, 249
Bölsche, Wilhelm (1861—1939) 205
Börne, Ludwig (eig. Löb Baruch; 1786—1837) 20, 214
Boileau-Déspreaux, Nicolas (1636—1711) 17, 187
Bolte, Johannes (1858—1937) 172
Boner, Ulrich (1324—1349) 163

Bonsels, Waldemar (1880—1952) 198
Borchert, Wolfgang (1921—1947) 183, 249
Boßdorf, Hermann (1877—1921) 129
Brachvogel, Albert Emil (1824—1878) 202
Bräker, Ulrich (1735—1798) 199
Brahm, Otto (1856—1912) 228
Brant, Sebastian (1458—1521) 156
Braun, Felix (*1885) 178
Brecht, Bert[olt] (1898—1956) 69, 70, 99, 127, 129, 151, 161, 165, 167, 179, 229, 245, 246, 247
Bredel, Willi (1901—1964) 207
Breitinger, Johann Jakob (1701—1776) 17, 28
Brentano, Clemens (1778—1842) 19, 32, 48, 52, 81, 121, 123, 134, 151, 166, 173, 177, 188, 213
Breysig, Kurt (1866—1940) 25
Britten, Benjamin (*1913) 248
Britting, Georg (1891—1964) 70, 111, 112, 129
Broch, Hermann (1886—1951) 193, 209
Brockes, Barthold Hinrich (1680—1747) 156
Brod, Max (1884—1968) 203
Bröger, Karl (1886—1944) 129
Bronnen, Arnolt (1895—1959) 226
Bruckner, Ferdinand (eig. Theodor Tagger; 1891—1958) 207, 239
Brüggemann, Fritz (*1876) 22, 23

Brun, Friederike (1765—1835) 167
Buchner, August (1591—1661) 16
Büchner, Georg (1813—1873) 210, 214, 222, 223, 234, 237, 238, 243
Bühler, Charlotte (*1893) 184
Bühler, Karl (1879—1963) 184
Bürger, Gottfried August (1747—1794) 47, 49, 93, 123, 127, 128, 135, 167
Burckhardt, Jacob (1818—1897) 25
Burdach, Konrad (1859—1936) 21
Burger, Heinz Otto (*1903) 204, 217
Busch, Wilhelm (1832—1908) 166, 188
Byron, George Gordon Noël (1788—1824) 105, 107

Calderón de la Barca, Pedro (1600—1681) 241
Camões, Luís Vaz de (1524/1525—1580) 105, 187
Campe, Joachim Heinrich (1746—1818) 183, 198
Celan, Paul (*1920) 31, 47, 98, 129, 161
Celtes (Celtis), Konrad (eig. Bickel oder Pickel; 1459—1508) 15, 142
Cervantes Saavedra, Miguel de (1547—1616) 184, 192, 193, 196, 197, 213
Chamfort, Sébastien Roch Nicolas (1741—1794) 152
Chamisso, Adalbert v. (1781—1838) 102, 103, 120, 127, 129
Chaucer, Geoffrey (um 1340—1400) 139, 212

Cholevius, Karl Leo (1814—1878) 20
Chrétien de Troyes (vor 1150—vor 1190) 83, 186
Christiansen, Broder (1869—1958) 164
Cid 185
Claudel, Paul (1868—1955) 247
Claudius, Eduard (*1911) 208
Claudius, Matthias (1740—1815) 100, 123, 167
Comte, Isidore Marie Auguste François-Xavier (1798—1857) 20, 23, 205
Congreve, William (1669—1729) 91
Conrad, Michael Georg (1846—1927) 206
Conradi, Hermann (1862—1890) 205
Cooper, James Fenimore (1789—1851) 181
Corneille, Pierre (1606—1684) 236
Courths-Mahler, Hedwig (1867—1950) 180
Croce, Benedetto (1866—1952) 113
Cube, Felix v. (*1927) 23, 27
Curtius, Ernst Robert (1886—1956) 36, 37
Cysarz, Herbert (*1896) 23, 25

D'Alembert, Jean-Baptiste le Rond (1717—1783) 158
Däubler, Theodor (1876—1934) 189
Dahn, Felix (1834—1912) 204
Dallapiccola, Luigi (*1904) 248
Dante Alighieri (eig. Alaghieri; 1265—1321) 103, 116, 130, 187, 211

Decius, Nicolaus (um 1485—nach 1546) 119
Defoe, Daniel (eig. Foe; 1660—1731) 183, 184, 193, 198
Dehmel, Richard (1863—1920) 129, 189
Demetz, Peter (*1922) 24
Dickens, Charles (1811—1870) 201
Diderot, Denis (1713—1784) 158
Dietrichepen 175
Dilthey, Wilhelm (1833—1911) 21, 23
Dingelstedt, Franz v. (1814—1881) 167
Doderer, Heimito v. (1896—1966) 13, 209
Doderer, Klaus (*1925) 182
Döblin, Alfred (Ps. Linke Poot; 1878—1957) 189, 203, 204, 206, 209, 216
Donizetti, Gaetano (1797—1848) 247
Dostojewski, Fjodor Michailowitsch (1821—1881) 42, 200
Doyle, Arthur Conan (1859—1930) 180
Droste-Hülshoff, Annette v. (1797—1848) 32, 127, 128, 129, 189, 212, 214
Dürrenmatt, Friedrich (*1921) 54, 117, 221, 241, 242, 249
Duncan, Hugh D. 24

Ebers, Georg Moritz (1837—1898) 204
Ebner-Eschenbach, Marie v. (1830—1916) 152, 173, 206
Ecbasis captivi 95
Eckermann, Johann Peter (1792—1854) 217

Edda 126, 154, 175, 176
—, Ältere (Lieder-Edda) 126
—, Snorra (Jüngere Edda) 126
Edschmid, Kasimir (1890—1966) 216
Egilssaga 176
Egk, Werner (*1901) 248
Ehrenstein, Albert (1886—1950) 127
Eich, Günter (*1907) 129, 183, 248, 249
Eichendorff, Joseph v. (1788—1857) 19, 56, 57, 85, 91, 123, 134, 167, 198, 205, 214
Einem, Gottfried v. (*1918) 247
Einhard (um 770—840) 125
Eisenreich, Herbert (*1925) 249
Eliot, Thomas Stearns (1888—1965) 236
Elster, Ernst (1860—1940) 21
Empedokles (um 492—um 432 v. Chr.) 115
Engelke, Gerrit (1890—1918) 127
Engels, Friedrich (1820—1895) 20
Enzensberger, Christian 159
Enzensberger, Hans Magnus (*1929) 36, 41, 80, 160
Erasmus von Rotterdam, Desiderius (1469—1536) 152
Erk, Ludwig (1807—1883) 121
Ermatinger, Emil (1873—1953) 22, 23, 25
Ermenrikes Dot 175
Ernst, Paul (1866—1933) 179, 182, 189, 212, 216, 218, 236
Espinel, Vicente (1550—1624) 107
Estermann, Alfred 250, 251

Eulenspiegel, Till 178, 190
Euripides (um 480—406 v. Chr.) 221, 235, 240
Eyrbyggjasaga 176

Fall, Leo (1873—1925) 246
Faulkner, William (1897—1962) 182
Feuchtwanger, Lion (1884—1958) 204
Fielding, Henry (1707—1754) 192, 193, 198
Fischart, Johann (1546—1590) 95
Fitzgerald, Francis Scott Key (1896—1940) 158
Flaubert, Gustave (1821—1880) 192, 193, 200, 205
Fleming, Paul (1609—1640) 161
Fleuron, Svend (1874—1966) 182
Fock, Gorch (eig. Hans Kinau; 1880—1916) 246
Fontane, Theodor (1819—1898) 99, 117, 127, 128, 129, 200, 201, 204, 205, 206, 215, 243
Fortner, Wolfgang (*1907) 248
Fortunatus 190, 196
Fouqué, Friedrich de la Motte (1777—1843) 127, 134, 173, 213
Franck, Hans (1879—1964) 179, 182
Frank, Bruno (1887—1945) 204
Frank, Leonhard (1882—1961) 216
Freidank (Ende 12. Jh.—um 1233) 90, 154
Freiligrath, Ferdinand (1810—1876) 127, 129

Gerstäcker

Frenssen, Gustav (1863—1945) 189, 206
Frenzel, Elisabeth (*1915) 116
Frenzel, Herbert A. (*1908) 201
Freud, Siegmund (1856—1939) 22, 23
Freytag, Gustav (1816—1895) 52, 204, 205, 223
Fricke, Gerhard (*1901) 25
Frisch, Max (*1911) 193, 209, 249
Froschmäusekrieg 187
Fucks, Wilhelm (*1902) 23, 26
Fünf Geschichten von Ächtern und Blutrache 176
Furttenbach, Josef (1591—1667) 228
Fussenegger, Gertrud (eig. G. Dietz; *1912) 178

Gaiser, Gerd (*1908) 183, 210
Galsworthy, John (1867—1933) 180
Gan, Peter (eig. Richard Moering; 1894—1959) 77
Gatti, Armand (*1924) 231
Gellert, Christian Fürchtegott (1715—1769) 163, 164, 210, 238, 242
Genzmer, Felix (1878—1959) 97
Georg II. von Sachsen-Meiningen (1826—1914) 228
George, Stefan (1868—1933) 63, 78, 103, 146
Georgslied 177
Gerhardt, Paul (1607—1676) 100, 101, 102, 119, 120, 161
Gerstäcker, Friedrich (1816—1872) 198

259

Gerstenberg, Heinrich Wilhelm v. (1737—1823) 15, 18, 226
Gerth, Klaus (*1926) 180, 181
Gervinus, Georg Gottfried (1805—1871) 20
Geßner, Salomon (1730—1788) 197
Gide, André (1869—1951) 208
Gil Polo, Gaspar (1535—1591) 196
Glassbrenner, Adolf (1810—1876) 246
Gleich, Joseph Alois (Ps. Adolph Blum, Ludwig Dellarosa, Heinrich Walden; 1772—1841) 245
Gleim, Johann Wilhelm Ludwig (1719—1803) 99, 163
Gluck, Christoph Willibald v. (1714—1787) 247
Görres, Johann Joseph v. (1776—1848) 189
Goes, Albrecht (*1908) 183, 216
Goethe, Johann Wolfgang v. (1749—1832) 18, 19, 24, 28, 32, 33, 38, 39, 42, 43, 44, 45, 46, 47, 48, 49, 50, 59, 61, 67, 77, 80, 81, 85, 92, 93, 94, 95, 96, 99, 103, 105, 106, 108, 109, 113, 115, 116, 123, 124, 127, 128, 135, 139, 142, 144, 146, 147, 151, 152, 153, 154, 157, 162, 164, 166, 167, 173, 177, 180, 188, 190, 192, 193, 199, 205, 210, 213, 217, 218, 221, 224, 225, 226, 232, 233, 236, 239, 243, 246
Götz, Johann Nikolaus (1721—1781) 131
Gogol, Nikolaj Wassiljewitsch (1809—1852) 200

Goldsmith, Oliver (1728—1774) 198
Góngora y Argote, Luís de (1561—1627) 134
Gontscharow, Iwan Alexandrowitsch (1812—1891) 200
Gottfried von Straßburg (2. Hälfte 12.—Anfang 13. Jh.) 15, 46, 156, 161, 186
Gotthelf, Jeremias (eig. Albert Bitzius; 1797—1854) 181, 202, 206, 209, 214
Gottsched, Johann Christoph (1700—1766) 16, 17, 28, 39, 93, 95, 189, 190, 229, 234, 236
Gottschedin (eig. Luise Adelgunde Victorie Gottsched; 1713—1762) 188
Grabbe, Christian Dietrich (1801—1836) 223, 237, 243
Gracián, Baltasar (1601—1658) 152
Graf, Oskar Maria (1894—1967) 179
Grass, Günter (*1927) 129, 193, 210, 216, 231
Grettissaga 176
Grillmeyer, Georg 185
Grillparzer, Franz (1791—1872) 93, 173, 213, 214, 230, 237, 243
Grimm, Hermann (1828—1901) 158
Grimm, Jacob Ludwig Karl (1785—1863) 16, 170, 171
Grimm, Wilhelm Karl (1786—1859) 16, 170, 171
Grimmelshausen, Hans Jakob Christoffel v. (um 1622—1676) 161, 193, 197
Griseldis 190
Groll, Gunter (*1914) 249

Groth, Klaus Johann (1819—1899) 99, 163
Gryphius, Andreas (eig. Greif; 1616—1664) 85, 92, 139, 143, 144, 234, 236, 238
Guareschi, Giovannino (*1908) 197
Gudrunlied ↳ Kudrun
Günther, Hans Friedrich Karl (1891—1968) 24
Günther, Johann Christian (1695—1723) 47, 161
Guiraud Pierre (*1925) 26
Gumpert, Thekla v. (1810—1897) 183
Gumppenberg, Hanns v. (Ps. Jodok u. Immanuel Tiefbohrer; 1866—1928) 167
Gundolf, Friedrich (1880—1931) 22, 23
Gunzenhäuser, Rul (*1933) 23, 26, 27
Gutzkow, Karl Ferdinand (1811—1878) 20, 205, 214, 237
Gwerder, Alexander Xaver (1923—1952) 75

Härtling, Peter (*1933) 80, 129
Hafis (Hâfez, eig. Châdjé Shamso'd-Dîn Mohammad; 1326—1390) 108
Hagedorn, Friedrich v. (1708—1754) 132, 147, 163
Hagelstange, Rudolf (*1912) 108, 109, 139
Haimonskinder, Die vier 190
Halbach, Kurt Herbert (*1902) 186
Halle, Morris (*1923) 26
Haller, Albrecht v. (1708—1777) 156, 202

Hamann, Johann Georg (1730—1788) 18
Hamburger, Käte (*1896) 211
Hamdirlied, Das 126
Hamsun, Knut (eig. K. Pedersen; 1859—1952) 198, 200
Handel-Mazzetti, Enrica v. (1871—1955) 204
Hardt, Ernst (1876—1947) 215
Harich, Walter (1888—1931) 22
Harms, Claus (1778—1855) 167
Harris, Zellig Sabbattei (*1909) 26
Harsdörffer, Georg Philipp (1607—1658) 16, 197
Hart, Heinrich (1855—1906) 188
Harte, Francis Bret[t] (1836—1902) 182
Hartl, Karl (*1899) 185
Hartmann von Aue (Ouwe; um 1165—um 1215) 87, 90, 156, 177, 178, 186, 187
Hašek, Jaroslav (1883—1923) 197
Hass, Hans (*1919) 185
Hasselblatt, Dieter (*1926) 114, 166
Hauff, Wilhelm (1802—1827) 204, 214
Haupt, Moritz (1808—1874) 20
Hauptmann, Gerhart (1862—1946) 42, 43, 52, 59, 60, 61, 67, 94, 178, 189, 203, 215, 222, 224, 228, 230, 236, 237, 238, 239, 240, 242
Hauser, Arnold (*1892) 23, 24
Hauser, Otto (1876—1932) 24

Jacobus de Voragine

Haushofer, Albrecht (1903—1945) 139
Hausmann, Manfred (*1898) 178, 198
Hávamál ↪ Sittengedicht, Das alte
Haydn, Joseph (1732—1809) 156
Haym, Rudolf (1821—1901) 20, 25
Hebbel, Christian Friedrich (1813—1863) 38, 47, 60, 78, 94, 105, 128, 153, 154, 168, 189, 220, 224, 232, 233, 234, 237, 238, 239, 241, 242, 243
Hebel, Johann Peter (1760—1826) 58, 179, 182
Hedin, Sven Anders (1865—1952) 180
Hegel, Georg Wilhelm Friedrich (1770—1831) 20
Heine, Heinrich (1797—1856) 20, 74, 82, 93, 123, 127, 128, 129, 135, 152, 166, 173, 177, 188, 214
Heinrich von Veldeke (Mitte 12.—Anfang 13. Jh.) 186
Heinse, Johann Jakob Wilhelm (eig. Heintze; 1746—1803) 152, 201, 202
Heissenbüttel, Helmut (*1921) 84
Helgilieder, Die 216
Heliand 84, 186
Helmich, Wilhelm (*1903) 171, 183
Hemingway, Ernest Miller (1899—1961) 182
Hennecke, Hans (*1897) 159
Henry, O. ↪ Porter, William Sydney
Hensel, Georg (*1923) 240
Henze, Hans Werner (*1926) 248
Herberger, Valerius (1562—1627) 101

Herder, Johann Gottfried (1744—1803) 15, 18, 23, 28, 93, 121, 127, 153, 164, 167, 170, 171, 173, 177, 189
Herman, Jerry 247
Hermes, Johann Timotheus (1738—1821) 198
Hermlin, Stephan (*1915) 208
Herwegh, Georg (1817—1875) 82, 129
Herzog, Ernst 186, 190
Hesiod[os] (um 700 v. Chr.) 115
Hesse, Hermann (1877—1962) 76, 198, 201, 203, 209, 215
Hettner, Hermann (1821—1882) 20, 25
Heusler, Andreas (1865—1940) 21, 62, 83, 86, 87, 88, 89, 101, 124, 126
Hey, Richard (*1926) 249
Hey, Wilhelm (1790—1854) 164
Heyerdahl, Thor (*1914) 185
Heym, Georg (1887—1912) 78
Heym, Stefan (*1913) 208
Heyse, Paul (1830—1914) 217
Hildebrandslied 84, 125, 175
—, Jüngeres 101, 126, 175
Hildesheimer, Wolfgang (*1916) 165, 183, 249
Hilsbecher, Walter (*1917) 158
Hindemith, Paul (1895—1963) 247
Hirche, Peter (*1923) 249
Hirschberg, Valentin Theodor v. (1. Hälfte 17. Jh.) 197
Historia von D. Johannes Faust 190

Historie von Herrn Tristant und der schönen Isalde von Irland, Die 190
Hjelmslev, Louis (1899—1965) 26
Hochhuth, Rolf (*1931) 239
Hochwälder, Fritz (*1911) 239
Hölderlin, Johann Christian Friedrich (1770—1843) 46, 47, 60, 61, 64, 110, 111, 112, 145, 167, 192, 210, 236
Höllerer, Walter (*1922) 25, 114
Hoffmann, Ernst Theodor Amadeus (eig. Wilhelm; 1776—1822) 116, 173, 201, 209, 213
Hoffmann, Heinrich (1809—1894) 41
Hoffmann-Krayer, Eduard (1864—1936) 25
Hoffmann [von Fallersleben], August Heinrich (1798—1874) 121
Hofmannsthal, Hugo v. (Ps. Theophil Morren, Loris Melikow; 1874—1929) 32, 103, 158, 222, 227, 236, 237, 243, 247
Hofmiller, Josef (1872—1933) 158
Hofstaetter, Walther (*1883) 245
Holberg, Ludvig (1684—1754) 240
Holtei, Karl v. (1798—1880) 241
Holthusen, Hans Egon (*1913) 114, 159
Holtzman, Matthias (16. Jh.) 35
Holz, Arno (Ps. Bjarne P. Holmsen; 1863—1929) 61, 127, 167, 205, 215
Homer[os] (8. Jh. v. Chr.?) 32, 34, 94, 116, 187

Honegger, Arthur (1892—1955) 247
Horaz (Horatius Flaccus, Quintus; 65—8 v. Chr.) 16, 142
Hrotsvith von Gandersheim (um 935—nach 973) 15, 95, 177
Huch, Ricarda (Ps. Richard Hugo; 1864—1947) 25, 204, 209
Huchel, Peter (*1903) 98
Hürnen Seyfried (Volksbuch vom gehörnten Siegfried) 101, 175, 190
Hugo von Trimberg (um 1230—nach 1313) 15, 156
Huizinga, Johan (1872—1945) 220
Humboldt, Wilhelm v. (1767—1835) 19
Huxley, Aldous Leonard (1894—1963) 202

Ibsen, Henrik (1828—1906) 223
Iffland, August Wilhelm (1759—1814) 243
Immermann, Karl Leberecht (1796—1840) 135, 203, 205, 206, 214
Ionesco, Eugène (*1912) 165, 222, 223, 229, 230, 242
Irving, Washington (1783—1859) 182

Jacobsen, Jens Peter (1847—1885) 200
Jacobson, Roman Ossipowitsch (*1896) 26
Jacobus de Voragine (Varagine; 1228/1230—1298) 177

261

Jahnn

Jahnn, Hans Henny (1894—1959) 193, 209, 216, 236
James, Henry (1843—1916) 193
Jean Paul (eig. Johann Paul Friedrich Richter; 1763—1825) 19, 192, 193, 198, 201, 203, 213
Jens, Walter (*1923) 249
Jessner, Leopold (1878—1945) 229
Johannes Trithemius [von Sponheim] (1462—1516) 15
Johnson, Uwe (*1934) 207
Johst, Hanns (*1890) 246
Jolles, André (*1874) 218
Joubert, Joseph (1754—1824) 152
Joyce, James (1882—1941) 193, 207, 208, 209, 211
Jülicher, Adolf (1857—1938) 162
Jünger, Ernst (*1895) 71, 158, 203, 216
Jünger, Friedrich Georg (*1898) 159
Jung, Carl Gustav (1875—1961) 22
Jung-Stilling, Johann Heinrich (1740—1817) 199

Kämpchen, Paul Ludwig 128
Kästner, Erich (Ps. Robert Neuner; *1899) 166, 167, 197
Kafka, Franz (1883—1924) 57, 165, 199, 208, 210, 216, 248
Kaiser, Georg (1878—1945) 237, 238, 242
Kaiserchronik 163, 177, 186
Kant, Hermann (*1926) 207, 208

Kant, Immanuel (1724—1804) 19, 152
Kaschnitz, Marie Luise v. (*1901) 183
Kassner, Rudolf (1873—1959) 158
Kayser, Wolfgang (*1906) 64, 68, 191, 192, 208, 231
Keller, Adelbert v. (1812—1883) 121
Keller, Gottfried (1819—1890) 55, 59, 65, 66, 78, 173, 177, 192, 201, 209, 213, 214, 215
Keyserling, Eduard v. (1855—1918) 200
Killy, Walther (*1917) 34
Kippenberg, Anton (Ps. Benno Papentrigk; 1874—1950) 161
Kipphardt, Heinar (*1922) 231
Kirchhoff, Hans Wilhelm (um 1525—1603) 178
Kishon, Ephraim (*1924) 166
Klabund (eig. Alfred Henschke; 1890—1928) 198, 204
Klebe, Giselher (*1925) 248
Kleist, Ewald Christian v. (1715—1759) 156
Kleist, Heinrich Wilhelm v. (1777—1811) 56, 57, 58, 117, 179, 182, 191, 213, 222, 223, 224, 230, 234, 236, 239, 240, 242
Klepper, Jochen (1903—1942) 120
Klinger, Friedrich Maximilian (1752—1831) 238
Klopstock, Friedrich Gottlieb (1724—1803) 18, 32, 40, 41, 47, 50, 93, 94, 99, 111, 112, 118, 122, 146, 147, 167, 188

Klotz, Volker (*1930) 225
Kluckhohn, Paul (1886—1957) 25
Koch, Max (1855—1931) 25
König Rother 186
Körner, Josef (1888—1950) 32, 51, 61, 77
Kolbenheyer, Erwin Guido (1878—1962) 52, 204, 211
Kollo, Walter (1878—1940) 247
Kommerell, Max (1902—1944) 159
Konrad, Pfaffe (Mitte 12. Jh.) 186
Kopisch, August (1799—1853) 129
Korff, Hermann August (1882—1963) 23, 24
Kortum, Carl Arnold (1745—1824) 188
Kotzebue, August v. (1761—1819) 243
Kracauer, Siegfried († 1966) 250
Kraus, Karl (1874—1936) 152, 158, 166, 167
Křenek, Ernst (*1900) 247
Kretschmer, Ernst (1888—1964) 21
Kretzer, Max (1854—1941) 205
Kreuder, Ernst (*1903) 183
Kreuzer, Helmut (*1927) 23, 26
Kröger, Timm (1844—1918) 206
Krohn, Kaarle Leopold (1863—1933) 172
Krolow, Karl (*1915) 129, 161
Krueger, Felix (1874—1948) 21
Krylow, Ivan Andreevič (1768—1844) 164
Kudrun 103, 175, 185
Kühner, Otto Heinrich (*1921) 183, 248, 249

Künnecke, Eduard (1885—1953) 247
Kürenberger, Der (Mitte 12. Jh.) 75, 98
Kuhn, Hugo (*1909) 24
Kurz, Hermann (Kurtz; 1813—1873) 206
Kurz, Isolde (1853—1944) 215

La Bruyère, Jean de (1645—1696) 152
La Fontaine, Jean de (1621—1695) 163, 164
La Rochefoucauld, François VI. (1613—1680) 152
Lachmann, Karl (1793—1851) 20
Lämmert, Eberhard (*1924) 191, 192
Lagerlöf, Selma (1858—1940) 178, 184
Lalebuch 166, 178
Lamprecht, Karl (1856—1915) 22, 25
Lamprecht, Pfaffe (Anfang 12. Jh.) 186
Lang, Andrew (1844—1912) 172
Langgässer, Elisabeth (1899—1950) 183, 209
Laube, Heinrich (1806—1884) 20, 214, 237
Lauremberg, Johann (Ps. Hans Willmsen L. Rost; 1590—1658) 166
Lauter, Josef (*1936) 26
Laxdaela 176
Lazarillo de Tormes 197
Le Fort, Gertrud v. (*1876) 178, 216
Lehár, Franz (1870—1948) 246
Lehmann, Wilhelm (1882—1968) 158
Lehren an Loddfafnir, Die 126

Müller

Leibniz, Gottfried Wilhelm (1646—1716) 158
Leisewitz, Johann Anton (1752—1806) 238
Lenau, Nikolaus (eig. Nikolaus Franz Niembsch von Strehlenau; 1802—1850) 188
Lenz, Jakob Michael Reinhold (1751—1792) 238, 241
Lenz, Siegfried (*1926) 166, 183, 248, 249
Leo (12. Jh.) 95
Leonardo da Vinci (1452—1519) 49
Lermontow, Michail Jurjewitsch (1814—1841) 200
Lerner, Alan Jay (*1918) 247
Lernet-Holenia, Alexander (*1897) 243
Lersch, Heinrich (1889—1936) 129
Lesage, Alain-René (1668—1747) 192, 197
Lesky, Albin (*1896) 232, 233
Lessing, Gotthold Ephraim (1729—1781) 17, 40, 46, 49, 55, 56, 59, 91, 93, 117, 153, 163, 164, 165, 223, 224, 238, 239, 240, 242
Leyen, Friedrich von der (1873—1966) 125
Lichtenberg, Georg Christoph (1742—1799) 152, 166
Liebermann, Rolf (*1910) 248
Liede, Alfred (*1926) 167
Liliencron, Detlev v. (1844—1909) 32, 61, 93, 107, 127, 135, 161, 189
Liliencron, Rochus v. (1820—1912) 121
Lillo, George (1693—1739) 238

Lincke, Paul (1866—1946) 247
Locke, John (1632—1704) 5, 158
Löns, Hermann (1866—1914) 67, 129, 182
Logau, Friedrich v. (1604—1655) 153
Lohenstein, Daniel Caspar v. (1635—1683) 203
London, Jack (eig. John Griffith; 1876—1916) 182
Longos (2./3. Jh. n. Chr.) 192, 196
Lope de Vega ↪ Vega Carpio
Lortzing, Albert (1801—1851) 173, 246
Lublinski, Samuel (1868—1910) 24
Ludwig, Otto (1813—1865) 44, 173, 214
Ludwigslied 121
Lüthi, Max (*1909) 170, 171, 174, 177
Lukács, Georg (*1885) 23, 24, 207
Lumière, August Marie (1862—1954) 250
Lumière, Louis Nicolas (1864—1948) 250
Luther, Martin (1483—1546) 100, 101, 104, 119, 120, 156, 163, 170

Magelona, Die schön 190
Mahrholz, Werner (*1889) 22
Mallarmé, Stéphane (1842—1898) 32
Mann, Heinrich (1871—1950) 158, 201
Mann, Thomas (1875—1955) 39, 52, 116, 158, 178, 191, 193, 197, 200, 201, 202, 203, 209, 210, 213, 215

Marguerite de Navarra (M. d'Angoulême, M. de Valois; 1492—1549) 212
Marlitt, Eugenie (eig. E. John; 1825—1887) 180
Martini, Fritz (*1909) 22, 23, 191, 199, 242
Marx, Karl Heinrich (1818—1883) 20
Matthison, Friedrich v. (1761—1831) 112
Maupassant, Henri-René-Albert-Guy de (1850—1893) 182, 200, 205
Mauthner, Fritz (1849—1923) 167
Maximilian I. (1459—1519) 120, 185, 203
May, Karl (1842—1912) 181, 198
Meckel, Christoph (*1935) 129
Mehring, Franz (1846—1919) 23 24
Mehring, Walter (*1896) 127
Meier, John (1864—1953) 121
Meinhold, Wilhelm (1797—1851) 204
Meisl, Karl (1775—1853) 245
Melusine 190
Mendelssohn, Moses (1729—1786) 17
Mérimée, Prosper (Ps. Clara Gazul; 1803—1870) 218
Merseburger Zaubersprüche 175
Meyer, Conrad Ferdinand (1825—1898) 47, 57, 59, 80, 84, 93, 127, 129, 188, 189, 204, 211, 214, 215
Meyerbeer, Giacomo (1719—1864) 168
Miegel, Agnes (1879—1964) 93, 127, 128
Milch, Werner (*1903) 210

Milhaud, Darius (*1892) 247, 248
Millöcker, Karl (1842—1899) 246
Milton, John (1608—1674) 187, 188, 236
Mönch, Walter (*1905) 26, 138
Mörike, Eduard (1804—1875) 66, 71, 85, 92, 96, 123, 127, 128, 147, 153, 154, 173, 189, 201, 214
Möser, Justus (1720—1794) 18
Molière (eig. Jean Baptiste Poquelin; 1622—1673) 238, 240
Molo, Walter v. (1880—1958) 202
Montaigne, Michel Eyquem de (1533—1592) 152, 158
Montemayor, Jorge de (Montemor; zw. 1520/24—1561) 196, 197
Monteverdi, Claudio (1567—1643) 247
More [Morus], Thomas (1478—1535) 202
Morgenstern, Christian (1871—1914) 166
Morhof, Daniel Georg (1639—1691) 17
Moritz, Karl Philipp (1756—1793) 199
Moscherosch, Johann Michael (Ps. Philander von Sittewald; 1601—1669) 166
Mozart, Wolfgang Amadeus v. (1756—1791) 246, 247
Müller, Friedrich (gen. Maler Müller; 1749—1825) 197
Müller, Günther (1890—1957) 23, 26
Müller, Joachim (*1906) 206

263

Müller-Freienfels

Müller-Freienfels, Richard (1882—1949) 21, 35
Müller-Schlösser, Hans (1884—1956) 246
Müller-Seidel, Walter (*1918) 233
Münchhausen, Börries v. (1874—1945) 127
Mundt, Theodor (1808—1861) 20
Murner, Thomas (1475—1537) 156
Musäus, Johann Karl August (1735—1787) 173
Muschg, Walter (1898—1965) 22
Musenalmanach für das Jahr 1796 (hrsg. von Schiller) 167
Musenalmanach für das Jahr MDCCLXXV (hrsg. von J. H. Voß) 167
Musil, Robert v. (1880—1942) 152, 193, 203, 209

Naber, Hermann (*1933) 252
Nadler, Josef (1884—1963) 23, 24
Nash[e], Thomas (1567— um 1601) 197
Naumann, Hans (1886—1951) 125
Nestroy, Johann Nepomuk (1801—1862) 166, 168, 245, 247
Neues Testament 162, 164, 165
Neumann, Alfred (1895—1952) 204
Neumann, Robert (*1897) 167
Neutsch, Erik (*1931) 208
Nibelungenlied 41, 82, 87, 88, 101, 126, 175, 176, 185

Nicolai, Friedrich (1733—1811) 17, 167
Niebergall, Ernst Elias (1815—1843) 246
Nietzsche, Friedrich Wilhelm (1844—1900) 43, 46, 47, 49, 77, 117, 148, 152, 200, 203, 210
Njalssaga 176
Nossack, Hans Erich (*1901) 216
Novalis (eig. Friedrich Leopold v. Hardenberg; 1772—1801) 19, 34, 61, 146, 173, 201, 202, 221

Offenbach, Jacques (1819—1880) 246
Omeis, Magnus Daniel (1646—1708) 17
Opitz, Martin (1597—1639) 16, 28, 62, 91, 93, 102, 143, 161, 197, 236, 238
Orendel 187
Orff, Carl (*1895) 248
Orwell, George (1903—1950) 202
Otfrid von Weißenburg (um 800— um 870) 13, 90, 161, 186
Otto, Rudolf (1869—1937) 128
Ovid[ius] Naso (43 v. Chr. — 18 n. Chr.) 49

Panzer, Friedrich (1870—1956) 170
Parmenides (um 500 v. Chr.) 115
Pascal, Blaise (1623—1662) 152
Passerat, Jean (1534—1602) 137
Passional 177
Paul, Hermann (1846—1921) 41
Pauli, Johannes (um 1455— um 1530) 178
Paulus Diakonus (um 720—799) 124

Pestalozzi, Johann Heinrich (1746—1827) 202
Petersen, Julius (1878—1941) 21
Petrarca, Francesco (1304—1374) 104, 130, 138, 141
Petsch, Robert (1875—1945) 174, 179, 222
Peuckert, Will Erich (*1895) 174
Phaläkos 91
Pherekrates (2. Hälfte 5. Jh. v. Chr.) 110
Pidal, Ramón Menéndez (*1869) 121
Pindar[os] (518 oder 522—438 v. Chr.) 145
Pinter, Harold (*1930) 165
Piontek, Heinz (*1925) 129, 183
Pirandello, Luigi (1867—1936) 222
Platen, August v. (eig. v. Platen-Hallermünde; 1796—1835) 93, 94, 103, 108, 111, 127, 130, 139, 166, 240
Platon (427—347 v. Chr.) 117
Plautus, Titus Maccius (205 ?—184 v. Chr.) 94, 227, 241
Plivier, Theodor (1892—1955) 208
Poe, Edgar Allan (1809—1849) 180, 182
Pongs, Hermann (*1889) 22, 25, 218
Pontus de Tyard (Thiard; 1521—1605) 140
Pope, Alexander (1688—1744) 156, 158, 188
Porter, Cole (1893—1964) 247
Porter, William Sydney (Ps. O. Henry; 1862—1910) 182
Prestel, Josef (*1888) 185

Proust, Marcel (1871—1922) 193, 208, 209
Puschkin, Alexander Sergejewitsch (1799—1837) 237

Quevedo y Villegas, Francisco Gómez de (1580—1645) 152, 166, 197

Raabe, Wilhelm (1831—1910) 52, 193, 201, 213, 215
Racine, Jean Baptiste (1639—1699) 236
Raimund, Ferdinand Jakob (1790—1836) 93, 173, 245
Ranchin (1616—1692) 132
Redwitz, Oskar v. (1823—1891) 189
Regnart, Jacob (um 1540—1599) 137
Reichert, Waltraut (*1936) 27
Reimann, Brigitte (*1933) 208
Reiners, Ludwig (1896—1957) 44, 57, 60
Reinhardt, Max (eig. Goldmann; 1873—1943) 228, 229
Reinick, Robert (1805—1852) 173
Reinig, Christa (*1926) 249
Reinke de Vos 187, 188, 190
Reinmar der Alte [von Hagenau] (um 1160/70— vor 1210) 75
Renn, Ludwig (*1889) 207
Reuter, Fritz (1810—1874) 129, 189
Richardson, Samuel (1689—1761) 193, 198, 199, 210
Ried, Hans (†1517) 185
Riehl, Wilhelm Heinrich (1823—1897) 214

Rilke, Rainer Maria (1875—1926) 32, 36, 72, 73, 76, 83, 93, 108, 114, 139, 145, 151, 200, 210
Rimbaud, Jean Nicolas Arthur (1854—1891) 32
Ringelnatz, Joachim (eig. Hans Bötticher; 1883—1934) 127
Rinser, Luise (*1911) 183
Risse, Heinz (*1898) 183
Rivarol, Antoine de (1753—1801) 152
Rolandslied (Chanson de Roland) 185
Rolland, Romain (1866—1944) 201
Rollhagen, Georg (1542—1609) 188
Ronsard, Pierre de (1524—1585) 16, 143
Roquette, Otto (1824—1896) 189
Rosegger, Peter (1843—1918) 206
Rossini, Gioacchino Antonio (1792—1868) 247
Roth, Eugen (*1895) 166
Rousseau, Jean-Jacques (1712—1778) 193, 199, 202, 210, 226
Rudolf von Ems (um 1200— zw. 1250/54) 15, 161
Rückert, Friedrich (1788—1866) 82, 91, 92, 93, 103, 106, 108, 130, 137, 139, 154, 155, 177
Rühmkorf, Peter (Ps. Leslie Meier; *1929) 129, 167
Rüttgers, Severin (1876—1937) 172
Rumpf, Albert 184
Ruodlieb 95, 196
Rupp, Heinz (*1919) 178
Rychner, Max (1897—1965) 159
Rys, Jan (*1931) 249

Saar, Ferdinand v. (1833—1906) 129
Sachs, Hans (1494—1576) 90, 100
Salinger, Jerome David (*1919) 193
Salman und Morolf 187
Sand, George (eig. Amandine-Lucie-Aurore Dupin; 1804—1876) 205
Sankt Oswald 187
Sannazaro, Jacopo (1456—1530) 196
Sapir, Edward (1884—1939) 26
Sappho (* um 612 v.Chr.) 109, 111
Saroyan, William (*1908) 182
Sarraute, Nathalie (*1902) 193
Saussure, Ferdinand de (1857—1913) 26
Schäfer, Wilhelm (1868—1952) 179, 182
Schaeffer, Albrecht (1885—1950) 189, 201
Schallück, Paul (*1922) 183
Schaukal, Richard v. (1874—1942) 152
Scheffel, Joseph Victor v. (1826—1886) 189, 204
Scherer, Wilhelm (1841—1886) 20, 21
Scherpe, Klaus R. 113
Schildbürger, Die 166, 178
Schiller, Johann Christoph Friedrich v. (1759—1805) 19, 28, 33, 34, 38, 40, 42, 44, 45, 46, 47, 49, 51, 74, 85, 92, 95, 109, 115, 128, 135, 144, 147, 148, 151, 153, 157, 162, 221, 223, 224, 225, 233, 236, 237, 238, 239
Schlaf, Johannes (1862—1941) 205, 215

Schlegel, August Wilhelm v. (1767—1845) 19, 28, 92, 130, 138, 139, 152, 217
Schlegel, Friedrich v. (1772—1829) 19, 28, 107, 135, 152, 166, 199, 216
Schlegel, Johann Elias (1719—1749) 91, 242
Schleiermacher, Friedrich Ernst Daniel (1768—1834) 19
Schliebe-Lippert, Elisabeth (*1898) 184
Schmid, Christoph v. (1768—1854) 183
Schmidt, Arno (Ps. Dr. MacIntosh; *1914) 162, 209, 216
Schmidt, Erich (1853—1913) 21
Schmidt, Julian (1818—1886) 20
Schnabel, Ernst (*1913) 249
Schnabel, Johann Gottfried (1692—1752) 198, 202
Schnack, Friedrich (*1888) 178, 182
Schneider, Franz Josef (1879—1954) 22
Schneider, Hermann (1886—1961) 155
Schneider, Reinhold (1903—1958) 79, 139, 140
Schneider, Wilhelm (*1885) 23, 25, 52
Schnitzler, Arthur (1862—1931) 193, 215, 243
Schöffler, Herbert (1888—1946) 24
Schönberg, Arnold (1874—1951) 247
Schönthan [v. Pernwald], Franz (1849—1913) 243
Schönthan [v. Pernwald], Paul (1853—1905) 243
Schönwiese, Ernst (*1905) 145

Scholem-Alejchem (eig. Scholem Rabinowitsch; 1859—1916) 247
Scholochow, Michail Alexandrowitsch (*1905) 193
Scholz, Wilhelm v. (*1874) 216
Schopenhauer, Arthur (1788—1860) 152
Schottel[ius], Justus Georg (1612—1676) 16
Schröder, Rudolf Alexander (1878—1962) 110, 120, 159
Schuberth, Ottmar 227
Schücking, Levin Ludwig (1878—1964) 23, 24
Schütz, Ottomar 250
Schulz, Max Walter (*1921) 208
Schwerte, Hans (*1910) 204, 208
Schwitzke, Heinz (*1908) 248, 252
Scott, Walter (1771—1832) 192, 193, 203, 204
Sealsfield, Charles (eig. Karl Anton Postl; 1793—1864) 198
Seghers, Anna (eig. Netty Radvanyi; *1900) 207
Seherin Gesicht, Der (Völuspá) 97, 126
Seidel, Heinrich (1842—1906) 173
Seidler, Herbert (*1905) 35, 37, 157
Seneca, Lucius Annaeus (um 4 v.Chr.—65 n.Chr.) 235, 236
Shakespeare, William (1564—1616) 17, 18, 47, 50, 91, 139, 222, 224, 228, 230, 234, 235, 236, 237, 241, 243, 247
Shaw, George Bernhard (1856—1950) 202, 247
Sidney, Philip (1554—1586) 197

Sienkiewicz

Sienkiewicz, Henryk (Ps. Litwos; 1846—1916) 250
Sievers, Eduard (1850—1932) 83
Sigurdlied, Das alte 126
Sittengedicht, Das alte (Hávamál) 97, 126
Skladanowsky, Emil 250
Skladanowsky, Max (1863—1939) 250
Snorri Sturluson (um 1178—1241) 126, 175
Sophokles (um 497— um 406 v.Chr.) 92, 94, 221, 223, 235, 237,
Speckter, Otto (1807—1871) 164
Spee von Langenfeld, Friedrich (1591—1635) 82
Spenser, Edmund (um 1552—1599) 107
Spielhagen, Friedrich (1829—1911) 205
Spitteler, Carl (Ps. Carl Felix Tandem; 1845—1924) 22, 92, 93, 188
Spranger, Eduard (1882—1963) 21, 184
St. Brandan 190
Stadler, Ernst (1883—1914) 69
Stahl, Hermann (*1908) 183
Staiger, Emil (*1908) 113
Stanislawskij, Konstantin (1863—1938) 229
Stanzel, Franz K. (*1923) 192, 193, 194
Stefansky, Georg (*1897) 25
Stehr, Hermann (1864—1940) 34, 206
Stein, Joseph 247
Steinbeck, John Ernst (*1902) 182
Steiner, George (*1929) 235

Stendhal (eig. Marie-Henri Beyle; 1783—1842) 192, 200
Stepun, Fedor (1884—1965) 250
Stern, William (1871—1938) 184
Sterne, Laurence (1713—1768) 192, 193, 198
Sternheim, Carl (1878—1942) 203, 241, 242
Stewart, Michael 247
Stifter, Adalbert (1805—1868) 54, 191, 201, 204, 209, 210, 214
Stinde, Julius (1841—1905) 246
Storm, Theodor (1817—1888) 52, 67, 72, 74, 82, 137, 151, 173, 184, 211, 212, 214, 218
Strachwitz, Moritz v. (1822—1847) 99
Strauss, Emil (1866—1960) 212, 215
Strauss, Johann (1825—1899) 246
Strauss, Richard (1864—1949) 247
Strauß und Torney, Lulu v. (1873—1956) 127
Strawinsky, Igor Feodorowitsch (*1882) 247
Strich, Fritz (1882—1963) 23, 25, 128
Stricker, Der (1. Hälfte 13.Jh.— um 1250) 162
Strindberg, Johan August (1849—1912) 200
Strittmatter, Erwin (*1912) 208
Stucken, Eduard (1865—1936) 204
Sudermann, Hermann (1857—1928) 206, 215
Swift, Jonathan (1667—1745) 184, 198

Szondi, Peter (*1929) 221

Tacitus, P. Cornelius (um 55— um 120 n.Chr.) 15
Taine, Hippolyte (1828—1893) 20, 200, 205
Tasso, Torquato (1544—1595) 105, 187
Tassoni, Alessandro (1565—1635) 187
Terenz (Terentius Afer, Publius; 195(?)—159 v.Chr.) 94, 227
Tersteegen, Gerhard (1697—1769) 120
Teuerdank 203
Thackeray, William Makepeace (1811—1863) 192, 193, 200
Thelen, Albert Vigoleis (*1903) 197
Theokrit[os] (um 310— um 250 v.Chr.) 196
Theophrastos (372—287 v.Chr.) 222
Thidrekssaga 176
Thieß, Frank (*1890) 204
Thoma, Ludwig (1867—1926) 246
Thomas, Helmuth 89
Thomas[in] von Zerklaere (Zirclaere; um 1186— vor 1238) 156
Thomson, James (1700—1748) 156
Thümmel, Moritz August v. (1738—1817) 188, 198
Tieck, Ludwig (1773—1853) 31, 103, 134, 135, 136, 166, 173, 198, 199, 201, 204, 209, 210, 213, 214, 217, 229, 243
Toller, Ernst (1893—1939) 238

Tolstoj, Leo Nikolajewitsch (1828—1910) 192, 200
Trakl, Georg (1887—1914) 33, 132
Trubetzkoj, Nikolaj Sergejewitsch (1890—1938) 26
Tschechow, Anton Pawlowitsch (1860—1904) 182
Tucholsky, Kurt (Ps. Kaspar Hauser, Peter Panter u.a.; 1890—1935) 127, 167
Turgenjew, Iwan Sergejewitsch (1818—1883) 200
Tylor, Edward Burnett (1832—1917) 172

Uhland, Ludwig (1787—1862) 19, 40, 79, 80, 102, 121, 123, 127, 129, 134, 135, 136, 177
Uhse, Bodo (1904—1963) 208
Unger, Rudolf (1876—1942) 23, 24
Unruh, Fritz v. (*1885) 216
Urfé, Honoré d' (1567—1625) 197
Uz, Johann Peter (1720—1796) 188

Valéry, Paul Ambroise (1871—1945) 152
Vauvenargues, Luc de Clapiers, de (1715—1747) 152
Vega Carpio, Lope Félix de (1562—1635) 107, 134, 196
Veit, Walter 37
Vergil[ius] Maro, Publius (70—19 v.Chr.) 94, 187, 196
Verleger, August 185
Verne, Jules (1828—1905) 202
Viebig, Clara (1860—1952) 206

Zweig

Viëtor, Karl (1892—1951) 23, 26
Villon, François (eig. F. de Montcorbier oder des Loges; 1431?— nach 1463) 133
Vilmar, August Friedrich Christian (1800—1868) 20
Vischer, Friedrich Theodor (1807—1887) 167, 204, 217
Völsungasaga 126, 176
Völuspá ↪ Seherin Gesicht, Der
Vogl, Johann Nepomuk (1802—1866) 99
Volkmann-Leander, Richard v. (1830—1889) 173
Vollmöller, Karl Gustav (1878—1948) 178
Voltaire, François-Marie (eig. F.-M. Arouet l.j.; 1694—1778) 158, 161, 187
Voß, Johann Heinrich (1751—1826) 49, 94, 95, 189, 197
Voßler, Karl (1872—1949) 130, 134
Vring, Georg von der (1889—1968) 68, 129

Wackenroder, Wilhelm Heinrich (1773—1798) 201
Wackernagel, Wilhelm (1806—1869) 20
Wagenbach, Klaus (*1930) 216
Waggerl, Karl Heinrich (*1897) 179
Wagner, Richard (1813—1883) 72, 116, 168, 238, 247
Wais, Kurt (*1907) 23, 25
Walahfried Strabo (um 808—849) 177
Waldis, Burkhard (um 1490—1556) 163, 165

Walser, Martin (*1927) 183, 249
Walser, Robert (1878—1956) 158
Waltharius 95, 185
Walther von der Vogelweide (um 1170— um 1230) 79, 83, 104, 118, 155, 156, 160
Walzel, Oskar (1864—1944) 22, 23, 25, 116, 224
Wassermann, Jakob (1873—1934) 42, 158
Weber, Carl Maria v. (1786—1826) 173, 247
Weber, Friedrich Wilhelm (1813—1894) 189
Weckherlin, Georg Rudolf (1584—1653) 40, 130, 140, 141, 142, 143
Wedekind, Frank (1864—1918) 127, 241, 242
Weill, Kurt (1900—1950) 247
Weinheber, Josef (1892—1945) 71, 110, 111, 137, 139, 140
Weinrich, Harald (*1927) 31
Weise, Christian (1642—1708) 17
Weiß, Konrad (1880—1940) 120
Weiss, Peter (*1916) 231
Weiße, Christian Felix (1726—1804) 246
Weisstein, Ulrich (*1925) 25
Welk, Ehm (Ps. Thomas Trimm; 1884—1966) 208
Wellershoff, Dieter (*1925) 249
Wells, Herbert George (1866—1946) 202
Werfel, Franz (1890—1945) 203, 216, 237
Werner, Zacharias (1768—1823) 237

Weyrauch, Wolfgang (Ps. Joseph Scherer; *1907) 129, 249
Whitman, Walt[er] (1819—1892) 146
Wickert, Erwin (*1915) 249
Wickram, Jörg (um 1505— vor 1562) 178
Widmer, Walter (*1903) 133
Widukind von Corvey (um 925— nach 973) 124
Wiechert, Ernst (Ps. Barany Bjell; 1887—1950) 173
Wiegand, Julius (1880—1956) 23
Wieland, Christoph Martin (1733—1813) 91, 105, 156, 166, 187, 188, 199, 201, 202, 210, 213, 217, 246
Wienbarg, Ludolf (Ps. Lud. Vineta; 1802—1872) 20
Wiese, Benno v. (*1903) 218
Wildenbruch, Ernst v. (1845—1909) 237
Wilder, Thornton Niven (*1897) 247
Wildgans, Anton (1881—1932) 189
Williram (vor 1010—1085) 39
Wilpert, Gero v. (*1933) 115
Wimpfeling, Jacob (1450—1528) 15
Winckelmann, Johann Joachim (1717—1768) 19, 200
Winckler, Josef (1881—1966) 197
Winkler, Eugen Gottlob (1912—1936) 159
Wittenweiler, Heinrich (2. Hälfte 14./Anfang 15. Jh.) 188
Wölfflin, Heinrich (1864—1945) 25, 224
Wölundlied 126

Wolf, Christa (*1929) 208
Wolf, Friedrich (1888—1953) 207, 246
Wolfe, Thomas Clayton (1900—1938) 182
Wolfram von Eschenbach (um 1170— nach 1220) 32, 87, 156, 186
Wolfskehl, Karl (1869—1948) 84
Wolgast, Heinrich (1860—1920) 183, 184
Woolf, Virginia (1882—1941) 192, 193, 209
Wuttig, Heinz Oskar (*1907) 249

Xenophanes (um 565—um 470 v.Chr.) 115

Zachariae, Justus Friedrich Wilhelm (1726—1777) 188
Zesen (Caesius), Philipp v. (Ps. Ritterhold der Blaue; 1619—1689) 16, 92, 197, 235
Ziegler, Caspar (1621—1670) 142
Zimmermann, Bernd-Alois (*1918) 248
Zinzendorf und Pottendorf, Nikolaus Ludwig v. (1700—1760) 120
Zola, Emile Edouard Charles Antoine (1840—1902) 180, 205
Zuckmayer, Carl (*1896) 216, 241
Zweig, Arnold (1887—1968) 208, 215
Zweig, Stefan (1881—1942) 42, 55, 158, 178, 180, 215

267

B. Sachregister

Abenteuergeschichte ↪ Geschichte
— -roman ↪ Roman
Abgesang 104
Abschiedslied ↪ Lied
Abwandlung 42
Achtgewicht 171, 179
Achttakter, fallender 89, 94
—, steigender 89, 93
Adelsdichtung ↪ Dichtung
Adonius ↪ Vers, adonischer
Ästhetik 13
Akkumulation 42
Akrostichon 150, 161
Akroteleuton 161
Aktivität 220, 221
Akyrologie 30
Akzent 53, 57, 65 f.
—, dynamischer 65, 66
—, melodischer 65
—, psychologischer 66,
—, sprecherischer 65
—, temporaler 65
Akzentuierend ↪ Silbenwägend
Akzentwiederholung 66
Alexandriner 69, 89, 92
Alkäische Odenstrophe 91, 96, 109 f.
Allegorie 33
Alliteration 72 f.
Alternation 62
Alternierend ↪ Silbenzählend
Altertümliche Sprachformen ↪ Archaismus
Altmärenton ↪ Fornyrdislag
Amadis-Roman 195, 196
Amphibrachys 110
Amphimacer 110
Amplifikation 42
Anadiplose 49
Anagramm 150, 161 f.
Anakoluth 43

Analytisches Drama ↪ Drama, Enthüllungs-
Anapäst 16, 63
Anapher 47 f.
Anekdote 169, 179, 182
—, Kunst- 169, 179
Anfangskehrreim ↪ Kehrreim
— -reim ↪ Reim
Annominatio 51
Anruf 37, 45
Anti-Parabel ↪ Parabel, absurde
Antike Komödie ↪ Komödie
— Strophenform ↪ Strophenform
Antiker Versschluß ↪ Vers
Antiklimax 42
Antilabe 222
Antithese 46
Antonomasie 30, 33
Aphorismus 150, 152
Apokoinu 41
Aposiopese 41 f.
Apostrophe 45
Archaismus 52
Aristotelisches Drama ↪ Drama, geschlossenes
Asklepiadeische Odenstrophe 91, 96, 110 f.
Assonanz 73, 74, 134
Asyndeton, Asyndesie 40
Atellana 229
Aufgesang 104
Aufschrift 153
Auftakt 76
Autobiographie 199

Ballade 93, 117, 123 ff., 175
—, Geister- ↪ Ballade, numinose
—, (historisch-)heldische ↪ Ballade, Ideen-
—, humoristische 129

Ballade, Ideen- 127, 128
—, Kunst- 117, 124, 127 f.
—, Liebes- 127
—, numinose 127, 128
—, Räuber- 127
—, romanische 133
—, Schauer- 127
—, soziale 129
—, Volks- 117, 124, 125, 126 f.
Balladik 123
Bar 99
Bauernlied ↪ Lied
Beispielerzählung 150, 162
Beit 108
Beiwort, individualisierendes 32
—, typisierendes 32
Belletristik 14
Bergmannslied ↪ Lied
Betonung, schwebende 65
Bewegungsdrama ↪ Drama
Bibelübersetzung 156
Biedermeiernovelle ↪ Novelle
Bild 29 ff.
—, einfaches, geschlossenes 30, 34
— -geschichten in Versen 188
— -sprung 47
Bildungsroman 195, 198, 199, 201 f.
Binnenkehrreim ↪ Kehrreim
— -reim ↪ Reim
Biographischer Roman ↪ Roman
Biographismus 22
Bispel 162
Blankvers 89, 91, 93
Blende 248
„Blut- und Boden"-Literatur ↪ Literatur
Bogenstil ↪ Stil
Botenbericht 224
Briefroman ↪ Roman

Buchstabenrätsel ↪ Rätsel
— -reim ↪ Stabreim
Bühne 220, 226 ff.
—, addierende, offene 227
—, antike 226 f.
—, Badezellen- 227
—, Barock- 228
—, Brecht- 226, 229
—, Freilicht- 226 f.
—, Garten- 226, 227
—, Gassen- 228
—, geschlossene 227
—, Guckkasten- 228
—, Hans-Sachs- 226, 227
—, Illusions- 228
—, Kulissen- 226, 228 f.
—, Saal- 226, 227 ff.
—, Shakespeare- 226, 228
—, Simultan- 226, 227
—, Stil- 226, 229
—, Telari- 226, 228 f.
—, Terenz- 226, 227
—, Wagen- 226, 227
Bühnenform 226 ff.
Bürgerliches Trauerspiel 232, 238
Bußpredigt 156

Carmina 142
Chansons de geste 186
Charakter 222
— -komödie ↪ Komödie
Chevy-Chase-Strophe ↪ Strophe
Chiasmus 43
Chiffre 30, 36
— -Montage 36
Choliambus ↪ Hinkejambus
Chor 240
Chroniken 15
Chronikroman ↪ Roman
Comédie larmoyante 232, 242 f.

Erzählung

Commedia dell'arte 229
Contes de fées 170
Contradictio in adjecto 47
Couplet 245
Cursus 59

Daktylus 16, 63 f.
Décima espinela 107, 136
Denkspruch ↪ Spruch, Sinn-
Detektivgeschichte ↪ Geschichte
Dezime 96, 107
Diärese 85
Dialog 117, 123, 220, 221 f.
—, dramatischer 125
— -form, reine 127
Dialogismus 46
Diaphora 49
Dichten 13
Dichter 13, 99
— -roman ↪ Roman
Dichtung 14, 15
—, Adels- 124
—, Gesellschafts- 135
—, Helden- 126
—, Hirten- ↪ Roman, Schäfer-
—, Kunst- 121
—, Lehr- ↪ Lehrdichtung
—, Lied- 155
—, Oppositions- 163
—, Pastoral- ↪ Roman, Schäfer-
—, politische gesungene 120
—, Skalden- ↪ Skaldendichtung
—, Spruch- ↪ Spruchdichtung
—, Standes- 175
—, Troubadour- 130
—, Volks- 121, 178
Dichtungstheorie 17
—, deutsche, Epochen der 15
Dichtungswissenschaft 27
Didaktik 114, 150 ff.
Didaktische, das 114 f., 123

Didaktisches Theater ↪ Lehrstück
Dingsymbol 212, 218
Dionysien 240
Dipodie 91
Distichon 96, 109, 153
Dithyrambus 117, 146 ff.
Doppelfaller 63 f.
— -steiger 63
Dorferzählung ↪ Erzählung
— -roman ↪ Roman
Drama 117, 220
—, analytisches ↪ Drama, Enthüllungs-
—, aristotelisches ↪ Drama, geschlossenes
—, Bewegungs- 223, 224
—, Einort- 223, 224
—, Entfaltungs- 223 f.
—, Enthüllungs- 223 f.
—, Formen des 231 ff.
—, Geschichts- ↪ Drama, Ideen-
—, geschlossenes 223, 224 f.
—, griechisches 231
—, Ideen-, historisches 232, 237
—, Melo- 226
—, Mono- 226
—, Musik- ↪ Musikdrama
—, nichtaristotelisches ↪ Drama, offenes
—, offenes 223, 224 f.
—, Schicksals-, romantisches 237
—, Schul- 227
—, soziales 232, 238
—, synthetisches ↪ Drama, Entfaltungs-
Dramatik 113, 220 ff.
Dramatische, das 113, 117, 220 ff.
Dramatische Handlung ↪ Handlung
— Satire 232, 241
Dramatischer Dialog ↪ Dialog
— Schwank 178, 232, 243

Dramatisches Wort ↪ Wort
Dramentechnik 224
Dreizahl 115
Dynamik 220

Eddastrophe 96, 97
Einfachursprungstheorie ↪ Märchentheorie
Einortdrama ↪ Drama
Einzelvers 53, 72 ff.
Elegie 109, 117, 144 f.
Elegisches Versmaß ↪ Versmaß
Elfsilber 89, 91
Ellipse 40
Emblem 30, 35
Emphase 38
Emphatischer Wortgebrauch 38
Empfindsamkeit 199
Enallage 44
Endecasillabo 91
Endkehrreim ↪ Kehrreim
— -reim ↪ Reim
Enjambement ↪ Versüberschreitung
Entfaltungsdrama ↪ Drama
Entgegenstellung 37, 46
Enthüllungsdrama ↪ Drama
Entwicklungsroman 169, 195, 198 ff.
Envoi ↪ Geleit
Epanalepse 49
Epanodos 49
Epenstrophe ↪ Strophe
Epigramm 109, 137, 150, 153 f.
Epik 113, 169 ff.
—, altfranzösische 186, 190
—, Groß- 169, 185 ff.
—, Kurz- 169, 170 f.
—, volksmündliche 170
—, volkstümliche 179
Epipher 48 f.
Epische Breite 116
Epische, das 113, 115 f.
— Wiederholung 115

Epischer Schwank ↪ Schwank
Epitheton ornans ↪ Beiwort, typisierendes
Epos 169, 185 ff.
—, bürgerlich-idyllisches 169, 187, 189, 197
—, bürgerlich-soziales 189
—, bürgerlich-triviales 189
—, bürgerlich-zeitkritisches 189
—, geschichtliches 169, 187, 189
—, Helden- 125, 169, 175, 185
—, höfisches 169, 186 f.
—, komisches 169, 187 f.
—, Legenden- 169, 187
—, Lese-, christliches 169, 186
—, mittelalterliches
— 185 ff.
—, neues deutsches 187 ff.
—, Spielmanns- ↪ Epos, höfisches
—, Tier- 169, 187
—, vorhöfisches 169, 186
—, Weltanschauungs- 169, 187, 188 f.
Ereignislied ↪ Lied
— -sage ↪ Sage
Erlebnissage ↪ Sage
Er-Roman ↪ Roman
Erzählbericht 174
— -form, literarische 169
— -form, volkstümliche 169
— -gedicht ↪ Gedicht
— -situation 192 ff.
— -typus 172
Erzählung 169, 181 f., 216
—, Beispiel- 150, 162
—, chronikalische 210 f.
— des „Sozialistischen Realismus" 181, 195, 207 f.
—, Dorf- 169, 181
—, geschichtliche 182

269

Erzählung

Erzählung, Gespenster- 182
—, Heimat- 181
—, Jugend- ↪ Jugendliteratur
—, Tier- 169, 182
Erzählzeit 191
Erziehungsroman ↪ Roman
Es-Roman ↪ Roman
Essay 150, 157ff.
—, begrifflicher 158
—, berichtender 158
—, biographischer 158
—, ironischer 158
—, kritischer 158
—, kulturerzieherischer 158
—, kulturkritischer 158
—, literaturkritischer 158
—, meditativer 158
—, philosophischer 158
—, polemischer 158
—, politischer 158
—, sachlicher 158
—, satirischer 158
—, soziologischer 158
Euphemismus 39
Experimentierender Roman 169, 195, 208f.
Exposition 223

Fabel 150, 163f.
Fachliteratur ↪ Literatur
Falke 212, 217
Faller 63
Fallhöhe, tragische ↪ Tragische Fallhöhe
Falsche Folge ↪ Folge
— Umstellung ↪ Umstellung
Farce, tragische 242
Feature 249
Fernsehspiel 232, 252
Feuilleton 157
Figur 29, 37ff.
—, Gedanken- 37, 45ff.
—, Klang- 37, 47ff.
—, Satz- 37, 40ff.
—, Satz-, einförmige 55f.
—, Satz-, wechselnde 55f.
—, Wort- 37, 38f.

Figur (Person, Charakter) 220, 222f.
Figura etymologica 51
Film 232, 249ff.
—, Dokumentations- 249
—, künstlerischer 250
—, Lehr- 249
—, pseudokünstlerischer 250
—, Spiel- 249
—, Stumm- 250f.
—, Ton- 251
—, Unterhaltungs- 250
Filmgeschichte 250f.
Folge, falsche 43
Formel 116
—, Verschwörungs- 170
—, Zauber- 170
Formelhafte Wendungen 50, 170
Formen, gnomische 150ff.
—, parabolische 150, 162ff.
—, satirische 150, 165ff.
—, Übergangs- 53, 61
Fornyrdislag 97
Fortsetzungsroman ↪ Roman
Frage 37, 45f.
—, rhetorische 45
Freie Rhythmen 53, 61, 146
Fügungsbruch 43
Fünftakter, fallender 89, 93f.
—, gereimter steigender 91
—, steigender 89, 90
—, ungereimter steigender 89, 91
Fuß 62

Ganzheitspsychologie 21
Gasel 96, 108f.
Gassenhauer 122
Gattung 13, 113ff.
— -form 113ff.
— -poetik, normativsystematische 16
Geblümter Stil ↪ Preziosität

Gedämpfter Stil ↪ Euphemismus
Gedicht, Erzähl- 127, 129
—, Erzähl-, engagiertes 129
—, Klage- 144
—, Lehr- ↪ Lehrgedicht
—, Trauer- 144
Gedichte fester Bauart 117
Gedichtform, antike 117, 142ff.
—, germanisch-deutsche 117, 118ff.
—, romanische 117, 130ff.
Geflügeltes Wort 151
Geißlerlied ↪ Lied
Geisterballade ↪ Ballade, numinose
Geistliches Lied ↪ Lied
Gekürzter Vergleich 30
Gelehrtenroman ↪ Roman
Geleit 130, 133
Gemeindegesang 118
Genie 18
Gereimter Hexameter 89, 90, 95
Germanisch-deutsche Strophenform ↪ Strophenform
Germanische Göttersage ↪ Sage
Gesätz 97
Gesang 117, 118
Gesangbuchvers 72
Geschichte 169, 179ff.
—, Abenteuer- 180
—, Detektiv- 180
—, Ideen- 24
—, Kalender- 169, 179
—, Kriminal- 180
—, Kurz- 169, 182f.
—, Liebes- 180
—, Problem- ↪ Geschichte, Ideen-
—, Reise- 180
Geschichten in Versen, Bild- 188
Geschichtsdrama ↪ Drama, Ideen-
Geschlossenes Drama ↪ Drama

Gesellschaftsdichtung ↪ Dichtung
— -novelle ↪ Novelle
— -roman ↪ Roman
Gespenstererzählung ↪ Erzählung
Gleichklang 72
Gleichlauf 43
Gleichnis 30, 34, 150, 164
Glosse 14
Glosse (Gedichtform) 117, 135f.
Glykoneus (glykonischer Vers) 91, 110
Gnomensammlung 151
Gnomische Formen ↪ Formen
Götterlied ↪ Lied
— -sage ↪ Sage
Gradation 42
Griechische Tragödie 232, 235
Großepik ↪ Epik
Großstadtroman ↪ Roman
Groteske 241

Hakenstil ↪ Stil
Halslöserätsel ↪ Rätsel
Handlung, dramatische 220
—, Spiel-, freie 220
Handwerkerlied ↪ Lied
Haufenreim ↪ Reim
Hebung 62, 87
Heiligenlegende ↪ Legende
— -lied ↪ Lied
Heimaterzählung ↪ Erzählung
— -kunst 206
— -roman ↪ Roman
Heiti 32
Heldendichtung ↪ Dichtung
— -epos 125, 169, 175, 185
— -lied 117, 124ff., 126, 175
— -sage 125, 169, 175
Hendekasyllabus 89, 91

Liebeslied

Heterometrisch 96
Hexameter 68, 89, 94
—, gereimter 89, 90, 95
Hildebrandston 96, 101 f., 126
Hinkejambus 89, 92
Hintertreppenroman ↪ Roman
Hirtendichtung ↪ Roman, Schäfer-
Historischer Roman ↪ Roman
Höfischer Versroman 169, 186 f.
Höfisches Epos ↪ Epos
Hörspiel 232, 248 f.
Homoionym 160
Homonyme 50
Horazische Ode ↪ Ode
Hort 99
Huitain 96, 107
Hybris 234
Hymne 117, 118, 145 f.
Hymnus 118, 145
Hypallage 30, 33
Hyperbel 38
Hypotaktisch ↪ Satzgefüge, unterordnendes
Hysteron proteron 43

Ich-Roman ↪ Roman
Ideenballade ↪ Ballade
— -drama, historisches ↪ Drama
— -geschichte ↪ Geschichte
Iktus ↪ Hebung
Impropria dictio ↪ Akyrologie
Individualisierendes Beiwort ↪ Beiwort
Innerer Monolog ↪ Monolog
Inreim 73, 82
Inschrift 153
Interpolation 161
Intrigenkomödie ↪ Komödie
Inversion 43 f.
Invokation 45
Isländersaga ↪ Saga
Isometrisch 95, 96

Jägerlied ↪ Lied
Jahrmarktsbänkelgesang 127
Jambus 63
Jugendbuch ↪ Jugendliteratur
— -erzählung ↪ Jugendliteratur
— -literatur 182, 183 ff.

Kadenz 86 ff.
—, dreisilbige 89
—, klingende 87
—, männliche 89
—, stumpfe 87
—, überstumpfe 88
—, volle 87
—, weibliche 89
Kadenztypen 87 ff.
Kalendergeschichte ↪ Geschichte
Kanzone 96, 117, 130
—, Renaissance- 104, 130
Kanzonenstrophe ↪ Strophe
Katachrese 47
Kehrmotiv ↪ Motiv
Kehrreim 73, 79 ff., 133
—, Anfangs- 80, 81
—, Anfangs-, flüssiger 80
—, Binnen- 80, 81
—, End- 79
—, End-, flüssiger 80
—, innerstrophiger 81
—, periodischer 82
—, Ton- 80
—, Wort- 79
—, Wort-, fester 80
—, Wort-, flüssiger 80
Kenning 32
Kette 96, 97
Kindererzählung ↪ Jugendliteratur
— -märchen ↪ Märchen
— -reim ↪ Reim
Kirchenlied ↪ Lied
Kitschliteratur ↪ Literatur
Klagegedicht ↪ Gedicht
— -lied ↪ Lied

Klangfarbe 65, 67
— -figur ↪ Figur
Klassische Tragödie 232, 235 f.
Klauseln 59
Klimax 42
Knittelvers ↪ Vers
Königsbeit 108
— -saga ↪ Saga
Körner 75
Kolon 66
Kolportageliteratur ↪ Literatur
Komische Oper ↪ Singspiel
Kommersbuch 120
Komödie 231, 232, 239 ff.
—, antike 229, 232, 240
—, Charakter- 232, 240
—, Intrigen- 232, 241
—, Situations- 232, 241
—, Stegreif- 229
Kontext 67
Kontrafaktur 119
Konversationslustspiel ↪ Lustspiel
Kopenhagener Schule 26
Krebsvers ↪ Vers
Kreticus 110
Kreuzreim ↪ Reim
Kreuzzugslied ↪ Lied
Kriminalgeschichte ↪ Geschichte
— -roman ↪ Roman
Kudrunstrophe ↪ Strophe
Künstlerroman ↪ Roman
Kürenbergstrophe ↪ Strophe
Kultgesang 145
— -lied ↪ Lied
Kulturgeschichte 25
Kunstanekdote ↪ Anekdote
— -ballade 117, 124, 127 f.
— -ballade, mittelalterliche (frz.) ↪ Ballade, romanische

Kunstdichtung ↪ Dichtung
— -erziehungsbewegung 183
— -geschichte 25
— -legende ↪ Legende
— -lied ↪ Lied
— -märchen 169, 172 f.
— -rätsel ↪ Rätsel
Kurzepik ↪ Epik
— -geschichte 169, 182 f.
Kyklos 50

Landstreicherroman ↪ Roman
Langzeilen, stabreimende 125
— -maß 97
Lautgebung ↪ Melodie und Lautgebung
— -malerei 16, 17, 37, 51 f.
— -symbolik 71
Legende 169, 176 ff.
—, Heiligen- 169, 177
—, Kunst- 169, 177
—, Marien- 177
—, Volks- 169
—, Volks-, einfache 177
Legendenepos ↪ Epos
— -sammlung 177
Lehrdichtung 114, 115
— -gedicht 150, 154, 156 f.
— -gedicht, allegorisches 156
— -stück 246
Leich 118
Leis 119
Leitmotiv ↪ Motiv
Lemma 35
Leoninischer Vers 89, 90, 95
Lesealter (-stufen) 184
Leseepos, christliches ↪ Epos
Liebesballade ↪ Ballade
— -geschichte ↪ Geschichte
— -lied ↪ Lied

271

Lied

Lied 117, 118 ff., 175
—, Abschieds- 120, 122
—, Bauern- 120
—, Bergmanns- 120
—, Ereignis- 124
—, Ereignis-, doppelseitiges 124
—, Ereignis-, einseitiges 124
—, Geißler- 119
—, geistliches 118, 119
—, Götter- 126
—, Handwerker- 120
—, Heiligen- 122
—, Helden- 117, 124 ff., 126, 175
—, Jäger- 120
—, Kirchen- 118 ff.
—, Klage- 120
—, Kreuzzugs- 119
—, Kult- 146
—, Kunst- 117, 118, 122
—, Liebes- 122
—, Marien- 122
—, Minne- 104, 130
—, Misch- 118, 119
—, Oster- 122
—, Preis- 120, 121, 124
—, Reise- 120
—, Soldaten- 120
—, Stände- 120, 122
—, Studenten- 120
—, Vaganten- 120
—, Volks- ↪ Volkslied
—, Wallfahrts- 122
—, Weihnachts- 122
Lieddichtung ↪ Dichtung
— -strophe ↪ Strophe
Linguistenkreis, amerikanischer 26
Linguistik, statistische 26
Literar- (Literatur-)historiker 14
Literar- (literatur-)historisch 14
Literarische Zweckformen 114
Literatur 14
—, „Blut- und Boden-" 181
— des „Sozialistischen Realismus" 181, 195, 207 f.
Literatur, Fach- 14
—, Jugend- 182, 183 ff.
—, Kitsch- 180
—, Kolportage- 180
—, Primär- 14
—, Schund- 180, 181
—, Sekundär- 14
—, Trivial- 169, 179, 180, 181
—, Unterhaltungs- 14, 181
—, Welt- 24
Literaturforschung, marxistische 24
— -geschichte 15
— -geschichte, vergleichende 24
— -geschichtsschreibung 15
— -geschichtsschreibung, deutsche, Epochen der 15 ff.
— -kritik 15
— -satire ↪ Satire
— -soziologie 22
— -wissenschaft 14
Literaturgeschichtliche Richtungen der Gegenwart 21 ff.
—, ideengeschichtliche Gruppe 21, 23, 24 f.
—, linguistische Gruppe 21, 23, 26 f.
—, psychologisch-biographische Gruppe 21 f., 23
—, soziologische Gruppe 21, 22 ff.
—, stilgeschichtliche Gruppe 21, 23, 25 f.
Litotes 38 f.
Liturgie 118
Ljodahattr 97
Loca 227
Locus amoenus 36
Lokalposse ↪ Posse
Lustspiel 231, 232, 242 ff.
—, Konversations- 232, 243
—, romantisches 232, 243
—, Unterhaltungs- 232, 243
—, weinerliches ↪ Comédie larmoyante

Lyrik 113, 114, 117 ff.
Lyrische, das 113, 114

Madrigal 117, 141 f.
Märchen 169, 170 ff.
—, Jugend- 173
—, Kinder- 173
—, Kunst- 169, 172 f.
—, Kunst-, romantisches 173
—, Volks- 169, 170 ff.
Märchenmotiv ↪ Motiv
— -theorie, Einfachursprungs- 172
— -theorie, mythologische 171 f.
— -theorie, Vielfachursprungs- 172
— -theorie, Wander- 172
Mære 170
Malerroman ↪ Roman
Manier 28
Marienlied ↪ Lied
Marionette 230
Maske 220, 231
Maß ↪ Versmaß
Mauerschau 224
Maxime 150, 152
Meister 13, 99
Meistergesang 155
— -sangstrophe ↪ Strophe
— -sonett ↪ Sonett
Melodie und Lautgebung 53, 60, 71 f.
Melodrama ↪ Drama
Mesostichon 161
Metabolisch ↪ Heterometrisch
Metapher 30 ff.
—, formelhafte 30, 32
—, kühne 30, 31
—, verblaßte 30, 31
Metonymie 30, 33
Metrik 61 f.
Metrum ↪ Versmaß
Milieu-Theorie 22
Mimische, das 117
Mimisches Spiel 220, 229, 230
Mimus 220, 229 f.
Minnelehre 156
— -lied ↪ Lied
— -sang 104

Minnesinger 13
Mischlied ↪ Lied
Mittelreim ↪ Inreim
Mittenreim ↪ Reim
Monodrama ↪ Drama
Monolog 123, 222
—, innerer 211, 215
Montage 30, 36, 209
Moralitätenspiel 227
More 87
Moritat 127
Motto 35, 151
Motiv 116
—, Kehr- 116
—, Leit- 116
—, Leit-, atektonisches 116
—, Leit-, tektonisches 116
—, Märchen- 172
—, Sagen- 172
—, Schmuck- 116
—, Ur- 172
Musical 232, 247
Musikdrama 247
Musikerroman ↪ Roman
Musiktheater 247

Nachdrücklichkeit 37, 38
Natursage ↪ Sage
Nibelungenstrophe ↪ Strophe
— -vers ↪ Vers
Nichtaristotelisches Drama ↪ Drama, offenes
Nonarime 96, 106
Novelle 169, 212 ff.
—, Biedermeier- 214
—, Gesellschafts- 212
—, Problem- 213
—, Rahmen- 213
—, Schicksals- 213
Novellenkranz 213
— -theorie 216 ff.
Numerus 53

Ode 117, 142
—, horazische 142
—, pindarische 117, 143 f.

Odenstrophe ↪ Strophe
Offenes Drama ↪ Drama
Oktonar ↪ Achttakter, fallender
Onomatopöie, Onomatopoesie 51f.
Oper 232, 247f.
—, komische 246
Opera buffa ↪ Singspiel
Operette 232, 246f.
Oppositionsdichtung ↪ Dichtung
Oratorium, szenisches 247
Orchestra 226
Orientalische Strophenform ↪ Strophenform
Original 18
Osterlied ↪ Lied
Otfridscher Reimvers 89, 90
Otfridstrophe ↪ Strophe
Ottava rima ↪ Strophe, achtzeilige italienische
Oxymoron 46

Paar- (paariger, paarender) Reim 73, 78
Palindrom 150, 160
Pantomime 159, 220, 229, 230
Pantragismus 232
—, nihilistischer 233
Parabase 240
Parabel 30, 35, 150, 164f.
—, absurde 150, 165
—, biblische 150, 165
—, didaktische 150, 165
—, verrätselte 150, 165
Parabolische Formen ↪ Formen
Paradoxon 47
Parallelismus 43
Paraphrase 39
Parataktisch ↪ Satzverbindung, nebenordnende

Parodie 150, 166f.
—, agitatorische 150, 167
—, artistische 150, 167
—, kritische 150, 167
Paronomasie 50f.
Pastoraldichtung ↪ Roman, Schäfer-
Pause, 53, 57, 65, 66f.
Pausenreim ↪ Reim
Pentameter 89, 95
Peripetie 223
Periphrase 39
Person 222
Personifikation 30, 33
Phaläkischer Vers ↪ Vers
Pherekratischer Vers ↪ Vers
Philologie, deutsche 20
Photographie 249
Pictura 35
Pietismus 199
Pikarischer Roman ↪ Roman, Schelmen-
Pindarische Ode ↪ Ode
Pleonasmus 50
Plot 116
Poesie 13
— fugitive 132
—, malende 17
Poet 13
Poetik 13, 27, 28
Poetiken, Anweisungs- 16ff.
Polymetrisch ↪ Heterometrisch
Polyptoton 50
Polysyndeton 40
Positivismus 20
Posse 243
—, Lokal- 246
Prager Schule 26
Preislied 120, 121, 124
Preziosität 39
Priamel 150, 156
Primärliteratur ↪ Literatur
Problemgeschichte ↪ Geschichte, Ideen-
— -novelle ↪ Novelle
Professorenroman ↪ Roman
Prosa 13, 53ff.
—, rhythmische 53, 61, 146
Prosatragödie 239

Prosen 146
Proskenion 226
Prosodie ↪ Verslehre
Pseudonym 161

Quantitierend ↪ Silbenmessend

Rätsel 150, 159ff.
—, Buchstaben- 150, 159
—, Halslöse- 162
—, Kunst- 124
—, Silben- 150, 159
—, unlösbares 150, 162
—, Volks- 159
—, Wort- 150, 160
—, Zahlen- 150, 159
Räuberballade ↪ Ballade
Rahmennovelle ↪ Novelle
— -reim ↪ Reim
Rampe 228
Reckenzeit 124, 175
Rede, gebundene ↪ Vers
—, minder gebundene ↪ Prosa
Refrain ↪ Kehrreim
Reihung 42
Reim, Anfangs- 73, 77
—, Binnen- 73, 82
—, dialektischer 73, 74
—, dreifacher 73, 79
—, dreisilbiger ↪ Reim, gleitender
—, doppelter 73, 76
—, einsilbiger ↪ Reim, männlicher
—, End- 73, 126
—, gebrochener 73, 76
—, gekreuzter ↪ Kreuzreim
—, geschweifter 73, 79
—, gespaltener 73, 76
—, gleitender 73, 77
—, grammatischer 73, 75
—, Haufen- 78
—, identischer 73, 75
—, In- ↪ Inreim
—, Kehr- ↪ Kehrreim
—, Kinder- 73
—, klingender ↪ Reim, weiblicher

Reiseroman

Reim, Kreuz- 73, 78
—, männlicher 73, 77
—, Mittel ↪ Inreim
—, Mitten- 73, 83
—, Paar- (paariger, paarender) 73, 78
—, Pausen- 73, 83
—, Rahmen- 80
—, reicher ↪ Reim, gleitender
—, reiner 73, 74
—, rührender 73, 74
—, Schlag- 73, 77ff.
—, Schüttel- 73, 83
—, Schüttel-, gekreuzter 83
—, Schweif- 79
—, Stab- ↪ Stabreim
—, stumpfer ↪ Reim, männlicher
—, überschlagender ↪ Reim, Kreuz-
—, umarmender ↪ Reim, verschränkter
—, unreiner 73, 74
—, unterbrochener 73, 75
—, verschränkter 73, 79
—, weiblicher 73, 77
—, Zäsur- 73, 82
—, zweisilbiger ↪ Reim, weiblicher
—, Zwischen- 79
Reimbrechung 83
— -folgen 73, 77ff.
— -folgen nach Stellung am Versanfang 77
— -folgen nach Stellung am Versende 78
— -formen 73ff.
— -formen nach Art der Reime 74
— -formen nach Zahl der reimenden Silben 77
— -paarkette 96, 97f.
— -paarvers 89, 90
— -vers, Otfridscher 89, 90
Reisegeschichte ↪ Geschichte
— -lied ↪ Lied
— -roman ↪ Roman

273

Renaissancekanzone

Renaissancekanzone 104, 130
Rhapsode 185
Rhetorische Frage ↪ Frage
Rhythmen, freie 53, 61, 146
Rhythmische Mittel 53, 65 ff.
— Prosa 53, 61, 146
Rhythmus 53, 64 f.
—, bauender 69
—, fließender 68
—, spröder (gestauter) 70
—, strömender 68
—, tänzerischer 70
— -typen 53, 68 ff.
Rim 73
Rime riche 74
Ritornell 104, 117, 137
Ritterroman ↪ Roman
— -romanze ↪ Romanze
— -saga ↪ Saga
Robinsonade 195, 198, 202
Rollenträger 220
Roman 169, 190 ff.
—, Abenteuer- 169, 195, 196 ff.
—, Amadis- 195, 196
—, Bildungs- 195, 198, 199, 201 f.
—, biographischer 202
—, Brief- 199, 210
—, Brief-, englischer 210
—, Brief-, französischer 210
—, Chronik- 210 f.
— des „Sozialistischen Realismus" 181, 195, 207 f.
—, Dichter- 201
—, Dorf- 195, 202, 206
—, englischer 198, 203
—, Entwicklungs- 169, 195, 198 ff.
—, Er- 195, 210 f.
—, Erziehungs- 195, 199, 202
—, Es- 195, 211
—, experimentierender 169, 195, 208 f.
—, Fortsetzungs- 180
—, Gelehrten- 204

Roman, Gesellschafts- 195, 202, 204 ff.
—, Großstadt- 195, 202, 206
—, Heimat- 195, 202, 206
—, Hintertreppen- 180
—, historischer 195, 202, 203 f.
—, Ich- 195, 209 f.
—, Kriminal- 180
—, Künstler- 201 f.
—, kulturhistorischer 202
—, Landstreicher- 195, 198
—, Maler- 201
—, Musiker -201
—, pikarischer ↪ Roman, Schelmen-
—, Professoren- 204
—, psychologischer 195, 199 f.
—, Reise- 195, 198
—, Ritter- 197
—, Schäfer- 195, 196
—, Schelmen- 195, 197
—, Schlüssel- 195, 202, 203
—, sentimentaler 198
—, Staats- 195, 202
—, Tagebuch- 210
—, utopischer 195, 202 f.
—, Zeit- 169, 195, 202, 204 ff.
Romanformen 195
— -typen des Aufbaus 191 f.
— -typen der Erzählsituation 192 ff.
— -typen der Substanz 192
— -typologie 191 ff.
Romanische Ballade 133
— Strophenformen ↪ Strophenformen
Romantisches Kunstmärchen ↪ Märchen
— Lustspiel ↪ Lustspiel
Romanze 117, 124, 134
Romanzenvers ↪ Vers
Rondeau 117, 130
Rondel 117, 131

Sachbuch 185
Saga 169, 175 f.
—, Isländer- 175
—, Königs- 175
—, Ritter- 176
—, Vorzeit- 176
Sage 174 ff.
—, Ereignis- 169, 174
—, Erlebnis- 169, 174
—, Götter- 169, 175
—, Götter-, germanische 175
—, Helden- 125, 169, 175
—, Natur- 169, 174
—, Volks- 169, 174
—, Volks-, geistliche 177
Sagenmotiv ↪ Motiv
Sangspruch 118, 150, 155
Sapphische Odenstrophe 91, 96, 111 f.
Satire 150, 165 f.
—, dramatische 232, 241
—, Literatur- 166
—, politisch-soziale 166
—, Spießbürger- 166
—, witzige 166
Satirische Formen ↪ Formen
Satyrspiel 240
Satz, gespannter 54
—, ruhiger 54
—, ungespannter 54
—, unruhiger 54
Satzfigur ↪ Figur
— -gefüge, unterordnendes 56
— -schluß 53, 59
— -schluß, doppelfallender 59
— -schluß, fallender 59
— -schluß, fallendsteigender 59
— -verbindung, nebenordnende 56
Schäferroman 195, 196
Schallform 53 ff.
Scharade 159
Scharadoide 159
Schauerballade ↪ Ballade

Schauspiel 231, 232, 239
Schauspieler ↪ Mimus
Schelmenroman ↪ Roman
Schicksalsdrama, romantisches ↪ Drama
— -novelle ↪ Novelle
Schlager 122
Schlagreim ↪ Reim
Schlüsselroman ↪ Roman
Schluß ↪ Satzschluß, ↪ Versschluß
Schmuckform 29
Schmuckmotiv ↪ Motiv
Schriftsteller 13
— -katalog 15
Schrifttum 14
—, christliches (scriptura) 15
—, heidnisches (litteratura) 15
—, schöngeistiges 14
Schüttelreim ↪ Reim
Schuld, tragische ↪ Tragische Schuld
Schuldrama ↪ Drama
Schundliteratur ↪ Literatur
Schwank 169, 178
—, dramatischer 178, 232, 243
—, epischer 178
Schwanksammlungen 166
Schweifreim ↪ Reim, geschweifter
Schwulst 38
Sechstakter, steigender 89, 91
Sekundärliteratur ↪ Literatur
Senar 89, 91
Senkung 62
Sentenz 150, 151
Sentimentaler Roman ↪ Roman
Septenar ↪ Achttakter, fallender
Sequenz 118, 146
Servente se ↪ Sirventes
Sestine 96, 105, 117, 140
Short story 182
Silbenrätsel ↪ Rätsel

Tragische Schuld

Silbenmessend 62
— -wägend 62
— -zählend 62
— -umfang 62
— -wucht 62
— -zahl 62
Singer 99
Singspiel 232, 246
Sinnspruch 150, 151
Sirventes 117, 130
Situationskomödie ↪ Komödie
Siziliane 96, 106
Skaldendichtung 125
Skene 226
Soldatenlied ↪ Lied
Sonett 69, 117, 138
—, Meister- 140
—, Petrarca-Typ 138
—, Ronsard-Typ 138
—, Shakespeare-Typ 138
Sonettenkranz 140
Song 245
Soziales Drama ↪ Drama
„Sozialistischer Realismus", Literatur des 181, 195, 207 f.
Spenserstrophe ↪ Strophe
Spielhandlung, freie ↪ Handlung
Spielmannsepos ↪ Epos, höfisches
Spießbürgersatire ↪ Satire
Spondeus 95
Spottstrophe ↪ Strophe
Sprache 220
—, begriffliche 27
—, poetische 13
—, Symbol- 27
Sprachformen, altertümliche ↪ Archaismus
— -kunstwerk 13
— -melodie 71
— -wissenschaft, strukturalistische 26
Sprechspruch ↪ Sprichwort
Sprichwort 150 f.
Spruch 118
—, Sang- 118, 150, 155
—, Sinn- 150, 151, 154 f.

Spruch, Wahl- 151
Spruchdichtung 114, 124, 126, 150, 155, 156
— -gedicht 150, 162
— -ton ↪ Ljodahattr
— -versmaß 97
Staatsroman ↪ Roman
Stabreim 72 f.
Ständeklausel 234
— -lied ↪ Lied
Standesdichtung ↪ Dichtung
Stanze 69, 96, 105 ff.
Stegreifkomödie ↪ Komödie
Steiger 63
Stichomythie 221
Stil 28 f.
—, Bogen- 83
—, Chronik- 29
—, Epochen- 29
—, Gattungs- 29
—, geblümter ↪ Preziosität
—, gedämpfter ↪ Euphemismus
—, Haken- 83 ff.
—, Kanzlei- 29
—, National- 29
—, Persönlichkeits- 29
—, Treppen- 54
—, Volks- 29
—, Zeilen- 83 ff., 125
—, Zeit- 29
—, Zeitungs- 29
Stilform 28 ff.
— -kunde, praktische 29
— -kunde, theoretische 29
— -mischung 236
— -mittel 29 ff.
— -schule 29
Stilistik 29
Stimmigkeit 28, 72
Stoff 116
Stollen 104
Streitgespräch, philosophisches 117
Strophe 72, 95 f.
—, achtzeilige italienische 105
—, Chevy-Chase- 96, 99
—, Edda- 96, 97
—, Epen- 96, 101 f.
—, hymnische 146

Strophe, Kanzonen- 96, 104
—, Kudrun- 96, 103
—, Kürenberg- 101
—, Lied-, einfache 96, 98
—, Lied-, dreiteilige ↪ Strophe, Kanzonen-
—, Meistersang- 96, 99
—, Nibelungen- 96, 101
—, Oden-, alkäische 91, 96, 109 f.
—, Oden-, asklepiadeische 91, 96, 110 f.
—, Oden-, sapphische 91, 96, 111 f.
—, Otfrid- 96, 97
—, Spenser- 96, 107
—, Spott- 124
—, Volkslied- 96, 100
Strophenform 95 ff.
—, antike 96, 109 ff.
—, germanisch-deutsche 96, 97 ff.
—, orientalische 96, 108 f.
—, romanische 96, 103 ff.
Struktur 220, 223 ff.
—, Zeit- 191
Strukturpsychologie, geisteswissenschaftliche 21
Studentenlied ↪ Lied
Stufenfolge 42
Stumme Szene ↪ Szene
Stummfilm ↪ Film
Subscriptio 35
Symbol 30, 35 f.
—, Ding- 212, 218
Symploke 50
Synästhesie 30, 32
Synekdoche 30, 33
Synonym 50
Synthetisches Drama ↪ Drama, Entfaltungs-
Szene 159
—, stumme 220, 229, 230

Tagebuchroman ↪ Roman

Takt 62
— -arten 53, 62, 63 f.
— -reihen 89 ff.
— -reihen, daktylische 89, 94 f.
— -reihen, doppelfallende ↪ Taktreihen, daktylische
— -reihen, fallende ↪ Taktreihen, trochäische
— -reihen, jambische 89, 90 ff.
— -reihen, steigende ↪ Taktreihen, jambische
— -reihen, trochäische 89, 93 f.
— -zahl, feste 62
Tanz 121, 220, 229, 230
Tanzleich 118
Tautologie 50
Teichoskopie ↪ Mauerschau
Telestichon 161
Tempo 53, 57 ff., 65, 67
Tendenzstück 232, 246
Terzine 96, 103 f., 137
Tetrameter ↪ Achttakter, fallender
Textphilologie 21
Theater, mimisches 220, 229
—, Musik ↪ Musiktheater
—, Wiener Volks- ↪ WienerVolkstheater
Theatralische Darstellung 226 ff.
Theatralische, das 117
Tiefenpsychologie 22
Tierepos ↪ Epos
— -erzählung ↪ Erzählung
Ton 99
— -beugung 65
— -film ↪ Film
— -kehrreim ↪ Kehrreim
Topik 36 f.
Topos 36
Tragikomödie 232, 241 f.
Tragische Fallhöhe 234
— Farce ↪ Farce
— Schuld 234 f.

275

Tragische Weltsicht

Tragische Weltsicht, geschlossene 232f.
Tragischer Konflikt, geschlossener 232, 233
Tragisches Bewußtsein 233f.
Tragödie 231, 232ff., 235ff.
—, gemischte 232, 236f.
—, griechische 232, 235
—, klassische 232, 235f.
—, Prosa- 238
Traktat 14
Trauergedicht ↪ Gedicht
— -spiel 235ff.
— -spiel, bürgerliches 232, 238
Travestie 150, 168
Treppenstil 54
Trimeter 89, 91f.
Triolett 117, 132
Trivialliteratur ↪ Literatur
Trochäus 63
—, serbischer ↪ Fünftakter, fallender
Tropik 29f.
Tropus 146
Troubadourdichtung ↪ Dichtung
Tua res agitur 235
Tugendlehre 156
Typisierendes Beiwort ↪ Beiwort

Übergangsformen ↪ Formen
Überkreuzstellung 43
Übertreibung 37, 38
Umschreibung 37, 39
Umstellung 43f.
—, falsche 44
—, gekünstelte 44
—, ungewöhnliche 44
Unterhaltungsliteratur ↪ Literatur
— -lustspiel ↪ Lustspiel
Untertreibung 37, 38f.
Unverbundenheit 40
Urkunde 14

Utopischer Roman 195, 202f.

Vagantenlied ↪ Lied
Vergleich 30, 34f.
—, gekürzter 30, 34
Verklammerung 56
Vers 53, 61ff.
—, adonischer 112
—, Blank- 89, 91, 93
—, commun 89, 91
—, freier 61
—, glykonischer 91, 110
—, Knittel- 89, 90
—, Krebs- 160
—, leoninischer 89, 90, 95
—, Nibelungen- 102
—, phaläkischer 91
—, pherekratischer 110
—, Romanzen- 89, 93
Versanfang 73
— -brechung ↪ Versüberschreitung
— -ende 73
— -inneres 88
— -lehre 53, 61f.
— -maß 62
— -maß, elegisches 144
— -reihe ↪ Einzelvers
— -roman, höfischer 186
— -schluß 86ff.
— -schluß, akatalektischer 86
— -schluß, antiker 86
— -schluß, brachykatalektischer 86
— -schluß einfacher 89
— -schluß, germanischer, deutscher 86
— -schluß, hyperkatalektischer 86
— -schluß, katalektischer 86
— -schmuck 72ff.
— -überschreitung 83
Verschweigen des Wichtigen 41f.
Verschwörungsformel ↪ Formel
Verteilung des Sprachstoffes 53, 54ff.

Vielfachursprungstheorie ↪ Märchentheorie
Vielverbundenheit 40
Viertakter, fallender 89, 93
—, steigender 89, 90
Villanella 117, 137
Volksballade ↪ Ballade
— -buch 169, 175, 189f.
— -buch, abenteuerliches 195, 196
— -dichtung ↪ Dichtung
— -legende ↪ Legende
— -lied 117, 118, 121ff.
— -lied, historisches 120
— -liedstrophe 96, 100
— -liedstrophe, achtzeilige 96, 101
— -liedstrophe, neunzeilige 96, 101
— -liedstrophe, sechszeilige 96, 101
— -liedstrophe, siebenzeilige 96, 101
— -märchen ↪ Märchen
— -rätsel ↪ Rätsel
— -sage ↪ Sage
— -stück 232, 241, 245f.
— -stück, soziales 245
Vorhöfisches Epos 169, 186
Vorzeitsaga ↪ Saga

Wahlspruch ↪ Spruch
Waise 75
Wallfahrtslied ↪ Lied
Wandertheorie ↪ Märchentheorie
Weglassung des Unwichtigen 40
Weihnachtslied ↪ Lied
Weinerliches Lustspiel ↪ Comédie larmoyante
Weltanschauungsepos ↪ Epos

Weltliteratur ↪ Literatur
Wendepunkt 212, 217
Wendungen, formelhafte ↪ Formelhafte Wendungen
Widersprüchlichkeit 37, 46
Wiener Volkstheater 243, 245
Witz 150, 166
Wort, dramatisches 220
—, geflügeltes ↪ Geflügeltes Wort
—, schallnachahmendes 51
Worteinsparung 37, 40f.
— -feld 50
— -figur ↪ Figur
— -häufung 37, 42
— -kehrreim ↪ Kehrreim
— -kunstwerk 13
— -rätsel ↪ Rätsel
— -spiel 37, 50f.
— -stellung 37, 43ff.
— -verbindung 37, 40
— -wiederholung 37, 47ff.

Zäsur 85
Zäsurreim ↪ Reim
Zahlenrätsel ↪ Rätsel
Zauberformel ↪ Formel
Zeichen ↪ Chiffre
Zeilensprung ↪ Versüberschreitung
— -stil 83ff., 125
Zeit, erzählte 191
Zeitkritik 165
— -roman ↪ Roman
— -struktur ↪ Struktur
Zeugma 41
Zusammensetzung, addierende 46
Zweckformen, literarische 114
Zwischenreim ↪ Reim, geschweifter

276